高等职业教育“十三五”创新型规划教材

会计信息化实务

张　凯　谢　芳　主　编

北京理工大学出版社
BEIJING INSTITUTE OF TECHNOLOGY PRESS

图书在版编目（CIP）数据

会计信息化实务/张凯，谢芳主编．—北京：北京理工大学出版社，2018.2（2018.3重印）

ISBN 978－7－5682－5109－9

Ⅰ.①会…　Ⅱ.①张…②谢…　Ⅲ.①会计信息－财务管理系统－高等学校－教材　Ⅳ.①F232

中国版本图书馆CIP数据核字（2017）第327980号

出版发行／北京理工大学出版社有限责任公司
社　　址／北京市海淀区中关村南大街5号
邮　　编／100081
电　　话／（010）68914775（总编室）
　　　　　（010）82562903（教材售后服务热线）
　　　　　（010）68948351（其他图书服务热线）
网　　址／http：//www. bitpress. com. cn
经　　销／全国各地新华书店
印　　刷／北京高岭印刷有限公司
开　　本／787毫米×1092毫米　1/16
印　　张／20
字　　数／465千字
版　　次／2018年2月第1版　2018年3月第2次印刷
定　　价／48.00元

责任编辑／龙　微
文案编辑／龙　微
责任校对／周瑞红
责任印制／李　洋

序

在我国企业会计准则体系逐步健全、会计国际趋同、资本市场的发展对会计信息不断提出新的要求、会计诚信受到普遍关注的背景下，会计专业教育无论是教学理念，还是教学内容与手段都在发生变化。为此，北京理工大学出版社与广东农工商职业技术学院组织一线教师、专家、学者联合编写了这本教材。该教材以高职高专会计专业学生为使用对象，涵盖了高职高专会计专业的核心课程，其中一些内容也适用于高职高专财务管理、审计以及工商管理等专业教学。

本教材的编写结合高职高专教育的特点和要求，以国家最新财经法规和会计准则、审计准则等规范为依据，力求突出以下特点：

1. 体现工学结合理念

按照高职高专教育突出能力培养的要求，将项目（应用案例）作为教材的引领主线。通过实际业务案例设计，引导学生进入专业知识应用的真实环境，通过实际操作，亲身体会所学知识的运用，掌握实用操作技能。

2. 强调知识与能力并重

在体现工学结合，突出高职高专教育特色的基础上，本教材强调知识与能力并重。在教材内容的选取和业务案例的设计上，强调课程内容的科学性和知识体系的严谨性与完整性。在体现能力培养的同时，阐述的理论知识力求讲清讲透，注重培养学生运用所学知识分析问题和解决问题的能力。

3. 通俗易懂，利于教师教学，方便学生自学

在内容安排和体例设计上，本着易于高职学生接受、理解的原则，尽可能地贴近业务实际及高职高专学生特点，按照学习和理解知识的规律来安排教材的结构、层次和内容。理论知识的教学，尽可能融入项目（应用案例）的实际操作中，重点放在概念、方法和结论的实际应用上。尽量做到准确提炼、深入浅出，突出实用性、可操作性，使学生易学易懂易掌握。

编写出版一本内容新颖、结构科学、符合高职高专教育人才培养计划的会计、审计系列教材，既是高职高专教育发展的客观要求，也是会计教育工作者的重要使命。我认为该教材的优势，一是新颖性和前瞻性——本教材既密切联系中国会计、审计准则，又反映会计理论与实务在世界范围的现状和发展趋势，既立足于当前，又着眼于未来；二是科学性——本教材力求材料充实，方法多样，理论透彻，在展现各种会计方法和手段时，注意引导学生从实际应用中加深认识和有效把握；三是先进性——本教材配有教学软件，既能供教师授课演示之用，又能满足学生练习之需，从而使学生能够熟练地运用电脑辅助系统处理实际业务。

吕兆海

前　　言

全面推进会计信息化工作是贯彻落实《2006—2020 年国家信息化发展战略》的重要举措，对提升我国企业会计工作水平具有十分重要的现实意义。培养符合企业发展需求的会计信息化人才是编写本书的目的。

本教材根据高职教育“以应用为主旨”和“以培养提高学生实际操作能力为中心”的教学思想进行编写。教材在内容安排上，坚持针对性、实用性原则，专业理论知识以必需够用为度，重点培养学生的应用操作能力，以培养应用型人才为出发点和追求目标。

本教材是专为高职高专会计信息化课程教学而编写，具有下列特点：

1. 理论与实践相结合，以实践为主。

2. 以项目教学为重点，培养学生职业能力。

3. 按职业岗位能力需要设计并安排实训项目。

4. 教材选用目前国内应用面最广的用友 U8V10.1，系统介绍各个模块的主要功能、应用，并且配备了完整的实训项目资料，能够较好地满足会计信息化实训教学的需要。

本教材以实训内容为基础，安排项目任务，可操作性强，适宜作为高职院校财经类会计、审计、财务管理等专业教学用书，也可作为广大财会人员信息化培训和信息化考证自学用书。

本教材由广东农工商职业技术学院张凯、谢芳担任主编，由广东农工商职业技术学院杨莉、张燕丽、张丽、李典、叶力淳担任副主编，由张凯、谢芳拟定编写大纲。教材项目一由张凯编写，项目二由张燕丽编写，项目三由杨莉编写，项目四由谢芳、叶力淳编写，项目六与项目七由李典编写，项目五与项目八由张丽编写，教材由张凯总纂定稿。

在编写过程中，我们得到了许多专家的支持，在此表示诚挚的谢意。我们还参考了有关资料，详见本书后的参考文献，在此一并表示感谢。由于疏忽，有可能个别参考资料被漏列，如发现，请予以提出，我们将在下一版中补上，并就此表示歉意。

由于时间和经验有限，本教材会有许多不足之处，欢迎批评指正，以便在下一版中进行修改。

编　者

前言

目录

项目一

认知会计信息化

学习目标

知识目标

◇ 了解会计电算化的产生和发展阶段；

◇ 了解会计电算化的特点与意义；

◇ 了解我国会计电算化的发展过程；

◇ 了解系统的概念和基本组成；

◇ 了解会计信息系统的基本组成；

◇ 了解会计信息系统的特征。

能力目标

◇ 能正确叙述会计电算化和会计信息化的概念；

◇ 能正确叙述会计电算化与手工会计处理的特征；

◇ 掌握理解会计信息系统的基本组成。

会计信息化是会计发展史上的一次重大革命，它不仅是会计发展的需要，也是经济发展对会计工作的要求。会计信息化是一门集会计学、管理学、计算机科学和信息技术为一体的学科。特别是随着管理理论和信息技术的发展，会计信息化被赋予了更深的含义。

任务一　认知会计电算化

一、会计电算化的产生

会计是以货币为主要计量单位，采用一系列专门的方法，对经济活动进行连续、系统、全面地核算和监督，并在此基础上对经济活动进行分析、预测和控制，以提高经济效益的一种管理活动。会计作为一种核算工具，随着社会科学技术的发展而不断地发展，人们对会计信息的处理技术也在进行不断地探索。到目前为止，会计电算化经历了三个主要发展阶段。

（一）手工处理阶段

在会计漫长的历史发展过程中，手工会计数据和信息生成一直占据主导地位，即会计人员靠算盘等运算工具计算，用笔墨登记账簿。

（二）机械处理阶段

17 世纪，法国人制造出第一台机械加法器，使数据处理从简单的手工工具转向机械处理。到 20 世纪 30 年代，人们采用穿孔机、核对机、分类机和卡片机等先进的机械设备，基本上将数据处理从手工方式解脱出来，进入机械化阶段。

（三）电子数据处理阶段

随着现代科学技术的发展，计算机作为一种能够部分替代人脑工作的现代数据处理设备迅速发展起来。1946 年，世界上第一台电子计算机 ENIAC 诞生，实现了 20 世纪一项划时代的变革。此后，计算机在军事、航空航天、工业、生物、医学、教育、经济等领域迅速得到广泛应用。由于计算机运算速度快、数据精确度高，并且具有存储能力和逻辑判断能力，这使会计信息处理进入自动化阶段，从而开创了会计信息处理技术的新纪元。

随着社会的发展，会计在经济管理中的作用越来越大，人们对会计的要求也越来越高。会计不仅要通过记账、算账、报账来如实反映经济活动，为管理提供信息，而且要对经济活动进行分析、预测并参与经济决策。这就要求会计工作必须更加全面、及时、准确地对经济活动加以反映。显然，传统的会计信息处理方式已经难以满足现代管理的需求。于是，伴随着计算机技术的发展，会计电算化应运而生，会计工作进入电子数据处理阶段。

二、会计电算化的概念

会计电算化是将以电子计算机为主的当代电子技术和信息技术应用到会计实务中的简称，是一个用电子计算机来替代人工记账、算账、报账，以及替代部分由人脑完成的对会计信息的分析和判断的过程。

三、会计电算化的特点与意义

（一）会计电算化的特点

电子计算机在会计领域中的应用对会计工作产生了一系列的影响。与手工会计相比，会计电算化有以下主要特点：

1. 会计信息表现代码化

为了便于计算机识别和控制，需要对各种会计数据实行统一编码。在计算机会计系统中大量的会计信息都采用代码来表示。例如会计科目、部门、产成品、客户、供应商、固定资产等。代码化缩短了数据项目的表示长度，节省了所占用的存储空间，提高了系统的处理速度，实现了数据表示的系列化和标准化，便于对数据进行分类，而且便于计算机按标准程序处理各项业务。

2. 会计数据存储媒介多样化

在计算机会计系统中，经计算处理的各种会计信息，除了打印输出的账表文件之外，通常是以数据文件的形式集中存储在硬盘、软盘或光盘等媒介上，手工操作中常规的纸质凭证、账簿只在需要时或作为会计档案保管时才出现。会计信息存储介质既有传统纸质资料，更有磁、光、电等信号。但是，这些电、磁性介质记录的电磁信号很容易被删除或篡改，从而不留痕迹，因此，虽然计算机系统可以存储大量的会计信息，但必须十分重视系统数据的可靠性和安全性。

3. 数据处理集中化和自动化

会计电算化将分散在各个会计岗位上的数据都集中起来交由计算机统一自动处理。这种集中方式不仅避免了数据的分散、重复以及被异常更新而造成不一致情况的出现，有利于保证数据的一致性和完整性，而且减少了人工干预，保证数据处理的正确性，提高了数据处理的效率，能够在需要某一信息资料时，通过软件系统的内在功能及时获得。

4. 提高会计信息的质量

会计信息的质量主要通过信息的可靠性、相关性、可比性、重要性、时效性等多项信息指标来体现。对于日益增加的会计数据和更加复杂的数据处理要求，以及企业经营决策需要的大量会计信息，手工会计系统很难保证会计信息的质量，而计算机会计系统则大大提高了会计信息在上述各项指标的质量。

5. 内部控制程序化

在手工会计系统中，所有会计核算处理都是由人工执行的，内部控制主要通过财务人员之间适当的职责分离相互牵制，并且由人工完成各种检验和核对。当会计电算化之后，系统在计算机程序控制下分步骤、有秩序地运行。内部控制也相应的程序化，如数据逻辑关系检查、报表指标勾稽关系检查、密码验证等，都由系统自动完成，使一些必要的会计内部控制制度的执行在会计软件所提供的运行程序的约束中得到保障。

6. 预测决策客观化

在会计电算化中，借助软件所具有的先进分析和管理功能，可以将管理模型在计算机中实现。管理人员可以利用计算机迅速地存储、传递以及提取大量的会计核算信息，并进行数量分析与规划求解。因此，决策者可以相当准确地估计出各种可行方案的结果，揭示出单位经济活动中的深层次矛盾，挖掘内在潜力，提高预测决策的科学性与合理性。

7. 具有复合型知识结构

会计电算化系统仍然是一个人机系统，会计人员在系统中是一个最积极的因素。为了做好计算机管理下的会计工作，会计人员不仅需要具备会计专业知识，还需要掌握有关的计算机知识、网络技术、信息技术和管理科学知识。只有具备了多方面知识的会计人员，才能较好地完成会计电算化的全部任务。

（二）会计电算化的意义

会计电算化，在经济管理领域中处于应用电子计算机的领先地位，正带动经济管理等领域逐步走向现代化。会计电算化能够更好地为加强企业的经营管理、提高经济效益服务。具体地讲，实现会计电算化有以下 5 个方面的意义：

1. 提高工作效率，减轻会计人员的劳动强度

会计电算化工作的处理是通过各种业务处理程序，指挥计算机进行各种指令操作完成的。例如，记账、编制各种财务报表、进行日常管理所需的数据查询等，这些原来靠人工进行的大部分计算、抄写等工作均由计算机来完成，大大提高了工作效率。

2. 有助于会计工作规范化

实现会计电算化后，提高了会计数据的及时性和准确性，为整个管理工作奠定了基础。

会计是经济管理的重要组成部分，就企业而言，会计信息是企业管理信息的主要组成部分。由于电子计算机不仅能够存储大量的信息，而且可以以极高的速度和准确性进行数据处理，从而打破了手工操作的局限性，为日常管理提供了更为详细、更加及时的信息。另外，实现会计电算化须使用经财政部门严格评审通过规范的会计电算化软件，其会计数据的录入、处理以及输出必须符合会计制度的规定和有关操作规范。计算机代替手工记账时，还要经过财政部门严格审批。这些措施的实施，使得整个会计电算化的过程得到良好的控制，在很大程度上消除了手工操作的不规范、不统一，以及易出错和传递缓慢等问题。因此，会计电算化使会计基础工作得到加强，使会计工作的质量大大提高，从而实现会计基础工作的规范化。

3. 有助于提高会计信息的质量和传播效率，充分实现资源共享

会计电算化有助于提高数据处理的精度，加快数据处理的速度，扩展数据处理的广度。计算机能够长期存储大量数据，并有极高的处理速度和准确性，打破了手工操作的局限性，为管理提供更为详尽和更加及时的信息。此外，利用计算机可以高速存储和通过网络调用数据的特点，会计电算化可以在存储介质上建立比手工更为详尽的记录，可以积累时间更长、范围更广的多时点资料，为管理提供更加充分的数据。特别是使用数据库系统后，可以集中存储相关的多方面数据，这就为管理部门印证和利用多方面的资源，深入而广泛地进行管理、分析和决策创造了条件。

4. 有助于实现企业管理现代化

实现会计电算化后，可以促进企业管理的现代化。会计是经济管理的重要组成部分，会计信息系统是整个企业管理信息系统的核心子系统。一般来说，会计信息占整个企业经济管理的2/3以上，且大多是综合性的信息，而会计工作又是整个管理领域中较易实现计算机管理的部分。因此，会计电算化的开展，有力地促进了整个企业管理工作实现现代化。

5. 促进会计理论研究和会计实务的发展

由于会计电算化改变了传统的会计信息处理技术，必然对会计核算方法、程序、内容等方面产生一定的影响。会计电算化带来了许多新问题，如电算化后如何进行内部控制、审计等，这些都促进会计理论和会计实务工作者去研究、探讨，从而推动了会计理论和实务的发展。

四、会计电算化的发展

（一）国外会计电算化的发展概况

20世纪50年代，是会计电算化的起始阶段。由于计算机价格昂贵，程序设计复杂，只有少数专业人员能掌握此项技术，因而发展缓慢，只限于应用工资等简单项目。如1954年，美国通用电器公司首次利用电子计算机计算职工薪酬。

20世纪50～60年代，伴随着计算机技术的不断发展以及操作系统的出现，特别是高级程序设计语言的出现，使计算机的应用日益广泛。在会计实务中，开始从单项处理向综合数据处理转变，除了完成基本账务处理之外，开始带有一定的管理、分析功能。

20世纪70年代，计算机技术迅猛发展，特别是网络技术和数据库管理系统的出现，数据资源共享成为可能，电算化会计信息系统成为企业、公司全面管理信息系统的一个重要组成部分，大大提高了工作效率和管理水平。

20 世纪 80 年代开始，微电子技术进一步发展，微机的日益普及和网络技术的进一步发展，使会计电算化进入决策技术处理阶段。计算机硬件成本的不断降低，为会计电算化的进一步发展提供了物质保证，会计电算化出现了普及之势。据国际会计联合会 1987 年 10 月在日本东京召开的第 13 届世界会计师大会的统计资料显示，到 20 世纪 80 年代，日本、美国及西欧各国较为普遍地实现了会计电算化。

20 世纪 90 年代开始，随着管理科学、信息技术，特别是网络技术的飞速发展，国外会计电算化向网络化、集成化、智能化和行业专业化方向发展，出现面向不同行业集成信息管理的企业资源管理（ERP）系统。

（二）我国会计电算化的发展过程

我国会计电算化起步较晚，从会计电算化的开展程度、组织规划、管理以及会计软件开发等多方面分析，一般将我国会计电算化分为四个发展阶段。

1. 尝试阶段（1983 年以前）

20 世纪 70 年代末，除个别尖端科技领域外，我国计算机应用几乎是空白。开展会计电算化，首先面对的是价格昂贵的计算机、开发人才严重缺乏等实际困难。尽管如此，仍没有阻碍我国对会计电算化道路的探索。1979 年，长春第一汽车制造厂在财政部和原第一机械工业部的支持下，从德意志民主共和国进口了一台 EC－1040 计算机，进行计算机在会计工作中的应用试点。由于计算机还不能处理汉字，因此只在工资计算方面进行了计算机处理。

1981 年 8 月，在财政部、原第一机械工业部和中国会计学会的支持下，于长春第一汽车制造厂召开了“财务、会计、成本应用电子计算机专题讨论会”，正式把电子计算机在会计中的应用简称为“会计电算化”。这次会议是我国会计电算化理论研究的一个重要里程碑。

2. 自发发展阶段（1984—1989 年）

由于计算机性价比的提高，企事业单位开始大量使用计算机，该阶段会计电算化工作及会计软件开发，多为单位自行组织和开发。会计软件多为专用定点软件，通用性、适应性差，很少采用工程化方法开发标准化通用软件。另外，从宏观上缺乏统一的规划、指导和相应的管理制度，开展会计电算化的单位也没有建立相应的组织管理制度和控制措施，不仅低水平重复建设性现象严重，而且盲目投入使用或停用，导致了资金很大的浪费。

3. 稳步发展阶段（1990—1995 年）

这一阶段我国会计电算化进入了一个大发展阶段。随着经济体制改革的不断深化，计算机在会计工作中的应用逐步走上了正轨，我国的会计电算化事业进入了有计划、有组织的发展阶段。1989 年 9 月和 1990 年 4 月，财政部分别通过了对“先锋 CP－800”和“用友会计软件”的评审，这是我国最早评审的两个商品化会计软件。

1989 年 12 月和 1990 年 7 月，结合对商品化会计软件的评审，财政部实时发布了我国第一个关于会计电算化管理的规章制度，即《会计核算软件管理的几项规定（试行）》及《补充规定》，对会计核算软件的开发、使用等问题做出了具体规定，以后又陆续发布了《会计电算化管理办法》《商品化会计核算软件评审规则》《会计核算软件基本功能规范》等规章制度，从而促进了会计电算化有规范的进步，加快了会计电算化发展的进程。1994 年 5 月，财政部颁发了《关于大力发展我国会计电算化事业的意见》，明确了会计电算化工作的总目标，这标志着我国会计电算化事业即将走向一个新的阶段。

4. 管理型会计软件发展阶段（1996 年至今）

随着经济体制改革和社会主义市场经济的发展，以事后记账、算账、报账为主要内容的“核算型”会计软件已难以满足管理上的需求，企事业单位迫切需要有事前预测、决策，事中控制，事后核算和分析的“管理型”会计软件，以适应市场经济下管理的要求。1996 年，在全国会计电算化发展研讨会上，对开发“管理型会计软件”提出了一些具体的意见和建议，从此迈入“管理型”会计软件的新时代。目前，管理信息系统软件已经初具规模，并逐渐向具有决策支持功能的财务软件演进。

五、会计电算化的发展趋势

会计电算化随着电子计算机技术的产生而产生，也必将随着电子计算机技术的发展而逐步发展和完善。可以预见，会计电算化将出现或可能出现以下发展趋势：

（一）获得普遍推广和应用，大范围的信息处理网络得以建立

电算化信息处理从形式上看是信息处理手段的变化，实质上却是生产方式的转变，是一种先进的生产力，因而具有广阔的发展前景。随着经济的发展及人们对电子技术认识的加深，它必将获得普遍推广和应用。同时，随着网络技术的发展，大范围的会计信息处理网络也必将建立。

（二）信息处理和分析专业化、智能化

由于信息处理和分析专业性较强，需要专门的人才具备多方面的知识，且具有较高的成本，因此为小企业及个体经济提供信息服务的专业部门（类似于目前的代理记账）将会逐渐出现。此外，随着智能电子技术的发展，信息处理也会朝着智能化发展。

（三）与管理会计系统相结合，促进企业管理信息系统的建立和完善

现行会计体系把会计分为财务会计（含成本会计）和管理会计两个子系统。会计电算化信息处理的代码化、数据共享和自动化，为两个子系统的结合提供了条件和可能。况且，如果电算化一直停留在财务会计子系统，而不涉及管理会计子系统的预测、决策、规划和分析，企业经济活动与效益的评估，内部责任会计和业绩评价等，那么也就限制和失去了发展电算化的意义。因此，从发展的眼光看，企业应同时建立两个子系统并予以有机结合，以便运用财务会计资料，建立适应管理需要的会计模型，使会计电算化从核算型向管理型发展，从而推动整个企业管理信息系统的开发、建立和完善。

（四）促进会计自身的发展和变革，推动会计电算化在新的基础上进一步完善和发展

一定意义上讲，会计电算化产生和发展的过程，也是突破传统会计观念，对现行会计理论和方法提出新问题、新课题，以及研究和确立新的理论和方法的过程。如会计电算化在系统设计、工作组织、信息处理及账务处理程序等方式和方法上的改变，本身就是对现行会计理论和方法的突破和完善。虽然从短期看，这些影响只是渐进性的，但从长期看，随着电子技术的飞速发展和电算化信息系统的普及应用，新的问题和新的课题将不断出现，如：信息处理网络建立后，企业将如何做到既及时合法地提供会计信息，又能有效保护商业秘密？两个会计子系统实现结合后，如何改进现有财务报告？信息经济将对现行会计理论和方法产生什么影响？……对新课题进行深入研究，必将形成新的会计理论和方法，而新的会计理论和方法的确立，又将使会计电算化在新的基础上获得进一步完善和发展。

任务二　认知会计信息系统

一、数据和信息

数据（Data）和信息（Information）都是信息系统的基本概念和信息系统要处理的基本对象。

（一）数据

数据是反映客观事物的性质、形态、结构和特征的符号，并能对客观事物的属性进行描述。数据可以是具体的数字、字符或图形等形式。会计数据则是用于描述经济业务属性的数据。在会计工作中，从不同来源、不同渠道取得的各种原始资料、原始凭证、记账凭证等会计数据的载体上就有大量描述经营业务属性的数据，都称为会计数据。

（二）信息

信息是数据加工的结果。它可以是文字、数字、图形等形式，对客观事物的性质、形式、结构和特征等方面进行反映，帮助人们了解客观事物的本质。信息必然是数据，但数据未必是信息，信息仅仅是数据的一个子集，经过加工后有用的数据才成为信息。

会计信息是指按照一定的要求或需要进行加工、计算、分类、汇总而形成的有用会计数据。如原始凭证经过数据处理系统加工处理后变成总账、明细账等。会计账簿中的数据对内部审计人员和会计人员来说是有用的，称之为信息。

二、系统和系统的基本组成

随着科学技术的进步和社会活动的日益复杂化，人类所要处理和解决的问题越来越复杂，这些问题又都表现出整体性和系统性的特征。因此，人们在一切领域中普遍使用“系统”的思想来处理问题，把复杂问题简单化。

（一）系统的含义与特征

系统（System）是由一些具有独立功能的元素组成的，这些元素之间相互联系、相互作用，共同完成某一目标。例如，一个企业是一个系统，由生产、管理、销售等部门构成，其目标是通过产品的生产、销售，提高企业经济效益。

系统可划分为若干个子系统。系统既有具体的，也有抽象的。系统具有以下特征：

1. 独立性

每个系统都是一个相对独立的部分，完成各自独立的功能，它与周围环境具有明确的边界。系统与外部环境进行物质和信息的交流。

2. 整体性

系统各部分之间存在着相互依存的关系，既相对独立又有机地结合起来。

3. 目标性

一个系统中的各个组成部分，都是为了达到某个目标而有机地结合起来。

4. 层次性

一个系统可以划分成若干个子系统，这些子系统还可以再划分，而且也具有系统的特征。

（二）系统的组成

系统由输入、处理、输出、控制和反馈五个基本要素组成。系统从外界接收各种数据输入，经加工处理后输出到外界，反馈是将输出的内容反馈到输入，通过控制指挥各要素，协调一致地工作。

三、会计信息系统的基本组成

（一）计算机信息系统

计算机信息系统（CIS，Computer Information System）是一个由人和计算机硬件系统、软件系统组成的，能够及时地收集和输入有关的数据，并对数据进行加工处理，为使用者提供有用的信息，以支持一个组织的有效运行和辅助管理决策的人机结合的系统（见图 1－1）。计算机信息系统是计算机应用中的一个重要领域。

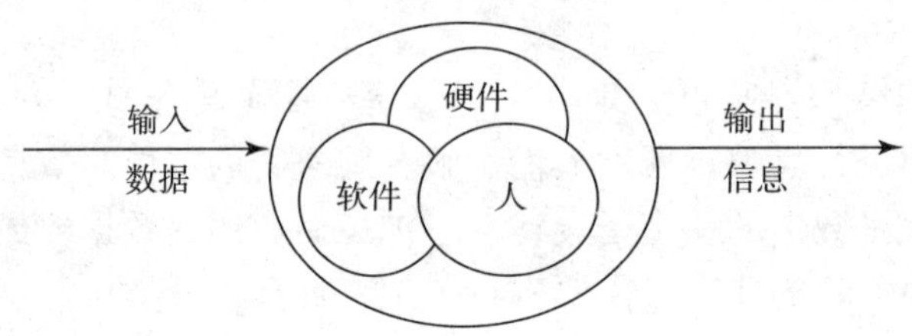

图 1－1 计算机信息系统

（二）会计信息系统

会计信息系统是以电子计算机为主要工具，利用现代信息技术，对各种会计数据进行收集、处理、存储和分析，并为用户提供所需的各种会计核算信息和财务信息的计算机信息系统。它与其他信息系统的主要区别在于其处理对象是会计数据。会计信息系统由硬件设备、软件系统、会计人员、会计数据和系统规程五个要素组成。

1. 硬件设备

会计信息系统的硬件设备主要指会计数据输入设备、数据处理设备、数据存储设备和数据输出设备。会计信息系统不同的硬件组合构成了不同的系统工作方式，经历了从简单到复杂，从单一到综合，从单机到网络的过程。

2. 软件系统

软件是指控制计算机系统运行的计算机程序和文档资料的统称，也是会计信息系统的核心。电算化会计软件包括系统软件与应用软件两大类。

3. 会计人员

会计信息系统的人员是指从事研制开发、使用和维护以软件为核心的会计系统人员。这些人员分为两类：一类是系统开发人员，包括系统分析人员、系统设计人员、系统编程人员和系统测试人员；另一类是系统应用人员，包括系统管理员、系统维护员、软件操作员、电算化审核员、会计档案保管员等。

4. 会计数据

会计数据是会计工作的基本对象，也是会计信息系统的主要组成要素。

5. 系统规程

系统规程指各种法令法规、文件条例和规章制度。主要包括两大类：一是政府的法令、条例，如《会计电算化管理办法》和《会计电算化工作规范》等；二是基层单位在电算化会计工作中的各项具体规定，如岗位责任制度、会计核算软件操作管理制度、会计档案管理制度。

四、会计信息系统的特征

会计信息系统作为一个独立的系统，具有系统所共有的独立性、目的性、层次性、适应性。会计信息系统作为管理信息系统的子系统，与其他子系统相比，又具有以下显著特点：

（一）信息加工原理科学

会计学本身是一门体系完整、方法严谨的学科，对每类经济业务的处理都规定了严格的准则和方法，必须严格遵守，不得随意改变。会计信息系统对企业经营管理活动的核算程序是经过几百年甚至上千年的进化演变逐渐成熟的。

（二）输出信息质量高

会计信息的质量特征主要表现在时效性、可靠性、相关性、可比性、重要性等方面。会计信息系统信息的实时处理能力能够及时向管理者、投资人、债权人、政府部门提供数据，特别是给管理部门提供有关资金运动、成本耗费等信息。同时，会计信息系统工作原理具有较强的科学性，而且会计工作具有很强的规范性，这使会计信息系统质量得到了充分的保障。

（三）信息量大、涉及面广

会计信息系统以货币为主要工具，对整个企业的生产经营活动进行系统、连续、全面、综合的核算和监督。会计信息系统用货币的形式综合反映企业经营活动的各个方面。从信息涉及的环节和范围看，会计信息系统涉及的信息之大是其他子系统所无法比拟的。企业管理的其他信息子系统一般只涉及企业活动的某一个或几个方面，如人力资源管理系统只包含企业人力资源方面的信息。

（四）是企业管理信息系统中的核心子系统

会计信息系统是企业管理信息系统的一个子系统，除此以外企业管理信息系统还包括许多其他子系统。会计信息系统为了全面反映企业活动各个环节和各个方面的信息，需要从其他各个子系统提取信息，同时也将自己的处理结果提供给其他子系统。由于会计信息系统在拥有数据量方面、数据可靠性程度方面以及与各子系统与外部的联系密切程度方面都占据绝对的优势，毋庸置疑地成为企业管理系统的核心子系统。

（五）内部控制严格

会计信息系统中的数据不仅在处理时要层层复核，保证其正确性，还要保证在任何条件下以任何方式进行核查核对，留有审计线索，防止犯罪破坏，为审计工作的开展提供必要的条件。

五、会计信息系统的演进

从20世纪50年代起，以计算机和网络为代表的现代信息技术被引入会计实务领域，会计信息系统发生了很大变化。该发展变化大致可以划分为面向会计事务处理的电子数据处理阶段，面向会计部门的部门级的信息集成阶段，面向企业整体的企业级的信息系统和企业间的过程集成阶段。

（一）电子数据处理（EDP）阶段

20 世纪 40 年代末，第一台电子计算机问世，计算机的应用领域主要是科学计算，特别是军事科研部门的科学计算。由于计算机准确快速的运算特点，使人们很快就认识到了它的应用效率，并意识到它在数据处理方面的巨大作用，从而尝试使用电子计算机来辅助人们进行企业管理。例如，1954 年美国通用电器公司使用电子计算机实现了工资核算和成本核算。

随着计算机硬件的飞速发展，使计算机性能价格比逐渐优化。而在软件方面，由于独立于应用程序的数据文件系统的研发以及各种高级语言的诞生，为企业各种核算工作提供了一个自动化的工作环境，产生了会计信息系统早期形态，称它为电子数据处理阶段。EDP 阶段延续到 60 年代末，这时企业管理中计算机被应用到个别部门解决局部计算和管理要求，人们利用计算机来处理工资的计算、存取款、库存材料的收发核算等数据处理量大、计算简单且重复次数多的经济业务。在这个阶段还没有会计信息系统，只是多种相互独立的会计核算程序，而一种会计核算程序仅能完成某项业务，相互间没有联系，会计核算程序只是模拟手工核算方式。

（二）部门级的信息集成阶段

局域网和数据库技术的出现，为部门内的信息集成提供了实现的技术手段，将会计部门内的各个计算机应用进行集成，实现“来源唯一，实时共享”。从会计部门单方面需求的角度开发会计信息系统，以满足单位会计核算的功能。此时的会计信息系统是企业财会部门专用的信息系统，它在物理上独立于其他部门的信息系统。由于会计信息系统的输入被动地依赖业务部门提供数据，它对管理决策的支持只能是提供事后的统计分析评价，而无法有效地进行事中控制，也无法进行有效的事前计划。

（三）企业级的信息系统阶段

企业管理的进步对会计信息系统提出了更高的要求，特别是 ERP 系统理念的出现，进一步扩大了会计软件的视野和功能范围，使会计信息系统的开发设计从单方面以企业财务部门需求为出发点，转为面向企业全方位整合财务会计信息。典型的 ERP 系统以企业计划为核心，在各层次计划的指导和控制下，通过整合企业内部的物流、信息流和资金流，实现对企业各项资源的合理组织、控制、协调与配置。此时形成企业管理信息系统，而会计信息系统是其核心的组成部分。

（四）企业间的过程集成阶段

集团化企业的发展，对管理信息系统的要求越来越高，传统分散的财务管理模式已不能适应集团化企业管理的需求，特别是以 Intranet 和 Internet 为代表的网络技术的发展，为企业间联网提供可能，为集团级企业间管理信息系统的开发和应用奠定了技术基础，实现了企业间的过程集成。

任务三　会计电算化与会计信息化

一、会计信息化的概念

会计信息化是指企业利用计算机、网络通信等现代信息技术手段开展会计核算，以及利用上述技术手段将会计核算与其他经营管理活动有机结合的过程。相对于会计电算化而言，会计信息化是一次质的飞跃。现代信息技术手段能够实时便捷地获取、加工、传递、存储和应用会计信息，为企业经营管理、控制决策和经济运行提供充足、实时、全方位的信息。会计信息化能让财务软件中各个模块的业务无缝连接。例如总账的存货、应收账款、在途物资等业务资料在相应的存货系统、采购系统、供应商往来档案中相互一致。会计信息化同时也能促使财务部门与其他管理部门紧密联系，加强财务部门与其他部门的信息沟通，实现财务管理一体化。

二、会计电算化与会计信息化

自1981年提出“会计电算化”一词以来，会计电算化作为一种事业或一种奋斗目标，对促进我国计算机在会计业务处理中的应用起了很大的作用，使我国的会计电算化事业从无到有，从低级到高级，从简单到复杂，得到了很大的发展。管理学理论和计算机技术的深入发展，尤其是网络技术的飞速发展，对会计学科已经产生了深刻的影响。现在“会计电算化”一词的含义已经得到了深化和延伸。会计电算化不仅要求用计算机替代算盘，计算机模拟手工来完成会计业务处理，替代手工完成账务处理、报表处理、工资核算、固定资产核算、销售核算等会计业务，还要求包括一个单位的会计电算化工作的规划与组织、会计电算化的实施与管理、会计电算化制度的建立、会计电算化人员培训等内容，同时还涉及会计核算、会计管理、财务决策和计算机审计等理论和方法的研究。在这种情况下，“会计电算化”一词已经不能包含整个领域的内容了，因此，“会计信息化”的概念被提出来。用“会计信息化”代替“会计电算化”的原因有以下几点：

（1）会计信息化有明确的含义，它是管理信息系统一个重要的子系统。

（2）从本质上说，会计电算化只是会计发展从手工方式过渡到计算机方式的一个历史阶段。随着管理学和计算机网络技术的发展，会计电算化已经不仅是对传统会计向现代会计过渡过程中所涉及的手段变革内容的重点探讨，而是对基于电子信息时代的会计学所涉及的会计理论、会计方法、会计手段和会计规范的全面阐述。

（3）使用“会计信息化”与其他行业保持一致。计算机在各行业得到广泛应用，有的行业，如银行、电力、税收、邮电等对计算机的应用已经达到较高的水平，这些行业都使用“银行信息化”“税收信息化”等名称。

（4）使用“会计信息化”与国际上通用的会计信息系统AIS的概念保持一致，便于国际交流。

从会计信息化的角度，我们可以把“会计电算化”理解为一种事业，这种事业是通过会计信息系统的研制、推广和应用来实现的。

项目小结

本项目主要介绍了会计数据与会计信息的概念，会计电算化的概念、产生、意义与发展的历史，会计信息系统的概念和组成，会计信息系统的特征和发展展望。学生通过对本项目的学习应该掌握会计电算化的概念、会计信息系统的概念和组成、会计信息系统的特征；了解会计数据与会计信息的特点，会计信息化的产生、意义和发展历史。

复习思考题

项目二

会计信息系统的基本结构

学习目标

知识目标

◇ 了解会计信息系统主要组成部分；

◇ 了解不同类型会计信息系统的总体结构的异同；

◇ 了解总账系统的特点和设计要求。

能力目标

◇ 能画出总账系统的数据处理流程图；

◇ 能正确叙述会计信息化总账处理和手工账务处理的异同；

◇ 能正确叙述工资管理系统数据处理流程。

了解和掌握会计信息系统的基本结构，不仅有利于用好会计软件、更深层次理解会计信息化，而且有利于做好会计信息系统的深层次维护工作，充分利用会计信息系统中已有的会计数据进行会计分析，帮助会计信息系统研制开发人员更好地进行需求分析和系统设计。

会计信息系统是随着信息技术革命和会计学科的发展逐步发展和完善的。到目前为止，会计信息系统已经从核算型发展成为管理型，它涵盖供、产、销、人、财、物以及决策分析等企业经济活动的各个领域，功能不断完善，子系统不断扩展，基本满足了各行各业对会计核算和管理的需要。

任务一　会计信息系统的总体结构

会计信息系统的总体结构是指一个完整的会计软件由哪几个子系统组成，每个子系统完成哪些功能，以及各子系统之间的相互关系等。

一、会计信息系统的总体结构概述

由于企业性质、行业特点以及会计核算和管理需求的不同，会计信息系统所包含的内容不尽相同，其子系统的划分也不尽相同。会计信息系统一般由三大系统组成，即财务系统、购销存系统、管理分析系统，每个系统又进一步分解为若干子系统（见图2－1）。

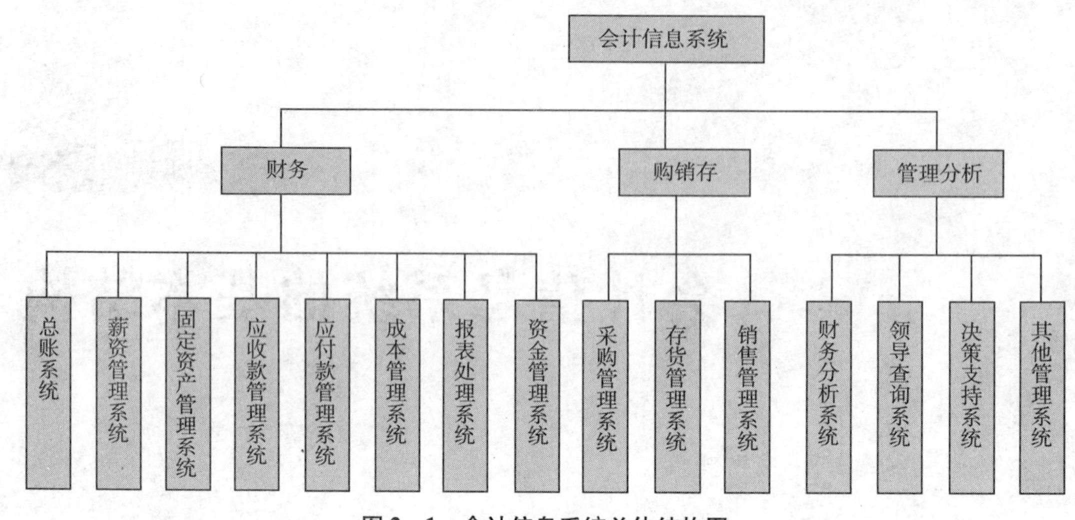

图 2-1 会计信息系统总体结构图

（一）财务系统

1. 财务系统的组成

财务系统主要包括总账系统（账务处理系统）、薪资管理系统、固定资产管理系统、应收款管理系统、应付款管理系统、成本管理系统、报表处理系统、资金管理系统。

2. 财务系统中各子系统的功能描述

（1）总账系统。总账系统以凭证为原始数据，通过凭证的输入和处理，完成全部记账、算账、对账、转账、结账工作，生成日记账、总账和除各子系统生成的明细账之外的全部明细账。总账系统还具备银行对账和往来账管理的功能。

（2）薪资管理系统。薪资管理系统是以职工个人的原始工资数据为基础，完成职工工资的计算，工资费用的汇总和分配，计算个人所得税，查询、统计和打印各种工资表，自动编制工资薪酬分配转账凭证传递给总账等功能。薪资管理系统实现对企业人力资源的部分管理。

（3）固定资产管理系统。固定资产管理系统主要是对设备进行管理，即存储和管理固定资产卡片，灵活地进行增加、删除、修改、查询、打印、统计与汇总。进行固定资产的变动核算，输入固定资产增减变动或项目内容的变化后，自动登记固定资产明细账，更新固定资产卡片，完成计提折旧和分配，产生“折旧提取及分配明细表”“固定资产统计表”等。固定资产增减变动凭证和折旧费用分配转账凭证可自动转入财务处理系统。同时，固定资产管理系统可灵活地查询、统计和打印各种固定资产账表。

（4）应收款管理系统。应收款管理系统完成对各种应收账款的登记、冲销工作，动态反应各个客户信息及应收账款信息，进行账龄分析和坏账估计，提供详细的客户和产品的统计分析，帮助财务人员有效地管理应收款。

（5）应付款管理系统。应付款管理系统完成对各种应付账款的登记、冲销以及应付账款的分析预测工作，及时分析各种流动负债的数额及偿还流动负债所需的资金，提供详细的供应商和原材料的统计分析，帮助财会人员有效地管理应付款。

（6）成本管理系统。成本管理系统包括成本核算和成本管理。成本管理系统是根据成本核算的要求，通过用户对成本核算对象的定义，对成本核算方法的选择，以及对各种费用分配方法的选择，自动对其他系统传递的数据或用户手工录入的数据进行汇总计算，输出用户需要的成本核算结果或其他统计资料。

成本管理功能，可以对分批核算的产品进行追踪分析，计算部门的内部利润，对历史数据对比分析，分析计划成本与实际成本的差异；运用移动平均、年度平均增长率，对部门总成本和任意产量的产品成本进行预测，满足企业经营决策的需要。

（7）报表处理系统。报表处理系统主要根据会计核算数据（如总账系统产生的总账及明细账等数据）完成各种会计报表的编制与汇总工作，生成各种内部报表、外部报表及汇总报表，根据报表数据生成各种分析图等。

（8）资金管理系统。资金管理系统以银行提供的单据、企业内部单据、凭证等为依据，记录资金业务以及其他涉及资金管理方面的业务；处理对内和对外的收款、付款、转账等业务；提供逐笔计息管理功能，实现每笔资金的管理；提供积数计算管理功能，实现往来存贷资金的管理；提供各种单据的动态查询情况以及各类统计分析表。

（二）购销存系统

1. 购销存系统的组成

购销存系统包括采购管理系统、存货管理系统、销售管理系统。

2. 购销存系统中各子系统的功能描述

（1）采购管理系统。采购管理系统根据企业采购业务管理和采购成本核算的实际需要，制订采购计划，对采购订单、采购到货以及入库状况进行全程管理，为采购部门和财务部门提供准确及时的信息，辅助管理决策。

（2）存货管理系统。存货管理系统包括库存管理系统和存货核算系统两部分，主要针对企业存货的收、发、存业务进行核算与记录，掌握存货的耗用情况，及时、准确地把各类存货成本归集到各成本项目和成本对象上，为企业的成本核算提供基础数据，动态反映存货资金的增减变动，提供存货资金周转和占用的分析，为降低库存、减少资金积压、加速资金周转提供决策依据。

（3）销售管理系统。销售管理系统是以销售业务为主线，兼顾辅助业务管理，实现销售业务管理与核算一体化。销售管理系统一般和存货中的产成品核算相联系，实现对销售收入、销售费用、销售税金、销售利润的核算；生成产成品收发结存汇总表等表格，生成产品销售明细账等账簿，自动编制记账凭证，供总账系统使用。

（三）管理分析系统

1. 管理分析系统的组成

管理分析系统一般包括财务分析系统、领导查询系统、决策支持系统和其他管理系统。

2. 管理分析系统中各子系统的功能描述

（1）财务分析系统。财务分析系统的功能是从会计数据库中提取数据，运用各种专门的分析方法对财务数据做进一步的加工，生成各种分析和评价企业财务状况和经营成果的信息；编制预算和计划，并考核预算计划的执行情况。

（2）领导查询系统。领导查询系统是企业管理人员科学、实用、有效地进行企业管理和决策的一个重要帮手。它可以从各子系统中提取数据，并将数据进一步加工、整理、分析和研究，按照领导的要求提取有用信息（如资金日报表、现报流量表、费用分析表、计划执行情况报告、信息统计表、部门收支分析表等），并以最直观的表格和图形显示。在网络计算机会计信息系统中，领导还可以在自己办公室的计算机中及时、全面地了解企业的财务状况和经营成果。

(3) 决策支持系统。决策支持系统是利用现代计算机、通信技术和决策分析方法，通过建立数据库和决策模型，利用模型向企业的决策者提供及时、可靠的财务、业务等信息，帮助决策者对未来经营方向和目标进行量化分析和论证，从而对企业生产经营活动做出科学的决策。

以上各系统共同构成了会计信息系统的功能结构，它们之间为实现会计核算系统的总目标服务而相互联系，同时各系统又相互独立，有着各自的目标和任务。不同企业，根据其不同的特点，可以将这些系统进行有机的组合，形成满足本企业会计核算和管理需要的会计信息系统。

不同类型的企业其会计软件总体结构不尽相同，下面重点阐述工业企业会计软件的总体结构。

二、工业企业中会计信息系统的总体结构

1. 概述

工业企业的特点是要对购进的商品（原材料）进行加工，使之成为产成品，然后进行销售。工业企业的特点决定了工业企业的会计信息系统主要是对其供产销过程进行核算、反映和控制，因此必然要建立与生产过程有关的会计子系统。尽管不同的生产特点要求不同的核算方法，但其核算的内容却大同小异，因此总体结构基本一致。

工业企业的经营主要由供应、生产、销售三阶段构成，即采购材料，对材料进行加工使之成为产成品，然后进行销售。

现代企业管理是针对企业整体资源的管理，包括供应链、生产制造、财务、人力资源、设备、成本等。对于工业企业而言，供应链管理、成本管理和财务管理又是重中之重。

工业企业完整流畅的供应链管理模式见图 2－2。

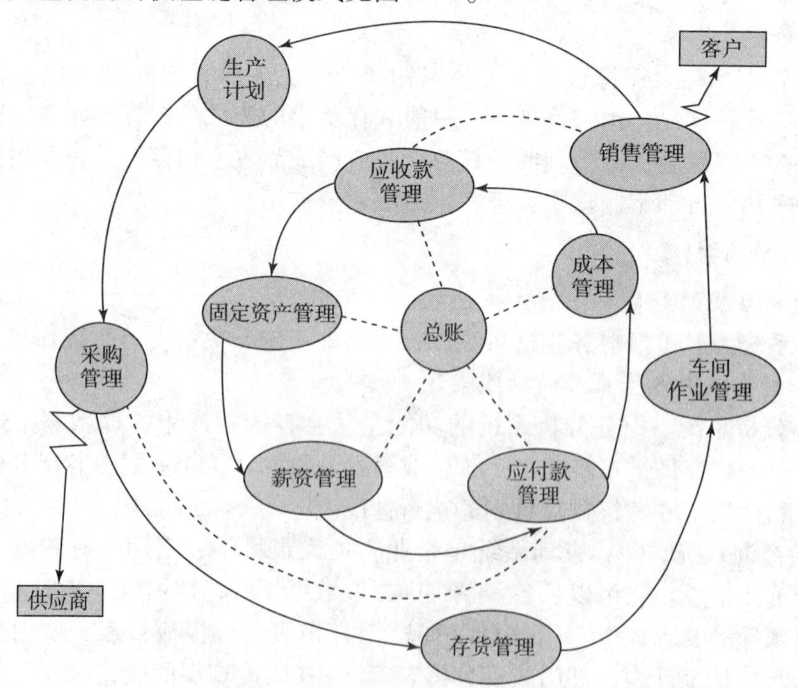

图 2－2　工业企业供应链管理模式

从图 2-2 中可以看到：

外环是企业的供应链，构成了企业的物流环：以客户和订单管理为入口，根据订单下达生产计划，制订采购计划；采购管理系统通过询价进行供应商的选择，原材料到货后经过检验入口，投入到车间进行生产；产成品通过分销系统的管理发送给客户，实现实物的循环流动。

内环是企业的资金环，它与企业物流环有着相同的流动方向，从付款到收款，实现企业资金的循环。内环包括企业内部管理的三个重要环节：人力资源管理、固定资产管理和成本管理。

物流与资金流通过信息有机地结合，形成了企业新的现代管理模式。作为企业管理信息系统中的一个重要子系统，会计信息系统应该根据工业企业的自身特点、会计核算和管理要求，将会计信息系统中各子系统有机地结合，构造其结构和应用方案。一般来说，工业企业可以选择两种方案。

(1) 基本系统。基本系统包括：总账 + 应收 + 应付 + 报表。

基本系统主要实现对工业企业资金流的核算和管理。

(2) 扩展系统。扩展系统包括：

采购 + 销售 + 薪资 + 固定资产 + 存货 + 成本 + 资金管理 + 管理分析。

扩展系统主要实现对工业企业系统资金流和部分物流的核算和管理。

工业企业会计信息系统构成见图 2-3。

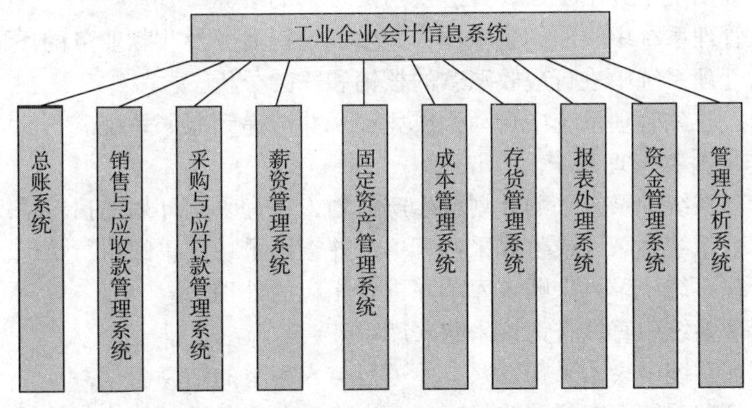

图 2-3　工业企业会计信息系统总体结构

2. 工业企业应用方案流程

采用扩展系统模式的工业企业，其具体应用方案流程见图 2-4。

(1) 总账系统。

①在总账系统中完成录入凭证、审核凭证等凭证处理。

②在总账系统中完成记账、结账等工作。

③在总账系统中进行总账、明细账、日记账等账簿查询和打印工作。

④在总账系统中进行对账等工作。

⑤在报表处理系统中根据各系统的数据，编制和自动生成各种内部报表和外部报表。

(2) 销售与应收款管理系统。

①在销售管理系统中录入销售订单，并能对订单执行情况进行查询。

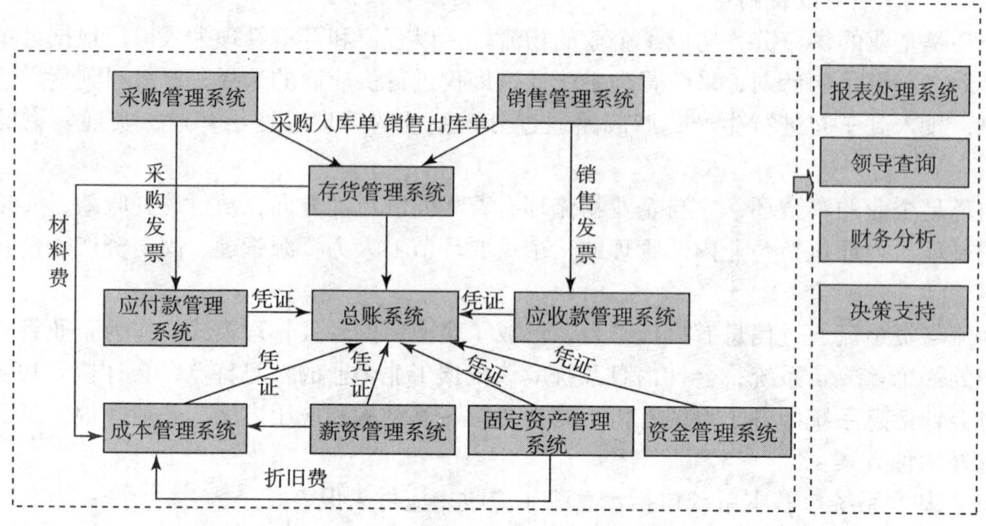

图 2-4 工业企业应用方案流程图

②在销售管理系统中开出发货单。

③在销售管理系统中根据发货单生成销售出库单。

④在库存管理系统中查询该销售出库单。

⑤在销售管理系统中开出发票，并进行与发货单的结算。

⑥在应收款管理系统中收回销售款项，并生成销售业务及收款业务的凭证。

⑦在应收款管理系统中进行应收账款的核销和账龄分析。

⑧在销售与应收款管理系统中自动生成凭证，并传递到总账系统。

（3）采购与应付款管理系统。

①在采购管理系统中录入采购计划或生产计划，查询采购计划的执行情况。

②在采购管理系统中录入或生成采购订单，并查询采购订单的执行情况。

③在采购管理系统中录入采购入库单并进行相应的处理。

④在库存管理系统中直接查询该采购入库单。

⑤在采购管理系统中录入采购发票，并进行与入库单的结算。

⑥在应付款管理系统中支付采购款项，并生成采购业务及付款业务的凭证。

⑦在应付款管理系统中分析偿还流动负债所需的资金，并对供应商进行管理。

⑧在应付款管理系统中自动生成凭证，并传递到总账系统。

（4）库存管理系统。

①在库存管理系统中录入各种出、入库单，并进行相应的处理。

②在库存管理系统中进行存货的成本计算和管理。

③在库存管理系统中自动生成各种存货入库、减少和费用分配的凭证，并传递到总账系统和成本管理系统。

（5）成本管理系统。

①在成本管理系统中接收各系统传来的成本信息。

②在成本管理系统中自动计算产品成本。

③在成本管理系统中自动生成凭证传递到总账系统。

（6）资金管理、薪资管理、固定资产管理系统。

①在资金管理系统中进行企业内部和外部的存款、贷款管理，并自动生成计算利息的凭证传递到总账系统。

②在薪资管理系统中进行日常的工资核算，并生成人工费用凭证，传递到总账系统和成本管理系统。

③在固定资产管理系统中进行固定资产的日常管理，并生成计提折旧等凭证，传递到总账系统和成本管理系统。

（7）管理分析系统。

①在财务分析系统中制订各项支出、费用计划，并根据总账等系统的数据生成相应的考核指标，进行考核分析。

②决策支持系统自动从总账系统中提取历史数据，对企业的经营情况、资金情况等进行模拟预测。

③领导查询系统自动从总账系统中提取数据，根据工业企业的管理需求将其加工成领导需要的信息，供领导使用。

3. 网络财务与业务协同过程

财务与业务协同一直是企业管理过程中的一个重要命题。目前计算机网络和电子商务在企业中的应用，从根本上促进了财务与业务的协同，这种协同包括企业内部部门的协同、企业与供应链的协同和企业与社会部门的协同。

（1）内部部门的协同包括对企业全部业务的协同，即财务部门的预算控制、资金准备、凭证处理、网上结算等工作与企业部门的工作协同进行。

（2）与供应链的协同包括网上询价、网上采购、网上销售、网上催款、网上服务等。

（3）与社会部门的协同包括网上银行、网上保险、网上报税、网上报关等。

拓展阅读：商业企业会计信息系统结构和应用方案

三、会计信息系统中系统间的数据传递联系

一个完整的企业会计软件可分解成若干个子系统，子系统之间相互作用、相互依赖，共同完成会计信息系统的反映和监督职能。系统相互作用、相互依赖的关系主要表现为控制联系和数据传递联系。控制联系是指一个系统的状态输出对另一个系统的状态、行为产生影响。数据传递联系是指一个系统的数据输出作为另一个系统的数据输入，供其加工处理，实现数据共享。而会计软件系统间的关系主要表现为数据传递关系。当各个系统单独研制和使用时，系统所需的数据都是通过人工输入的方式输入计算机，不能直接利用其他系统的输出数据。因此会造成数据输入的工作量大，影响会计信息系统的效率。为提高系统效率和处理的准确性，需要从总体上设计会计信息系统，考虑系统之间数据的共享利用，分清系统之间的数据联系。

以工业企业的会计软件为例，工业企业会计软件的系统构成可用图 2－3 表示；各个系统之间的数据联系可用图 2－4 表示。

从数据流程的角度看，系统之间的数据传递关系可以分成三类：一类是专为其他系统提供数据的，如薪资管理系统、固定资产管理系统、存货管理系统等；第二类是主要从其他系统中提取数据作进一步加工处理，负责输出信息，以报表处理系统最为典型；第三类既从其他系统中提取数据，也向其他系统中输送数据，自己还有独立的数据输入，以总账系统最为典型。

任务二 总账系统设计

一、总账系统的概述

总账处理是指从记账凭证的输入到账表的输出过程。虽然各企业的具体情况不同，但总账处理是必不可少的。从会计信息系统的构成来看，总账系统是会计信息系统的核心子系统，它与其他子系统之间存在大量的数据传递关系，采用的传递方式、传递的内容和时间对整个会计信息系统都有很大的影响。

总账系统是以凭证为原始数据，通过对凭证的输入和处理，完成记账、结账、账证表的查询与打印、系统服务和系统管理等账务处理工作。有些总账系统还能完成银行对账功能、往来账辅助管理功能、部门核算管理功能、项目核算管理功能等。从功能上看，总账系统的任务可概括为两个字，这就是“记账”，即常说的登记明细账、日记账和总账。财务处理就是从凭证到记账、从记账到账表输出的过程。总账系统采用世界通用的会计记账方法——复式记账法，并满足以下基本处理原则：

（1）有借必有贷，借贷必相等。

（2）资产 = 负债 + 所有者权益。

（3）总账余额/发生额 = 其下属明细账余额/发生额之和。

（一）总账系统的特点

1. 规范性强，一致性好，易于通用化

总账系统的基本原理是复式记账法，这是世界通用的会计记账方法。正因为如此，无论是国内还是国外，市场上都可见到大量的总账系统软件包。各企业在开展会计信息化的工作中，可充分考虑利用这种软件包，经济而迅速地建立自己的会计软件系统。

2. 综合性强，在整个会计软件系统中起核心作用

其他会计系统都是从局部反映供产销过程中的某个经营环节或某类经济业务，例如，成本管理系统主要反映生产活动环节，固定资产管理系统主要反映固定资产的业务状况。这些系统不仅用货币作为计量单位，而且还广泛使用实物数量指标。而总账系统则是以货币作为主要计量单位，综合、全面、系统地反映企业供产销的所有方面，因此所产生的信息具有很强的综合性和概括性，能准确地反映企业全部的财务状况和经营成果。除此之外，总账系统不但要接受其他系统产生的记账凭证，而且要记账，还要把某些账表的数据传送给其他系统，供其使用。也就是说，总账系统是整个会计软件数据交换的桥梁，它将其他系统有机地结合在一起，从而形成了完整的会计信息系统。

3. 控制要求严格，正确性要求高

账务处理核算结果要求绝对正确，不能有一点误差。因此，必须制定严格的内容控制制度和控制措施，以保证账务处理的正确性。

（二）总账系统的设计要求

（1）必须按照国家财政部门的统一规定进行系统的设计。

（2）在设计过程中应考虑数据量大、数据关系复杂和数据传递关系多等特点。

（3）在设计过程中必须增强系统内部对凭证数据输入的严格自控能力和安全保密措施。

（三）总账系统的目标

（1）及时、准确地采集和输入各种凭证，保证进入计算机的会计数据及时、正确和全面。

（2）高效、正确地完成记账过程。

（3）随时输出某个时期内任意会计科目发生的所有业务，随时输出各个会计期间的各种账表，为企业管理提供信息。

（4）建立总账系统与其他子系统的数据接口，实现会计数据的及时传递和数据共享。

（5）账务处理也可包含其核算与管理功能（往来核算和管理、项目核算与管理、部门核算与管理），这些辅助功能和管理都是账务处理功能的进一步补充。

二、总账系统的基本数据流程

手工条件下，考虑到不同的账务处理数据量及不同人员之间的分工，不同企业可能采用不同的账务处理流程，比如记账凭证账务处理流程、科目汇总表账务处理流程、汇总记账凭证账务处理流程等。

信息化条件下，数据处理工作可借助先进的计算机设备集中快速完成，结合计算机的特点，以科目汇总表账务处理流程为主，采用一种全新的数据处理流程（见图2－5）。

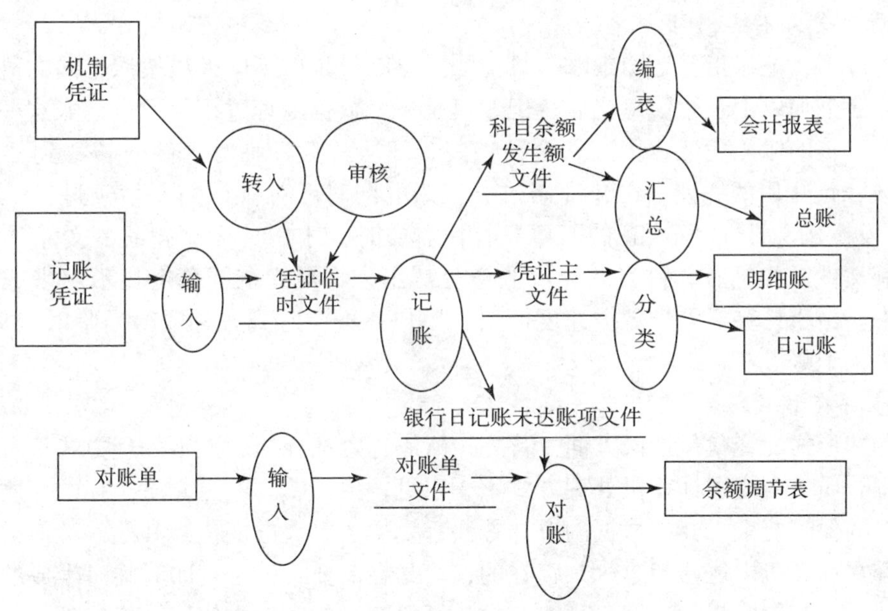

图2－5　总账系统数据流程

（一）总账系统处理过程

（1）由录入员输入记账凭证，输入的凭证经检查无误后，存入凭证临时文件，或者期末通过自动转账生成机制转账凭证，传入凭证临时文件。

（2）对凭证临时文件中未审核的凭证进行审核。

（3）根据凭证临时文件中已审核的凭证进行记账，分别更新科目余额/发生额文件，凭证主文件，部门、个人、项目等辅助文件，单位银行日记账未达账项文件，并将凭证临时文件中已记账的凭证记录删除。

（4）根据单位银行日记账未达账项文件和对账单文件中的银行业务进行对账，生成对账结果，输出银行存款余额调节表。

（5）根据凭证主文件生成日记账、明细账（某科目、部门、项目等明细账）并输出。

（6）根据科目余额/发生额文件生成总账并输出。

（7）根据科目余额/发生额文件及凭证主文件输出各种会计报表。

（二）与手工账务处理系统相比，信息化账务处理流程的特点

1. 数据处理的起点发生了变化

信息化条件下，总账系统的原始数据来自于记账凭证（包括收款、付款、转账凭证）；而手工条件下的原始数据是原始凭证。因此，根据原始凭证编制记账凭证这一步骤在信息化条件下仍需手工完成。

2. 无账账核对的必要

手工条件下，总账、明细账、日记账由许多会计人员分别登记，尽管其数据都是来自记账凭证，但由于人们在计算、汇总、抄写等过程中有可能发生这样或那样的错误，导致账证不符或账账不符，所以必须进行账账核对，直到所有的总账和明细账、日记账相符为止。信息化后，计算机记账不会发生计算、汇总、抄写等错误，结果必然账账相符，所以没必要进行账账核对。

3. 记账的含义不尽相同

手工条件下，记账指登记明细账、日记账、总账，是由不同人员按照不同的科目，分别在不同的账簿上加以记录。信息化后，记账仅是一个数据处理过程，通过记账这一数据处理步骤，使被审核的输入凭证成为正式会计档案，即从“凭证临时文件”转移到“凭证主文件”中存放，记账后的凭证不再允许修改。记账的同时，对科目的发生额进行汇总，更新“科目余额发生额文件”，而真正的账簿只有在需要时，才临时从“凭证主文件”和“科目余额发生额文件”中把有关科目的经济业务分离出来，最终在屏幕上显示出来或在打印机上打印出来。由于计算机处理数据速度极快，用户并不会感到各种账簿是临时分离出来的，所以类似手工记账。

4. 账表存在形式发生了变化

账表存在形式的变化包括两方面：首先，账表存贮的介质由人工处理方式下看得见、摸得着的纸张介质，变成了计算机处理方式下看不见、摸不着的电磁介质，存贮介质的变化使得会计档案的保管要求、会计数据的审计方法都发生了巨大的变化。其次，类似手工的账表格式、内容在计算机中往往不是永久存在的，而是在需要查询、打印时临时生成的，这样做既不影响使用者获取资料的速度，又能节约计算机存贮空间，方便计算机处理。

尽管会计信息化后，账表已在电磁介质上保存了，但由于目前保管电磁介质的条件所限和一些其他原因，财政部仍要求单位定期把有关账表打印出来。日记账要求天天打印，明细账、总账至少一年打印一次。

5. 信息化后，大部分工作由计算机完成

总账系统信息化后，给会计人员增加的工作量是输入记账凭证，只有凭证输入正确，才能保证账表正确。输入凭证后的全部工作将由计算机来替代。计算机根据输入的凭证自动产生日记账、明细账、总账，自动编制报表，这大大减少了会计人员的工作量，而且计算机无论在正确性、及时性和清晰性等方面都优于人工。但如何保证凭证输入的正确性是非常重要的。

6. 资料的积累和查询更为方便

由于各种需要，经常要查询一些已发生的历史会计业务。在手工条件下，只能一本本翻阅账簿，不仅工作量大，而且准确性难以保证，要想重新计算某些指标就更难。信息化后，历史的会计资料保存在计算机中，只要告诉计算机查询资料应满足的条件，计算机就能很快查到这些数据，而且可按多种途径进行查询（可从凭证查账，也可从账反过来查凭证，还可进行各种复合条件的查询）。资料的积累还为财务分析打下了良好的基础。

三、总账系统的模块结构及说明

总账系统总体结构设计就是以系统分析中设计的数据流图等为依据，建立总账系统的总体结构图，并按功能划分为一个个功能相对独立的模块（见图2－6）。

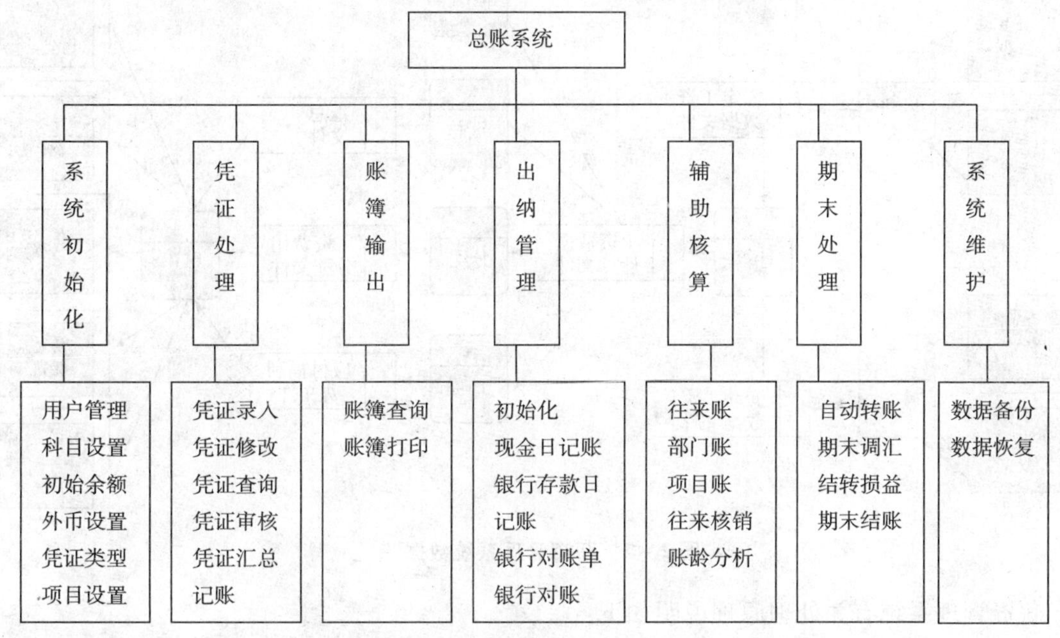

图2－6　总账系统基本功能模块结构

在对总账系统进行系统分析的时候，必须确定每一模块应该完成的功能，应该设计什么样的控制程序。具体模块功能说明将在项目四中介绍。

任务三　薪资管理系统开发

一、薪资管理系统概述

薪资管理系统的主要功能可概括为：确定单位工资项目，输入工资数据，计算职工的应发工资和实发工资，汇总分配工资费用，计提并汇总分配职工福利费，输出工资报表。

企业通常按月计算应发和实发工资，按月进行工资的核算。由于企业的职工人数多，所以每月计算工资的量很大，但工资管理的方法较为固定，数据处理的重复性很强，因此采用计算机核算工资较为方便，也可减轻财务人员的工作量。

不同企业虽然工资项目不同，但工资核算的基本原理和方法大致相同，因此容易实现薪资管理系统的通用化。所以各企业没有必要花精力研制自己的薪资管理系统，购买商品化薪资管理系统一般就能满足本企业的要求，达到投资少、见效快的目的。

二、薪资管理系统的基本数据流程

图 2－7 是通用薪资管理系统数据流图。

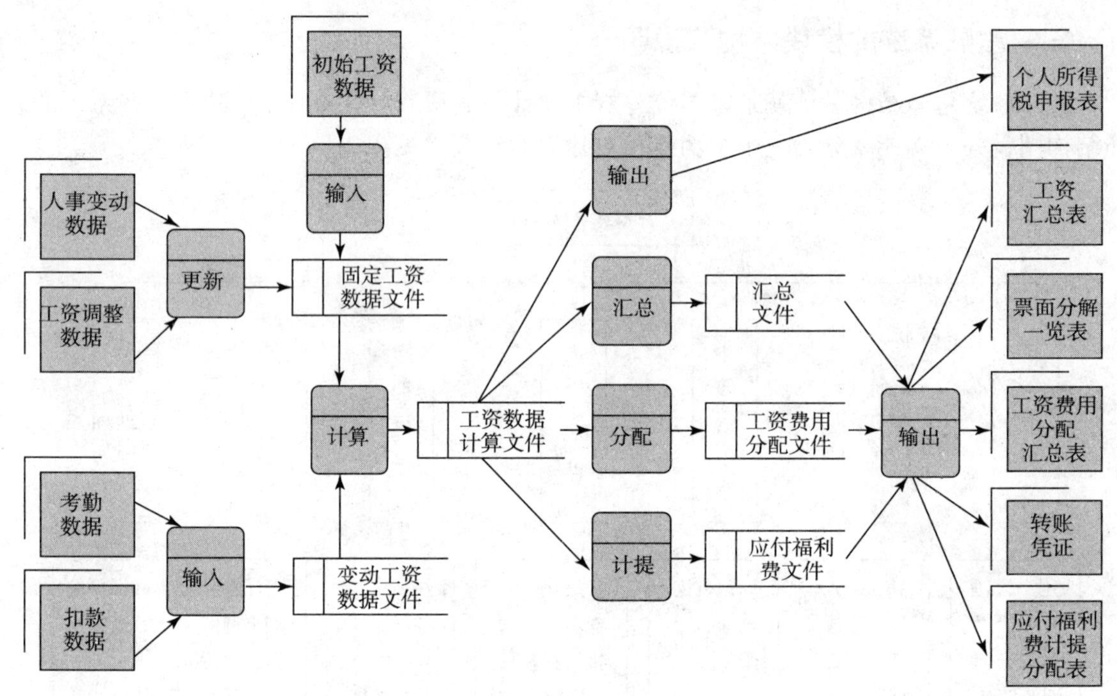

图 2－7　薪资管理系统数据流

薪资管理系统有关处理原理说明如下：

1. 编辑输入工资数据

根据工资项目文件中定义的工资项目，将包括职工代码、职工姓名、基本工资等在内的有关基本工资数据输入计算机，存入工资数据文件。为了方便对工资数据进行编辑修改，工资数据分为固定工资数据和变动工资数据两大类。固定工资数据存放工资金额一般是不变动的工资项目，不需每月重复录入，如基本工资等。变动工资数据存放的是每月工资金额都不相同的工资项目，如计件工资、扣水电等。所以工资数据输入分固定和变动两种情况。

2. 工资计算

根据工资数据文件中已有的基本工资数据和工资项目文件中的公式就可以计算出所有需要计算的工资项目的值，包括应付工资和实发工资等。

3. 汇总分配费用

根据工资数据文件中应付工资的值，按部门汇总就可以得到部门工资费用汇总分配数据，按职工类别汇总就可以得到职工分类汇总数据，产生工资费用分配文件，成为工资分配的依据。

4. 计提职工福利费

根据各部门的应付工资，按比例计提职工福利费。

5. 各种工资表输出

根据以上产生的工资数据文件，经过适当计算分类，就可以输出各种工资表。

三、薪资管理系统的模块结构及说明

薪资管理系统基本功能结构见图2－8。

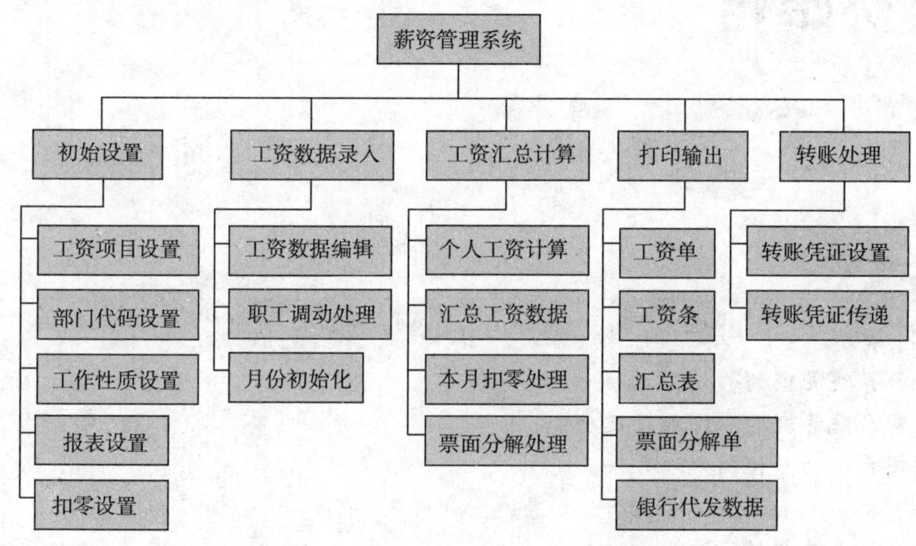

图2－8　薪资管理系统基本功能结构

薪资管理系统具体模块功能说明将在项目五中介绍。

项目小结

本项目论述了会计信息系统的总体结构，会计信息系统总体结构一般由财务系统、购销存系统、管理分析系统三部分组成；对比分析了不同类型企业会计信息系统总体结构的区别；重点分析了工业企业会计信息系统的基本结构构成和各功能模块的主要功能，并以总账系统和薪资管理系统为例，说明了进行会计信息系统开发的方法，包括进行模块划分、数据库文件设计、模块功能分析等。

复习思考题

项目三

系统初始化

学习目标

知识目标

◇ 了解系统管理的作用；

◇ 了解系统管理的工作原理及功能；

◇ 掌握系统初始化的处理方法。

能力目标

◇ 能描述系统初始化的概念；

◇ 能描述系统管理的工作原理和功能；

◇ 能进行系统初始化的业务处理。

任务一 系统初始化概述

会计信息系统的初始化是指通过一系列的定义、设置以及初始信息的输入，将通用软件转变为适用于某一特定对象的专用软件的过程，即将通用会计软件变成适用于本企业的核算需要的过程。会计信息系统初始化工作的质量将长期地影响整个信息系统的运行，同时初始化工作本身技术性、专业性要求较高，工作量较大，涉及的范围较广，所以必须给予充分的重视。会计信息系统初始化为信息系统正常运行打下良好的基础。

初始化阶段要做的工作包括整个系统的初始化和总账系统的初始化两个方面。在着手进行总账系统初始化工作之前，首先要完成整个会计系统的初始化。在实际操作中，两项初始化工作往往同时进行。初始化的主要工作一般包括建立账务结构体系、注册操作员及设置操作权限、整理录入期初数据等内容。

系统初始化设置首先要由系统管理员运行系统管理功能建立账套。账套是指在会计软件系统中为每一个独立核算的企业所建立的一套完整的账务体系。账套包括一个企业所有会计核算资料文件，其作用相当于手工操作条件下明确会计核算的主体。建立账套的过程也称为设置账套。通过对账套的管理，可以实现在同一信息化系统中为多个会计主体完成会计核算工作的任务。这为一些小核算企业开展代理记账等带来了方便。

账套设置的过程其实是输入企业有关背景资料的过程。在设置账套过程中，用户只要按照软件系统的提示，结合本企业的实际情况选择输入各项参数或说明信息，系统就会自动执照参数要求为用户企业建立一套独立的账簿体系。账套参数决定了系统的数据输入、处理、输出的内容和形式。一般情况下，一个企业对应一个账套，但如果企业内部还有独立核算的下级单位，或下设多个独立核算的部门，则可给每个独立核算部门分别立账，各账套之间数据相互独立，但可以实现资源或数据共享。

建立账套之前，首先要根据会计软件的要求和本企业的核算特点和实际情况，整理初始化数据和流程，然后建立账套，完成初始化工作。

下面具体介绍建账之前数据准备的工作。

如果您的企业一直采用手工进行财务核算，那么在开始使用财务软件进行财务管理之前，应对会计资料进行整理，进而为后续的各项功能应用做好准备。假设您准备从 2017 年 2 月开始使用总账系统，那么您应在使用前整理出以下会计资料：

1. 会计科目

整理手工账使用的会计科目，确定科目代码结构体系，以及每一个会计科目所对应账户的核算属性。可以直接采用现有的科目，也可以根据信息化的特点对科目进行调整。一般来说，为了充分体现计算机管理的优势，在企业原有的会计科目基础上，应对以往的一些科目结构进行调整，以便充分发挥计算机的辅助核算功能。如果企业原来有许多往来单位、个人、部门、项目是通过设置明细科目来进行核算管理的，那么在使用总账系统后，最好改用辅助核算进行管理，将这些明细科目的上级科目设为辅助核算科目，并将这些明细科目设为相应的辅助核算目录。总账系统中一共可设置 11 种辅助核算，包括部门、个人、客户、供应商、项目 5 种辅助核算以及部门客户、部门供应商、客户项目、供应商项目、部门项目及个人项目 6 种组合辅助核算。一个科目设置了辅助核算后，它所发生的每一笔业务将会登记在辅助总账和辅助明细账上。

2. 各辅助核算目录

只把科目设置了辅助核算还是不够的，还应将从科目中去掉的明细科目设置为辅助核算的目录。若有部门核算，应准备相应的部门目录；若有个人核算，应准备相应的个人目录；若有项目核算，应准备相应的项目目录；若有客户往来核算，应准备相应的客户目录；若有供应商往来核算，应准备相应的供应商目录。

3. 外币及汇率

如果企业有外币业务，那么还应进行外币及汇率的设置。要整理和准备各外币的币别代码和期初汇率。

4. 期初余额

在开始使用总账系统时，应先将各账户此时的余额和年初到此时的借贷方累计发生额计算清楚。例如：某企业由 2017 年 2 月开始启用总账系统，那么，应将该企业 2017 年 1 月末各科目的期末余额及累计发生额计算出来，作为启用系统的期初数据录入到总账系统中。若有辅助核算，还应整理各辅助项目的期初余额，如：某科目如果有部门核算，应计算出各部门的期初数据；如果有个人往来款的核算，还应将 2 月份前的个人往来款项中未两清的个人往来明细账整理出来，以便在期初余额数据中录入。

5. 结算方式

企业常用的收付款结算方式，如支票、商业汇票、银行本票等。

6. 银行对账期初资料

如果想要使用系统提供的银行对账功能，应先对银行日记账与银行对账单进行勾对，计算出最新余额调节表，并将尚未勾对的银行日记账与银行对账单整理出来，以便在银行对账期初数据中进行录入。

7. 凭证类别

在开始用计算机录入凭证之前，应确定设置凭证的类别。如：收款凭证、付款凭证、转账凭证。

一、系统管理的作用

企业级财务软件与传统的财务软件产品有着根本的不同。企业级财务软件是由多个产品组成，各个产品之间相互联系、数据共享，完整实现财务、业务一体化的管理。而传统的财务软件产品则往往强调集成，所有的功能都集成在一个产品之中，产品和产品之间不能进行数据交流和数据共享。

由于企业级财务软件所含的各个产品是为同一个主体的不同方面服务的，并且产品与产品之间相互联系、数据共享，因此就要求这些产品具备以下特点：

（1）具备公用的基础信息。

（2）拥有相同的账套和年度账。

（3）操作员和操作权限集中管理。

（4）业务数据共用一个数据库。

要想满足上述要求，就要设立一个独立的产品模块，也就是系统管理模块，来对企业级财务软件所属的各个产品进行统一的操作管理和数据维护。

二、系统管理的主要功能

具体来说，系统管理模块主要能够实现以下功能：

（1）对账套的统一管理，包括建立、修改、引入和输出。

（2）对账套中年度账的统一管理，包括建立、清空、引入、输出和结转上年数据。

（3）对操作员及其权限的统一管理以及设立统一的安全机制，包括数据库的备份、功能列表、清除系统运行异常任务和上机日志等。

三、系统管理操作流程

（1）采用企业级财务软件，第一年操作流程见图 3 – 1。

（2）第二年及以后年度的操作流程见图 3 – 2。

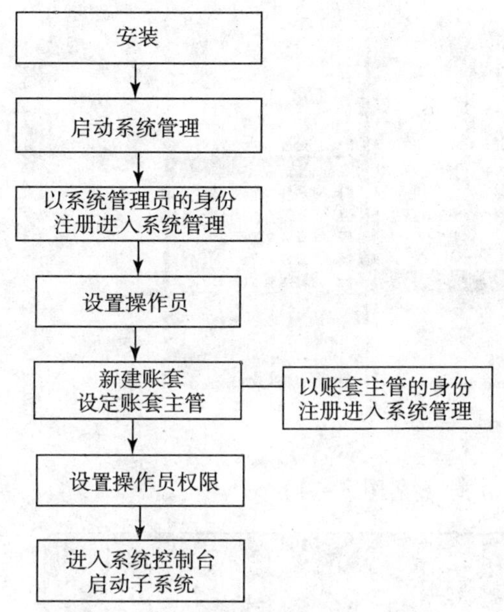

图 3-1　系统管理第一年操作流程

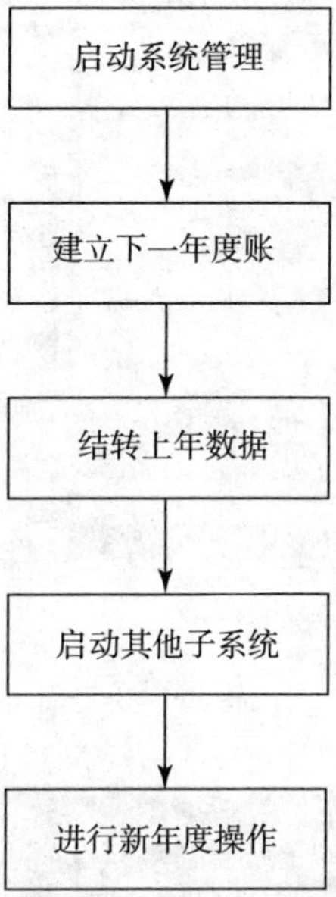

启动系统管理

建立下一年度账

结转上年数据

启动其他子系统

进行新年度操作

图 3-2　系统管理第二年及以后年度操作流程

任务二　注册系统管理

系统允许用户可以以系统管理员的身份，也可以以账套主管的身份注册进入系统管理。系统管理员负责整个系统的维护工作。以系统管理员身份注册进入，便可以进行账套的管理（包括账套的建立、引入和输出），以及操作员及其权限的设置。账套主管负责所选账套的维护工作，包括所选账套的修改和所含年度账的管理（创建、清空、引入、输出以及各子系统的年末结转），以及操作员权限的设置。

一、活动一：以系统管理员的身份注册系统管理

【知识链接】

为了保证会计信息系统及数据的安全与保密，系统提供操作员设置功能，以便在会计信息系统上进行操作分工及权限控制。系统管理员和账套的会计主管通过对系统操作的分工和权限的管理，一方面可避免与业务无关人员对系统的操作，另一方面可以对系统所含的各个子系统的操作进行协调，以保证系统的安全与保密。

【任务引入】

以系统管理员“admin”的身份注册系统管理。

【任务分析及操作步骤】

（1）选择进入系统管理模块，依次选择“开始”→“所有程序(P)”→“用友 U8V10.1”→“系统服务”→“系统管理”命令，进入“用友 U8V10.1—系统管理”窗口（见图 3-3）。

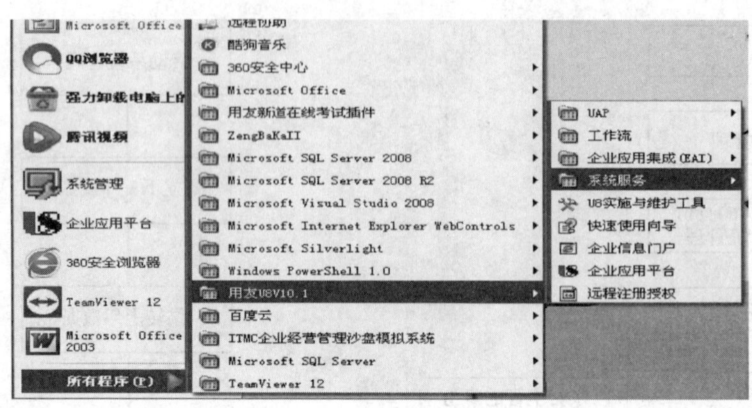

图3－3 进入系统管理

（2）选择“系统”→“注册”，进入注册对话框（见图3－4）。

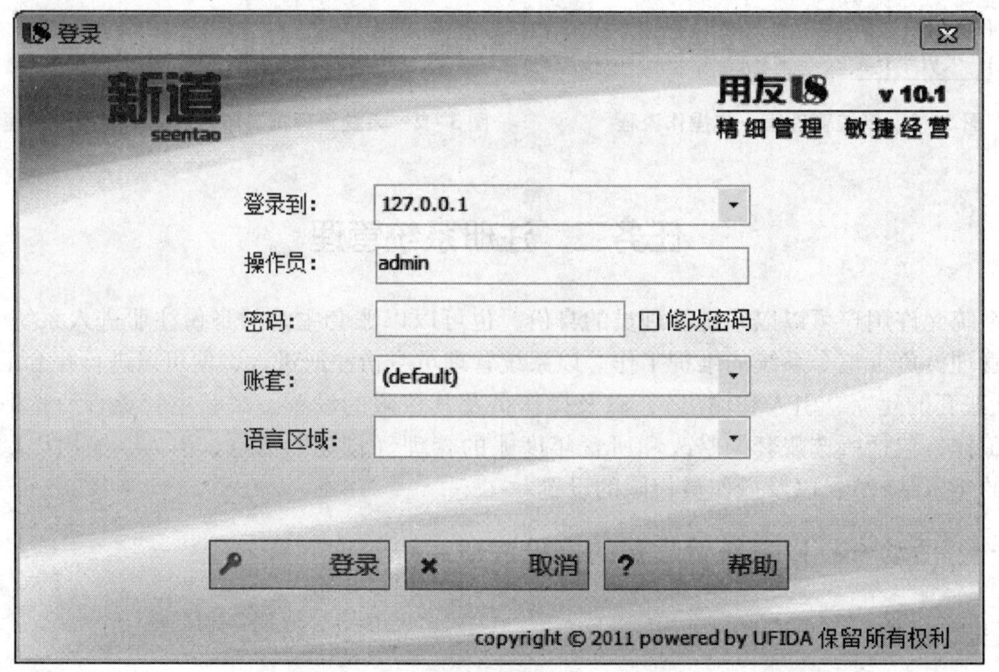

图3－4 系统管理员注册系统管理

（3）选择服务器。在客户端登录，则选择服务端的服务器名称（标识）；在服务端登录或单机用户登录，则选择本地服务器名称（标识）。

（4）输入操作员注册名称admin和密码（初始密码为空）。如要修改密码，则单击“修改密码”选择钮。

二、活动二：以账套主管的身份注册系统管理

【知识链接】

账套主管负责账套的维护工作。其责任主要包括对所管理的账套进行修改、对年度账进

行管理，以及对该账套操作员权限进行设置。

【任务引入】

以账套主管“demo”的身份注册系统管理。

【任务分析及操作步骤】

(1) 在建立账套以后，选择进入系统管理模块，依次选择“开始”→“所有程序(P)”→“用友 U8V10.1”→“系统服务”→“系统管理”命令，进入“用友 U8V10.1—系统管理”窗口。

(2) 选择“系统”→“注册”，进入注册对话框（见图 3-5）。

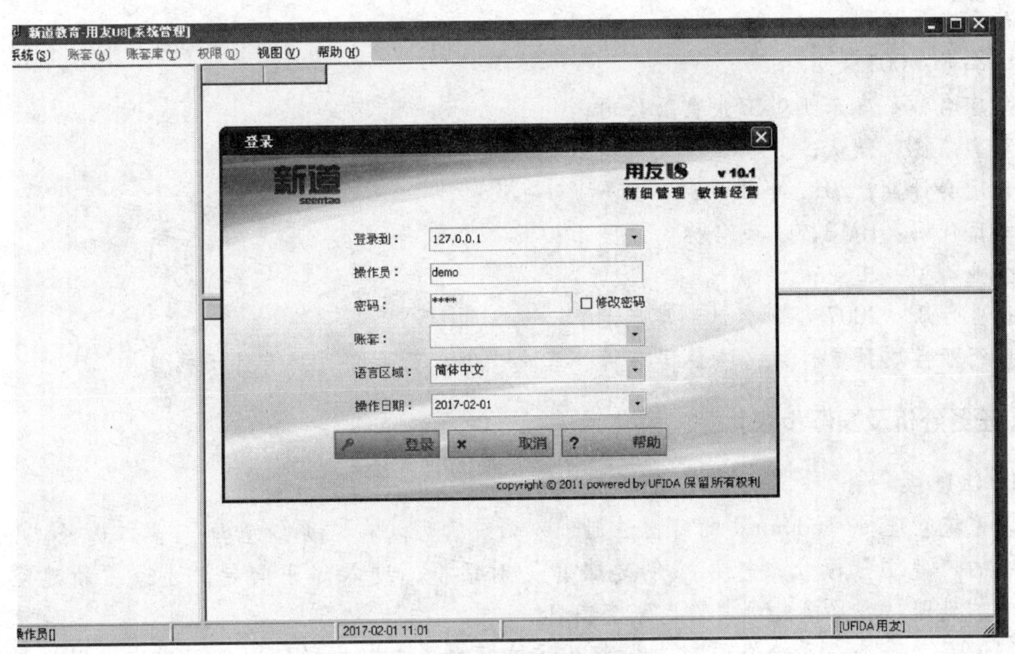

图 3-5　账套主管注册系统管理

(3) 选择服务器。在客户端登录，则选择服务端的服务器名称（标识）；在服务端登录或单机用户登录，则选择本地服务器名称（标识）。

(4) 输入操作员注册名称 demo 和密码 DEMO。如要修改密码，则单击“修改密码”选择钮。

(5) 选择账套。输入操作员之后，系统会在“账套”下拉列表框中根据当前操作员的权限显示该操作员可以登录的账套号。

(6) 输入操作日期。在“操作日期”文本框内键入操作日期。输入格式为“yyyy-mm-dd”。

任务三　账套管理

在第一次使用系统时，首先要建立本企业的账套。账套管理包括账套和账套库的建立、修改、引入和输出。其中，系统管理员有权进行账套的建立、引入和输出操作；而账套信息的修改和账套库的管理则由账套主管负责。

一、活动三：建立账套

【知识链接】

建立账套的实质是在会计软件环境里创建一系列的数据库文件，用以存放各种凭证账簿资料。这个过程是由系统自动完成的。而需要用户完成的工作是，明确当前会计主体的核算要求，输入核算过程中应遵循的规则，以及告诉系统该企业的一些业务背景资料。

【任务引入】

建账参数资料：

账套号：001；

账套名称：广东凯琪工业有限公司；

账套路径：默认；

启用会计期：2017 年 2 月；

本币代码：RMB；本币名称：人民币；

企业类型：工业；

行业性质：2007 年新会计制度科目；

按行业性质预置科目，该公司存货、客户、供应商无分类，有外币核算。

【任务分析及操作步骤】

1. 注册

以系统管理员“admin”的身份注册进入系统管理。在“系统管理”窗口选择“账套”菜单中的“建立”命令，打开“创建账套”对话框，进入建账向导，选择“新建空白账套”方式建账（见图 3 – 6），输入账套信息。

（1）已存账套：系统将现有的账套以下拉框的形式在此栏目中表示出来，用户只能查看，而不能输入或修改。其作用是在建立新账套时可以明确已经存在的账套，避免在新建账套时重复建立。

（2）账套号（A）：用来输入新建账套的编号，用户必须输入，可输入 3 个字符（只能是 001 ~999 之间的数字，而且不能是已存账套中的账套号）。在此输入“001”。

（3）账套名称（N）：输入新建账套的名称，用来标识新账套的信息，用户必须输入。可以输入 40 个字符。在此输入“广东凯琪工业有限公司”。

（4）账套路径（P）：新建账套的保存路径（最好用系统默认的路径，以便日后资料出错时维护）。系统不支持网络路径。在此选择系统默认的路径“C:\U8SOFT\Admin”。

（5）启用会计期（Y）：账套的启用时间，便于确定应用系统的起点，确保证、账、表资料的连续性。启用会计期一旦设定，就不能更改（建议年初启用）。在此设置为“2017 年 2 月”。

（6）输入完成后，单击“下一步（>）”按钮（见图 3 – 6），进入“单位信息”设置对话框。

图3-6　创建账套-账套信息

2. 输入单位信息

输入单位名称（见图3-7）。输入完成后，单击“下一步（>）”按钮，进入“核算类型”设置对话框（见图3-8）。

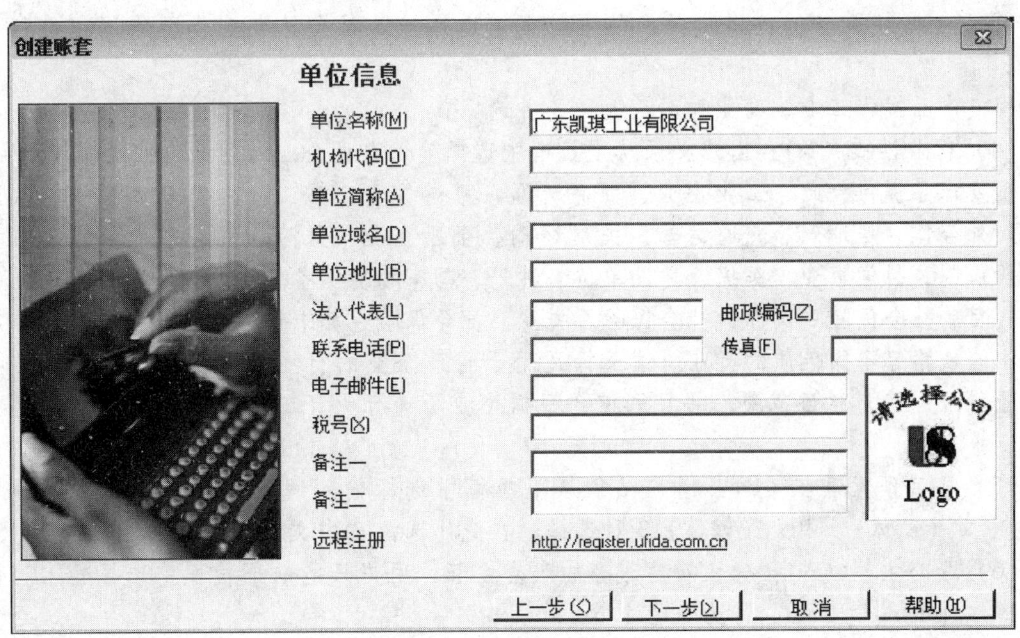

图3-7　创建账套-单位信息

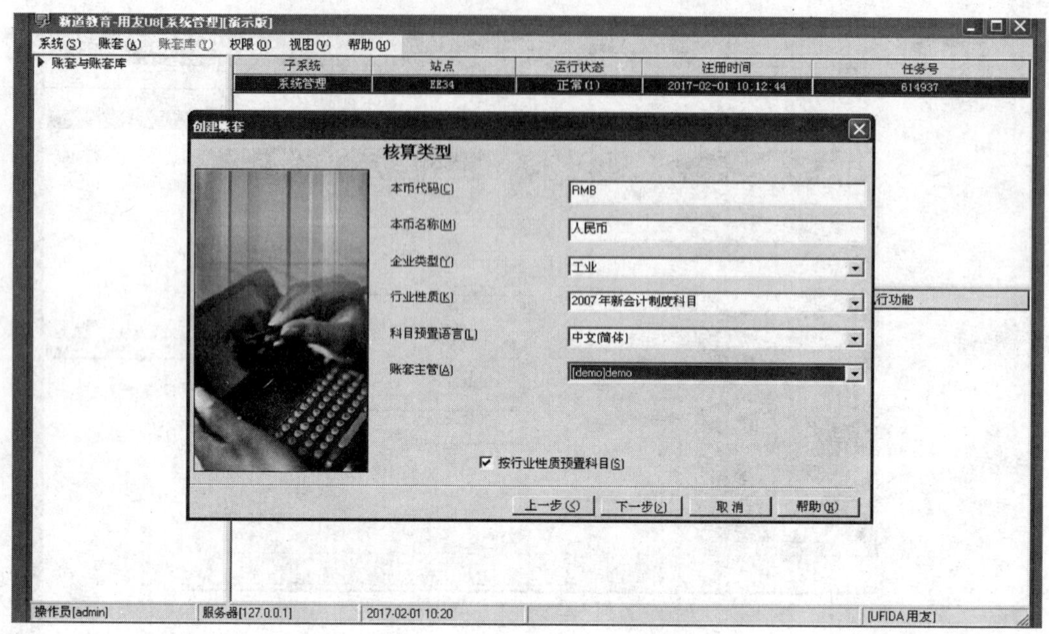

图3-8 创建账套-核算类型

3. 输入核算类型

(1) 本币代码 (C)：输入新建账套所用的本位币的代码。系统默认的是“人民币”的代码 RMB。

(2) 本币名称 (M)：输入新建账套所用的本位币的名称。系统默认的是“人民币”，此项为必有项。

(3) 企业类型 (Y)：用户必须从下拉框中选择输入与自己企业类型相同或最相近的类型。

用友产品提供工业、商业和医药流通3种选择。

(4) 行业性质 (K)：用户必须从下拉框中选择输入自己企业所处的行业性质。

用友产品提供行政、工业企业、商品流通、旅游饮食、施工企业、外商投资、铁路运输、对外合作、房地产、交通运输、民航运输、金融企业、保险企业、邮电通信、农业企业、股份制、科学事业、医院、建设单位、种子、国家物资储备、中小学校、高校、新会计制度科目、社会保险-医疗、社会保险-失业、社会保险-养老、社会保险-其他、律师行业、中国铁路等不同性质的行业。请选择适用于自己企业的行业性质。这为下一步“按行业预置科目”确定科目范围，并且系统会根据企业所选行业（工业和商业）预制一些行业的特定报表。

(5) 科目预置语言 (L)：用户必须从下拉框中选择输入语言的类型。系统提供 English、中文（简体）、中文（繁体）3种选择。在此处选择“中文（简体）”。

(6) 账套主管 (A)：确认新建账套的账套主管，用户只能从下拉框中选择输入。在此处选择“[demo] demo”作为账套主管。

(7) 按行业性质预置科目：如果用户希望采用系统预置所属行业的标准一级科目，则在该选项前打钩，那么进入产品后，会计科目由系统自动设置；如果不勾选，则由用户自己设置会计科目。

输入完成后，单击“下一步（>）”按钮，进行第4步设置（见图3-9）。

4. 定义基础信息

本步骤的功能主要是针对存货、客户、供应商相对较多的单位而设置的，即可以选择是否进行分类核算以及如何对这些内容进行分类。如果此时不能确定，也可以在软件启用后再进行设置。

说明

(1) 存货是否分类（V）：如果您企业的存货较多，且类别繁多，您可以在存货是否分类选项前打钩，表明您要对存货进行分类管理；如果您企业的存货较少且类别单一，您也可以选择不进行存货分类。注意：如果您选择了存货要分类，那么在进行基础信息设置时，必须先设置存货分类，然后才能设置存货档案。

(2) 客户是否分类（C）：如果您企业的客户较多，且希望进行分类管理，您可以在客户是否分类选项前打钩，表明您要对客户进行分类管理；如果您企业的客户较少，您也可以选择不进行客户分类。注意：如果您选择了客户要分类，那么在进行基础信息设置时，必须先设置客户分类，然后才能设置客户档案。

(3) 供应商是否分类（P）：如果您企业的供应商较多，且希望进行分类管理，您可以在供应商是否分类选项前打钩，表明您要对供应商进行分类管理；如果您企业的供应商较少，您也可以选择不进行供应商分类。注意：如果您选择了供应商要分类，那么在进行基础信息设置时，必须先设置供应商分类，然后才能设置供应商档案。

(4) 有无外币核算（A）：如果您企业有外币业务，例如用外币进行交易或用外币发放工资等，可以在此选项前打钩。

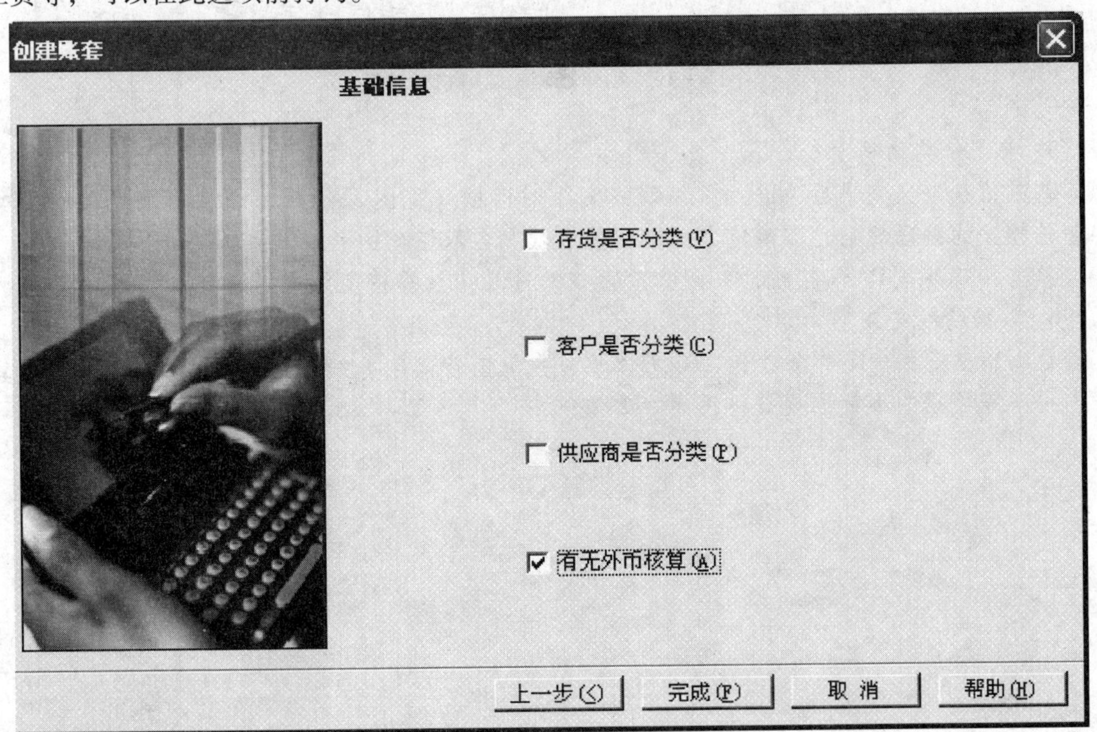

图3-9　创建账套-基础信息

输入完成后，单击“完成（F）”，系统显示建账主要步骤的执行进度，如初始化环境、创建新账套库等（见图3－10）。单击“完成（F）”按钮，提示“可以创建账套了么”，单击“是（Y）”完成上述信息设置，开始建账；单击“否（N）”返回确认步骤界面；单击“上一步（<）”按钮，返回第3步设置；单击“取消”按钮，取消此次建账操作。

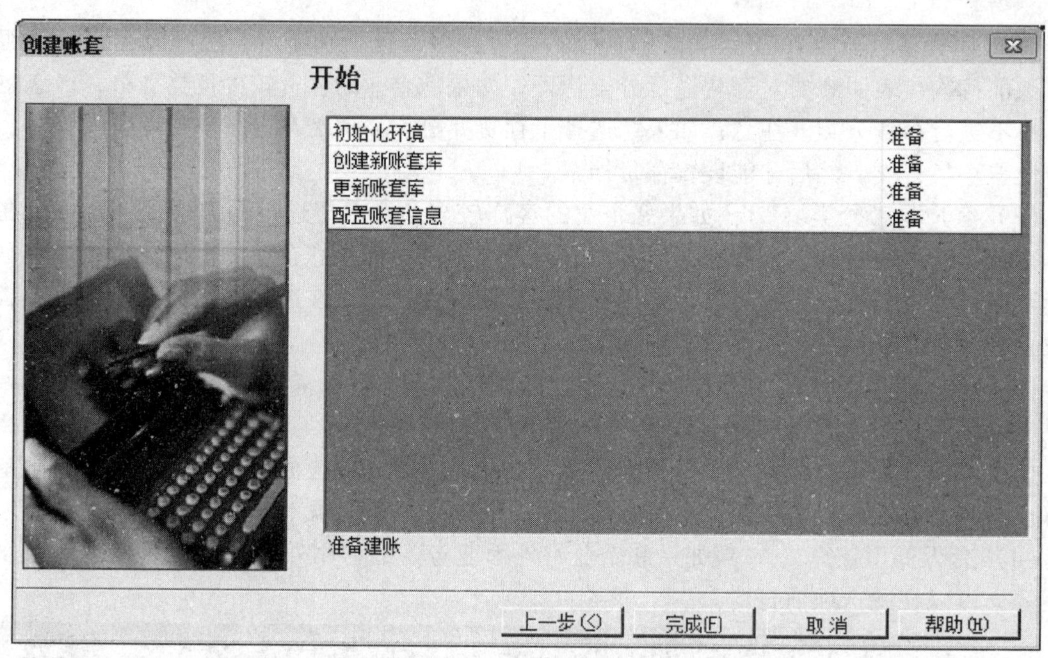

图3－10　创建账套－建账执行进度

5. 确定分类编码方案

基础信息定义完毕后，进入“编码方案”对话框（见图3－11）。其主要目的是设置某些基础档案的编码规则，即规定各类编码的级次和各级编码的长度。

单击“确定（D）”按钮，关闭当前窗口，进入“数据精度”对话框。

6. 数据精度定义

数据精度是指确定存货数量、存货体积、存货重量、存货单价、开票单价、件数、换算率、税率等数据的小数位数（见图3－12）。

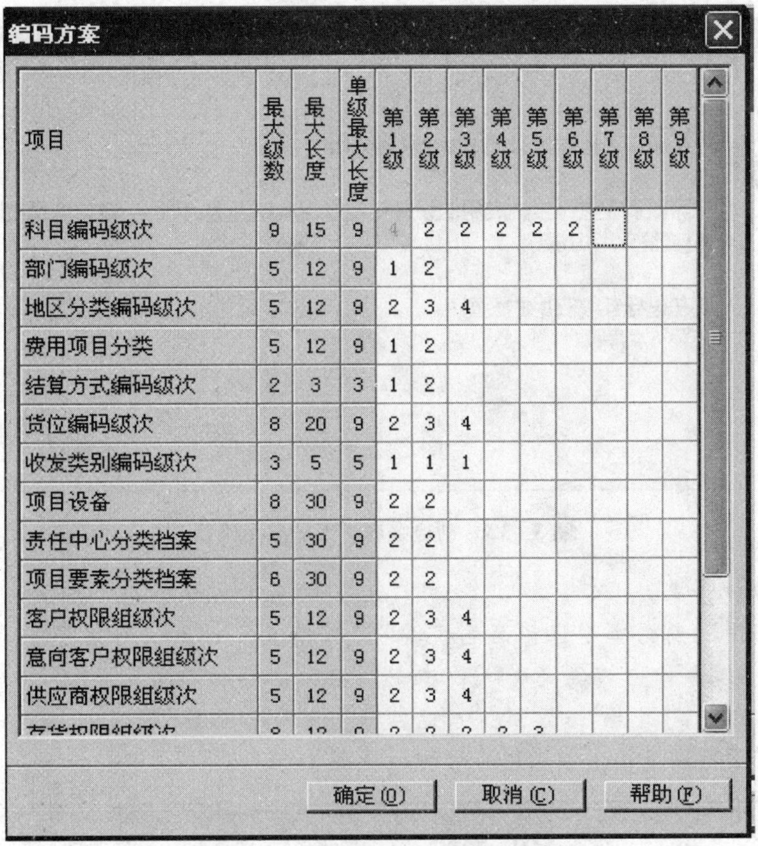

编码方案

项目	最大级数	最大长度	单级最大长度	第1级	第2级	第3级	第4级	第5级	第6级	第7级	第8级	第9级
科目编码级次	9	15	9	4	2	2	2	2	2			
部门编码级次	5	12	9	1	2							
地区分类编码级次	5	12	9	2	3	4						
费用项目分类	5	12	9	1	2							
结算方式编码级次	2	3	3	1	2							
货位编码级次	8	20	9	2	3	4						
收发类别编码级次	3	5	5	1	1	1						
项目设备	8	30	9	2	2							
责任中心分类档案	5	30	9	2	2							
项目要素分类档案	6	30	9	2	2							
客户权限组级次	5	12	9	2	3	4						
意向客户权限组级次	5	12	9	2	3	4						
供应商权限组级次	5	12	9	2	3	4						
存货权限组级次	8	12	9	2	2	2	2	3				

确定(O)　取消(C)　帮助(F)

图3-11　创建账套-编码方案

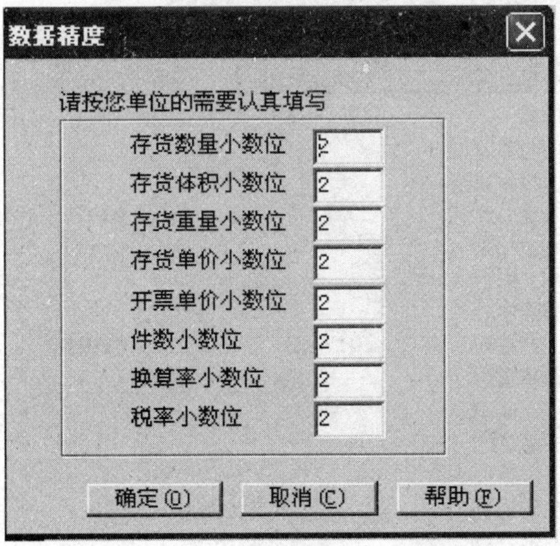

数据精度

请按您单位的需要认真填写

存货数量小数位	2
存货体积小数位	2
存货重量小数位	2
存货单价小数位	2
开票单价小数位	2
件数小数位	2
换算率小数位	2
税率小数位	2

确定(O)　取消(C)　帮助(F)

图3-12　创建账套-数据精度

单击“确定（D）”按钮，弹出系统提示信息“广东凯琪工业有限公司：[001] 建账成功”和“现在进行系统启用的设置?”等内容（见图3-13）。

单击“是（Y）”按钮，弹出“系统启用”对话框。

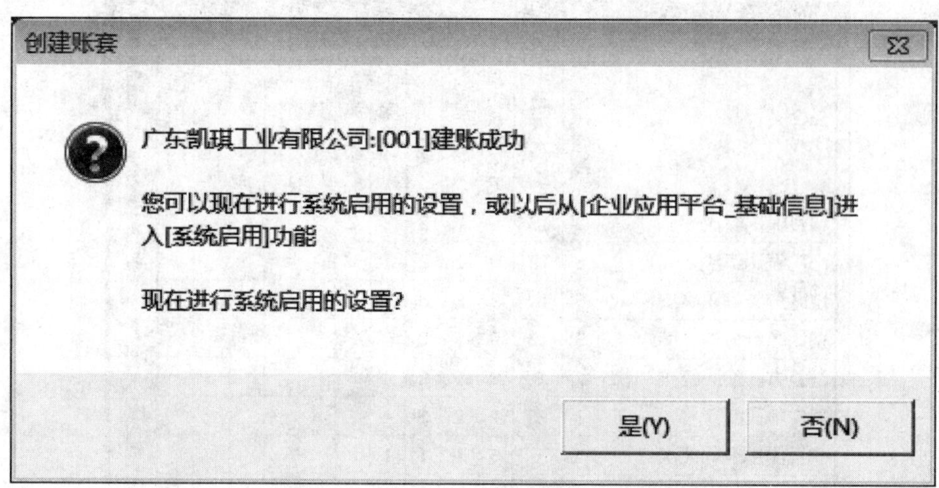

图 3－13　创建账套－系统启用确认

7. 系统启用

在“系统启用”对话框中选择启用“总账”，弹出“日历”对话框，选择启用自然日期“2017－02－01”，单击“确定（D）”按钮，再分别启用“固定资产”“出纳管理”“薪资管理”系统，单击“退出”，返回“系统启用”窗口（见图3－14）。

关闭当前界面可以进入企业应用平台进行业务操作。

系统启用

全启　刷新　退出

[001]广东凯琪工业有限公司账套启用会计期间2017年2月

系统编码	系统名称	启用会计期间	启用自然日期	启用人
☑ GL	总账	2017-02	2017-02-01	admin
☐ AR	应收款管理			
☐ AP	应付款管理			
☑ FA	固定资产	2017-02	2017-02-01	admin
☐ NE	网上报销			
☐ NB	网上银行			
☐ WH	报账中心			
☑ SC	出纳管理	2017-02	2017-02-01	admin
☐ CA	成本管理			
☐ PM	项目成本			
☐ FM	资金管理			
☐ BM	预算管理			
☐ CM	合同管理			
☐ PA	售前分析			
☐ SA	销售管理			
☐ PU	采购管理			
☐ ST	库存管理			
☐ IA	存货核算			

图 3－14　创建账套－系统启用

二、活动四：账套库的管理

【知识链接】

企业是持续经营的，因此企业的日常工作是一个连续性的工作，用友软件 U8V10.1 支持在一个账套库中保存连续多年数据，理论上一个账套可以在一个账套库中一直使用下去。但是由于某些原因，比如需要调整重要基础档案、调整组织机构、调整部分业务等，或者一个账套库中数据过多影响业务处理性能，需要使用新的账套库并重置一些数据，这样就需要新建账套库。

任务引入

账套库的建立是在已有账套库的基础上，通过新账套库的建立，自动将老账套库的基本档案信息结转到新的账套库中，以前业务产品余额等信息需要在账套库初始化操作完成后，由老账套库自动转入新账套库的下年数据中。

三、活动五：修改账套参数

【知识链接】

账套建立以后，在日常会计核算过程中，企业的有些信息可能会发生变化，也可能在新建账套时发现资料输入有误或有遗漏，这时就需要修改账套数据。实际操作时，通常只有设置账套的系统管理员或账套主管本人才有权修改账套数据。需要注意的是，系统已经确认或已经处理的一些关键信息是无法修改的。例如，账套名称、单位名称、单位地址等信息随时可以修改，而账套编号、启用会计日期、科目编码规则等都不允许再被修改。通常，可以利用修改功能来查询建账时所设定的账套信息。

【任务引入】

以账套主管“demo”的身份注册系统管理，将名称为“广东凯琪工业有限公司”［001］账套的单位简称设置为“凯琪”。

【任务分析及操作步骤】

1. 账套主管注册系统管理

以账套主管“demo”的身份，录入密码大写的“DEMO”，注册进入“系统管理”（见图3－15）。

2. 修改账套信息

在“系统管理”窗口选择“账套（A）”菜单中的“修改（E）”命令（见图3－16）。

在新弹出的“账套信息”窗口修改账套名称（见图3－17）。

3. 修改单位信息

单击“下一步（>）”按钮，在“单位信息”窗口中修改单位简称（见图3－18）。

4. 修改核算类型

单击“下一步（>）”按钮，在“核算类型”窗口，只允许修改行业性质，其他数据无法修改（见图3－19）。

图 3－15 账套主管注册系统管理

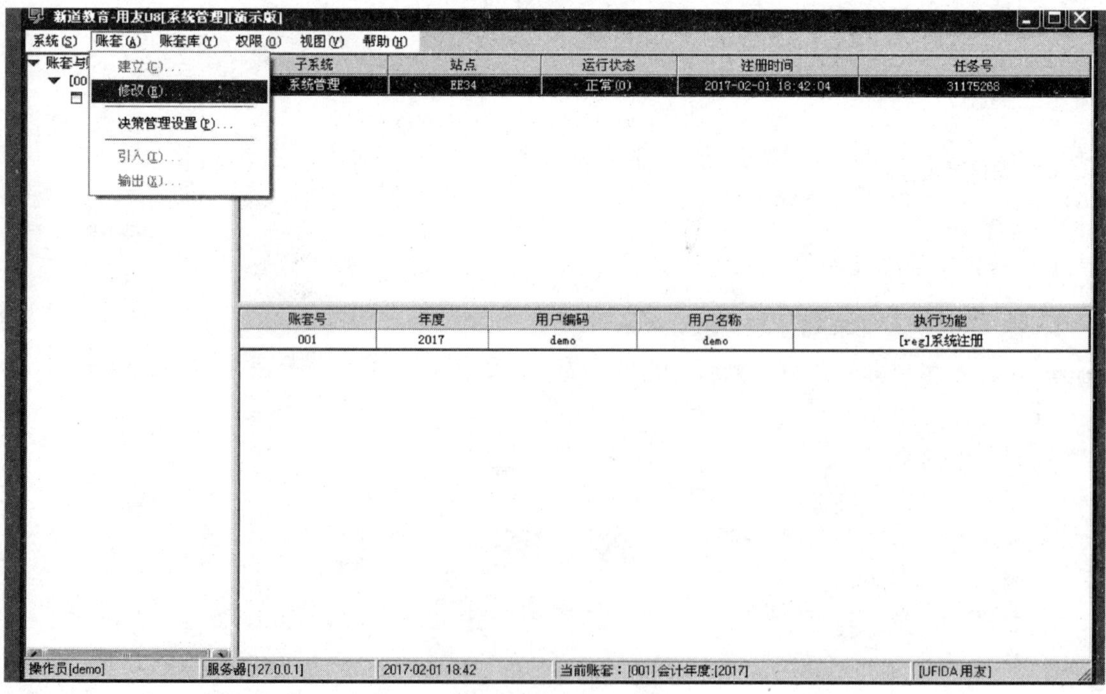

图 3－16 账套管理

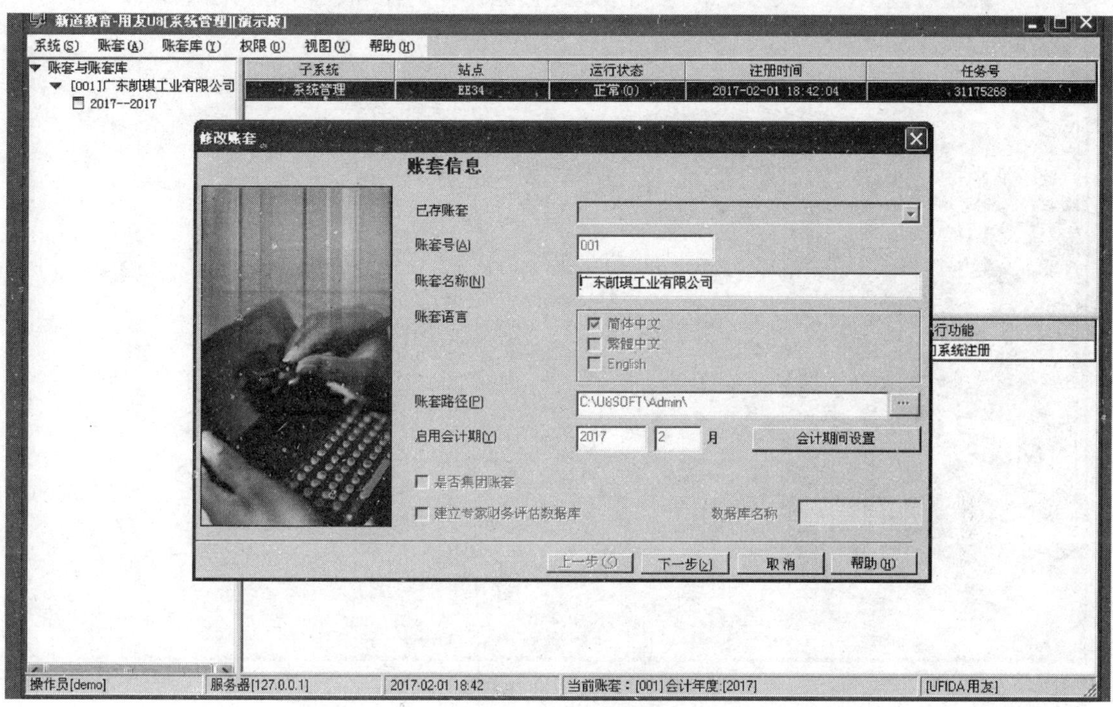

图3－17　修改账套信息

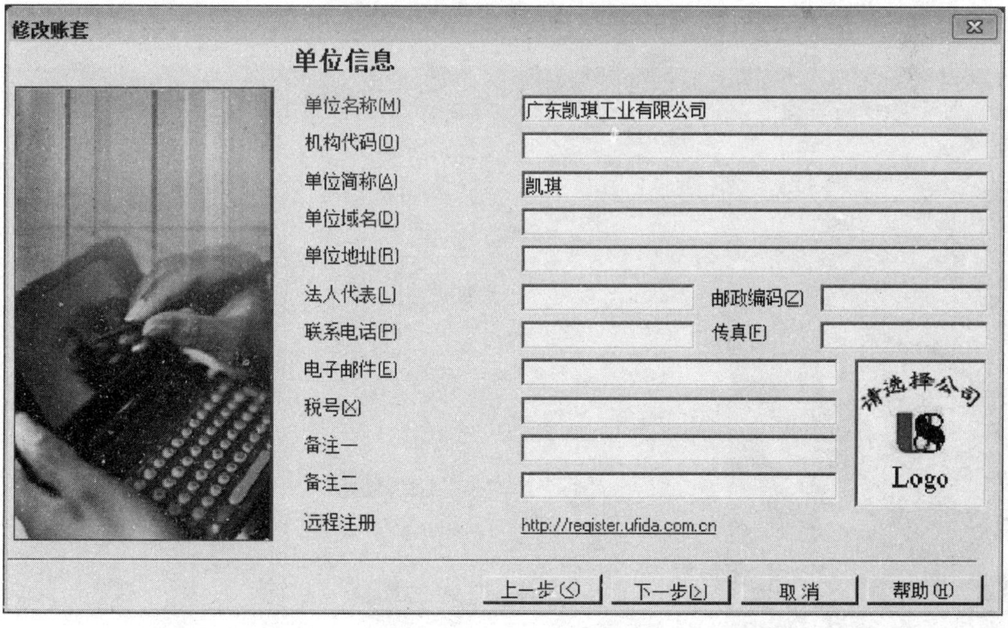

修改账套

单位信息

单位名称(M)　广东凯琪工业有限公司

机构代码(O)

单位简称(A)　凯琪

单位域名(D)

单位地址(R)

法人代表(L)　邮政编码(Z)

联系电话(P)　传真(F)

电子邮件(E)

税号(X)

备注一

备注二

远程注册　http://register.ufida.com.cn

请选择公司 Logo

上一步(<)　下一步(>)　取消　帮助(H)

图3－18　修改单位信息

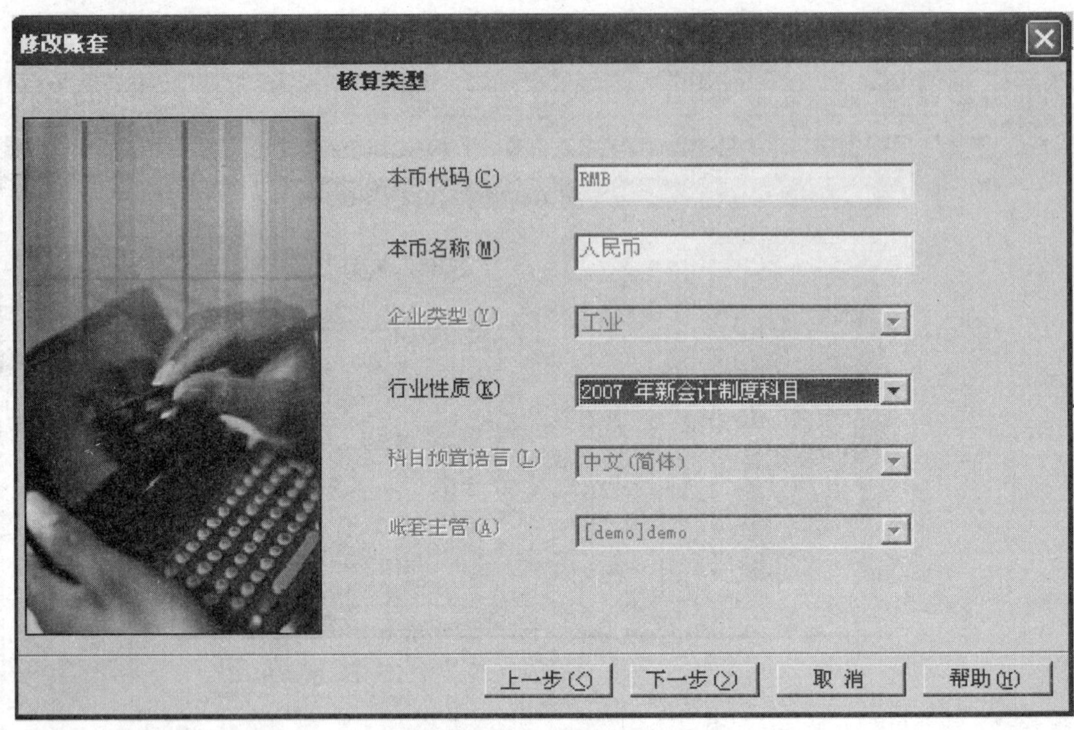

图 3－19　修改核算类型

5. 修改基础信息

单击"下一步（>）"按钮，弹出"基础信息"的修改窗口。任务要求，基础信息无须修改（见图 3－20）。

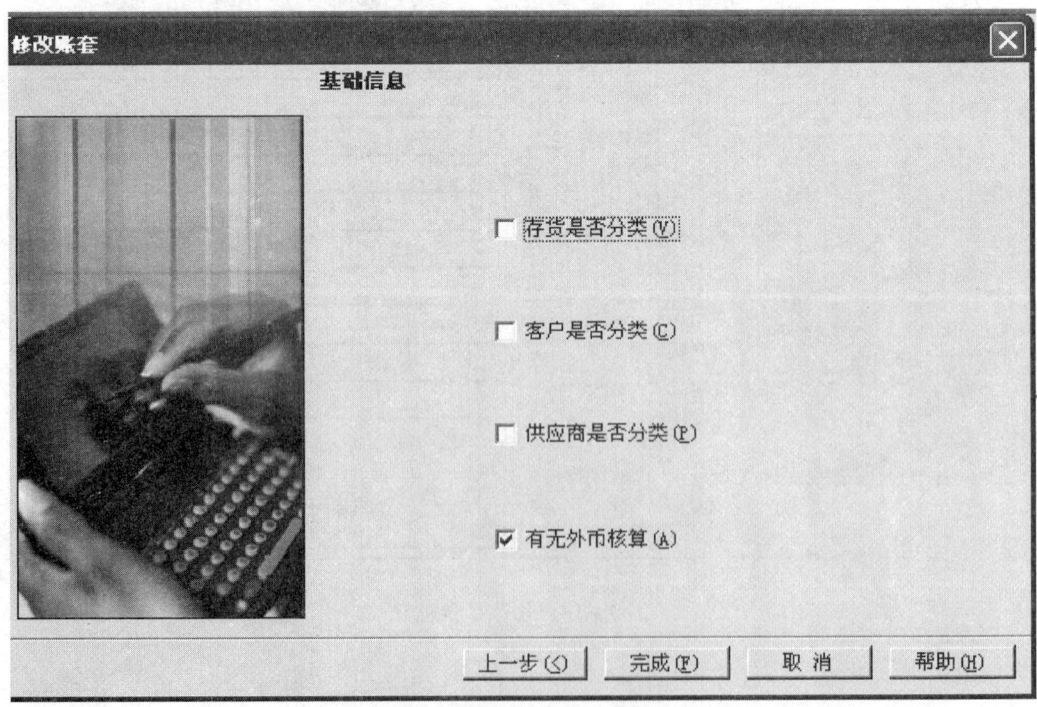

图 3－20　修改基础信息

6. 完成账套参数的修改

单击“完成（F）”按钮，系统会弹出“确认修改账套了么?”，单击“是（Y）”（见图3－21）。

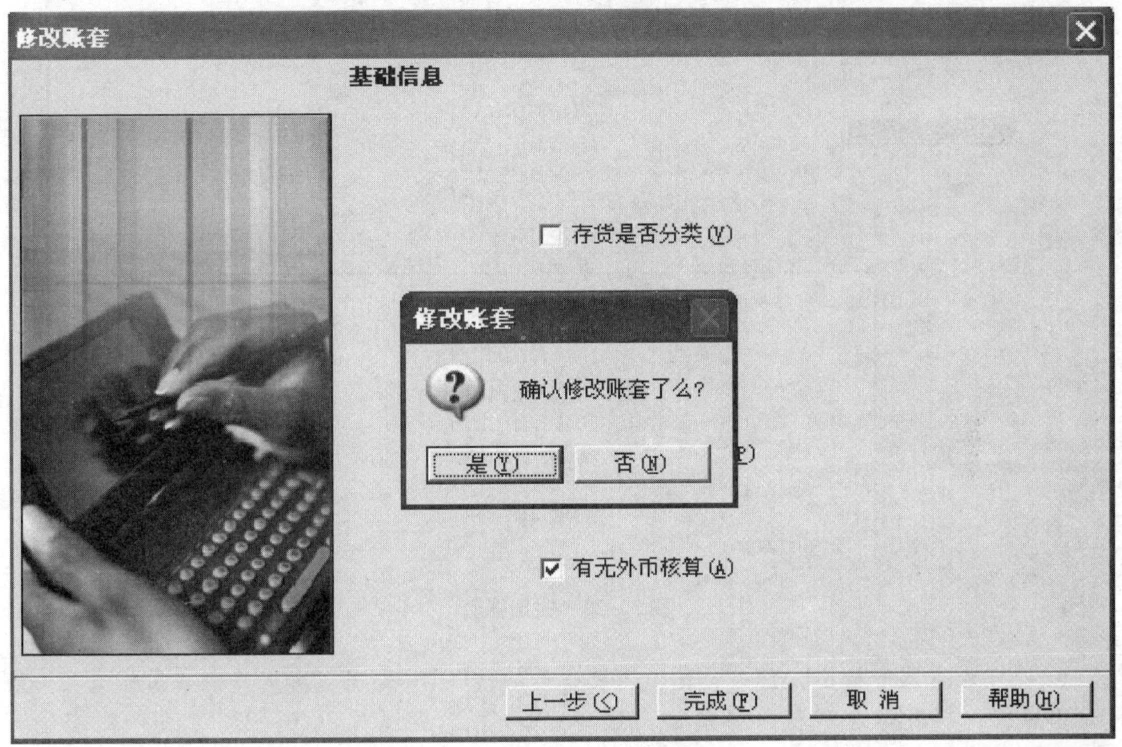

图3－21　完成修改账套

后面重复与第一次建账相同的内容。直至“修改账套成功”界面出现，单击“确定（D）”按钮，完成账套参数的修改。

四、活动六：账套的输出和引入

（一）账套的输出

【知识链接】

输出账套功能是指将所选的账套数据进行备份输出。对企业的系统管理员来讲，定时的将企业数据备份出来存储到不同的介质上（常见的如软盘、光盘、网络磁盘等），对数据的安全性是非常重要的。如果企业由于不可预知的原因（如地震、火灾、计算机病毒、人为的误操作等）造成数据损坏，就需要对数据进行恢复，此时备份数据就可以将企业的损失降到最小。当然，对于异地管理的企业，此种方法还可以解决审计和数据汇总的问题。

【任务引入】

输出001账套到E盘的“［001］账套”文件夹中。

【任务分析及操作步骤】

（1）以系统管理员“admin”的身份注册进入系统管理。在“系统管理”窗口选择

“账套（A）”菜单中的“输出（X）”命令（见图3－22）。

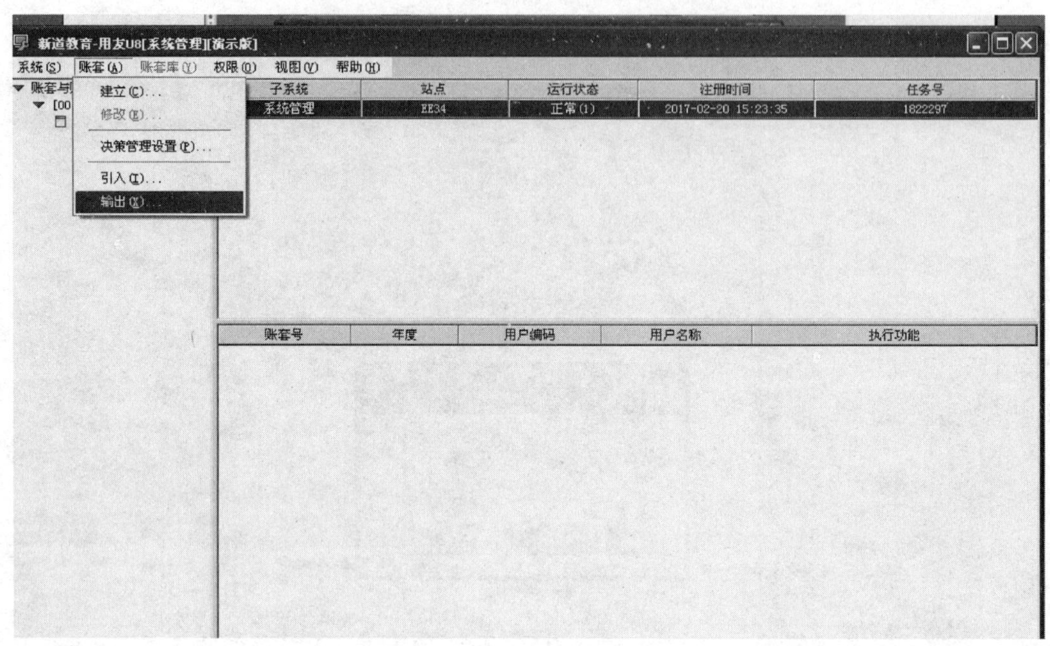

图3－22 输出账套

（2）打开“账套输出”窗口，选择需要备份的［001］账套。如果希望备份完成之后删除账套数据，则需勾选“删除当前输出账套（D）”选项（见图3－23），进入账套输出向导。

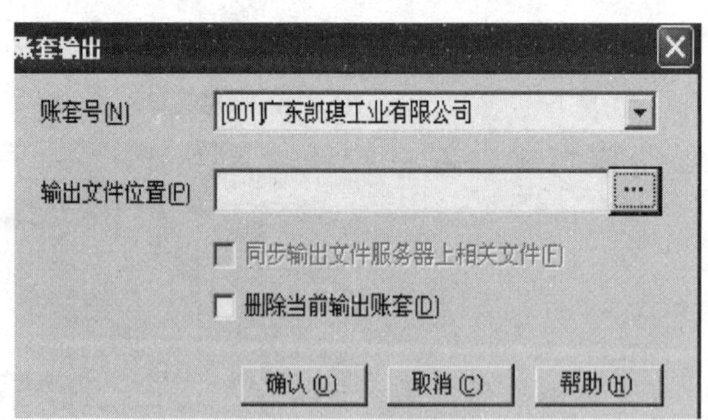

图3－23 选择账套号

（3）选择输出文件路径，例如：选择E盘，新建文件夹“001账套”，单击“确定（D）”按钮，系统就会将001账套备份在指定的文件夹中（见图3－24）。

（4）完成备份后，系统将提示“输出成功”，单击“确定”（见图3－25）。如果事先勾选了“删除当前输出账套（D）”选项，则此时系统会提示“真要删除该账套吗?”，单击“是（Y）”按钮，就会删除系统内的001账套，单击“否（N）”按钮，则不会删除该账套。

（5）系统完成备份之后，系统E盘“001账套”文件夹中将会有两个文件，分别是UFDATA. BAK和UfErpAct. Lst，在这两个文件中存放了001账套的所有备份数据。

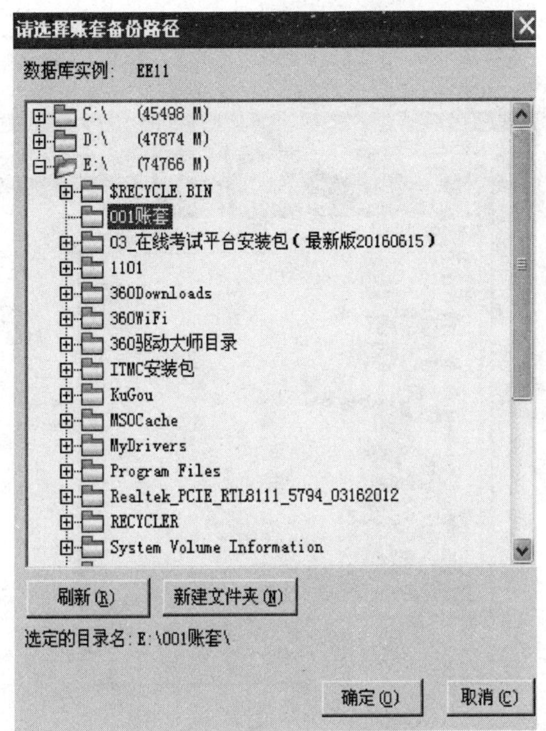

图 3－24　选择账套备份路径

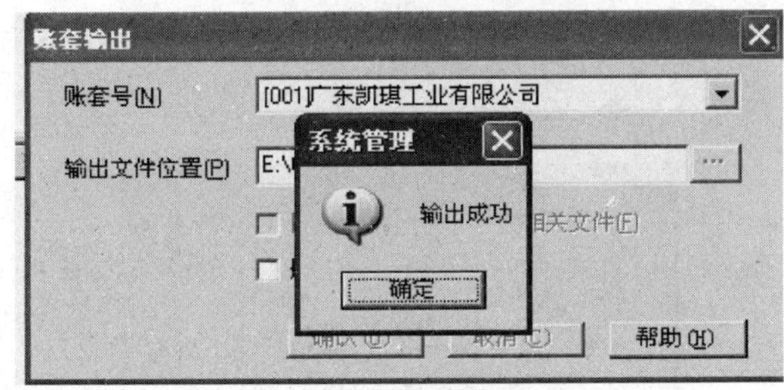

图 3－25　账套输出成功

（二）账套的引入

【知识链接】

引入账套功能是指将系统外某账套数据引入本系统中。该功能的增加将有利于集团公司的操作，子公司的账套数据可以定期被引入母公司系统中，以便进行有关账套数据的分析和合并工作。有时账套数据损坏，也要将原来备份好的资料重新引入进来。

【任务引入】

将 E 盘的“001 账套”文件夹中备份的账套引入到本系统。

【任务分析及操作步骤】

(1) 以系统管理员“admin”的身份注册进入系统管理。在“系统管理”窗口选择“账套 (A)”菜单中的“引入 (I)”命令，打开“引入账套数据”窗口，单击下拉菜单，选择目标“E:\001 账套”文件夹，选中需引入的文件 UfErpAct. Lst，单击“确定（D）”按钮（见图 3－26）。

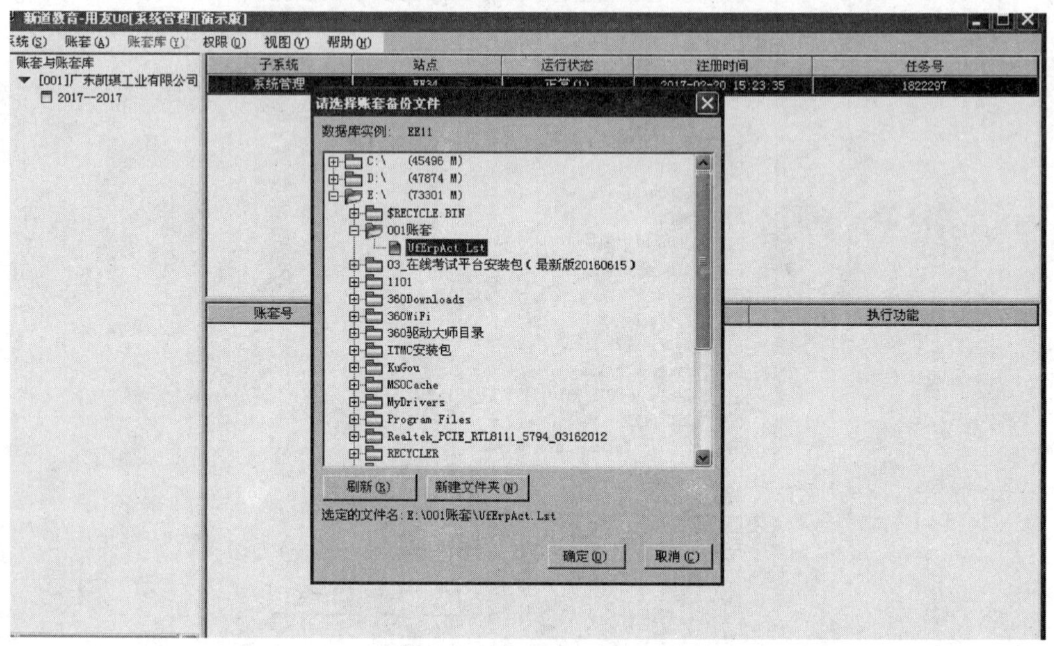

图 3－26　引入账套备份文件

（2）系统会提示账套当前的默认路径，单击“确定”按钮，还可以选择账套引入的其他路径，就可将数据资料引入进来（见图 3－27）。

图 3－27　引入账套的路径

任务四　操作员及权限管理

一、活动七：角色管理

【知识链接】

角色是指在企业管理中拥有某一类职能的组织，这个角色组织可以是实际的部门，也可以是由拥有同一类职能的人构成的虚拟组织。按角色分工管理的理念，可以加大控制的广度、深度和灵活性。

【任务引入】

设置会计角色，编号为 0001。

【任务分析及操作步骤】

(1) 以系统管理员“admin”的身份注册进入系统管理，选择“权限（O）”菜单中的“角色（G）”（见图3－28）。

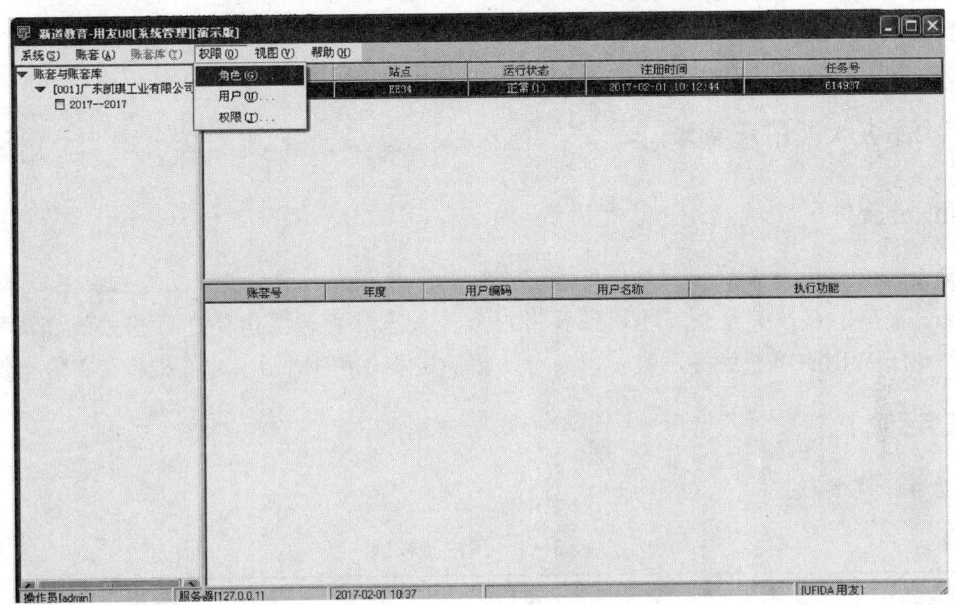

图3－28　角色管理

(2) 在角色管理界面，单击“增加”按钮，显示“角色详细情况”界面，输入角色编码，可以录入12个字符；输入角色名称，可以是40个字符（角色编码和角色名称都不允许重复录入，而且此两项是必输项）；在备注中可以加入对此角色的注释，可以录入119个字符；在所属用户名称中可以选中归属该角色的用户。单击“增加”按钮，保存新增设置（见图3－29）。

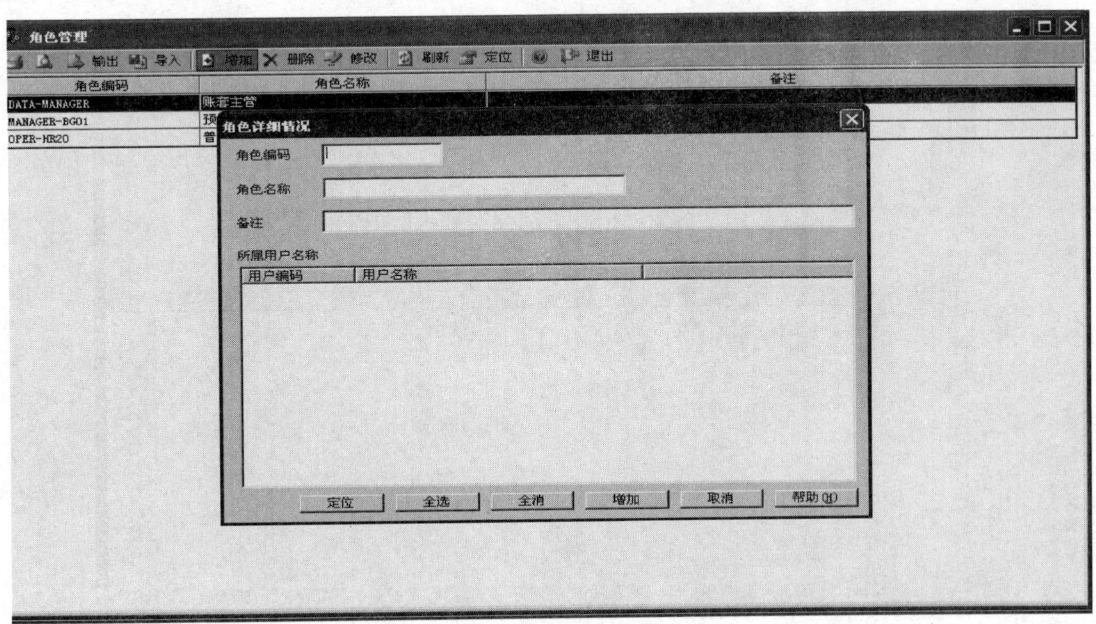

图3－29　增加角色

说明

（1）如果需要修改角色，则选中要修改的角色，单击“修改”按钮，进入角色编辑界面，对当前所选角色记录进行编辑，除角色编号不能修改之外，其他的信息均可以修改。

（2）如果需要删除当前的角色，则单击“删除”按钮，则将选中的角色删除，在删除前系统会让管理员进行确认。如果该角色有所属用户，是不允许删除的，必须先进行“修改”，将所属用户置于非选中状态，然后才能进行角色的删除。

二、活动八：用户管理

【知识链接】

用户是指有权限登录系统，对应用系统进行操作的人员。用户管理功能主要完成本账套用户的增加、删除、修改等维护工作。设置用户后，系统对登录操作要进行相关的合法性检查。其作用类似于 WINDOWS 的用户账号，只有设置了具体的用户之后，才能进行相关的操作。

【任务引入】

设置用户及其权限（见表 3－1）。

表 3－1 用户及权限

编号	姓名	角色	权限
001	王小刚	账套主管	账套主管的全部权限

【任务分析及操作步骤】

（1）在“系统管理”主界面，选择“权限（O）”菜单中的“用户（U）”，单击进入用户管理功能界面（见图 3－30）。

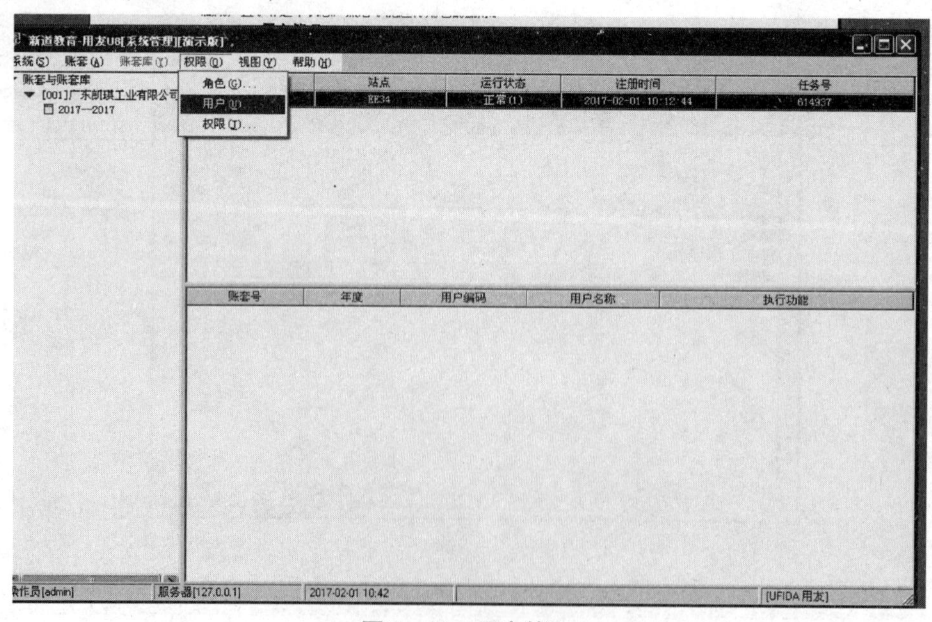

图 3－30 用户管理

（2）在用户管理界面，单击“增加”按钮，显示“操作员详细情况”界面。此时录入编号、姓名、口令、所属部门、Email 地址、手机号等内容，并在所属角色中选中相应的内容，然后单击“增加”按钮，保存新增用户信息（见图 3－31）。

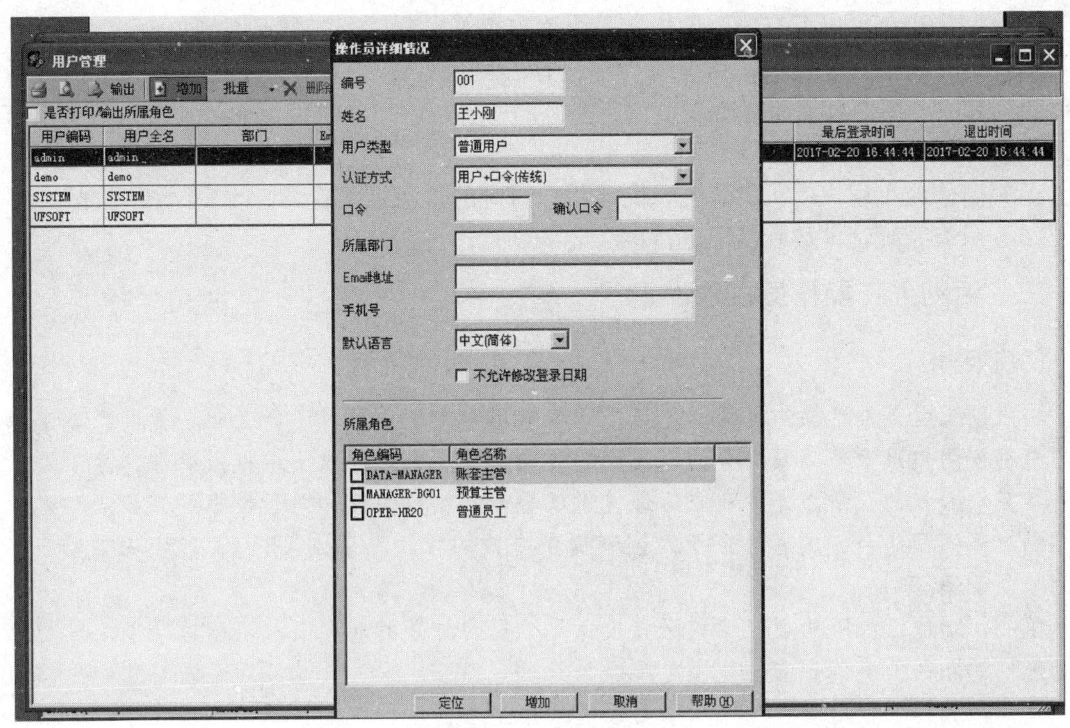

图 3－31　增加用户

（3）依次录入课后实训一的“操作员及其权限”中的其他数据。

栏目说明

（1）编号：必须输入，不能为空，最长不能超过 20 个字符，不能输入数字、字母、汉字之外的非法字符。

（2）姓名：必须输入，不能为空，最长不能超过 20 个字符，不能输入数字、字母、汉字之外的非法字符。

（3）用户类型：选择该用户的类型，是普通用户还是管理员用户。默认为“普通用户”。

（4）认证方式：系统提供了 4 种认证方式，分别是用户＋口令（传统）、动态密码、CA 认证、域身份验证，选择其中一种方式即可。

（5）口令：可以为空，最长不能超过 20 个字符，输入时以隐含符号“＊”代替输入信息。

（6）确认口令：不能输入非法字符。输入的口令必须与前面输入的内容完全一致，否则不能进行下一项内容的输入，也不能保存该用户信息。

（7）所属部门：可以为空，最长不能超过 20 个字符，不能输入非法字符。

（8）不允许修改登录日期：设置用户登录门户时是否可以修改登录日期。勾选此项后，该用户登录门户时不能修改日期，强制要求操作员以正常时间处理业务，从而规避一些风险。比如，通过滞后制单享受已过期的价格优惠。

（9）所属角色：选择用户所属的角色编码和角色名称。

注意

（1）若用户和角色设置不分先后顺序，用户可以根据自己的需要先后设置，在设置用户时，如果选择其归属的某一个角色，则用户将自动具有该角色的权限。

（2）一个角色可以拥有多个用户，一个用户也可以分属于多个不同的角色。

（3）若角色已经设置过，系统则会将所有的角色名称自动显示在角色设置中所属角色名称的列表中。用户自动拥有所属角色所拥有的所有权限，同时可以额外增加角色中没有包含的权限。

（4）若修改了用户的所属角色，则该用户对应的权限也跟着角色改变而相应的改变。

（5）只有系统管理员有权限进行该功能的设置。

三、活动九：操作员权限设置

【知识链接】

权限设置就是设置操作员的职能范围。随着用户对管理要求不断变化、提高，越来越多的信息都表明权限管理必须向更细、更深的方向发展。系统提供集中权限管理，除了提供用户对各模块操作的权限之外，还相应地提供了金额的权限管理和对于数据的字段级和记录级的控制。不同的组合方式将为企业的控制提供有效的方法。用友 U8V10.1 可以实现三个层次的权限管理。

第一，功能级权限管理。该权限将提供划分更为细致的功能级权限管理功能。其中包括各功能模块相关业务的查看和权限分配。

第二，数据级权限管理。该权限可以通过两个方面进行权限控制，一个是字段级权限控制，另一个是记录级权限控制。

第三，金额级权限管理。该权限主要用于完善内部金额控制，实现对具体金额数量划分级别，对不同岗位和职位的操作员进行金额级别控制，限制在制单时可以使用的金额数量。不涉及内部系统控制的不在管理范围内。

功能权限的分配在系统管理中的权限分配设置，数据权限和金额权限在“企业门户”→“系统服务”→“数据权限”中进行分配。数据级权限和金额级权限的设置，必须在系统管理的功能权限分配之后才能进行。

【任务引入】

赋予 001 王小刚账套主管的全部权限。

【任务分析及操作步骤】

（1）以系统管理员“admin”的身份注册登录，然后在“权限（O）”菜单下的“权限（T）”中进行功能权限分配（见图 3 – 32）。

（2）从操作员列表中选择操作员王小刚，选择 001 账套，单击“修改”按钮，在上方勾选“账套主管”，单击“是”（见图 3 – 33）。

系统提供 11 类 56 个子系统的功能权限分配，此时可以展开各个子系统的详细功能，在□内单击鼠标使其状态成为☑后，系统将权限分配给当前用户。此时，如果选中根目录的上一级☑，则系统中相应的下级全部为选中状态。

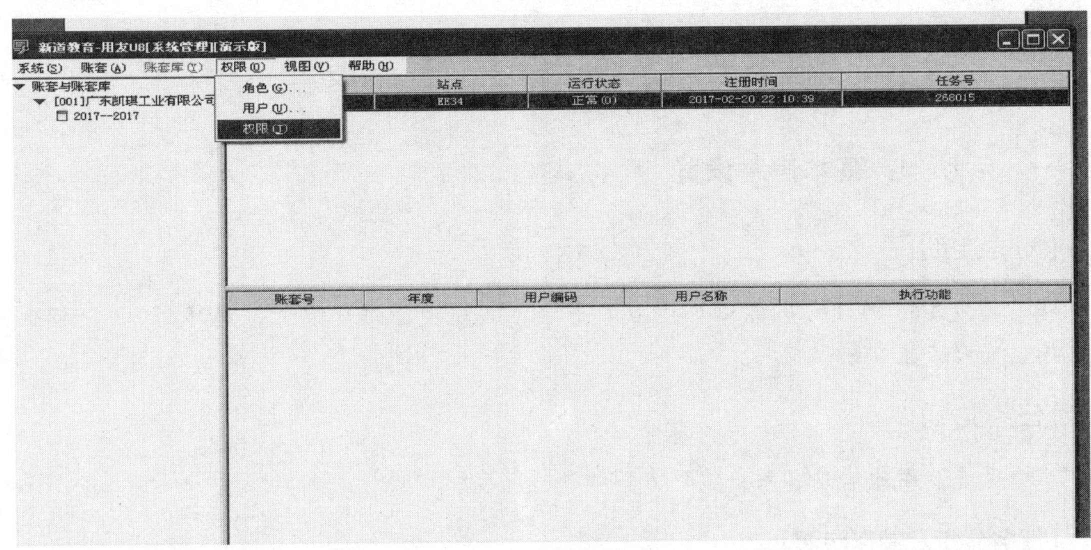

图 3－32　权限管理

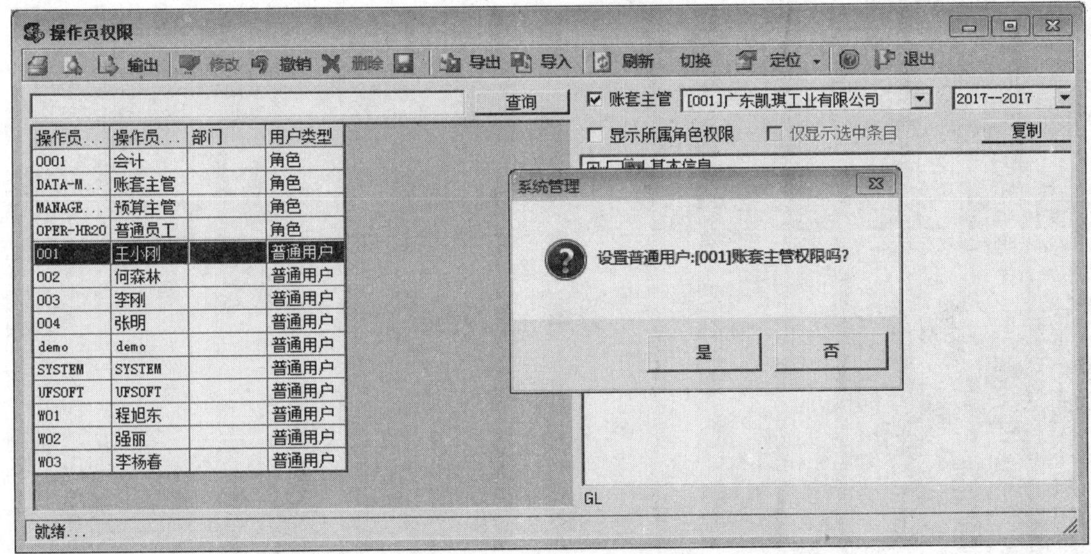

图 3－33　操作员权限设置

(3) 依次录入课后实训一“操作员及其权限”中的其他数据。

注意

(1) “修改”功能是让操作员进行权限的分配。

(2) “删除”功能是将该操作员自身的所有权限删除。

(3) 对于“账套主管”的分配，只需要将□选中即可。只有以系统管理员（Admin）或有权限的管理员用户的身份登录，才能进行账套主管的权限分配。如果以账套主管的身份注册，只能分配子系统的权限。但需要注意的是，系统一次只能对一个账套的某一个账套库进行分配，一个账套可以有多个账套主管。

(4) 如果对某个角色分配了权限，在增加新的用户时（该用户属于此角色），该用户自动拥有此角色所具有的权限。

任务五 系统运行主要基础设置

一、活动十：基本信息设置

【知识链接】

在“用友 U8V10.1”系统“企业应用平台”模块中，可以设置“基本信息”，包括系统启用、编码方案和数据精度。

【任务引入】

查询系统启用的信息、系统编码方案和数据精度。

【任务分析及操作步骤】

(1) 以账套主管“李刚”的身份注册“用友 U8V10.1”中的“企业应用平台”模块，选择“基础设置”窗口，双击“基本信息”选项（见图 3－34）。

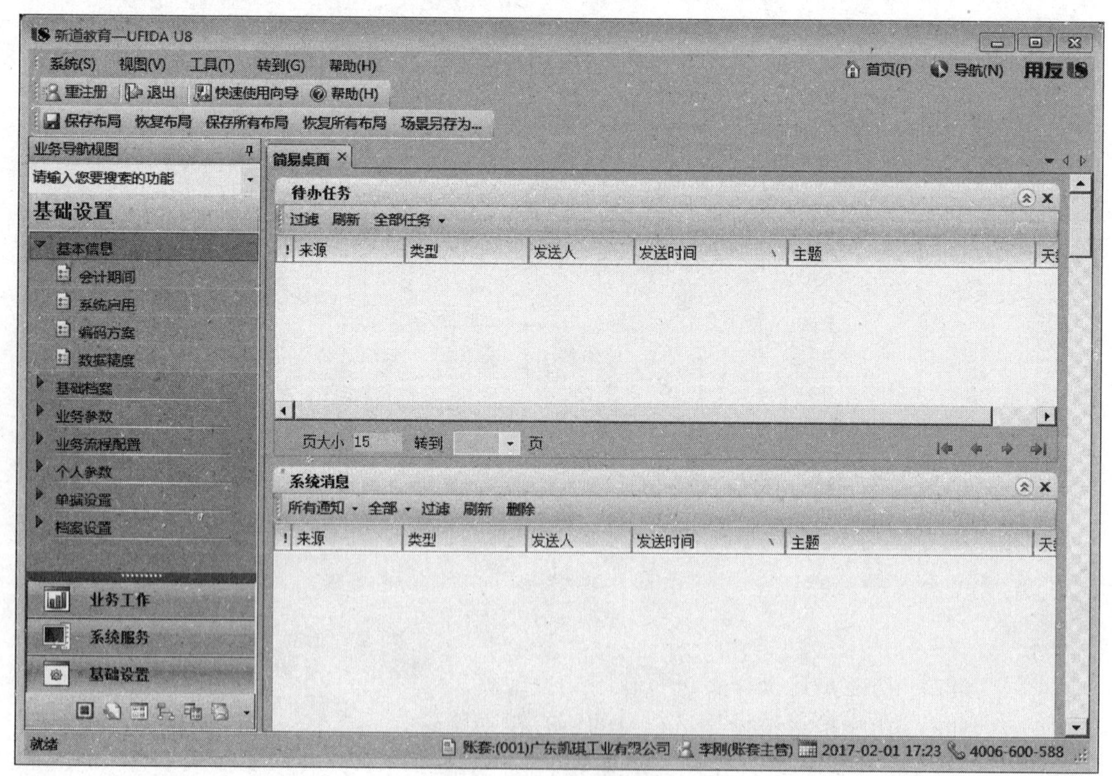

图 3－34 基础设置

(2) 选择“系统启用”命令，系统弹出“系统启用”窗口，可以查询或修改系统启用信息。

(3) 选择“编码方案”命令，系统弹出“编码方案”窗口，可以查询或修改系统编码方案。

(4) 选择“数据精度”命令，系统弹出“数据精度”窗口，可以查询或设置数据精度。编码方案设置、数据精度设置和系统启用设置这 3 项内容在本项目任务三活动三的 5、

6、7 中已做详细讲解。

二、活动十一：部门设置

【知识链接】

部门是指核算单位管辖的具有财务核算和业务管理要求的单元体。它不一定是实际的部门机构（如果该部门不进行财务核算或业务管理，就可以不在系统中设置该部门档案）。部门档案信息包含部门编码、名称、负责人和部门属性等。部门编码最多可分为 5 级，总长 12 个字符。

【任务引入】

在 001 账套中设置部门档案，数据见表 3－2。

表 3－2　部门表

编号	名称
001	财务部

【任务分析及操作步骤】

(1) 以操作员“李刚”的身份打开“企业应用平台”，单击“基础设置”的“基础档案”选项（见图 3－35）。

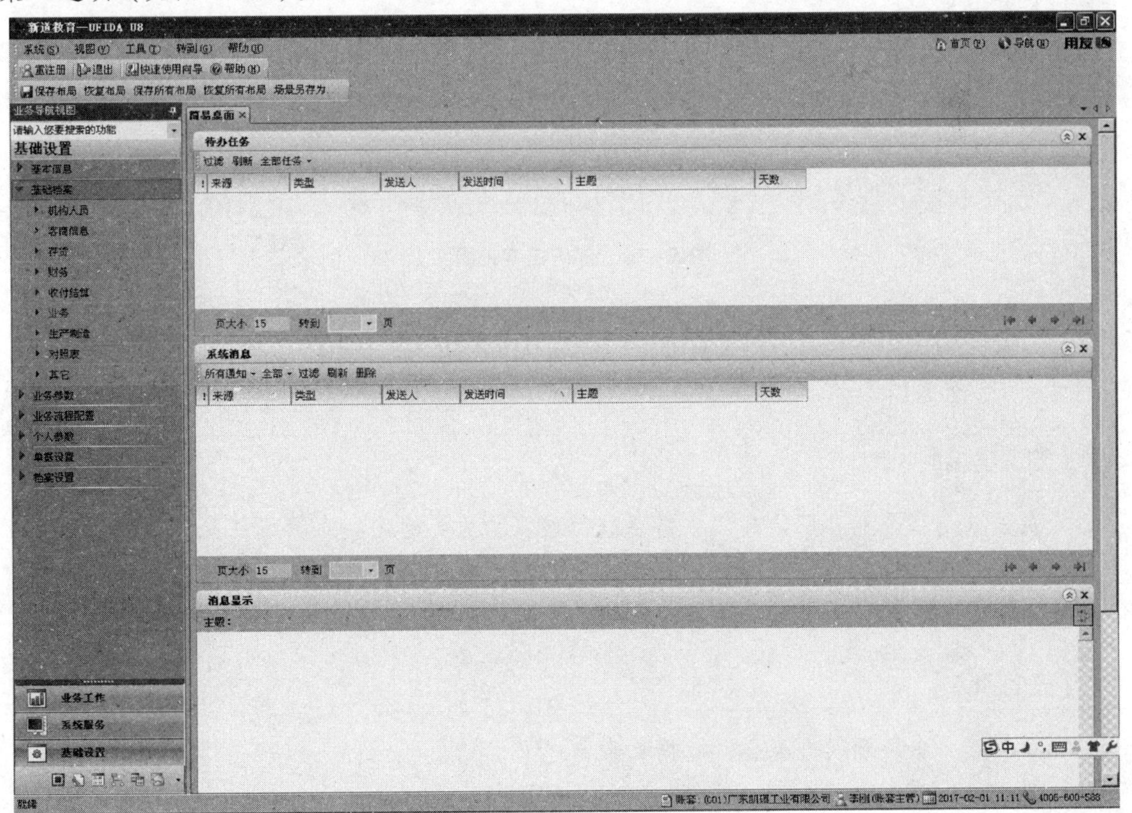

图 3－35　部门档案设置－1

(2) 双击“机构人员”下的“部门档案”，系统弹出“部门档案”设置窗口。部门档案的编码规则为“***”，表示编码方案为3，即一级部门编码由一个数字（001～999）组成。

(3) 单击工具栏上的“增加”按钮，在窗口的右边输入部门编码“001”，部门名称“财务部”，保存设置（见图3-36）。

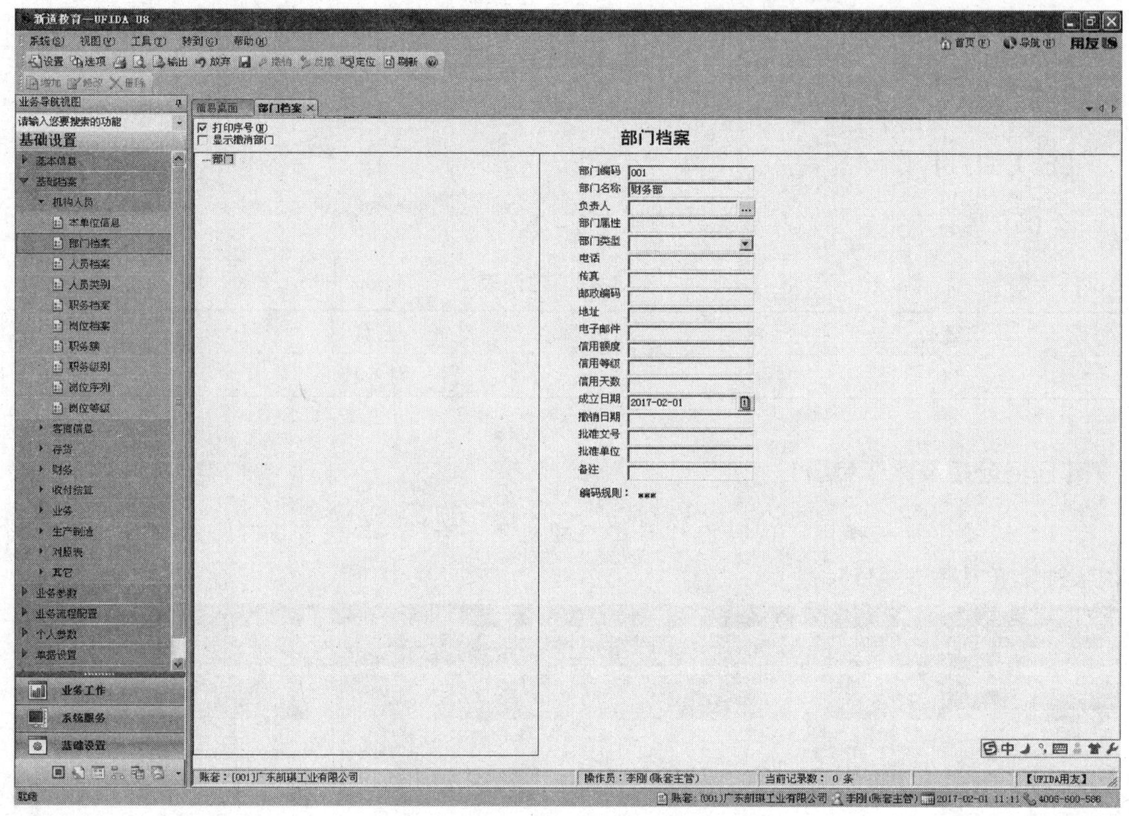

图3-36　部门档案设置-2

(4) 依次录入实训二“部门档案”中的其他数据。

三、活动十二：人员设置

【知识链接】

人员设置是指企业各职能部门中需要进行核算和业务管理的人员信息，不需要将公司所有的人员信息都设置进来。设置人员档案之前必须先设置部门档案和人员类别。

（一）人员类别设置

【任务引入】

在001账套中设置人员类别，数据见表3-3。

表3－3　人员类别

编号	名称
1011	管理人员
1012	生产人员
1013	福利人员
1014	销售人员

【任务分析及操作步骤】

(1) 在图3－36所示的窗口选择“人员类别”命令，系统弹出“人员类别”列表窗口。

(2) 选择“正式工”，单击“增加”按钮，系统弹出“增加档案项”设置窗口，蓝色的项目为必录项。在档案编码已有的“101”后直接增加数字“1”，档案名称录入“管理人员”，单击“确定”按钮保存设置（见图3－37）

(3) 录入表3－3中所有人员类别数据，设置完毕后退出（见图3－38）。

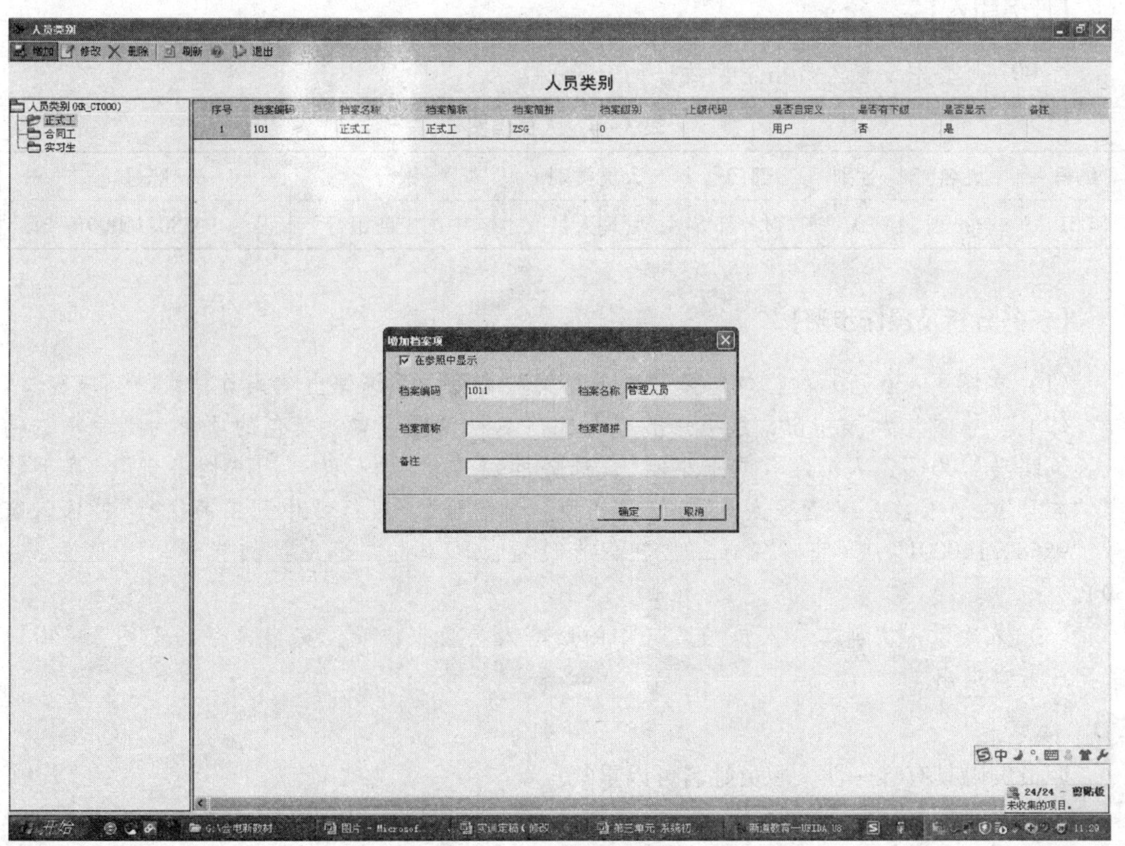

图3－37　人员类别设置－1

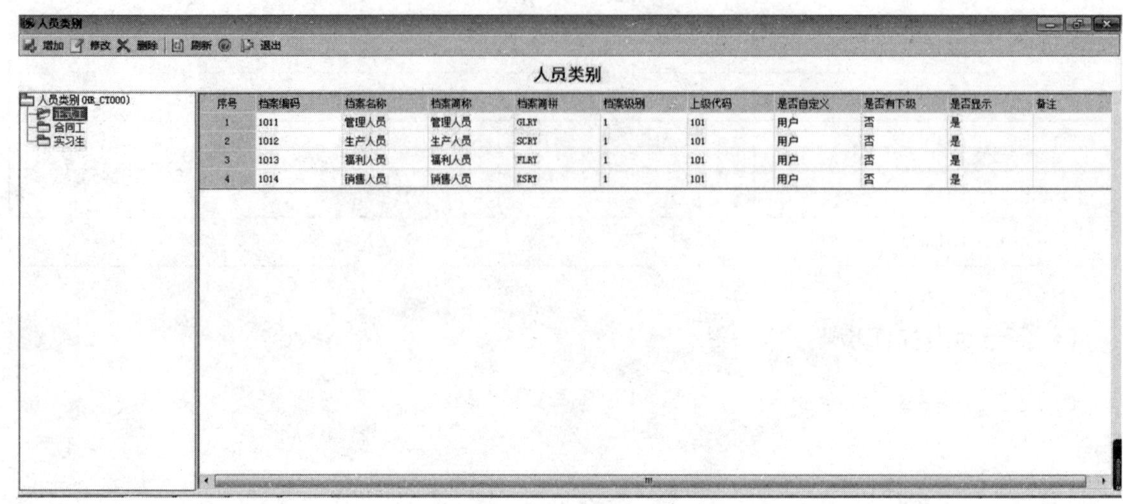

图 3-38　人员类别设置-2

（二）人员档案设置

【任务引入】

在 001 账套中设置人员档案，数据见表 3-4。

表 3-4　人员档案

编号	姓名	性别	部门	人员类别	银行	账号
001	王小刚	男	财务部	管理人员	中国工商银行	955802160001

【任务分析及操作步骤】

（1）在图 3-36 所示的窗口选择“人员档案”命令，系统弹出“人员档案”列表窗口。

（2）单击“增加”按钮，系统弹出“人员档案”设置窗口，蓝色的项目为必录项，输入人员编码“001”、人员姓名“王小刚”，选择性别“男”、行政部门“财务部”、雇佣状态“在职”、人员类别“管理人员”、证件类型“身份证”、银行“中国工商银行”，输入账号“955802160001”，单击“保存”按钮保存设置，再单击“退出”按钮退出（见图 3-39）。

（3）依次录入实训二“人员档案”中的所有人员数据，设置完毕保存（见图 3-40）。关闭此窗口退出。

注意

职员编码具有唯一性，职员姓名可以重复。

人员档案

增加　修改　扫描　删除　放弃　格式设置　退出

人员档案

基本 | 其它

人员编码 001　人员姓名 王小刚　工号
英文名　性别 男　行政部门 财务部
雇佣状态 在职　人员类别 管理人员　证件类型 身份证
证件号码　签发机关　开始时间
截止时间　出生日期　银行 中国工商银行
账号 955802160001　到职日期　离职日期
人员属性

请双击方框编辑照片

□ 是否操作员
对应操作员编码　对应操作员名称

□ 是否业务员　□ 是否营业员
生效日期 2017-02-01　失效日期　业务或费用部门
信用天数　信用额度　信用等级

联系方式
办公电话　内线电话　工位
邮政编码　通讯地址　Email地址
手机号　家庭电话　家庭住址
个人网址　QQ号

考勤信息
考勤卡号　是否考勤 是　班组

图 3－39　人员档案增加－1

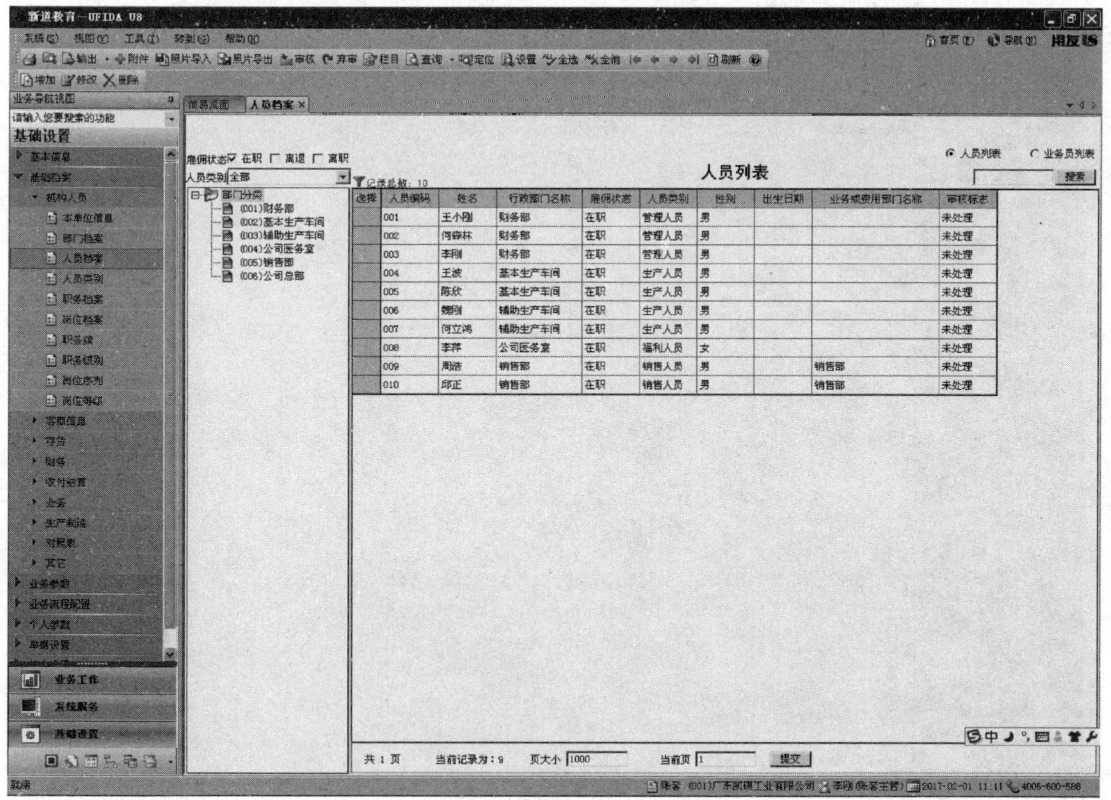

人员列表

选择	人员编码	姓名	行政部门名称	雇佣状态	人员类别	性别	出生日期	业务或费用部门名称	审核标志
	001	王小刚	财务部	在职	管理人员	男			未处理
	002	何森林	财务部	在职	管理人员	男			未处理
	003	李刚	财务部	在职	管理人员	男			未处理
	004	王波	基本生产车间	在职	生产人员	男			未处理
	005	陈欣	基本生产车间	在职	生产人员	男			未处理
	006	魏刚	辅助生产车间	在职	生产人员	男			未处理
	007	何立鸿	辅助生产车间	在职	生产人员	男			未处理
	008	李萍	公司医务室	在职	福利人员	女			未处理
	009	周浩	销售部	在职	销售人员	男		销售部	未处理
	010	邱正	销售部	在职	销售人员	男		销售部	未处理

图 3－40　人员档案增加－2

四、活动十三：客户（供应商）设置

（一）客户设置

【知识链接】

客户档案用于设置往来客户的档案信息，以便管理客户资料以及录入、统计和分析。如果在建立账套时选择了客户分类，则必须设置完成客户分类档案后再编辑客户档案。

【任务引入】

在001账套中设置客户档案，档案资料见表3－5。

表3－5　客户档案

编号	客户名称	客户简称
01001	北京汇邦公司	北京汇邦
01002	上海超远公司	上海超远

【任务分析及操作步骤】

（1）在图3－36所示的窗口双击“客商信息”下的“客户档案”，系统弹出“客户档案”窗口。

（2）单击“增加”按钮，系统弹出“增加客户档案”设置窗口（见图3－41）。

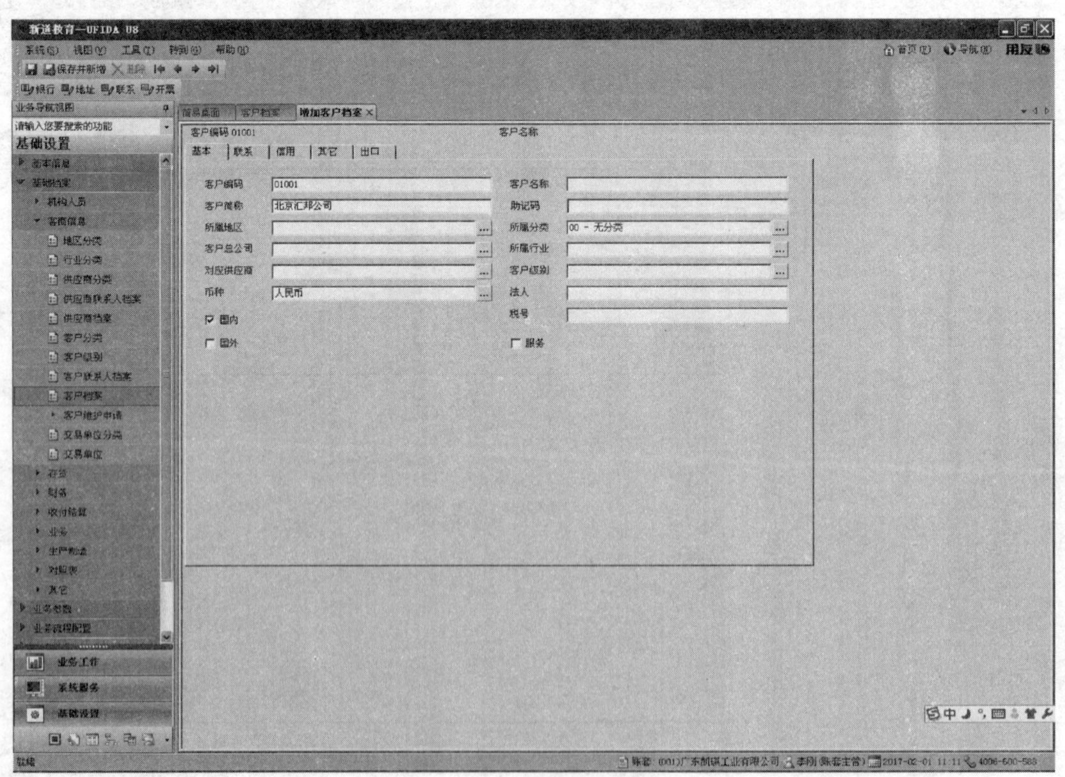

图3－41　客户档案设置

（3）按照实训二中“客户和供应商档案”相关信息录入后，结果见图3－42。

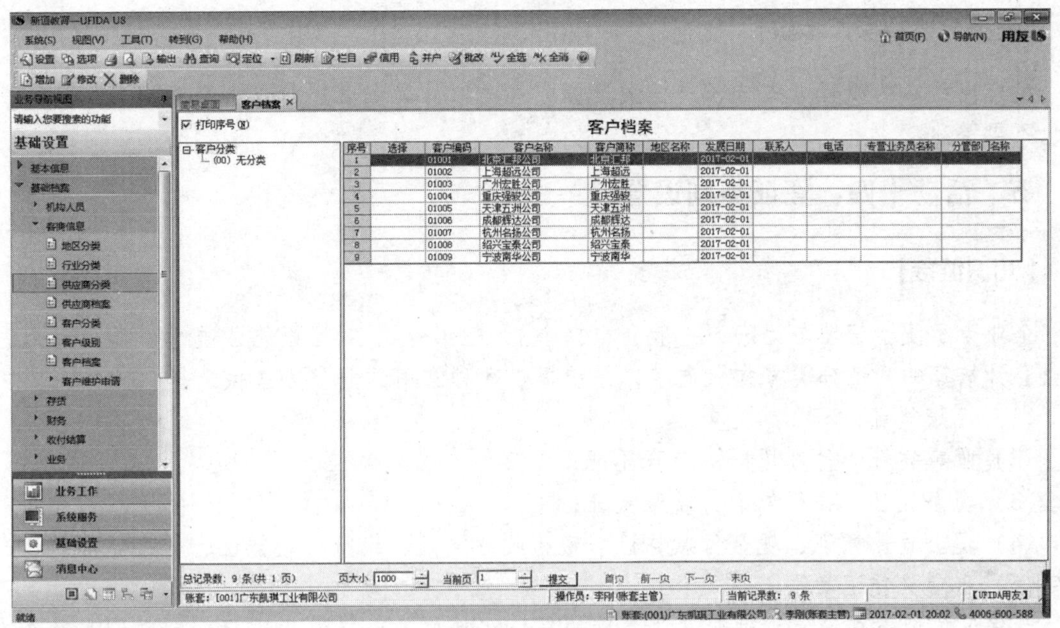

图 3-42 客户档案录入

说明

（1）客户编码：客户编码必须唯一，客户编码可以用数字或字符表示，最多可输入 20 位数字或字符。

（2）客户名称：客户名称可以是汉字或英文字母，最多可写 49 个汉字或 98 个字符。

（3）客户简称：客户简称可以是汉字或英文字母，最多可写 30 个汉字或 60 个字符。

（4）所属分类：企业如果要对客户进行分类管理，就需要建立客户分类体系，然后根据不同的分类来建立客户档案。如果在建账时没有勾选“客户是否分类”项，则不能进行客户分类设置，所属分类编码就是“00”。

（二）供应商设置

【知识链接】

供应商档案用于设置往来供应商的档案信息，便于管理供应商资料，录入、统计和分析业务数据。如果在建立账套时选择了供应商分类，则必须设置完成供应商分类，然后才能编辑供应商档案。

【任务引入】

在 001 账套中设置供应商档案，档案资料见表 3-6。

表 3-6 供应商档案

编号	供应商名称	供应商简称
01001	北京安达公司	北京安达
01002	上海远汇公司	上海远汇

【任务分析及操作步骤】

供应商档案的设置方式与客户档案设置方式类似，其余供应商资料见实训二，具体设置在此不再赘述。

五、活动十四：凭证类别设置

【知识链接】

企业为了便于管理与记账，一般会根据企业的业务需要对记账凭证进行分类，选择适合企业会计核算的凭证分类方式。通常，系统提供5种常用的分类方式供选择：

(1) 记账凭证；

(2) 收款凭证、付款凭证、转账凭证；

(3) 现金凭证、银行凭证、转账凭证；

(4) 现金收款凭证、现金付款凭证、银行收款凭证、银行付款凭证、转账凭证；

(5) 自定义凭证类别。

为保证凭证类别设置正确，某些类别的凭证在制单时会对科目进行一定限制。系统有7种限制类型供选择：

(1) 借方必有：制单时，此类凭证借方至少有一个限制科目有发生额。

(2) 贷方必有：制单时，此类凭证贷方至少有一个限制科目有发生额。

(3) 凭证必有：制单时，此类凭证无论借方还是贷方，至少有一个限制科目有发生额。

(4) 凭证必无：制单时，此类凭证无论借方还是贷方，不可有一个限制科目有发生额。

(5) 无限制：制单时，此类凭证可使用所有合法的科目。

(6) 借方必无：金额发生在借方的科目集必须不包含借方必无科目。可在凭证保存时检查。

(7) 贷方必无：金额发生在贷方的科目集必须不包含贷方必无科目。可在凭证保存时检查。

在录入凭证之前，应进行凭证类别的设置；已使用的凭证类别不能删除，也不能修改；若限制科目为非末级科目，则在制单时，其所有下级科目都将受到同样的限制。

【任务引入】

在001账套中设置凭证类别：收款凭证、付款凭证、转账凭证，设置内容见表3-7。

表3-7 凭证类别

类别字	类别名称	限制类型	限制科目
收	收款凭证	借方必有	1001；1002
付	付款凭证	贷方必有	1001；1002
转	转账凭证	借贷必无	1001；1002

【任务分析及操作步骤】

(1) 以“李刚”的身份登录“企业应用平台”，双击“基础档案”下的“财务”中的“凭证类别”，系统弹出“凭证类别预置”窗口（见图3-43）。

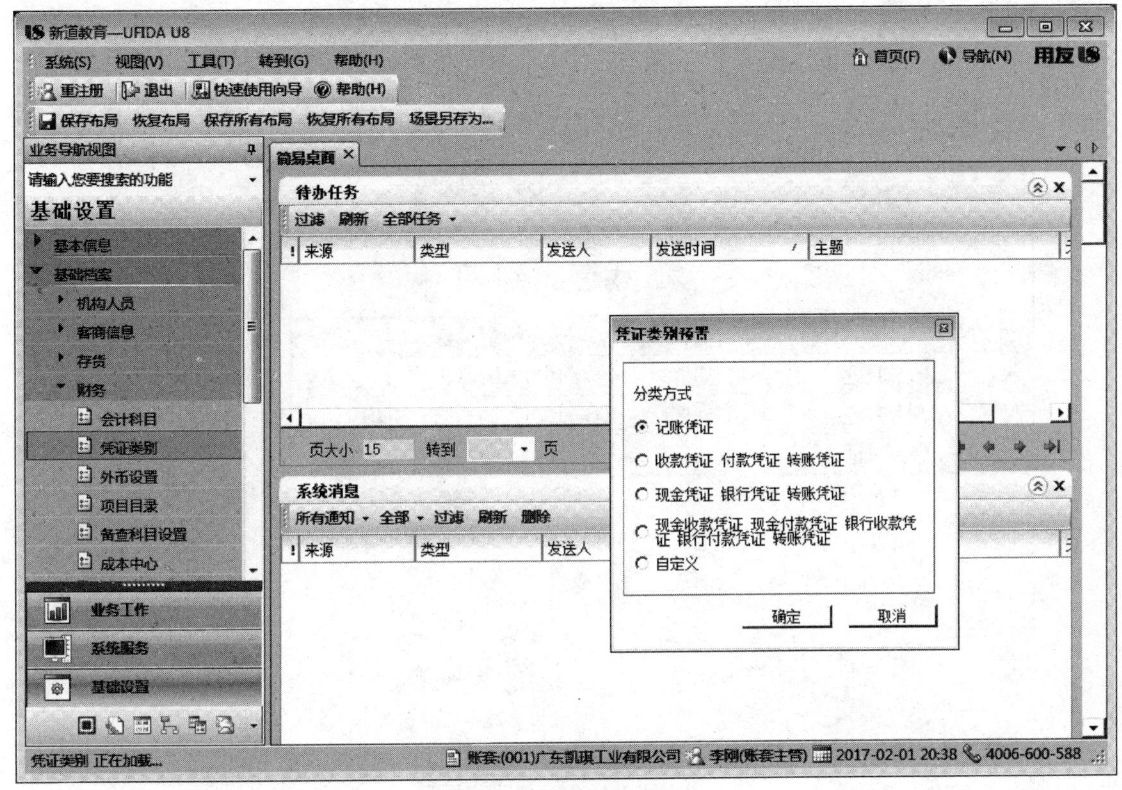

图 3-43　凭证类别预置

(2) 选择“收款凭证　付款凭证　转账凭证”项，单击“确定”按钮，再双击“凭证类别”，系统弹出“凭证类别”设置窗口（见图 3-44）。

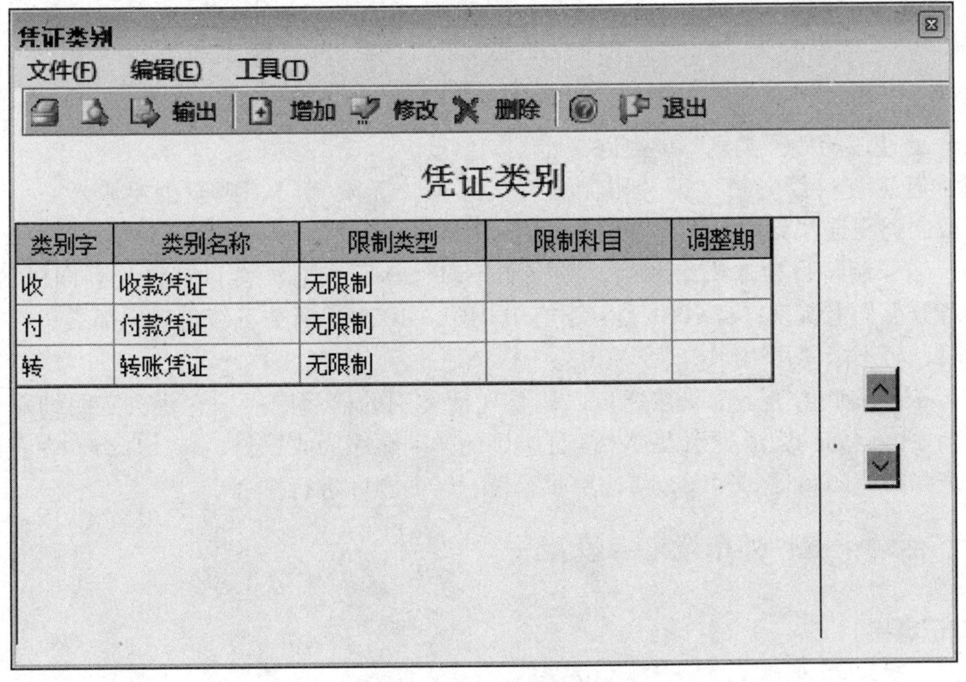

类别字	类别名称	限制类型	限制科目	调整期
收	收款凭证	无限制		
付	付款凭证	无限制		
转	转账凭证	无限制		

图 3-44　凭证类别

（3）单击“修改”按钮后，在“收款凭证”的限制类型选择“借方必有”，“限制科目”选择“1001，1002”。其他类别的凭证设置依照“收款凭证”进行，设置完毕后见图3－45。

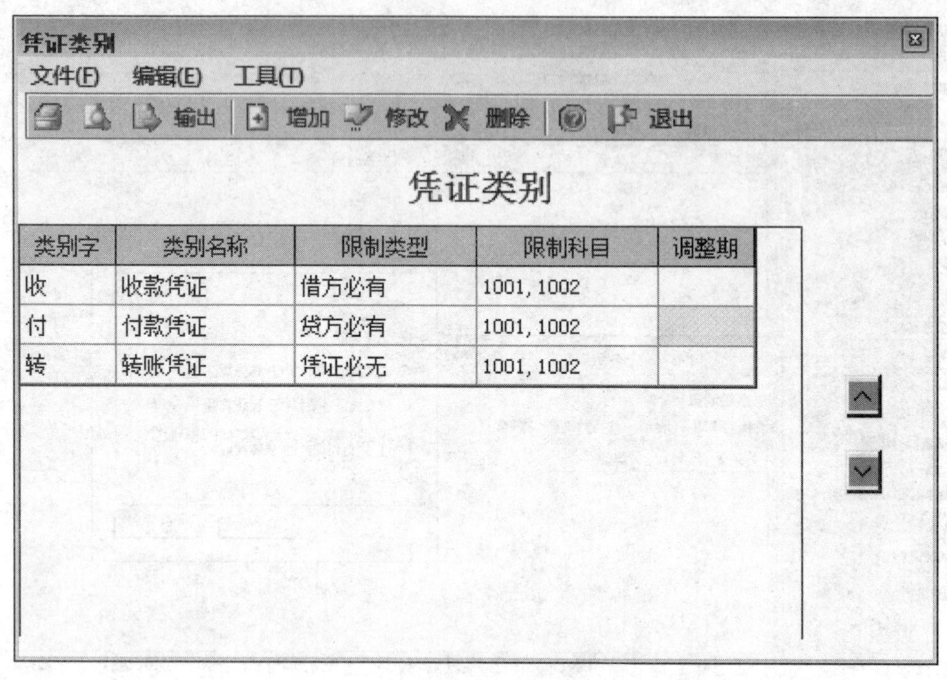

图3－45 凭证类别设置

说明

“收款凭证”的借方必须是库存现金或银行存款科目。在计算机方式下，可将“收款凭证”的限制类型设置为“借方必有”，限制科目为库存现金和银行存款科目。这样在填制“收款凭证”时，若借方出现的不是库存现金或银行存款科目，则凭证不能保存。

注意

（1）已使用的凭证类别不能删除，也不能修改。

（2）若选有科目限制（即“限制类型”不是“无限制”），则至少要输入一个限制科目。若限制类型选“无限制”，则不能输入限制科目。

（3）若限制科目为非末级科目，则在制单时，其所有下级科目都将受到同样的限制。例如：若分类如上所设，且1001科目下有100101、100102两个下级科目，那么，在填制转账凭证时，将不能使用100101、100102。

（4）表格右侧的上下箭头按钮可以调整凭证类别的前后顺序，它将决定明细账中凭证的排列顺序。例如：凭证类别设置中凭证类别的排列顺序为收、付、转，那么，在查询明细账、日记账时，同一日的凭证，将按照收、付、转的顺序进行排列。

六、活动十五：外币及汇率设置

【知识链接】

当核算单位涉及外币业务，需要进行汇率管理时，可在此进行外币设置。这样既可以减少录入汇率的次数和差错，又可以避免在汇率发生变化时出现错误。同时需要注意的是，在会计核算时，除“人民币”作为核算本位币外，其他统称为“外币”。

使用固定汇率（即使用月初或年初汇率）作为记账汇率时，在填制每月的凭证前，应预先在此录入该月的记账汇率，否则在填制该月外币凭证时，将会出现汇率为零的错误。

使用变动汇率（即使用当日汇率）作为记账汇率时，在填制某天的凭证前应预先在此录入该天的记账汇率。

【任务引入】

在001账套中设置外币，设置内容见表3-8。

表3-8　外币设置

币符	币名	记账汇率	调整汇率
HKD	港币	0.88	0.84
USD	美元	6.89	6.9

【任务分析及操作步骤】

（1）以“李刚”的身份登录“企业应用平台”，单击“基础设置”，双击“基础档案”下的“财务”中的“外币设置”，系统弹出“外币设置”窗口，单击“增加”按钮。

（2）输入表3-8中的外币设置信息，单击“确认”按钮，输入记账汇率（见图3-46）。

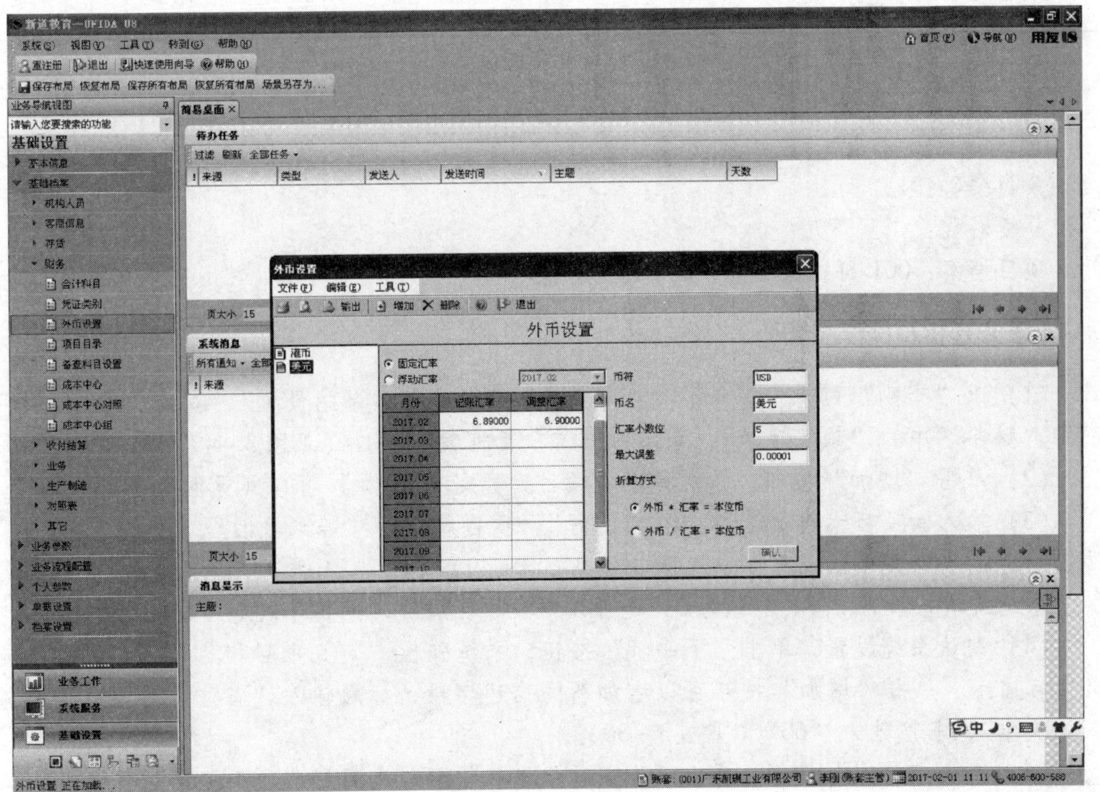

图3-46　外币设置

（3）设置完毕，单击“增加”按钮保存之前的设置，并增加其他外币信息。在设置会计科目时可以引用外币。只有在建账时勾选“有无外币核算”项，才能使用本功能。

七、活动十六：项目及其设置

【知识链接】

设置科目时，如果设置了科目的辅助核算为项目核算，则在此要设置项目目录。

企业因业务核算需要，要对具体的项目进行核算和管理，如在建工程、对外投资、技术改造等业务，需设置项目核算。

在项目目录设置中首先需定义进行项目核算的项目大类，接着定义该项目大类的项目级次（共可分为8级），然后在该项目大类里定义项目小类。

建立完项目小类后，开始建立具体的项目档案。最后为该项目大类指定对其进行核算的会计科目。

【任务引入】

在001账套中设置项目档案，并设立项目核算：

项目核算科目：在建工程

项目大类：在建工程；项目属性：普通项目

项目级次：1；其他为0

项目栏目：

标题	类型	长度
备注	文本	60

分类编码：1

分类名称：工厂厂房

项目档案：001 科技园厂房，002 西里厂房

【任务分析及操作步骤】

（1）以“李刚”的身份登录“企业应用平台”，单击“基础设置”，双击“基础档案”下的“财务”中的“项目目录”，系统弹出“项目档案”窗口（见图3-47）。

（2）单击“增加”按钮，系统弹出“项目大类定义_增加”窗口（见图3-48）。

（3）输入新项目大类的名称“在建工程”，项目属性为“普通项目”，单击“下一步”按钮，进入“定义项目级次”设置窗口（见图3-49）。

系统默认一级为1，其他都为0，还可以修改项目级次，一共可以定义8级。

（4）默认系统设置，单击“下一步”按钮，系统弹出“定义项目栏目”窗口，在此定义项目描述。单击“增加”按钮可以增加新的描述字段，标题输入“备注”信息，类型输入“文本”，长度输入“60”（见图3-50）。

（5）单击“完成”按钮，退出“定义项目栏目”窗口，回到“项目档案”设置窗口。

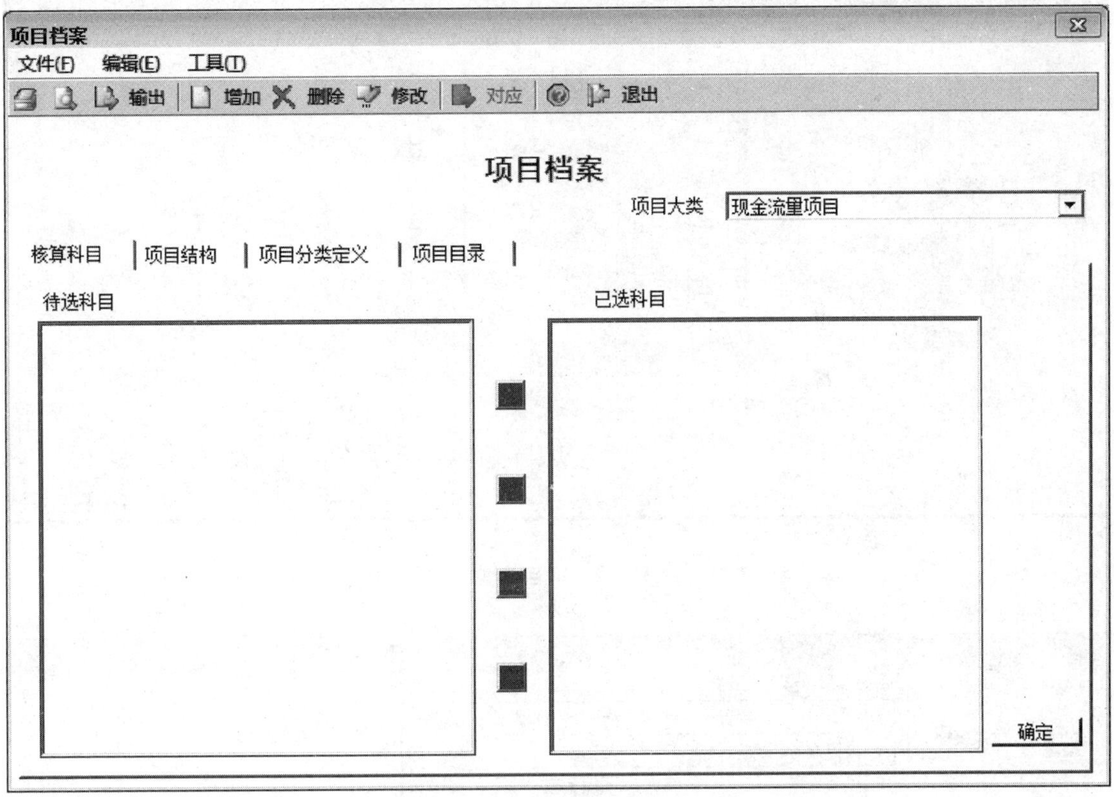

图 3 – 47　项目档案

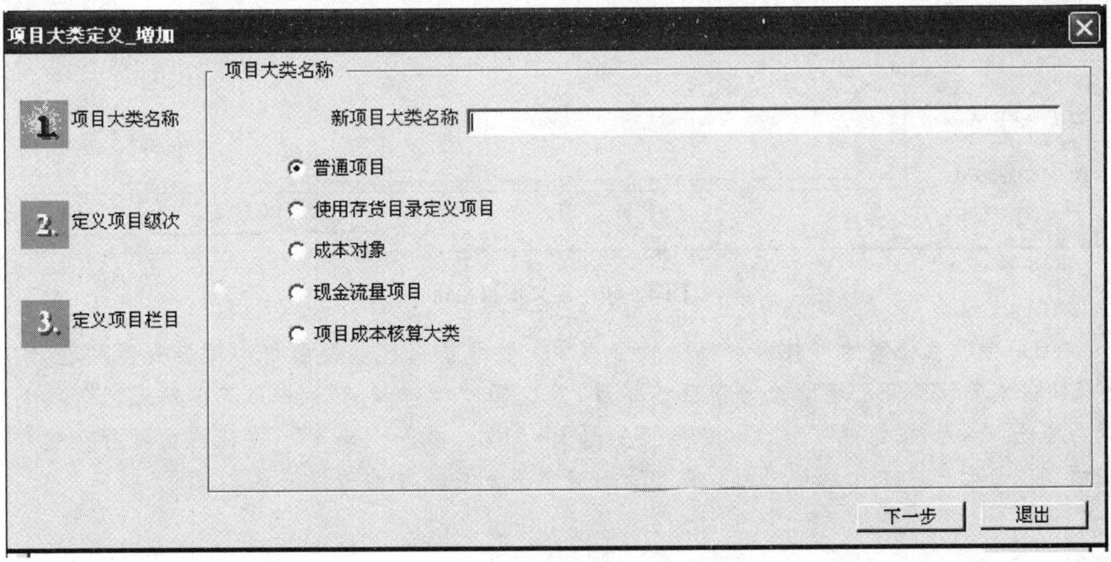

图 3 – 48　项目大类 – 1

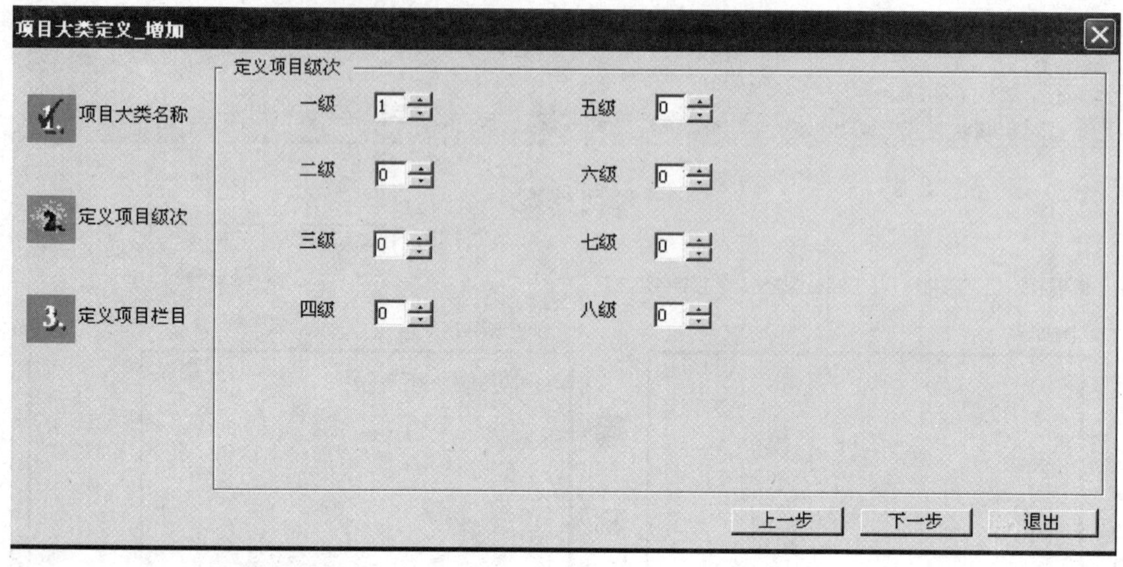

图 3－49　项目大类－2

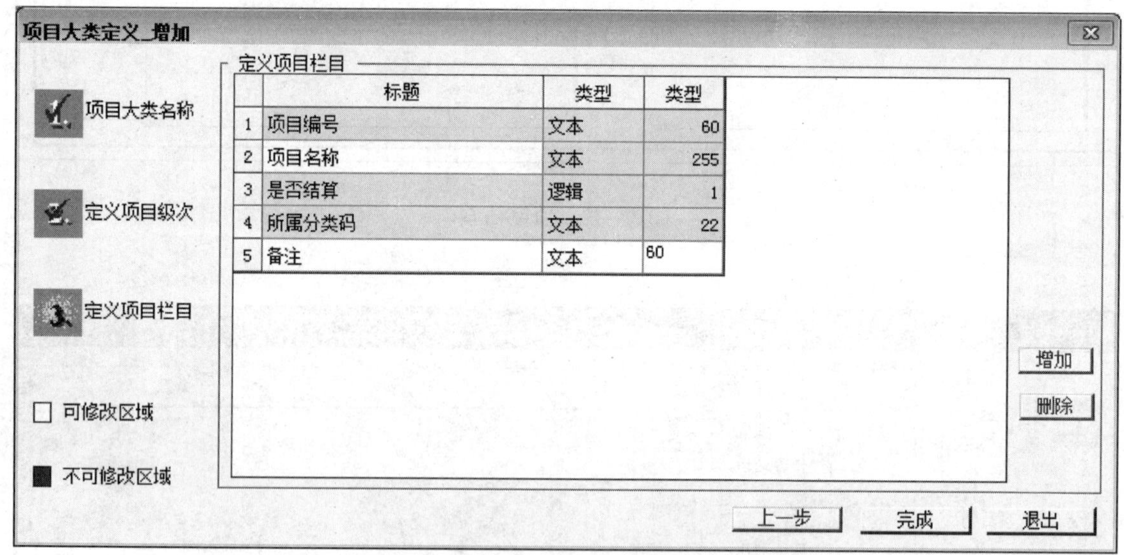

图 3－50　定义项目栏目

(6) 在项目档案的“核算科目”设置页中，首先选择已经设置好的项目大类“在建工程”(在该会计科目已经设置为项目核算后)，选择“待选科目”中的“在建工程”科目，然后单击“<”按钮或“<<”按钮（见图 3－51)，单击“确定”按钮进行保存，这样，在填制凭证时，如果用到该科目，系统就会自动提示要核算的项目档案。

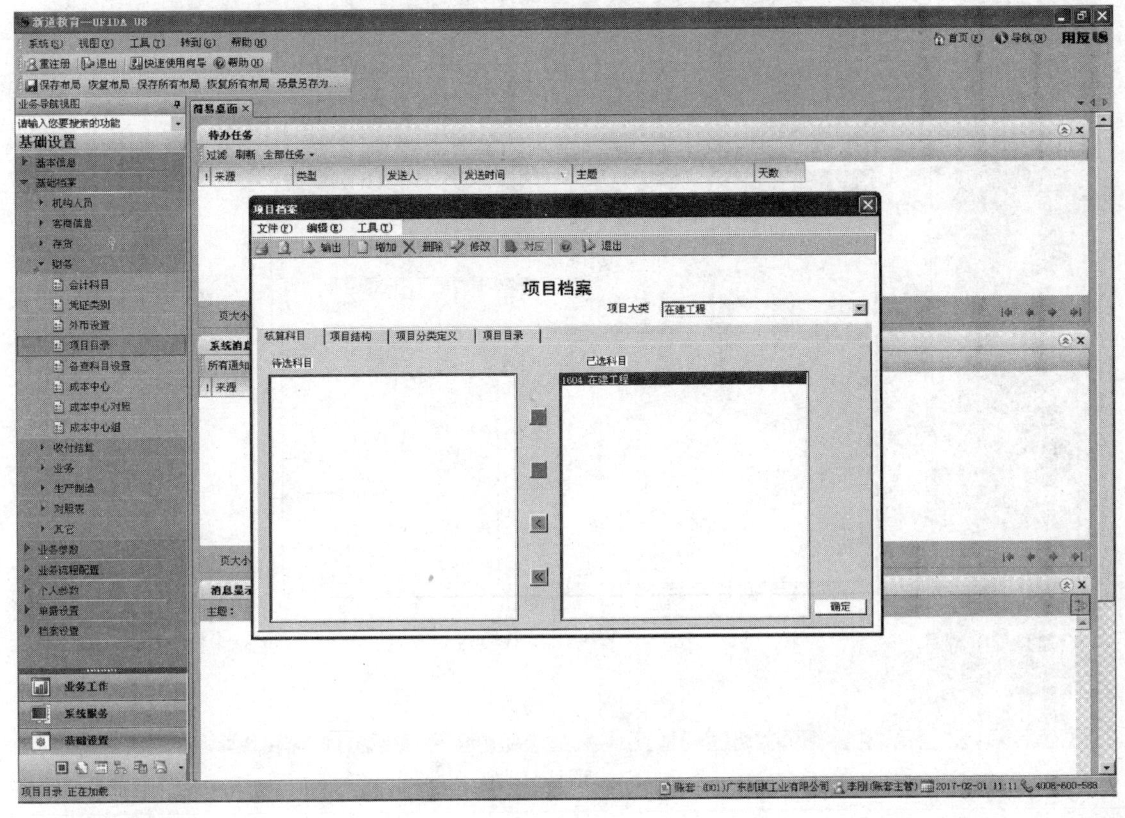

图 3－51　核算项目

说明

“项目档案”窗口中，“核算科目”选项卡的待选科目是需要在“科目设置”中事先设置科目的，在“在建工程”科目中已选择了辅助核算中的“项目核算”功能的科目（请参阅项目四中的“会计科目设置”）。

(7) 在“项目档案”设置窗口中，选择“项目分类定义”选项卡，在项目大类中选择“在建工程”项，单击“增加”按钮，设置项目小分类，输入分类编码：“1”，分类名称：“工厂厂房”，完成小分类设置后，单击“确定”按钮进行保存（见图 3－52）。

(8) 完成项目分类定义后，选择“项目目录”选项卡，在项目大类中选择“在建工程”，单击“维护”按钮，系统弹出“项目目录维护”窗口，选择“增加”选项卡，增加具体的项目档案，项目编码输入“001”，项目名称输入“科技园厂房”，项目编码输入“002”，项目名称输入“西里厂房”，最后单击“退出”按钮完成项目目录的设置（见图 3－53、图 3－54）。

注意

项目目录设置好之后，在总账中录入凭证科目时，如果会计科目为项目辅助核算的，按回车键，系统会自动提示输入项目名称，以进行该科目的项目核算。

一个会计科目不可以同时核算两个项目大类，如果遇到这种情况，可以将这两个项目大类设置成一个项目大类，然后通过项目分类设置的方式进行处理。

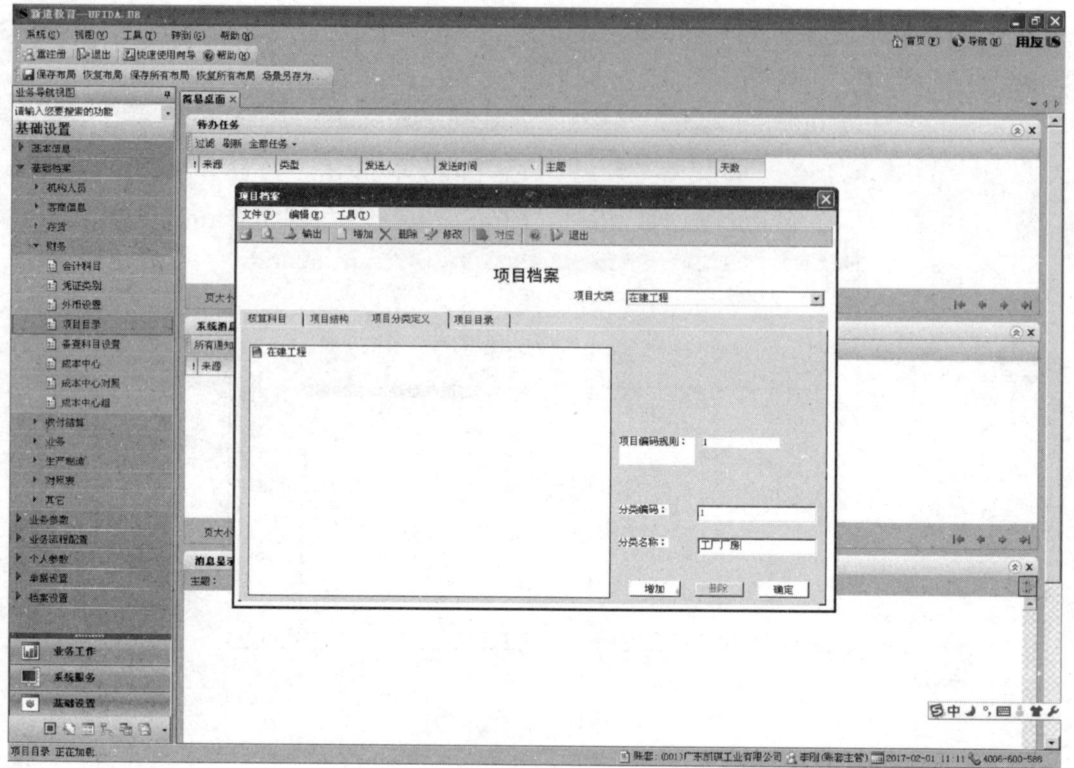

图 3－52 项目分类设置

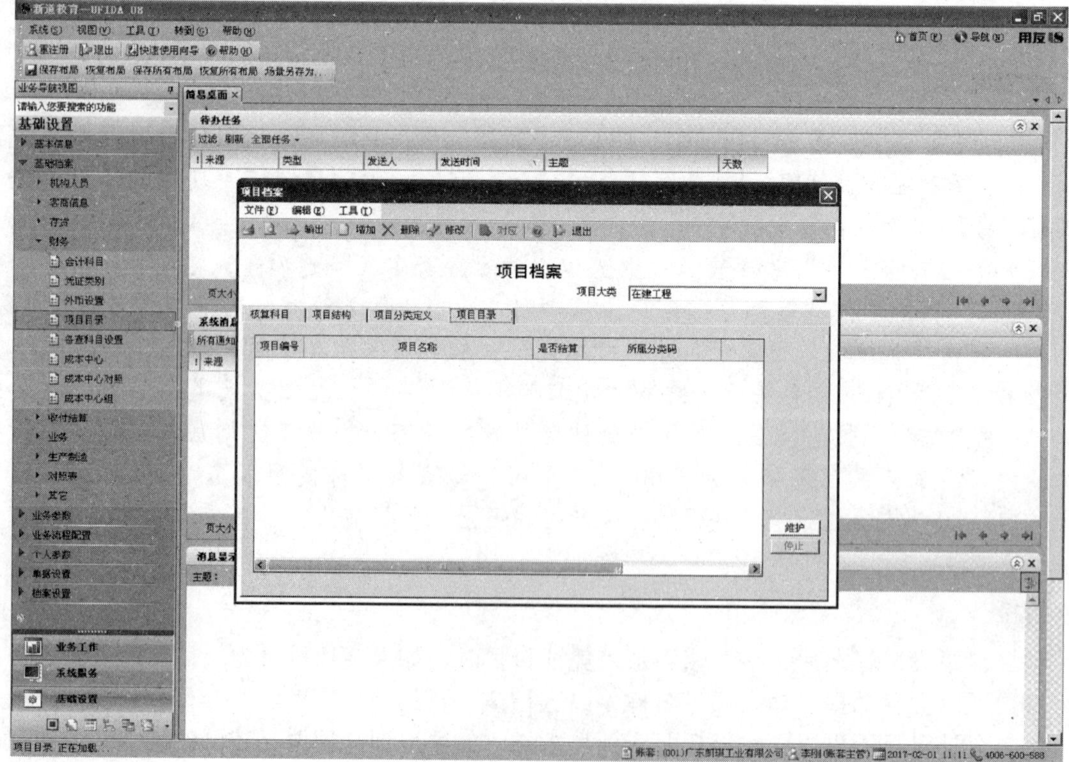

图 3－53 项目目录－1

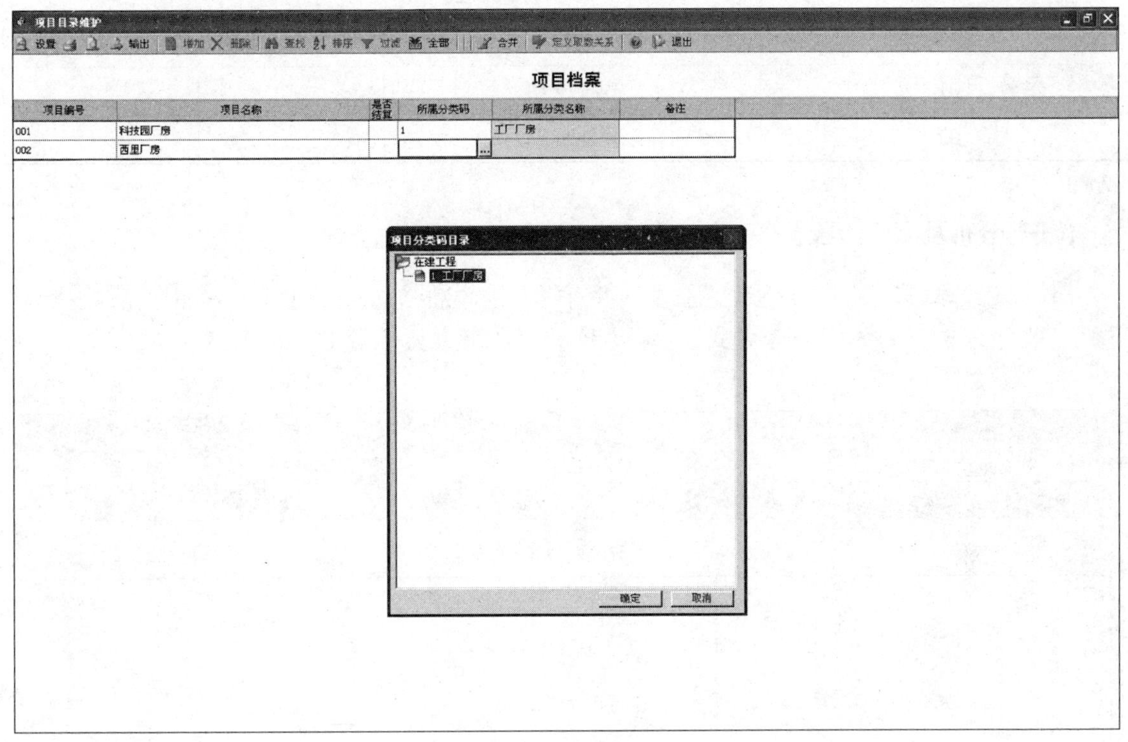

图 3－54　项目目录－2

八、活动十七：结算方式设置

【知识链接】

为了便于管理和提高银行对账的效率，系统提供设置结算方式的功能，用来建立和管理用户在经营活动中所涉及的结算方式。它与财务结算方式一致，如现金支票、转账支票等。结算方式最多可以分为 2 级。结算方式一旦被引用，便不能进行修改和删除的操作。结算方式的设置主要内容包括：结算方式编码、结算方式名称、票据管理标志等。

（1）结算方式编码。用以标识某结算方式。用户必须按照结算方式编码级次的先后顺序来进行录入，录入值必须唯一。结算方式编码可以数字 0 ~ 9 或字符 A ~ Z 表示。

（2）结算方式名称：用户根据企业的实际情况，必须录入所用结算方式的名称，录入值必须唯一。结算方式名称最多可写 6 个汉字（或 12 个字符）。

（3）票据管理标志。用户可根据实际情况，通过单击复选框来选择该结算方式下的票据是否要进行票据管理。此功能是为出纳对银行结算票据的管理而设置的功能，类似于手工系统中的支票登记簿的管理方式。

【任务引入】

在账套 001 中设置相应的结算方式（见表 3－9）。

表3－9 结算方式设置

编号	名称	是否票据管理
01	现金支票	是
02	转账支票	是

【任务分析及操作步骤】

（1）以“李刚”的身份登录“企业应用平台”，单击“基础设置”，双击“基础档案”下的“收付结算”中的“结算方式”，系统弹出“结算方式”窗口（见图3－55）。

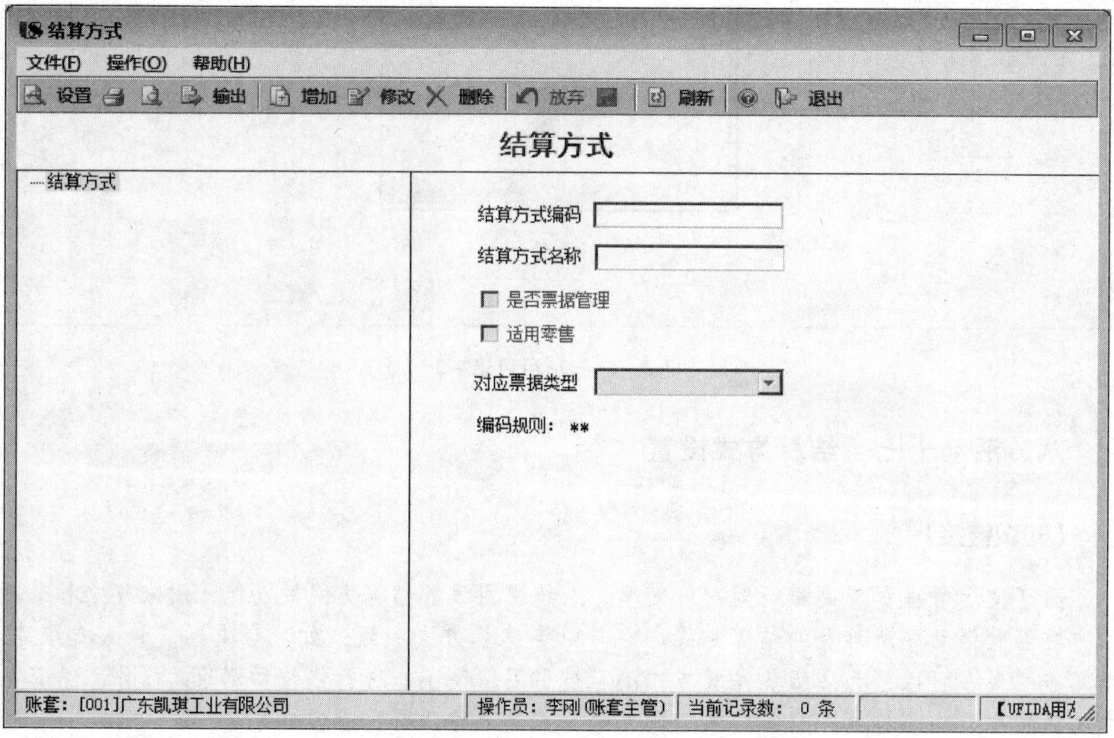

图3－55 结算方式设置－1

（2）单击“增加”按钮，输入结算方式编码、结算方式名称和是否票据管理。结算方式编码用以标识某结算方式，票据管理标志选择该结算方式下的票据是否要进行支票登记簿管理，选择该项（见图3－56）。单击“保存”按钮，便可将本次增加的内容保存，并在左边部分的树形结构中添加和显示。其他结算方式资料见实训二“结算方式”，录入后如图3－56左边所示，然后单击“退出”。

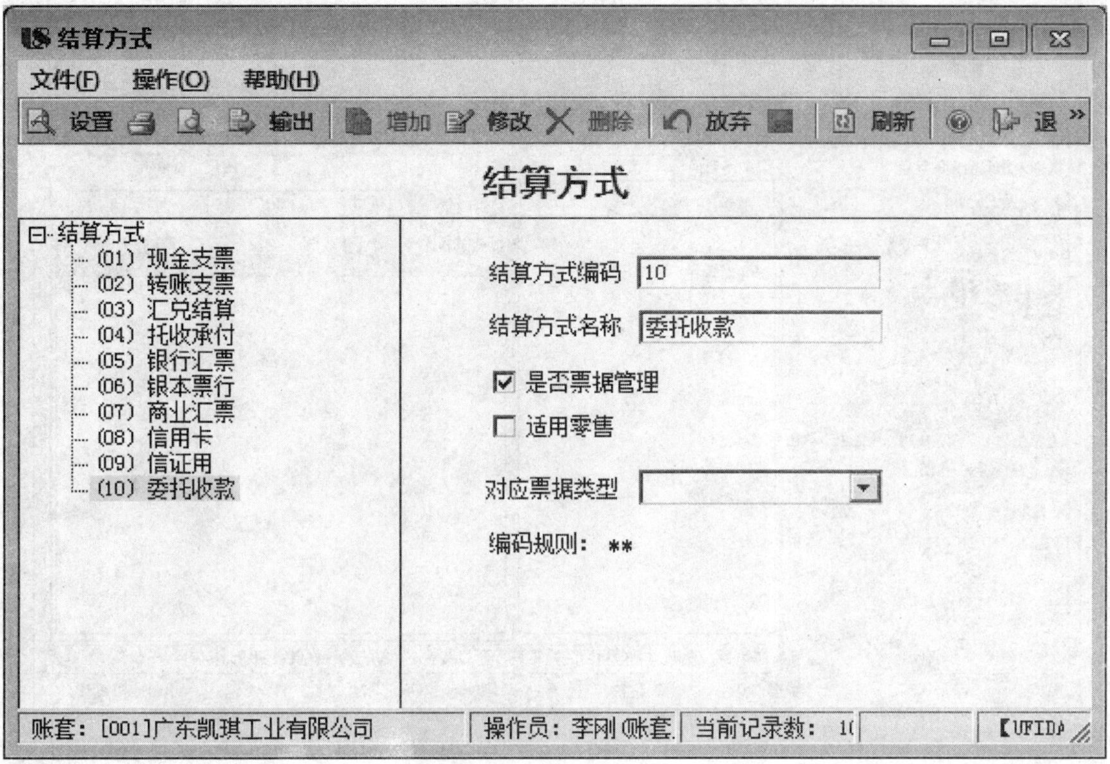

图 3－56 结算方式设置－2

九、活动十八：数据权限设置

【知识链接】

数据权限设置包括数据权限控制设置、数据权限分配和金额权限分配三部分。数据权限控制设置的作用是设置用户、用户组所能操作的档案、单据的数据权限，用于控制后续业务处理允许编辑、查看的数据范围。

【任务引入】

在 001 账套中设置数据权限：授予“何森林”所有科目查账、制单权限；所有部门的查询、录入权限。

【任务分析及操作步骤】

(1) 以“李刚”的身份登录“企业应用平台”，单击“系统服务”，双击“权限”下的“数据权限分配”选项，进入“权限浏览”设置窗口（见图 3－57）。

(2) 选择“何森林”用户，单击工具栏中的“授权”按钮，准备对何森林进行授权（见图 3－58）。

(3) 在“记录权限设置”窗口，“业务对象”选择“科目”，用“双箭头”将左侧窗口中的待选科目全部选入右侧窗口，单击“保存”按钮，将所设置的数据全部保存。单击“确定”（见图 3－59）。

(4) 双击“数据权限控制设置”，选中“部门”为控制对象（见图 3－60），单击“确定”。

图 3－57 数据权限

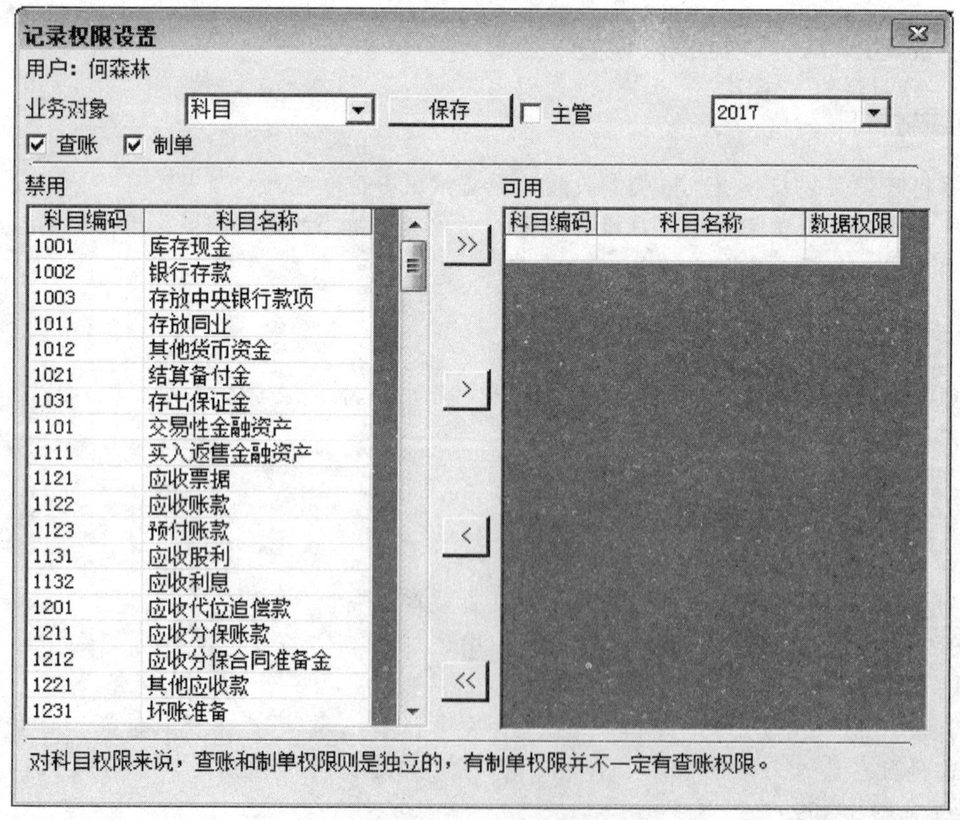

图 3－58 记录权限设置

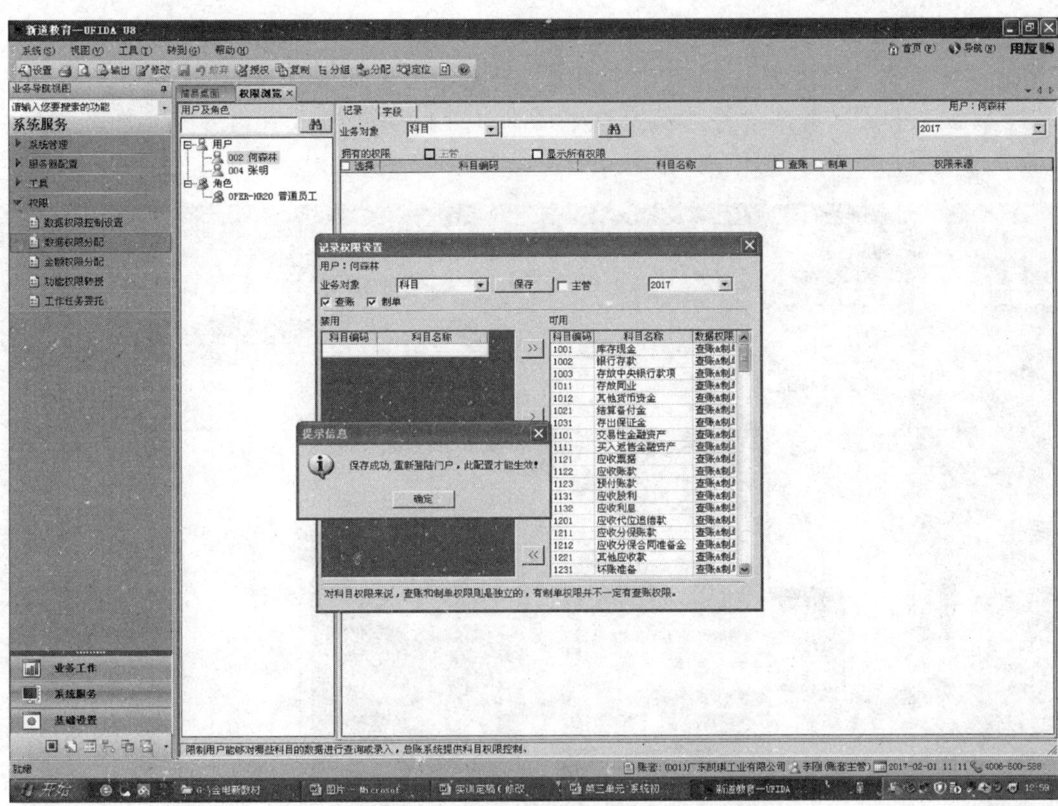

图 3－59　科目数据权限设置

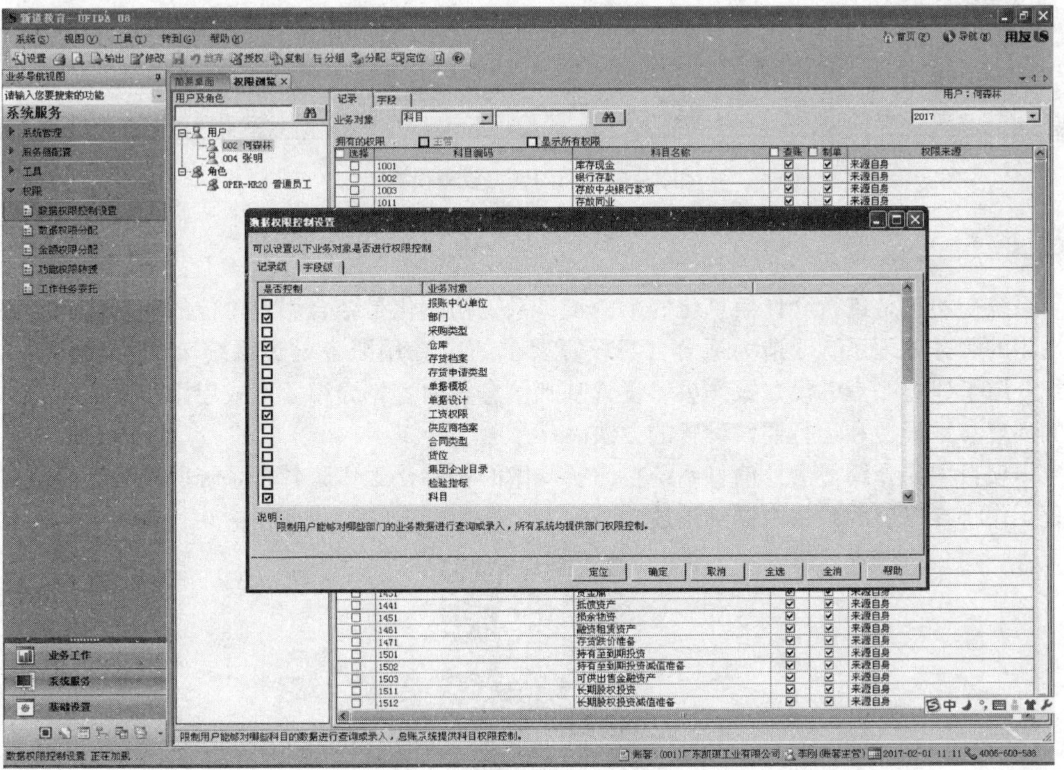

图 3－60　部门数据权限设置－1

（5）在图3－57所示的窗口，双击“数据权限分配”选项，系统进入“权限浏览”设置窗口，单击用户“何森林”，在“业务对象”下拉窗口中选择“部门”，单击工具栏中的“授权”按钮，用“双箭头”将左侧窗口中的待选部门全部选入右侧窗口，单击“保存”按钮，将所设置的数据全部保存。单击“确定”（见图3－61）。

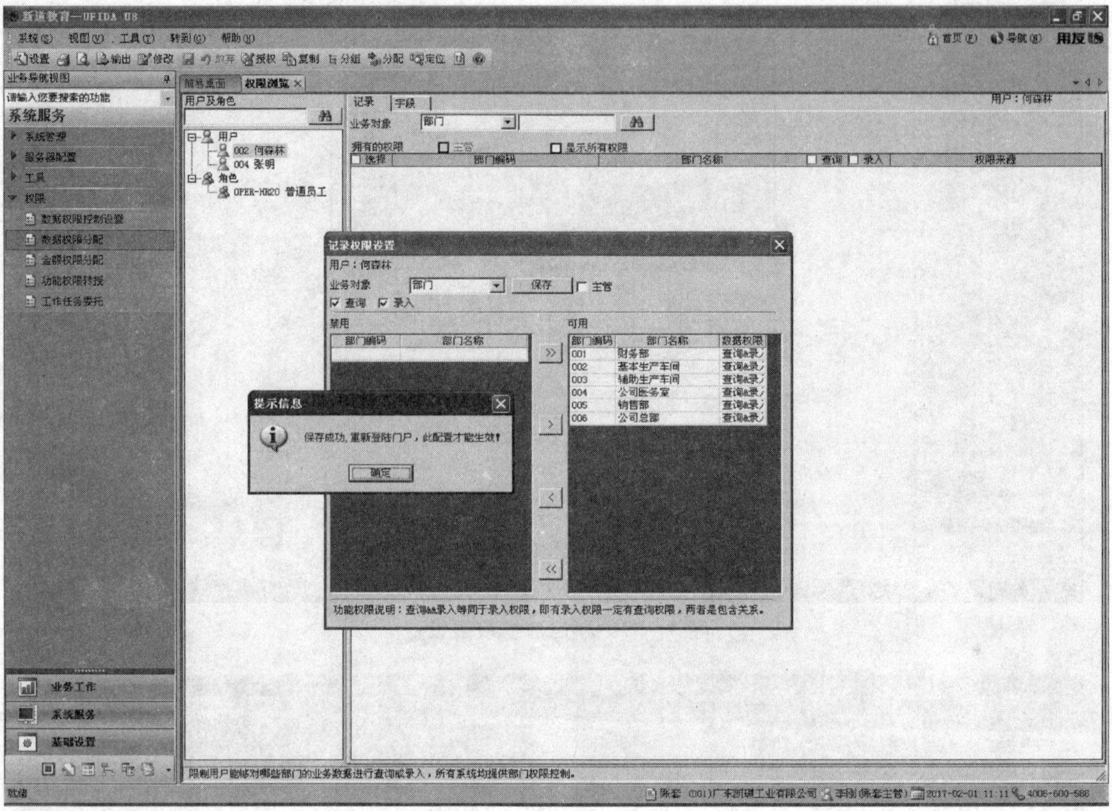

图3－61　部门数据权限设置2

项目小结

系统初始化是进行会计信息化的第一步，系统初始化是结合用户单位的实际情况，将一个通用的账务处理系统改造为适合自身核算要求的“专用账务处理系统”的过程。本项目详细介绍了建立账套、设置操作员、设置基础信息等内容，介绍了正式启用账套前所必须完成的环境参数设置和运行要素设置的方法。

本项目主要介绍了会计信息系统整体所要做的初始化工作，各个系统所要独立完成的初始化工作将在以后的项目中详细论述。

复习思考题

项目四

总账系统

学习目标

知识目标

◇ 了解总账系统的工作原理及功能结构；
◇ 了解总账系统初始化处理方法；
◇ 掌握凭证处理的方法；
◇ 了解辅助核算业务处理方法；
◇ 掌握总账系统期末业务处理方法；
◇ 了解账簿查询和打印的方法。

能力目标

◇ 能描述总账系统的概念和功能；
◇ 能进行总账初始化业务处理；
◇ 能熟练进行会计凭证业务处理；
◇ 能进行总账期末业务处理；
◇ 能进行总账系统的账表查询与分析。

任务一　总账系统的工作原理及功能结构

一、总账系统手工处理方式

在手工条件下，会计核算具有一整套科学的方法体系。它主要包括：设置会计科目及账户、复式记账、填制与审核凭证、设置与登记账簿、成本计算、财产清查、编制会计报表。这些会计方法是相互联系、紧密结合的。

为了及时、正确、完整地处理会计业务，不同规模、不同业务量和业务属性的企业，采取了不同的会计核算组织程序，也称账务处理程序，如记账凭证账务处理程序、科目汇总表账务处理程序、汇总记账凭证账务处理程序等。不同账务处理程序的主要区别在于登记总账的依据不同。在手工方式下，科目汇总表账务处理的具体操作流程见图 4－1。

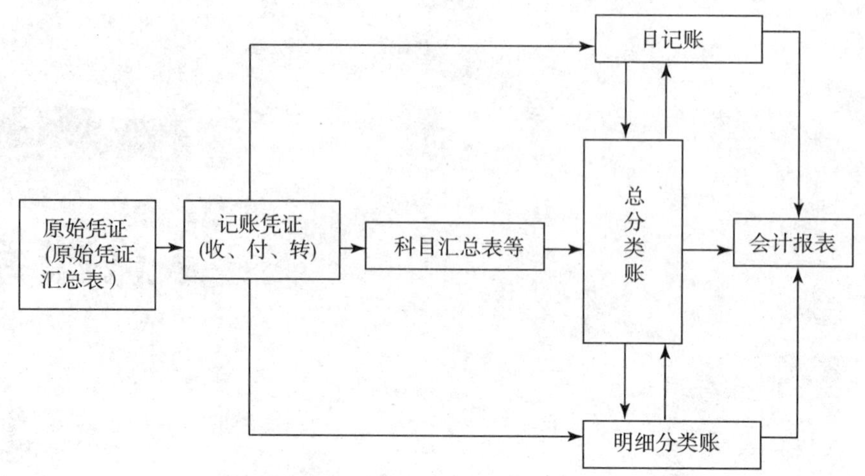

图 4－1　科目汇总表账务处理

其基本操作过程为：

（1）根据原始凭证，按照所设置的会计科目及所确定的复式记账方法，填制记账凭证。

（2）根据记账凭证和所附的原始凭证逐笔登记日记账。

（3）根据记账凭证和所附原始凭证逐笔登记明细分类账。

（4）根据记账凭证定期编制科目汇总表或汇总记账凭证。

（5）根据科目汇总表或汇总记账凭证定期登记总分类账。

（6）按照对账要求，定期核对总分类账、日记账、明细分类账。

（7）根据核对清查后的总分类账、明细分类账编制会计报表。

二、总账系统计算机处理方式

在会计信息化处理方式下，账务处理从输入会计凭证开始，经过计算机对会计数据的处理，生成各类凭证、账簿文件，最后产生凭证主文件、科目余额及发生额等文件并完成整个处理过程。信息化处理在保持会计固有的特征（如设置会计科目，复式记账，通过账簿分类连续、系统地记录和核算经济业务等）的同时，又要调整和改进与手工操作不同的内容。但信息化处理方式下的账务处理过程与手工操作方式下的账务处理过程又有相似之处，因而手工方式下的账务处理流程可被看成是建立信息化账务处理系统逻辑模型的基础。因此，可以在手工处理流程的基础上优化出信息化账务处理流程（见图 4－2）。

计算机账务系统中会计业务处理的基本流程：

（1）在计算机账务系统第一次投入使用时，也有类似手工的建账工作，这一工作通过对系统的初始设置来完成。

（2）编辑输入记账凭证或机制凭证。记账凭证是指手工输入计算机的会计凭证。此类凭证是输入计算机中的主要凭证，一般在输入时应注意审核其正确性。机制凭证是指由计算机生成的两类凭证，一类是对于某些具有规律性、每月都发生的期末结转业务，由计算机根

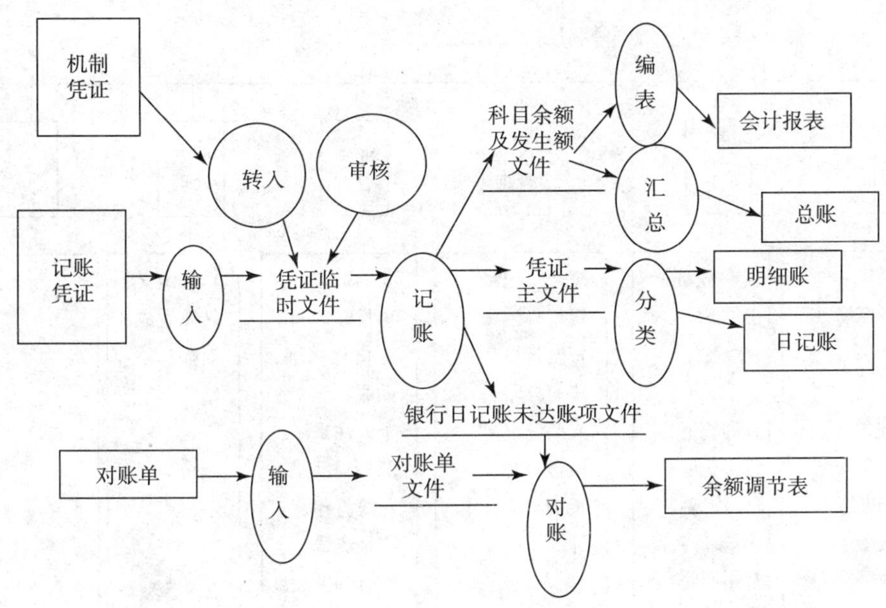

图 4－2　信息化账务处理流程

据设置自动生成其记账凭证；另一类是由计算机会计信息系统中其他子系统生成的记账凭证。

（3）对输入的记账凭证进行审核。无论是手工输入的记账凭证还是机制凭证，都需要进行审核，以确保其正确性。

（4）人工控制由程序自动完成记账工作。在计算机条件下的记账操作，是指分别更新记账凭证主文件，科目余额及发生额文件，部门、项目、往来等辅助文件以及企业银行对账未达账项文件，并删除临时凭证文件中已记账的凭证。记账的另一目的是保证会计数据的安全和正确，对于已记账的会计数据只能使用留有痕迹的修改方法。

（5）人工控制由程序自动完成结账工作。当进行结账时，计算机将自动进行是否满足结账条件的业务判断，并进行总账与明细账的核对、总账与各种辅助账的核对，同时结束本月业务的处理。

（6）人工控制由程序自动进行银行对账。银行对账是根据银行对账单文件和企业银行日记账对账文件中的银行业务进行对账，同时生成银行存款余额调节表。

在账务处理系统数据流程图中各主要数据库文件分别是：凭证临时文件、凭证主文件、科目余额/发生额文件、部门（项目、往来业务）辅助文件、银行对账单文件。

三、总账系统基本的功能结构

总账系统适用于各类企事业单位进行凭证管理、账簿处理、个人往来款管理、部门管理、项目核算和出纳管理等。用友 U8V10.1 总账系统功能主要划分为：系统设置、凭证处理、出纳管理、账表管理、期末处理、维护等模块，模块结构见图 4－3。

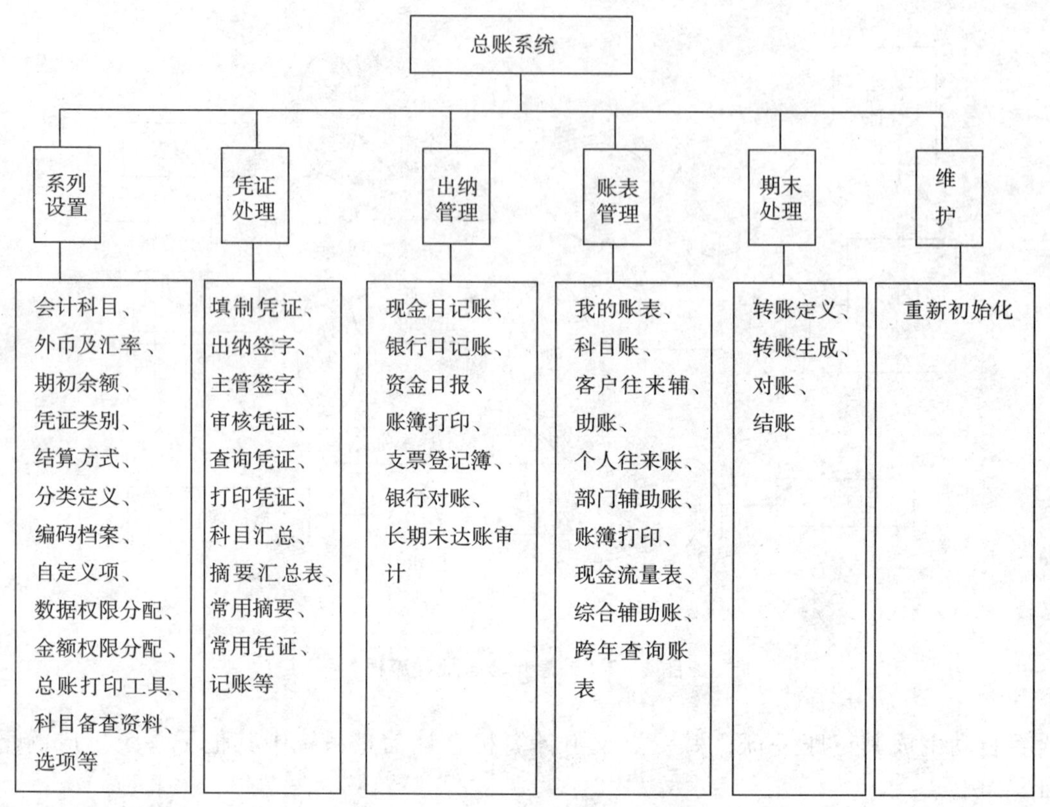

图4－3　总账系统功能模块结构

（一）系统设置

完成总账初始化工作。可根据需要增加、删除或修改会计科目或选用行业标准科目。录入账户初始金额。通过严密的制单控制保证填制凭证的正确性。提供资金赤字控制、支票控制、预算控制、外币折算误差控制以及查看科目最新余额等功能，加强对发生业务的及时管理和控制。制单赤字控制可控制出纳科目、个人往来科目、客户往来科目、供应商往来科目。

（二）凭证处理

提供凭证输入、查询、修改、记账等功能。凭证填制权限可控制到科目，凭证审核权限可控制到操作员。

（三）出纳管理

为出纳人员提供一个集成办公环境，加强对现金及银行存款的管理。提供支票登记簿功能，用来登记支票的领用情况，并可完成银行日记账、现金日记账，随时出最新资金日报表、余额调节表以及进行银行对账。

（四）账表管理

提供按多种条件查询总账、日记账、明细账等功能，具有总账、明细账和凭证联查功能，月末打印正式账簿，同时还提供查询综合辅助账、跨年查询账表的功能。

（五）期末处理

自动完成月末分摊、计提、对应转账、销售成本、汇兑损益、期间损益结转等业务。进行试算平衡、对账、结账、生成月末工作报告。

（六）维护

重新初始化后，本年度将视为一个新的启用年度，本年数据将与以前年度数据分段管理，在账表查询、往来两清时，将不再提供与之前年度间的跨年查询、跨年往来。

四、总账系统与其他子系统之间的关系

总账系统属于会计信息系统的一部分。总账系统既可独立运行，也可同其他子系统协同运转。总账系统与其他子系统的主要关系见图 4 -4。

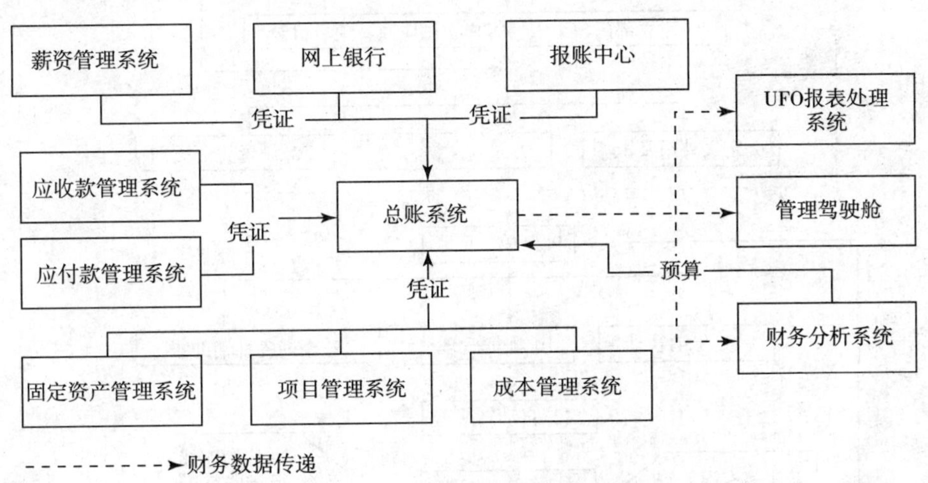

图 4 -4　总账系统与其他子系统的主要关系

总账系统与应收款管理系统、应付款管理系统、固定资产管理系统、项目管理系统、成本管理系统、薪资管理系统、网上银行、报账中心存在接口关系，总账接收其他系统生成的凭证。同时，总账系统向 UFO 报表处理系统、管理驾驶舱、财务分析系统提供财务数据并生成财务报表及其他财务分析表。

五、总账系统操作流程

第一次使用总账时，新用户的操作流程见图 4 -5，老用户的操作流程见图 4 -6。由图可知，第一次使用总账系统与次年使用总账系统，初始设置操作流程不同。

第一次使用总账系统，要首先安装总账系统，在系统管理中建立新账套。系统安装完毕后，即可启动账务系统。从第 4 步建立会计科目开始到第 8 步设置凭证类别（即图中虚线所围部分），是对账套进行的初始设置，用户应该根据本企业的特点进行相应的设置。

当会计科目、各辅助项目录、期初余额及凭证类别等录入完毕后，就可以使用计算机进行填制凭证、记账了。从第 9 步到第 12 步是每月进行的日常业务。从第 13 步到第 17 步是月末需进行的工作，包括月末转账、对账、结账，以及对会计档案进行备份等。

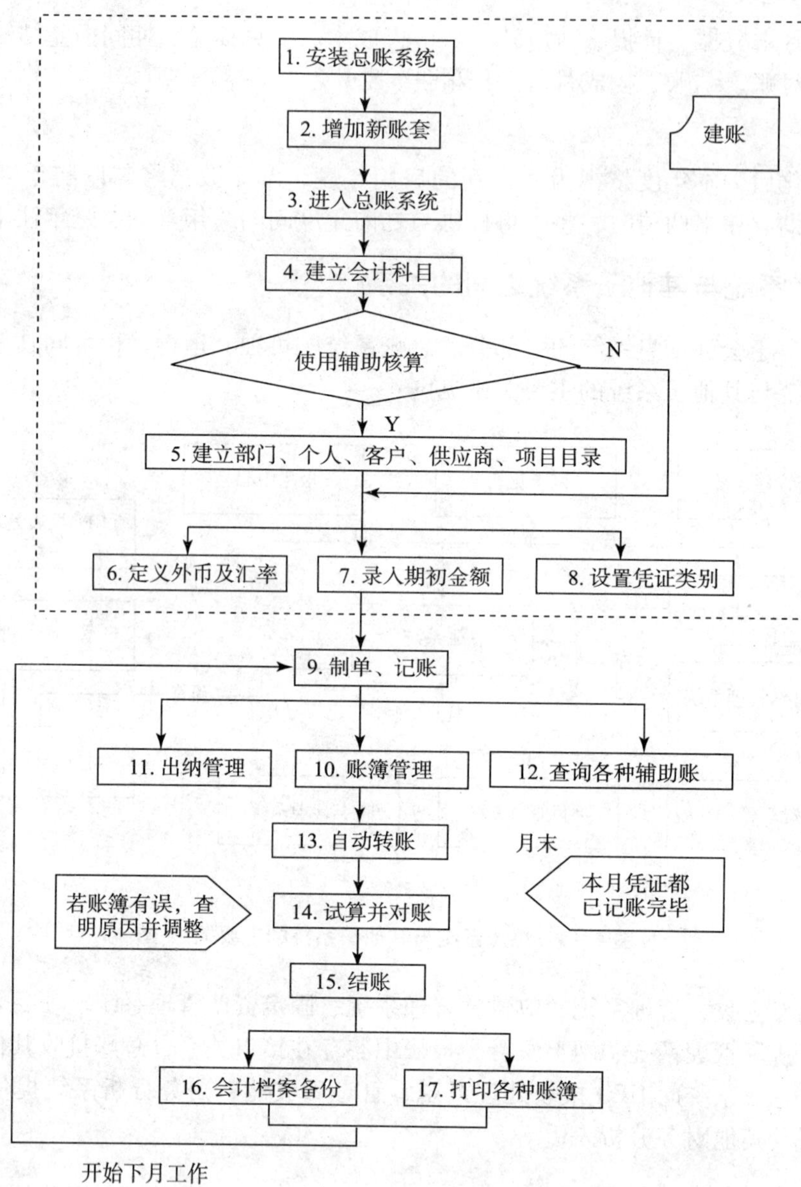

图 4－5　新用户操作流程

次年年初，老用户在使用总账系统时，首先在系统管理中建立新的年度账。从“企业门户”→“控制台”进入总账系统。从第 4 步到第 6 步（图中虚线所围部分），是对账套的基本设置进行相应地调整和设置。

当会计科目、各辅助项目录、期初余额等调整完毕后，就可以使用计算机进行填制凭证、记账了。从第 9 步到第 10 步是每月进行的日常业务。从第 11 步到第 15 步是月末需进行的工作，包括月末转账、对账、结账，以及对会计档案进行备份等。

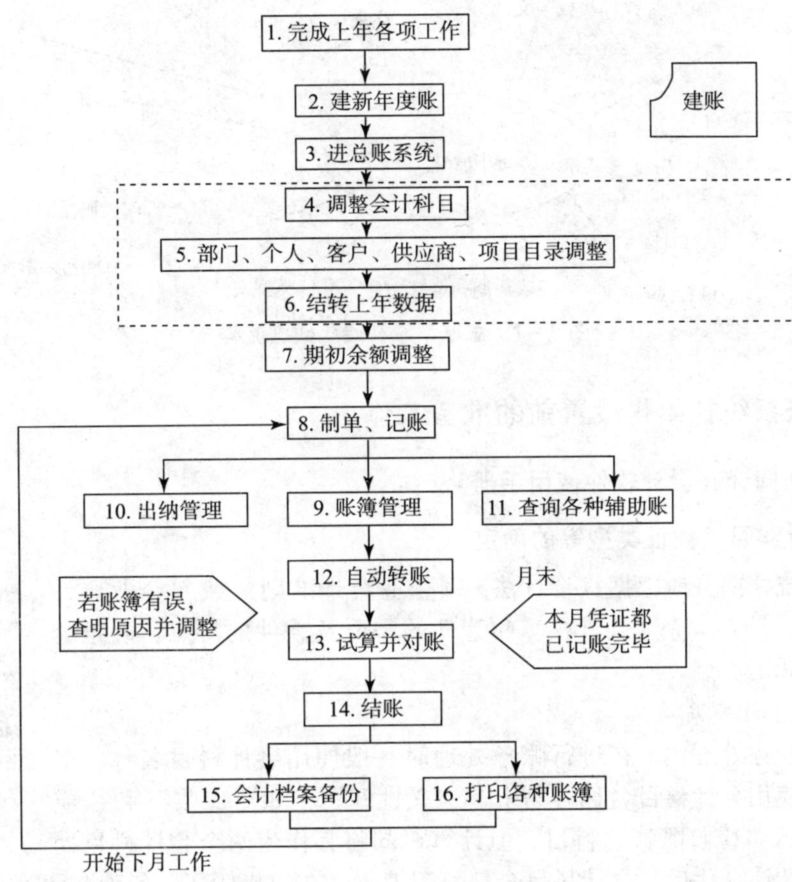

图 4－6　老用户操作流程

任务二　总账系统的初始化

项目三已经介绍了整个账套的初始化工作，下面具体介绍总账系统初始化工作。总账系统的初始设置一般由财务主管或财务主管指定的专人进行。初始设置工作在系统投入使用时进行，以后一般不再重新设置或修改，如需要修改应在年末结账后进行。

一、总账系统初始化的数据流程

总账系统初始化，根据其在总账系统中的作用大致可分成两个层次：第一个层次是系统工作必不可少的基本设置，主要包括账套的设置、操作员的设置、开设账户等；第二个层次是为了方便用户使用、提高系统工作效率和灵活处理会计业务能力的设置，主要包括自动转账凭证的设置、模式凭证的设置、常用摘要的录入等。在上述两个层次中，第一个层次是必须要完成的初始化工作；第二个层次是可选择的，但主要是用于提高核算效率的。另外，第一个层次的初始化工作一般在系统开始启用时完成，部分项目可在使用中有条件地调整；第二个层次的初始化工作可在系统运行的各个阶段进行并可以随时无条件调整和修改。总账系统初始化数据流程见图 4－7。

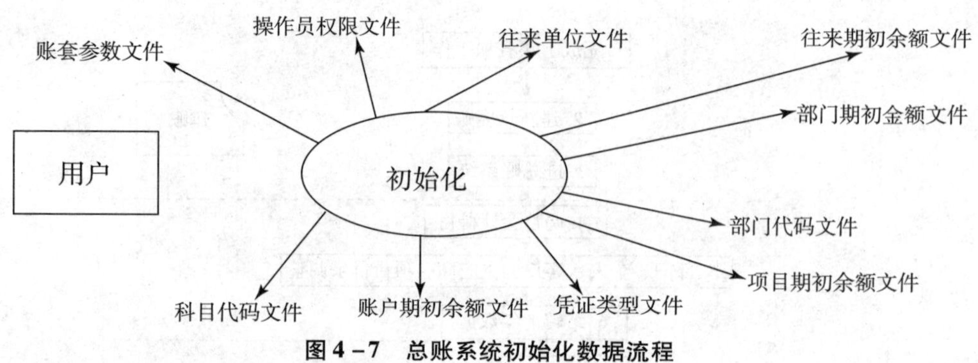

图4-7 总账系统初始化数据流程

二、总账系统初始化设置前的准备工作

（一）仔细阅读《会计软件使用手册》

（二）会计科目、凭证类型等的确定

在使用系统之前，应根据《会计法》《企业会计准则》或《企业会计制度》的要求，结合本企业会计核算和管理的需要及软件的特点，确定会计科目体系和凭证类型。

会计科目的确定

1. 设计会计科目编码

手工会计业务处理中，在进行账务处理时一般使用会计科目名称。采用计算机后，使用会计科目名称容易引起二义性问题，如"应收"和"应收账款"都表示"应收账款"科目，但计算机却将其作为两个会计科目处理。因而，会计信息化后，会计科目全部使用编码，在记账凭证、各种账簿等查询的同时显示会计科目名称。

会计科目设置所涉及的内容很多，包括会计科目的编码、级别、名称、类型、性质等。在账务系统中编码被广泛应用，其重要性不言而喻。因此在介绍会计科目设置方法之前，首先需要强调科目编码的设置原则。一套科学、合理、规范的会计科目编码将为后续的业务核算打下良好的基础。在设置科目编码时需要遵循以下几项原则：

（1）系统性原则。会计制度或会计准则中已系统地给出了全部总账科目以及少量二级科目的名称和编码。对总账科目和规范的二级科目编码的设置必须符合会计制度的有关规定，对于其他明细科目的编码，可在会计制度或准则允许的范围内，按照本企业的业务特点和上级主管部门的管理要求来设定。全部科目编码形成一个系列。

（2）唯一性原则。要保证每一个代码对应唯一的一个会计科目，不允许出现重复的科目编码，以避免在业务处理时发生科目串位。对于分属于不同上级科目的明细科目，其名称可以相同，其代码则由前置的上级科目的代码来区别。如"差旅费"往往作为多个费用科目的明细科目来设置，"销售费用－差旅费"的科目代码为"660103"，而"管理费用－差旅费"的科目代码为"660203"。

（3）简洁性原则。在满足管理要求和适合计算机处理的前提下，力求使编码简单明了。简短的科目编码既便于记忆又能提高输入数据的速度。

（4）可扩展性原则。会计科目体系一经设定，其编码结构就无法改变，修改结构只能通过重建账套实现，而重新建账将丢失已输入的所有初始化数据和日常核算资料。因此，在设计编码时一定要充分考虑各方面的要求。总账科目编码长度一般是由会计制度规定的，通常为3～4位。而某一级明细科目的代码长度则通常是以这一级次科目最大可能达到的个数来确定的。

会计信息系统对会计科目代码编码方案一般最大限制为六级16位，且任何一级的最大长度都不得超过9位编码。用户在此设定的科目编码级次和长度将决定用户企业科目编号的编制方式，例如某企业将科目编码设为42222，则科目编码时，一级科目编码是4位，二至五级科目编码各为2位。

2. 设置辅助核算

会计科目编码方案一旦确定，一个会计年度不能变更，只能进行明细科目的增减变动，因而，会计科目编码方案必须相对稳定。但是，随着经济业务的变化，原有的会计科目体系可能难以满足核算和管理的要求，需要加以改变。

按照42222的设置方法，二级明细科目最多有99个，能满足绝大多数会计科目明细科目设置的需要。如银行存款、应收账款、主营业务收入、管理费用等总账科目都需要设置二级科目。在这些科目中，银行存款通常以开户银行及账号为设置依据，少则2～3个，多则7～8个，而主营业务收入、管理费用等科目下设的二级明细科目一般都不会超过100个，两位长度的代码应能满足以后添加同级科目的需求，而应收账款等往来科目通常根据客户或企业设置明细科目。随着经济业务的不断扩大，对往来业务较多的企业，明细科目可能超过100个，这样原有的科目设置方案就难以满足会计核算的要求，需要增至3位甚至更长。由于同级科目必须使用等长的科目编码，其他总账科目下的二级科目也要使用3位或更长的科目编码。所以，如果设定的分段代码位数较长而绝大多数总账科目所包含的明细科目个数不多时，其他科目的操作速度势必因此而受影响，这一点便与简洁性原则相矛盾。

为解决上述问题，对往来科目目前有两种设置方法。一是在总账科目下将往来单位设为明细科目，可将明细科目先行分类，按分类设置二级科目，然后再设置下级明细科目。如“应收账款”总账科目下先按客户所属地区分类，设置二级明细科目，然后再按客户对象设置三级明细科目。这种方法设置比较简单、直观，但其主要缺陷是明细科目级数太多，明细科目数量过多，难以满足业务发展的要求，也难以对往来账进行重点管理。二是设置辅助账，往来科目下不设往来企业明细科目，专设往来辅助账对往来业务进行管理。例如对上述“应收账款”，设置往来目录见表4－1。

表4－1　往来客户目录

客户编码	客户名称	地　址	电　话	联系人
GZ0001	甲公司	广州市粤垦路198号	85230000	张山
GZ0002	乙公司	广州市天河路120号	85590000	李晓
GZ0003	丙公司	广州市解放路28号	68590000	吴微

往来目录设定后，还要设置相应科目的往来明细账。在输入记账凭证时，输入会计科目编码后，再输入相应的往来单位编号和业务编号，记账时同时登记相应的往来辅助账。

这种方法解决了将往来单位设为明细科目的缺陷，充分利用了计算机存储容量大、处理能力强的特点，使会计信息更加全面、详细，有助于提高核算和管理水平。目前，大部分会计软件都支持往来辅助账，同时还可以设置部门核算辅助账、项目核算辅助账等，这使会计核算资料更加全面、完整。

辅助核算是在财务处理过程中为提供比一般财务资料更为详尽的核算信息，或为提高会计信息的质量而采取的一些附加的核算手段。设置辅助核算的原因主要是一些业务的核算对象众多，核算方式比较特殊，需要对它们进行特殊核算。此类对象增加明细科目会受到会计科目代码结构的限制，或者需要增加多级明细核算会计科目。设置会计科目处理起来不是很方便，更加不会突出特殊核算需要。因此，会计信息系统可采取与手工会计完全不同的管理方法，对此类核算对象设置辅助核算。

设置辅助核算的方法是先建立核算项目表，如客户表、供应商表、部门表、产品表等辅助核算项目表，这些表中项目的编码是不受会计科目代码结构的限制的；然后在初始设置中增加和修改会计科目（账户）时，设置某些会计科目所对应账户特殊的辅助核算属性，并设置辅助核算的受控系统。设置辅助核算的会计科目后，辅助核算项目表所有的核算内容都可以类似的作为该会计科目的下级明细科目。在账簿输出时，会计信息系统也会专门设计一类账簿来输出辅助核算分类总账和明细账。

例如：为了充分体现计算机管理的优势，在企业原有的会计科目基础上，应对以往的一些科目结构进行调整，以便充分发挥计算机的辅助核算功能。如果企业原来有许多往来单位、个人、部门、项目是通过设置明细科目来进行核算管理的，那么，在使用总账系统后，可以改用辅助核算进行管理。方法是将这些明细科目的上级科目设为辅助核算科目，并将这些明细科目设为相应的辅助核算目录。一个科目设置了辅助核算后，它所发生的每一笔业务将会登记在辅助总账和辅助明细账上。

【举例】

（1）原科目设置为：

科目编码	科目名称
1122	应收账款
112201	客户一
112202	客户二
……	……
1221	其他应收款
122101	应收职工借款
12210101	张三
12210102	李四
12210103	王五
……	……
6602	管理费用
660201	办公费
66020101	A 部门
66020102	B 部门
66020103	C 部门
……	……

那么，在使用总账系统进行财务核算时，可将科目设置为：

科目编码	科目名称	辅助核算
1122	应收账款	
112201	天津力宏	客户往来
……	……	……
1221	其他应收款	
122101	应收职工借款	个人往来
……	……	……
6602	管理费用	
660201	办公费	部门核算
……	……	……

（2）各辅助核算目录。只把科目设置了辅助核算还是不够的，还应将从科目中去掉的明细科目设置为辅助核算的目录。若有部门核算，应设置相应的部门目录；若有个人核算，应设置相应的个人目录；若有项目核算，应设置相应的项目目录；若有客户往来核算，应设置相应的客户目录；若有供应商往来核算，应设置相应的供应商目录。

3. 确定记账凭证类型

凭证类型也就是凭证字。在总账系统中，记账凭证类型一旦设定并使用后，一般说来既不允许修改也不允许删除，因此必须根据企业会计核算和管理的需要确定好记账凭证的类别。

会计数据资料的准备

会计组织和人员分工的确定

三、活动一：会计科目设置

【知识链接】

会计科目是填制会计凭证、登记会计账簿、编制会计报表的基础，是对会计对象具体内容分门别类进行核算所规定的项目。会计科目是一个完整的体系，它是区别于流水账的标志，是复式记账和分类核算的基础。会计科目设置的完整性影响着会计过程的顺利实施，会计科目设置的层次深度直接影响着会计核算的详细和准确程度。除此之外，会计科目的设置是用户应用系统的基础，它是实施各个会计手段的前提。因此，科目设置的完整性、详细程度对于整个会计信息化系统尤为重要，应在创建科目、科目属性描述、账户分类上为用户提供尽可能的方便和校验保障。

会计科目设置的内容主要包括：

（1）科目编码。科目编码应是科目全编码，即从一级科目至末级科目的各级科目编码组合。其中，各级科目编码必须唯一，且必须按其级次的先后次序建立，即先有上级科目，然后才能建立下级明细科目。科目编码中的一级科目编码必须符合现行的会计制度。通常，通用商品化会计核算系统在建立账套时，会自动预置规范的一级会计科目。

（2）科目名称。科目名称是指本级科目名称，通常分为科目中文名称和科目英文名称。增加明细科目时，只需要录入下级科目名称即可。

（3）科目类型。科目类型是指会计制度中规定的科目类型，分为：资产、负债、所有者权益、成本、损益。

（4）账页格式。账页格式是指该科目在账簿打印时的默认打印格式。系统提供了金额式、外币金额式、数量金额式、外币数量式4种账页格式供选择。一般情况下，有外币核算的科目可设为外币金额式，有数量核算的科目可设为数量金额式，既有外币又有数量核算的科目可设为外币数量式，既无外币又无数量核算的科目可设为金额式。

（5）助记码。用于帮助记忆科目，提高录入和查询速度。通常科目助记码不必唯一，但最好不要重复。一般可用科目名称中各个汉字拼音的首字母组成，例如："管理费用"的助记码可写为glfy，这样在制单或查账中需录管理费用时，录入其助记码glfy即可，而不用录汉字"管理费用"，这样可加快录入速度，也可减少汉字的录入量。在需要录入科目的地方输入助记码，系统可自动将助记码转换成科目名称。

（6）科目性质（余额方向）。增加记借方的科目，科目性质为借方；增加记贷方的科目，科目性质为贷方。一般情况下，只能在一级科目设置科目性质，下级科目的科目性质与其一级科目相同。已有数据的科目不能再修改科目性质。

（7）辅助核算。用于说明本科目是否有其他核算要求。系统除完成一般的总账、明细账核算外，还提供部门核算、个人往来核算、客户往来核算、供应商往来核算、项目核算5种专项核算功能。如制造费用可设成部门核算，生产成本可设成项目核算，应收账款可设成客户往来核算，应付账款可设成供应商往来核算等。

（8）外币核算。用于设定该科目是否有外币核算，以及核算的外币名称。如对于"银行存款——中行美元（USD）""银行存款——中行港元（HKD）"等外币核算科目，选中"外币核算"复选框，并在下拉列表框中选择正确的外币种类。

（9）数量核算。用于设定该科目是否有数量核算，以及数量计量单位。如"原材料""库存商品"等科目需进行数量辅助核算，应在设置时选中"数量核算"复选框，并在下面的"计量单位"文本框中输入相应的计量单位。

（10）特殊核算要求设置。用于说明本科目是否有其他要求，如银行账、日记账等。一般情况下，库存现金科目要设为日记账，银行存款科目要设为银行账和日记账。

【任务引入】

（1）修改会计科目。科目代码：1001；科目名称：库存现金；科目属性修改为"日记账"。

（2）增加会计科目。增加科目代码：101202；科目名称：存出投资款。

（3）设置辅助核算。设置应收账款账户为"客户往来"辅助核算，受控于总账系统。

（4）删除会计科目。删除科目代码为"101202"的会计科目。

（5）指定会计科目。指定"库存现金""银行存款"科目和"现金流量"科目。

【任务分析及操作步骤】

以"李刚"的身份登录"企业应用平台"，双击"基础设置"中"基础档案"下"财务"项下的"会计科目"，进入"会计科目"窗口，便会显示所有预置的科目（见图4－8）。

1. 修改会计科目

科目代码：1001；科目名称：库存现金；科目属性修改为"日记账"。

如果需要对原有会计科目的某些项目进行修改，如科目名称、账页格式、辅助核算、汇总打印、封存标识等，可以通过"修改"功能来完成。

图 4－8　会计科目设置

如果修改"库存现金"科目为"日记账"，操作方法为：在"会计科目"列表窗口中，单击要修改的会计科目，再单击"修改"按钮或直接双击该科目，进入"会计科目_修改"窗口。单击"修改"命令，选中"日记账"复选框，窗口显示见图 4－9，单击"确定"按钮。按实际情况修改其他科目的辅助核算属性，修改完成后，单击"确定"按钮。

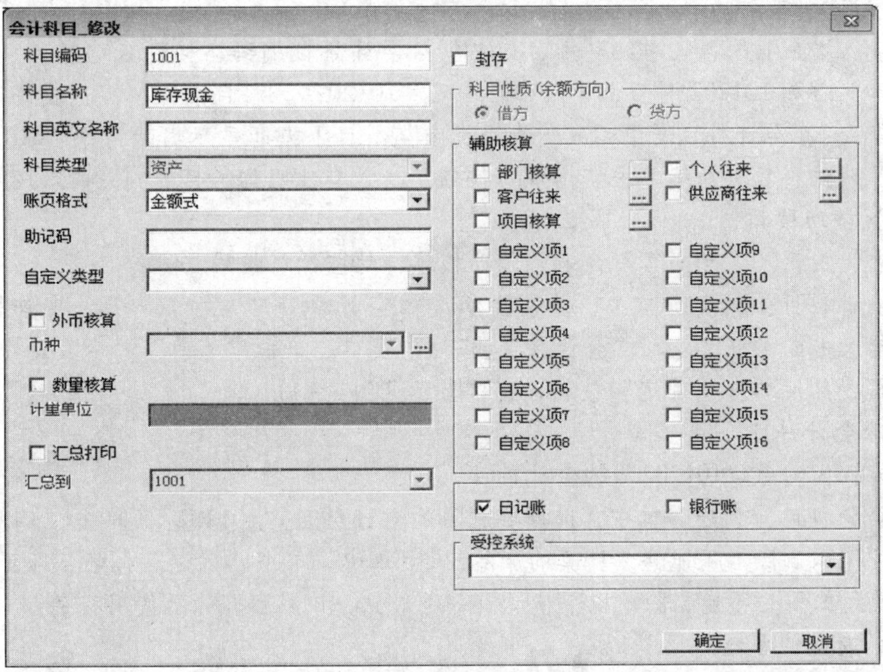

图 4－9　修改会计科目

2. 增加会计科目

增加科目代码：101202；科目名称：存出投资款。

单击“增加”按钮，进入“新增会计科目”窗口（见图4－10）。

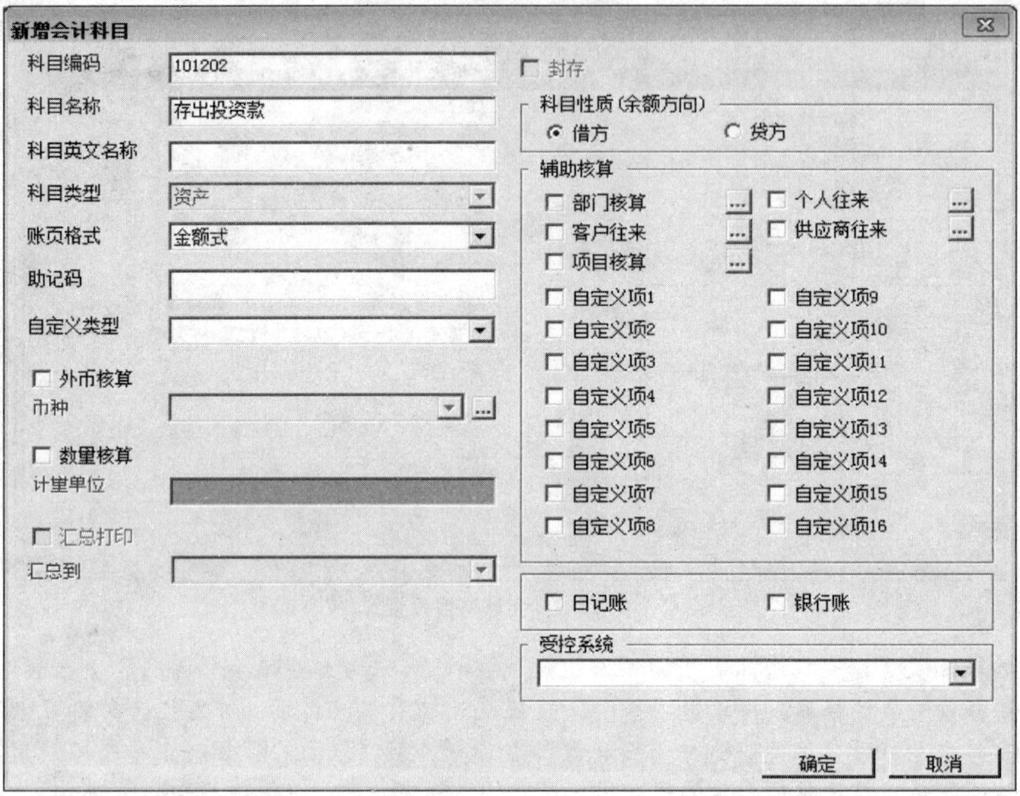

图4－10 增加会计科目

依次输入本企业的各级明细科目。其中包括会计科目编码、科目名称和科目性质（余额方向）等。例如101202科目，输入科目编码“101202”、科目名称“存出投资款”，单击“确定”按钮。在会计科目表中“其他货币资金”科目下方即显示出新增的“101202”“存出投资款”明细科目。继续单击“增加”按钮，输入其他明细科目的相关内容。

3. 设置辅助核算

设置应收账款账户为“客户往来”辅助核算，受控于总账系统。

在“会计科目”列表窗口中，单击要修改的会计科目“应收账款”，再单击“修改”按钮或直接双击该科目，进入“会计科目_修改”窗口。单击“修改”命令，选中“客户往来”复选框，然后单击“确定”按钮，窗口显示见图4－11。

4. 删除会计科目

删除科目代码为“101202”的会计科目。

在“会计科目”列表窗口中，选择要删除的会计科目“101202”，单击“删除”按钮，系统提示“记录删除后不能修复！真的删除此记录吗?”单击“确定”按钮，即可删除。

但已使用的科目不能删除。以下情况有一种成立，该科目即为已使用科目：

(1) 已有受控系统；

(2) 已录入科目期初余额；

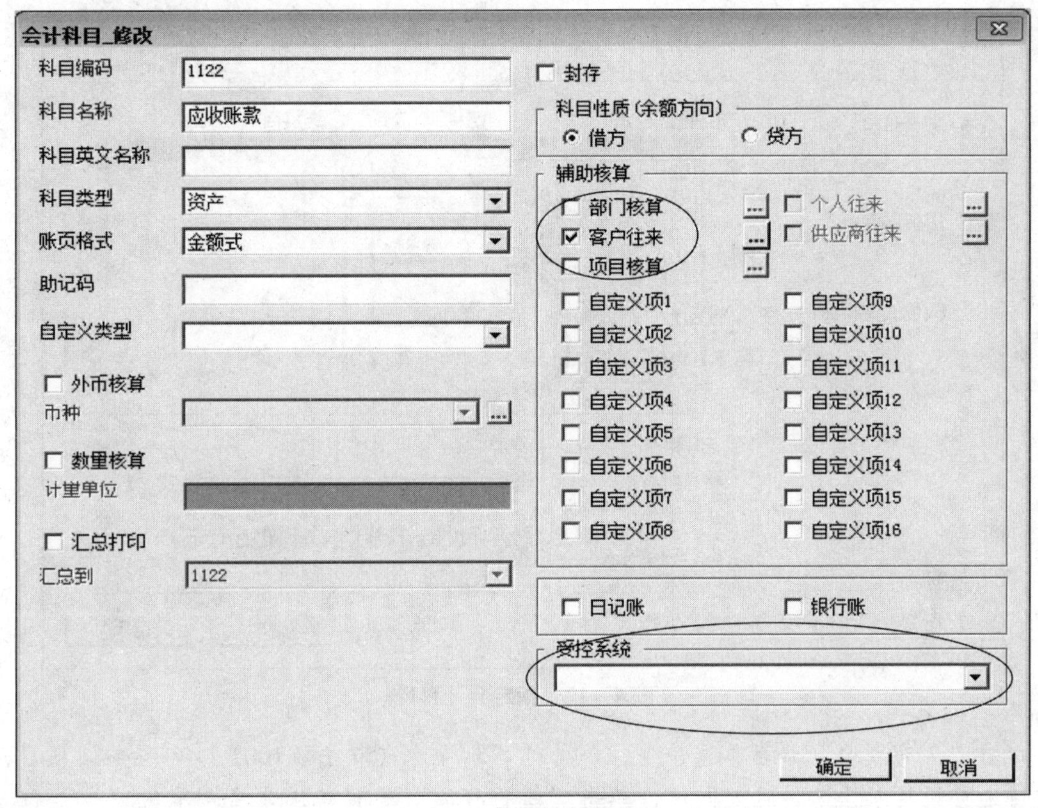

图 4－11　辅助核算设置

(3) 已在多栏定义中使用；

(4) 已在支票登记簿中使用；

(5) 已录入辅助账期初余额；

(6) 已在凭证类别设置中使用；

(7) 已在转账凭证定义中使用；

(8) 已在常用摘要定义中使用；

(9) 已制单、记账或录入银行账期初数据。

注意

除 (4)、(6)、(7)、(9) 项外，符合上面任何一种情况的科目增加下级科目时，都会自动将原科目的所有账全部转移到新增的下级第一个科目中，此操作不可逆。同时要求新增加的下级科目所有科目属性与原上级科目一致。

5. 指定会计科目

在“会计科目”窗口中，选择“编辑”菜单下的“指定科目”命令，进入“指定科目”窗口（见图 4－12）。

(1) 指定“库存现金”“银行存款”科目。

此处指定的“库存现金”“银行存款”科目供出纳管理使用，使出纳员具有对相关凭证的签字功能，同时可查询输出现金、银行存款日记账，从而加强对“库存现金”“银行存款”等项目的管理。所以在查询现金、银行存款日记账前，必须指定现金、银行存款总账科目。

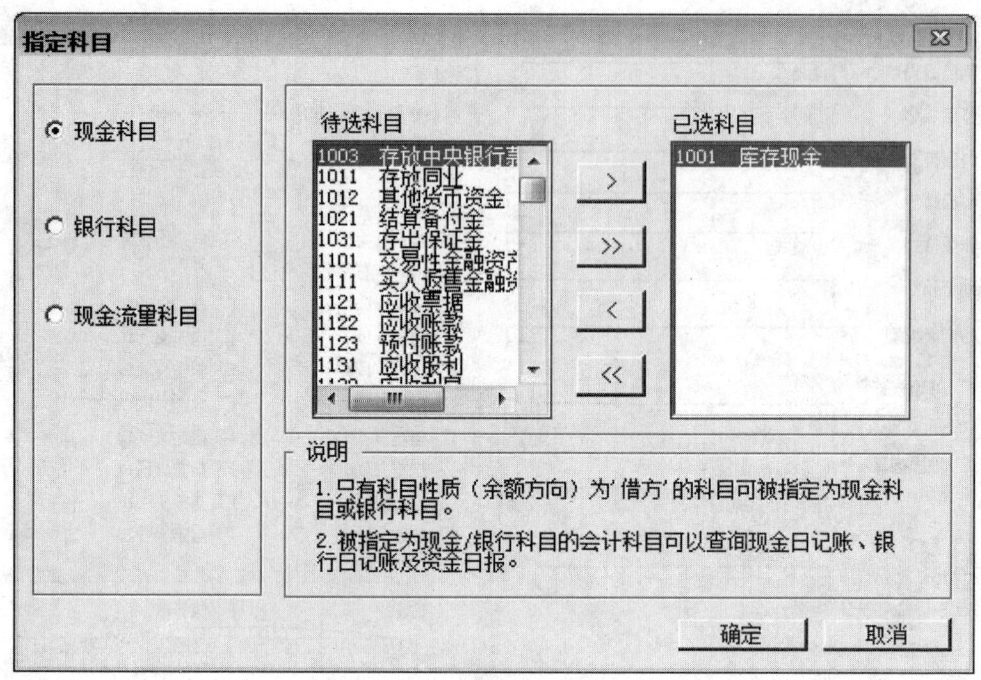

图 4－12 指定会计科目

单击“库存现金”科目单选命令，单击“＞”命令或双击“1001 库存现金”项目，将其由待选科目转入已选科目。同理，单击“银行存款”科目单选命令，单击“＞”命令或双击“1002 银行存款”项目，将其由待选科目转入已选科目，并单击“确认”按钮。

（2）指定“现金流量”科目。

用鼠标单击“编辑”菜单下的“指定科目”，用户在此用“＞”和“>>”选择“现金流量”科目，选择完毕后，单击“确认”按钮即可。

注意

此处指定的“现金流量”科目供报表处理系统出现金流量表时取数函数使用。所以在录入凭证时，对指定的“现金流量”科目，系统自动弹出窗口，要求用户指定当前录入分录的现金流量项目。

6. 依次录入实训三中“会计科目”的其他数据

四、活动二：录入期初余额

【知识链接】

在初次使用总账系统时，应将经过整理的账户期初余额录入计算机。

如果是年中启用总账系统，应先将各账户此时的余额和年初到此时的借贷方累计发生额计算清楚，作为启用系统的期初数据录入到账务处理系统中，系统将自动计算年初余额。

如果企业是在年初建账，或不反映启用日期以前的发生额，则期初余额就是年初数。如果科目有辅助核算，还应整理各辅助项目的期初余额，以便在期初余额中录入。

例如：某企业 2016 年 10 月开始启用总账系统，那么，应将该企业 2016 年 9 月末各科目的期末余额及 2016 年 1～9 月的累计发生额计算出来，作为启用系统的期初数据录入到总账系统中。若有辅助核算，还应整理各辅助项目的期初余额，如果某科目有部门核算，应计算出各部门的期初数据；如果有个人往来款的核算，还应将10月份前的个人往来款项中未两清的个人往来明细账整理出来，以便在期初余额功能中录入。

"期初余额"功能包括：

(1) 期初余额录入。其中包括一般账户期初余额录入和辅助核算账户期初余额录入。

(2) 期初余额试算平衡。通过试算平衡，保证期初余额录入的正确性。

(一) 期初余额录入

初始金额分为一般账户金额、辅助核算项目金额等。每个账户的金额包括年初余额、启用前本年发生额合计和期初余额。一般情况下，用户只需要录入启用前本年发生额合计和期初余额即可，年初余额可根据发生额和期初余额计算出来。假设2016年10月启用账套开始进行初始化，累计发生额是指从会计年度开始日期（1月1日）起，到账套启用日期（10月1日）止，这一段时间内（前9个月）累计借方和累计贷方发生额。期初余额是指10月初各账户期初数，也就是各账户9月末的期末余额。

年初余额一般无须录入，系统可根据已录入的期初余额、累计借方发生额和累计贷方发生额自动计算出年初余额。

其中，余额方向为"借"的账户，年初余额的计算公式为：

借方年初余额＝期初余额＋累计贷方发生额－累计借方发生额

余额方向为"贷"的账户，年初余额的计算公式为：

贷方年初余额＝期初余额＋累计借方发生额－累计贷方发生额

1. 一般账户期初余额录入

一般账户期初余额和累计发生额的录入要从最末级科目开始，上级科目的余额和累计发生额由系统自动计算。如果某科目为数量、外币核算，应录入数量、外币金额。

会计信息系统为了方便用户快速录入期初余额，把余额录入不同账户设置为不同的颜色。

(1) 白色区域是无下级科目的账户，可直接录入金额。

(2) 灰色区域为有下级科目的账户，金额不能直接录入，是由下属明细账户的金额自动汇总而成的。

(3) 黄色区域是设置为辅助核算的账户所在区域，要鼠标双击，进入录入界面，录入详细初始数据。

2. 辅助核算账户期初余额录入

在录入期初余额时，设置有辅助核算的账户期初余额录入为黄色区域。在黄色区域双击鼠标，系统会自动为其开设辅助账页。相应地，在输入期初余额时，这类科目总账的期初余额是由辅助账的期初明细汇总而来，不能直接输入总账期初数。

若使用了应收款、应付款管理系统，并且客户往来或供应商往来由应收款、应付款管理系统核算，那么应该到应收款、应付款管理系统中录入含客户、供应商账类科目的明细期初余额，在总账系统中，只能录入这些科目的总余额。

(二) 期初余额试算平衡

各账户期初余额及累计发生额全部录入后，为保证初始数据的正确性，必须对全部会计科目余额进行试算平衡。系统依据"资产＋成本＝负债＋所有者权益"对所有一级科目的综合本位币做出试算平衡检查。有的会计信息系统根据"借方总额＝贷方总额"的规则来检验输入的期初数据。如果试算后结果不平衡，则不能进行记账，甚至不能正式启用账套录入记账凭证。

试算平衡是由计算机自动完成的，如果借贷双方余额不平衡，系统在显示试算结果的同时，要求用户重新返回余额录入界面，对各项数据逐项进行检查更正。这时应仔细核对、认真查证并修改，否则，后续业务处理都将不能进行。

余额校验平衡后，即可开始进行日常业务处理活动。

【任务引入】

结合实训三的初始数据来介绍总账期初余额的录入。

(1) 录入一般账户期初余额。

(2) 录入“应收账款”客户往来等辅助核算账户期初余额。

(3) 进行期初余额的试算平衡。

【任务分析及操作步骤】

以“李刚”的身份登录“企业应用平台”，进入“业务工作”中“财务会计”下的“总账”，在“总账”窗口选择“设置”菜单下的“期初余额”命令，进入“期初余额录入”窗口（见图4-13）。

期初余额录入

设置 输出 开账 结转 方向 刷新 试算 查找 对账 清零

期初余额

期初：2017年02月 □末级科目□非末级科目□辅助科目

科目名称	方向	币别/计量	年初余额	累计借方	累计贷方	期初余额
库存现金	借					
人民币	借					
美元	借					
	借	美元				
港元	借					
	借	港币				
银行存款	借					
工行人民币	借					
中行美元	借					
	借	美元				
交行港币	借					
	借	港币				
存放中央银行款项	借					
存放同业	借					
其他货币资金	借					
外埠存款	借					
银行本票	借					

图4-13 期初余额录入

将光标定位在相应的会计科目上，依次输入累计借方、累计贷方和期初余额，按“Enter”键后，将自动计算出该科目的年初余额。

1. 录入一般账户期初余额

(1) 无外币、数量核算账户期初余额的录入。

在图4－13所示的期初余额录入窗口中，白色区域的“累计借方”“累计贷方”和“期初余额”栏直接录入各科目的最末级科目的人民币累计发生额和启用月的期初余额。各科目的非最末级科目的数据会立即显示在灰色区域内。不能直接修改灰色区域内的数据。

(2) 外币期初余额录入。

在期初余额录入窗口“中行美元”科目第一行白色区域的“累计借方”“累计贷方”和“期初余额”栏直接录入由美元折算的人民币金额，再在第二行“美元”的白色区域录入外币金额（见图4－14）。同理，录入“交行港币”科目的“累计借方”“累计贷方”和“期初余额”。

期初余额录入

设置　输出　开账　结转　方向　刷新　试算　查找　对账　清零

期初余额

期初：2017年02月　　□末级科目□非末级科目□辅助科目

科目名称	方向	币别/计量	年初余额	累计借方	累计贷方	期初余额
银行存款	借		19,346,750.00	13,231,600.00	15,668,450.00	16,909,900.00
工行人民币	借		18,821,000.00	12,505,000.00	15,426,000.00	15,900,000.00
中行美元	借		465,750.00	621,000.00	155,250.00	931,500.00
	借	美元	67,597.97	90,130.62	22,532.66	135,195.93
交行港币	借		60,000.00	105,600.00	87,200.00	78,400.00
	借	港币	68,180.91	120,000.00	99,090.91	89,090.00
存放中央银行款项	借					

图4－14　外币期初余额录入

(3) 数量核算账户期初余额录入。

原材料账户期初余额资料见表4－2。

表4－2　原材料账户期初余额资料　　单位：元

科目名称	方向	年初余额	累计借方	累计贷方	期初余额	备注
原材料（1403）	借	110 000	650 000	620 000	140 000	数量核算，KG
	借	17 800	38 000	37 800	18 000	
A材料（140301）	借	40 000	100 000	90 000	50 000	数量核算，KG
	借	4 800	10 000	9 800	5 000	
B材料（140302）	借	60 000	450 000	500 000	10 000	数量核算，KG
	借	12 000	18 000	25 000	5 000	
C材料（140303）	借	10 000	100 000	30 000	80 000	数量核算，KG
	借	1 000	10 000	3 000	8 000	

在图4－13所示的期初余额录入窗口，在数量核算账户“原材料——A材料”的第一行白色区域内直接录入“累计借方”“累计贷方”和“期初余额”的金额，在第二行计量单位“KG”的白色区域内录入“累计借方”“累计贷方”和“期初余额”的期初数量数据，“B材料”“C材料”以此类推（见图4－15）。

图4-15 数量期初余额录入

2. 录入"应收账款"客户往来辅助核算账户期初余额

应收账款期初余额具体资料如下：

广州宏胜公司，1月10日，转-8，销售商品，尚未收到货款2 000 000元；

北京汇邦公司，1月20日，转-10，销售商品，尚未收到货款1 200 000元。

应收账款期初余额明细表见表4-3。

表4-3 应收账款期初余额明细表 单位：元

科目名称	方向	年初余额	累计借方	累计贷方	期初余额	备注
应收账款（1122）	借	2 700 000	3 500 000	3 000 000	3 200 000	客户往来，受控系统：总账
广州宏胜公司	借	1 600 000	2 200 000	1 800 000	2 000 000	
北京汇邦公司	借	1 100 000	1 300 000	1 200 000	1 200 000	

双击"应收账款"项的"期初余额"（黄色）栏，进入客户往来期初数据录入窗口（见图4-16）。

图4-16 客户往来期初余额录入

在"辅助期初余额"录入窗口单击"往来明细"中的"增行"按钮后，将往来业务期初资料依序输入各文本框，其中"凭证号"和"客户"可通过参照输入方法输入（见图4－17），然后退出。

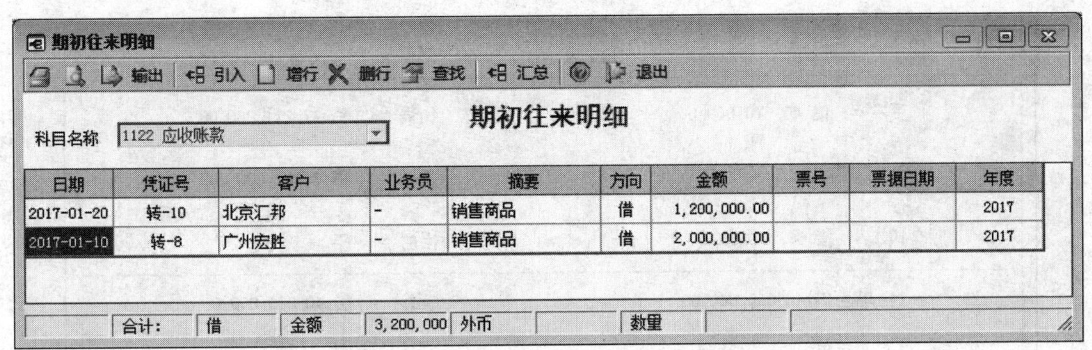

图4－17　往来客户期初往来明细

在"辅助期初余额"录入窗口，单击"增行"按钮，在"累计借方金额""累计贷方金额""金额"栏直接录入各往来科目的累计发生额与期初余额（见图4－18）。

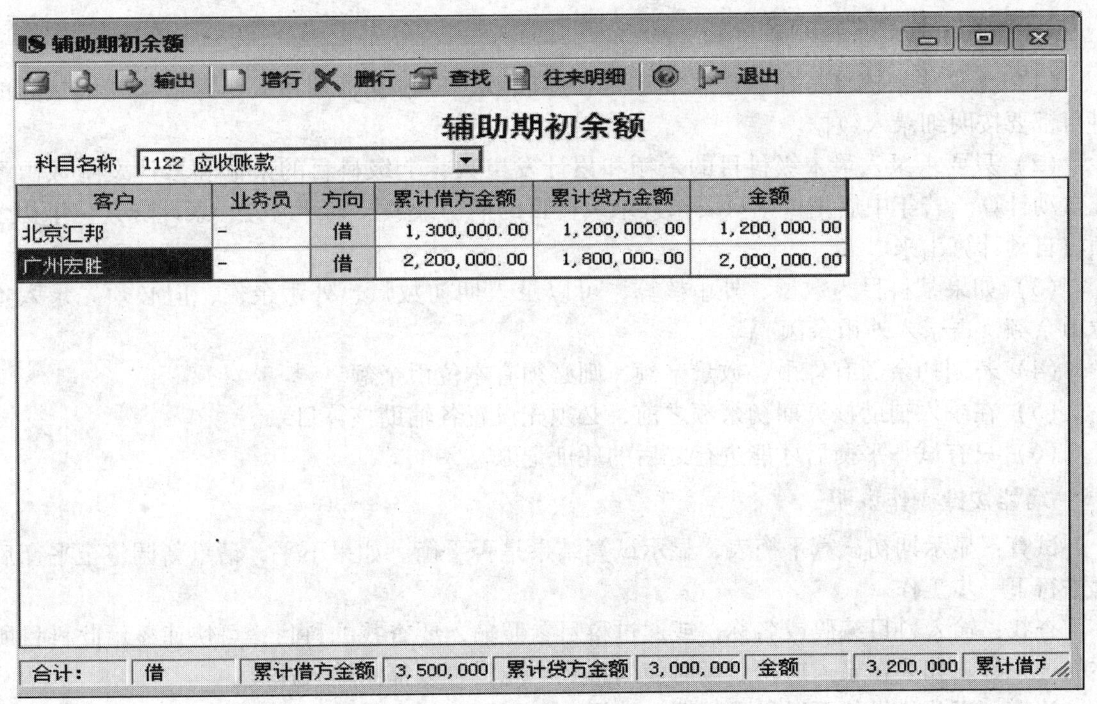

图4－18　往来客户辅助期初余额录入

重复上述步骤，直到所有业务录入完毕，单击"退出"按钮回到图4－13所示的期初数据录入窗口，系统会自动将辅助期初余额合计数汇总显示出来。可用相同的方法，录入其他辅助核算账户的期初余额。

依次录入实训三中的其他数据。

3. 进行期初余额的试算平衡

录完所有账户余额后，单击"试算"按钮，打开"期初余额试算平衡表"对话框。系统自动进行试算平衡，并且弹出“期初试算平衡表”，提示平衡与否的信息（见图4－19）。若期初余额试算不平衡，则须查清原因并直接修改期初余额；若期初余额试算已平衡，则单击“确定”按钮后返回。

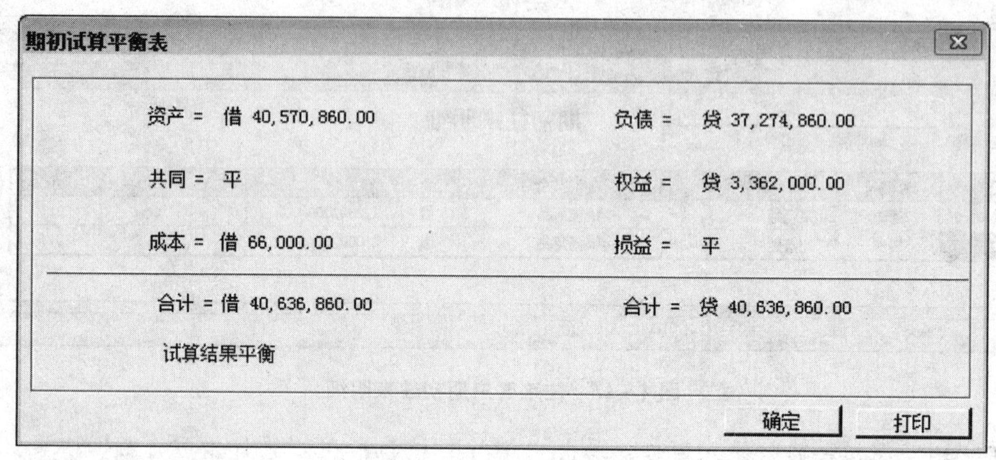

图4－19 试算平衡报告

注意

（1）无论往来核算是在总账系统还是在应收款、应付款管理系统，有往来辅助核算的科目都要按明细录入数据。

（2）只要求录入最末级科目的余额和累计发生数，上级科目的余额和累计发生数由系统自动计算。若年中启用，则只要录入末级科目的期初余额及累计借方、累计贷方，年初余额将自动计算出来。

（3）如果某科目为数量、外币核算，可以录入期初数量、外币余额，但必须先录入本位币余额，再录入外币余额。

（4）若期初余额有外币、数量余额，则必须有本位币余额。

（5）在录入辅助核算期初余额之前，必须先设置各辅助核算目录。

（6）只有试算平衡后才能进行之后的凭证记账。

功能按键操作说明

试算：显示期初试算平衡表，显示试算结果是否平衡。如果不平，请重新调整至平衡后再进行下一步工作。

查找：输入科目编码或名称，或通过科目参照输入要查找的科目，可快速显示此科目所在的记录行。如果在录入期初余额时使用查找功能，可以提高输入速度。

清零：当此科目的下级科目的期初数据互相抵消，使本科目的期初余额为零时，清除此科目的所有下级科目的期初数据。存在已记账凭证时此按钮为灰色，不可使用。

对账：对期初余额进行对账。

五、活动三：总账系统选项（环境参数）设置

【知识链接】

总账系统选项（环境参数）设置包括凭证、权限、凭证打印、账簿、预算控制等几个

方面的参数。首次启用总账系统时，要确定总账系统核算要求的各种参数，使得原本通用的总账系统适用于本企业的具体核算要求。总账系统的业务参数将决定总账系统多个方面的控制，包括输入控制、处理方式、数据流向、输出格式等。设定后一般不能随意更改。

【任务引入】

总账系统选项（环境参数）设置：制单时进行支票控制，数量小数位为2，单价小数位为2，本位币精度为2，其他选项为默认项。

【任务分析及操作步骤】

以“李刚”的身份登录“企业应用平台”，进入“业务工作”中“财务会计”下的“总账”，在“总账”窗口选择“设置”菜单下的“选项”命令，打开“选项”参数设置对话框。“选项”功能包括“凭证”“账簿”“凭证打印”“预算控制”“权限”“会计日历”“其他”“自定义项核算”8个选项卡。其中，“凭证”“账簿”“其他”如图4-20～图4-22所示。选择不同选项卡可以查看当前默认的系统参数，单击“编辑”按钮，进入参数修改状态；设置参数后，单击“确定”按钮，自动保存设置并关闭“选项”对话框。

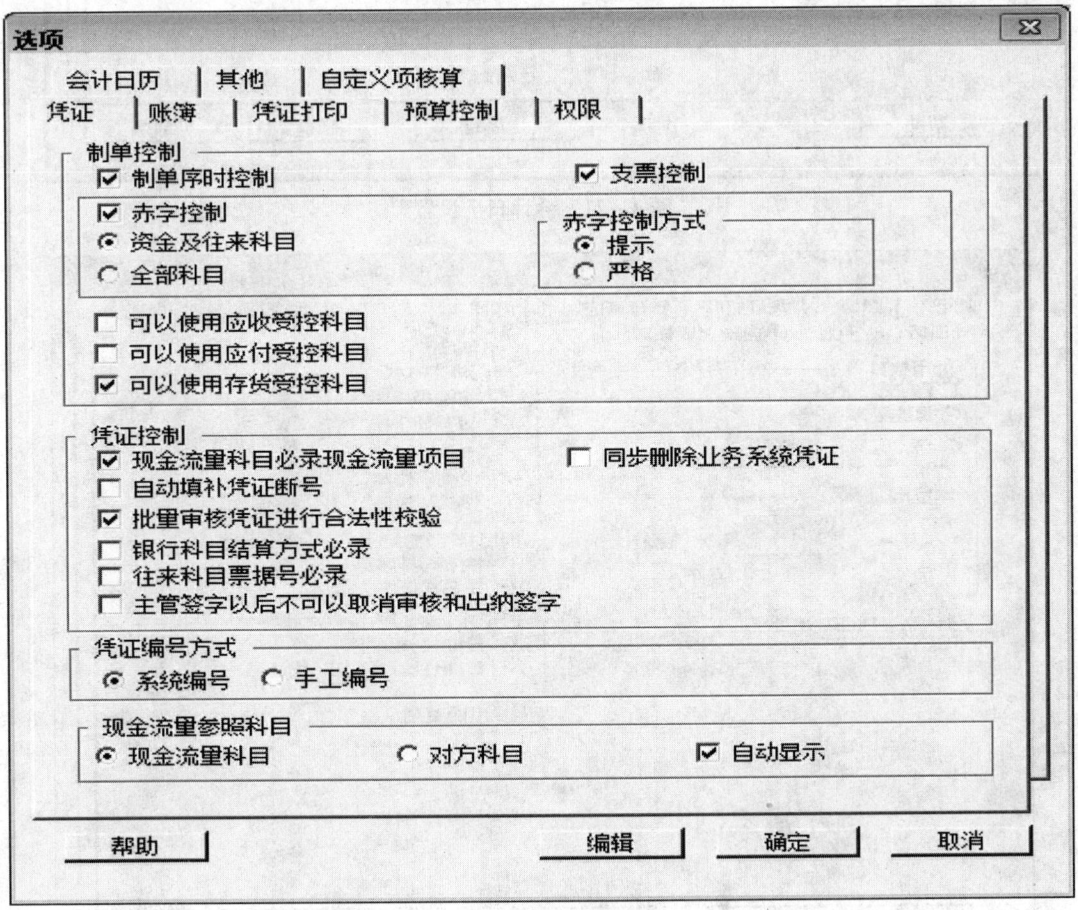

图4-20　凭证设置

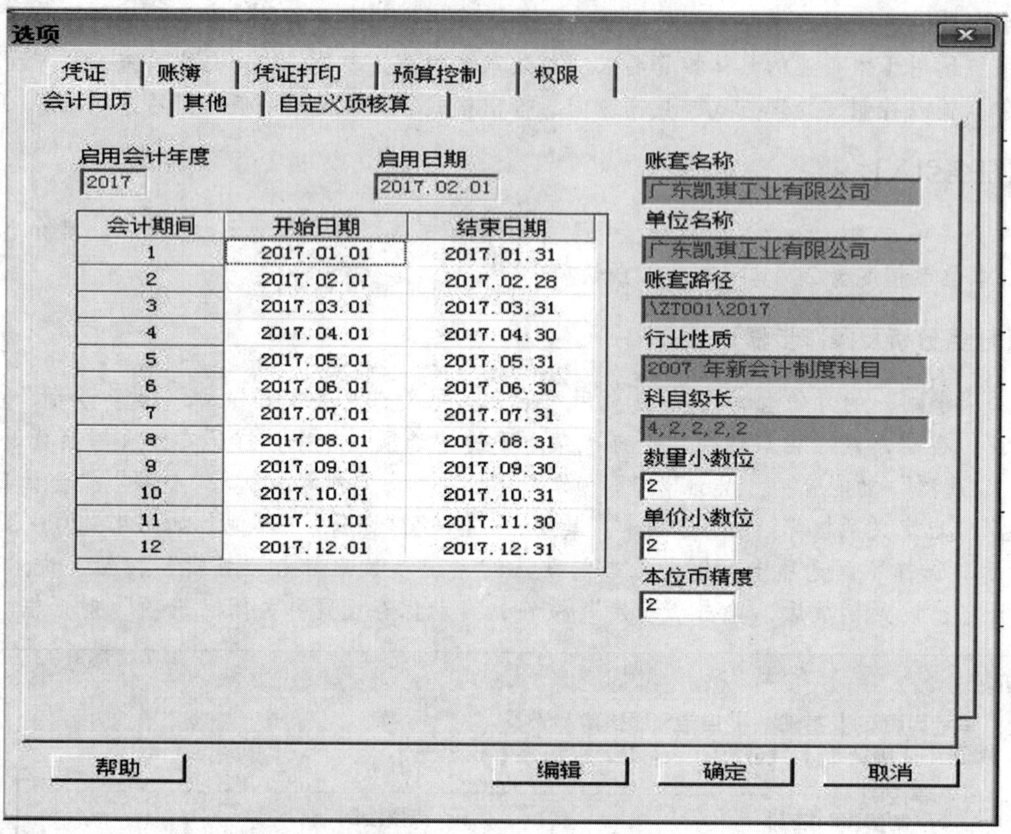

图 4－21　会计日历设置

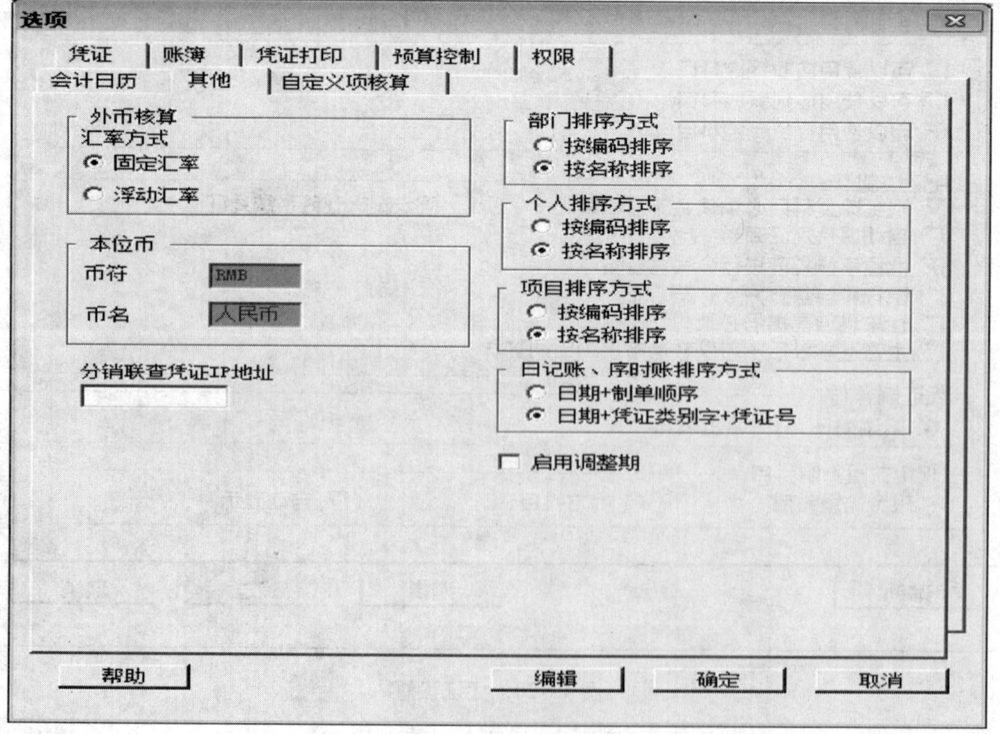

图 4－22　其他设置

参数说明

1. 制单控制

（1）制单序时控制：此项和“系统编号”选项联用，制单时凭证编号必须按日期顺序排列。例如，1 月 25 日编制 1 号凭证，则 1 月 26 日只能开始编制 2 号凭证，这就是制单序时，如果有特殊需要可以将其改为不序时制单。

（2）支票控制：若选择此项，在制单时使用“银行科目”编制凭证时，系统针对票据管理的结算方式进行登记，如果录入支票号在支票登记簿中已存，系统提供登记支票报销的功能，否则，系统提供登记支票登记簿的功能。

（3）赤字控制：若选择了此项，在制单时，当“资金及往来科目”或“全部科目”的最新余额出现负数时，系统将予以提示。

（4）可以使用应收受控科目：若科目为应收款管理系统的受控科目，为了防止重复制单，只允许应收款管理系统使用此科目进行制单，总账系统是不能使用此科目制单的。所以如果希望在总账系统中也能使用这些科目填制凭证，则应选择此项。

（5）可以使用应付受控科目：若科目为应付款管理系统的受控科目，为了防止重复制单，只允许应付款管理系统使用此科目进行制单，总账系统是不能使用此科目制单的。所以如果希望在总账系统中也能使用这些科目填制凭证，则应选择此项。

（6）可以使用存货受控科目：若科目为存货核算系统的受控科目，为了防止重复制单，只允许存货核算系统使用此科目进行制单，总账系统是不能使用此科目制单的。所以如果希望在总账系统中也能使用这些科目填制凭证，则应选择此项。

（7）制单权限控制到科目：要在系统管理的“功能权限”中设置科目权限，再选择此项，则权限设置有效。选择此项，则在制单时，操作员只能使用具有相应制单权限的科目制单。

2. 凭证控制

现金流量科目必录现金流量项目：选择此项后，在录入凭证时如果使用“现金流量科目”，则必须输入现金流量项目及金额。

（2）自动填补凭证断号：如果选择凭证编号方式为系统编号，则在新增凭证时，系统按凭证类别自动查询本月的第一个断号，将其默认为本次新增凭证的凭证号。如无断号则为新号，与原编号规则一致。

（3）批量审核凭证进行合法性校验：批量审核凭证时针对凭证进行二次审核，提高凭证输入的正确率，合法性校验与保存凭证时的合法性校验相同。

3. 凭证编号方式

系统在“填制凭证”功能中一般按照凭证类别按月自动编制凭证编号，即“系统编号”，但有的企业需要系统允许在制单时手工录入凭证编号，即“手工编号”。

4. 权限控制

（1）权限设置：若只允许某操作员审核其本部门操作员填制的凭证，则应选择“凭证审核控制到操作员”；若要求现金、银行科目凭证必须由出纳人员核对签字后才能记账，则选择“出纳凭证必须经由出纳签字”；若要求所有凭证必须由主管签字后才能记账，则选择“凭证必须经主管签字”；若允许操作员查询他人凭证，则选择“可查询他人凭证”。

（2）制单权限控制到凭证类别：要在系统管理的“功能权限”中设置凭证类别权限，

再选择此项，权限设置有效。选择此项，则在制单时，只显示此操作员有权限的凭证类别，同时在凭证类别参照中按人员的权限过滤出有权限的凭证类别。

（3）操作员进行金额权限控制：选择此项，可以对不同级别的人员进行金额大小的控制。例如：财务主管可以对10万元以上的经济业务制单，一般财务人员只能对5万元以下的经济业务制单，这样可以减少由于不必要的责任事故带来的经济损失。若为外部凭证或由常用凭证调用生成，则处理与预算处理相同，不做金额控制。

（4）允许修改、作废他人填制的凭证：选择此项，则在制单时可修改或作废别人填制的凭证，否则不能修改。

（5）制单、辅助账查询控制到辅助核算：设置此项权限，制单时才能使用有辅助核算属性的科目录入分录，辅助账查询时只能查询有权限的辅助项内容。

（6）明细账查询权限控制到科目：这里是权限控制的开关，在系统管理中设置明细账查询权限，必须在总账系统选项中打开，才能起到控制作用。

5. 账簿参数

（1）打印位数宽度：正式账簿打印时各栏目的宽度，包括摘要、金额、外币、数量、汇率、单价。

（2）凭证、账簿套打：打印凭证、账簿是否使用套打纸进行打印。套打纸是指用友公司为账务专门印制的各种凭证、账簿的标准表格线。选择套打打印时，系统只将凭证、账簿的数据内容打印到相应的套打纸上，而不打印各种表格线。用套打纸打印凭证速度快、美观。系统提供3种套打纸型选择：纸型A——用友6.0连续纸型；纸型B——用友7.0套打连续纸型、用友7.0套打非连续纸型；纸型C——用友上海套打连续纸型、用友上海套打非连续纸型。

（3）明细账（日记账、多栏账）打印输出方式：打印正式明细账、日记账或多栏账时，按年排页还是按月排页。按月排页：打印时从所选月份范围的起始月份开始，将明细账顺序排页，再从第一页开始将其打印输出，打印起始页号为“1页”。这样，若所选月份范围不是第一个月，则打印结果的页号必然从“1页”开始排。按年排页：打印时从本会计年度的第一个会计月开始将明细账顺序排页，再将打印月份范围所在的页打印输出，打印起始页号为所打月份在全年总排页中的页号。这样，若所选月份范围不是第一个月，则打印结果的页号有可能不是从“1页”开始排。

（4）打印设置按客户端保存：建议用户选择此项，优点在于选择该项后，如有两个以上的用户在同一台打印机上打印同一张凭证，则打印各自设置模版格式，如A用户打印的凭证是5行，而B用户可能打印的是8行。

6. 凭证打印

（1）合并凭证显示、打印：选择此项，则在填制凭证、查询凭证、出纳签字和审核凭证时，以系统选项中的设置显示。在科目明细账显示或打印时凭证按照“按科目、摘要相同方式合并”或“按科目相同方式合并”合并显示，并在明细账显示界面提供是否“合并显示”的选项。

（2）打印凭证的制单、出纳、审核、记账等人员姓名：在打印凭证时，是否自动打印各种人员的姓名。

（3）凭证、正式账每页打印行数：“凭证打印行数”可对凭证每页的行数进行设置，

“正式账每页打印行数”可对明细账、日记账、多栏账的每页打印行数进行设置。双击表格或按空格对行数直接修改即可。

7. 预算控制

超出预算允许保存：选择“预算控制”选项后此项才起作用，从财务分析系统取预算数，如果制单输入分录时超过预算，也可以保存超预算分录，否则不予保存。

8. 会计日历

可查看各会计期间的起始日期与结束日期，以及启用会计年度和启用日期。

（1）数量小数位：在制单与查账时，按此处定义的小数位输出小数，不足位数将用“0”补齐。例如：定义为5位，而数量为10.25米，则系统将按10.25000显示输出。系统允许设置的数量小数位范围为2～6位。

（2）单价小数位：在制单与查账时，按此处定义的小数位输出小数，不足位数将用“0”补齐。例如：定义为5位，而单价为3元，则系统将按3.00000显示输出。系统允许设置的单价小数位范围为2～8位。

（3）本位币精度：若数据精确到整数（无小数位），则在制单中由汇率、外币计算本位币时，系统自动四舍五入为整数。

9. 其他

（1）外币核算：如果企业有外币业务，则应选择相应的汇率方式，固定汇率或浮动汇率。固定汇率指在制单时，一个月只按一个固定的汇率折算本位币金额。浮动汇率指在制单时，按当日汇率折算本位币金额。

（2）部门排序方式：在查询部门账或参照部门目录时，是按部门编码排序还是按部门名称排序，可根据企业需要设置。

（3）个人排序方式：在查询个人账或参照个人目录时，是按个人编码排序还是按个人名称排序，可根据企业需要设置。

（4）项目排序方式：在查询项目账或参照项目目录时，是按项目编码排序还是按项目名称排序，可根据企业需要设置。

任务三　总账系统日常业务处理

一、总账日常业务处理概述

初始设置完成后，就可以开始进行日常业务处理了。日常业务处理的任务是通过输入和处理各种记账凭证，完成记账工作，查询和打印输出各种总分类账、日记账、明细账，同时对个人往来和单位辅助账进行管理。凭证处理是账务处理的关键环节。

在总账系统中，记账凭证的来源有3种：一是根据审核无误的原始单据，直接在计算机上编制记账凭证，或是由人工先填制记账凭证，再输入计算机；二是从其他系统自动传递到总账系统中；三是期末自动转账产生的记账凭证。

二、活动四：填制凭证

【知识链接】

记账凭证是总账系统处理的起点，是登记账簿的依据，也是所有查询数据最主要的一个来源。

记账凭证的内容包括两部分，一是凭证头部分，包括凭证类别、凭证编号、凭证日期和附件张数等；二是凭证正文部分，包括摘要、会计分录和金额等。如果输入会计科目有辅助核算要求，则应输入辅助核算内容。

【任务引入】

操作员：demo；密码：DEMO；账套：[001] 广东凯琪工业有限公司；

会计年度：2017；操作日期：2017 - 02 - 01。

填制凭证，内容如下：

2017 - 2 - 1　付 - 0001 提取现金备用　　　现支 0001

库存现金——人民币（100101）　　　4 000

　　银行存款——工行人民币（100201）　　4 000

【任务分析及操作步骤】

以操作员 "demo" 身份，密码：DEMO，登录 "企业应用平台"，单击 "业务工作" 中的 "财务会计"，进入 "总账" 系统。在 "总账" 主窗口，选择 "凭证" 项下的 "填制凭证" 命令，进入 "填制凭证" 窗口。单击 "增加" 按钮，增加一张空白凭证。

1. 基本凭证要素的录入

在记账凭证录入窗口，以付 - 0001 号凭证为例（见图 4 - 23）。

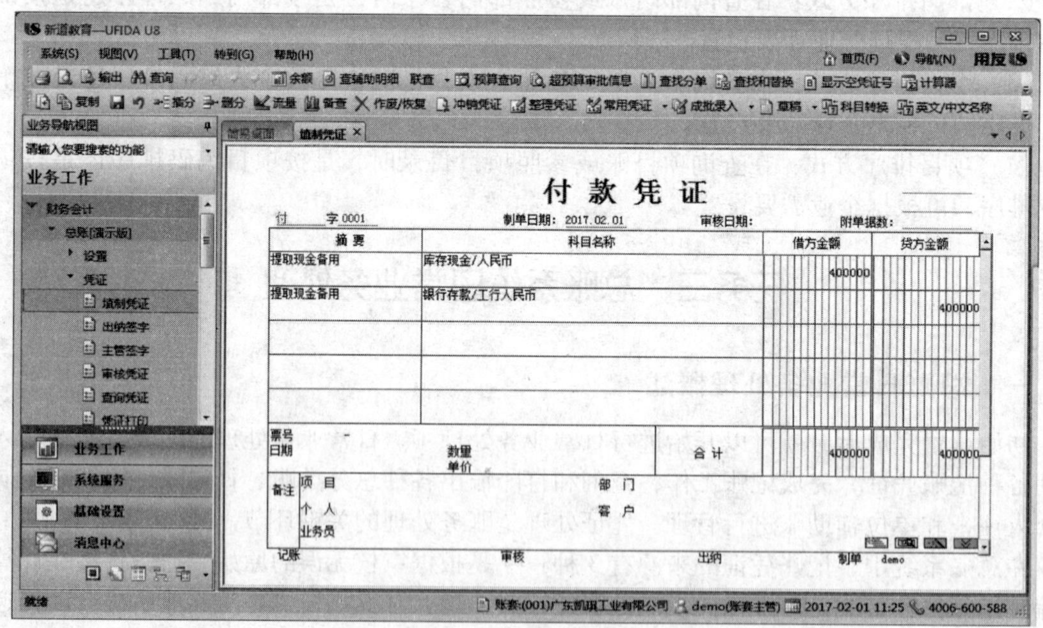

图 4 - 23　填制凭证

主要项目录入方法如下：

(1) 凭证类型。双击 "字" 前的空格，用参照输入的方法选择 "付款凭证" 类型。顺序号 "0001" 由系统自动产生。

(2) 凭证编号。如果在 "选项" 中选择 "系统编号"，则由系统按时间顺序自动编号。

否则，须手工编号，允许最大凭证号为32767。系统规定每页凭证可以有5笔分录，当某张凭证不止一页时，系统自动将在凭证号后标上几分之一，如："收－0001号0002/0003"表示第0001号收款凭证共有3张分单，当前光标所在分录是第2张分单。

(3) 日期。系统自动取当前业务日期为记账凭证填制的日期，可修改。

(4) 附单据数。在"附单据数"处输入原始单据张数。

(5) 摘要。可直接输入摘要内容，也可按"F2"键或参照按钮输入常用摘要，但常用摘要的选入不会清除原来输入的内容。凭证的每行必须有摘要内容，不同行的摘要内容可以不同，每行摘要内容在明细账、日记账中出现。

(6) 会计科目。手工输入或按"F2"键或参照按钮选择会计科目编码。计算机将根据科目代码自动切换为对应的会计科目名称。输入的科目编码必须在建立科目时已经定义，且必须是最底层的科目编码。

(7) 金额。输入借方金额或贷方金额。金额不能为"0"，红字金额是在输完金额后按"－"号表示，凭证借贷双方金额必须平衡。如果方向不符，可按空格键调整金额方向。

(8) 合计。由系统自动产生借贷平衡数。

(9) 结算方式。若科目为银行科目，且在结算方式设置中确定要进行票据管理，在"选项"中设置"支票控制"，那么这里会要求输入"结算方式""票号"及"发生日期"(见图4－24)。

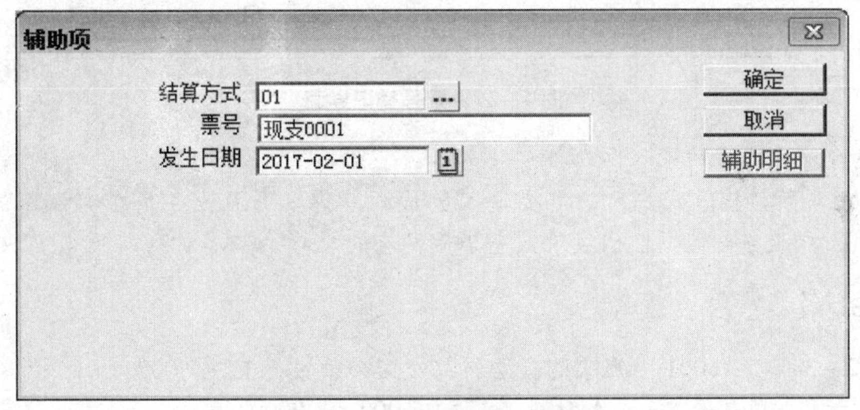

图4－24　结算方式辅助项－1

录入相关数据后，单击"确定"，进入"票号登记"界面，单击"是(Y)"，进入票号登记信息界面(见图4－25)。

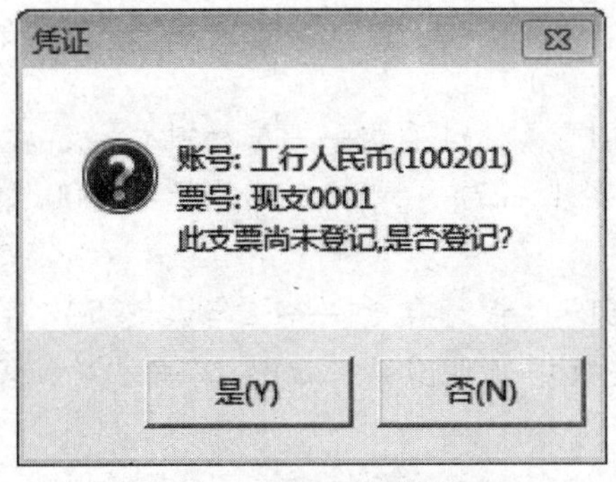

图4－25　结算方式辅助项－2

（10）制单。由系统自动签注当前操作员姓名。

（11）存盘。单击“存盘”按钮，界面上就会出现询问支票是否登记界面，单击“是(Y)”，进入票号登记信息界面（见图4－26），单击“确定”，屏幕会显示“凭证已成功保存”字样。

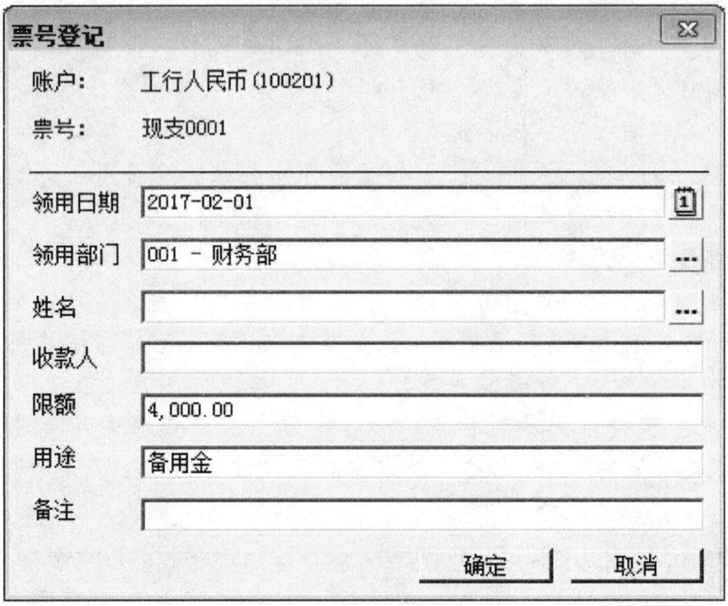

票号登记

账户：工行人民币(100201)

票号：现支0001

领用日期 2017-02-01

领用部门 001 - 财务部

姓名

收款人

限额 4,000.00

用途 备用金

备注

确定 取消

图4－26 票号登记界面

2. 数量金额式账户的录入

当凭证出现数量核算账户时，需要输入数量和单价。下面业务是在实训四的付－0002号、付－0003号业务会计凭证已经录入完毕后发生的。

【任务引入】

2017－2－3 收－0001 上海采购员购料并交回余款银行汇票H002

材料采购——A材料 96 000［8 000×12］

销售费用——差旅费 4 000

银行存款——工行人民币 20 000

其他货币资金——外埠存款 120 000

【任务分析及操作步骤】

（1）当凭证录入“140101”（材料采购——A材料）后，在录入金额前，系统弹出数量核算“辅助项”对话框（见图4－27），录入产品数量“8000”，单价“12”，单击“确定”按钮。

（2）当凭证录入“100201”（银行存款——工行人民币）后，在录入金额前，系统弹出“辅助项”对话框，录入相关数据（见图4－28），单击“确定”按钮。生成收－0001号凭证（见图4－29）。

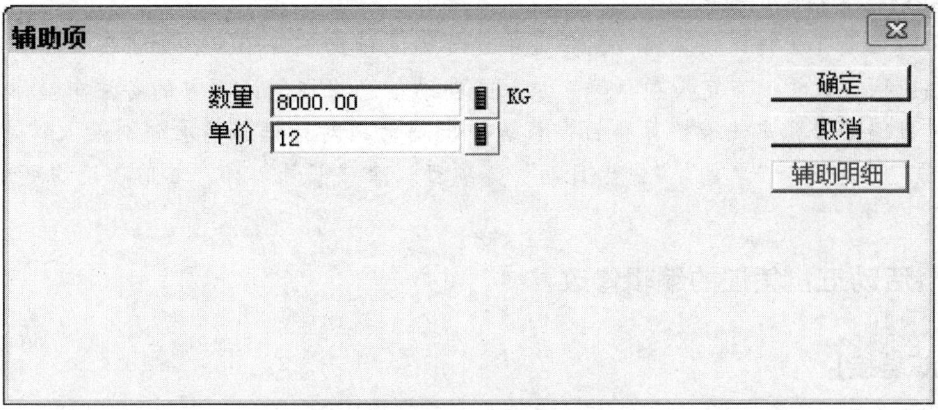

辅助项

数量 8000.00 KG

单价 12

确定

取消

辅助明细

图 4－27　数量核算辅助录入

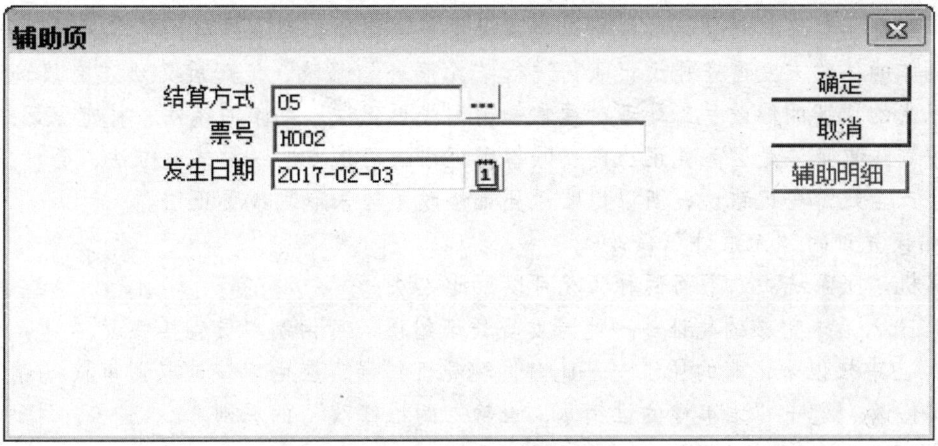

辅助项

结算方式 05

票号 H002

发生日期 2017-02-03

确定

取消

辅助明细

图 4－28　银行汇票结算方式辅助项登记

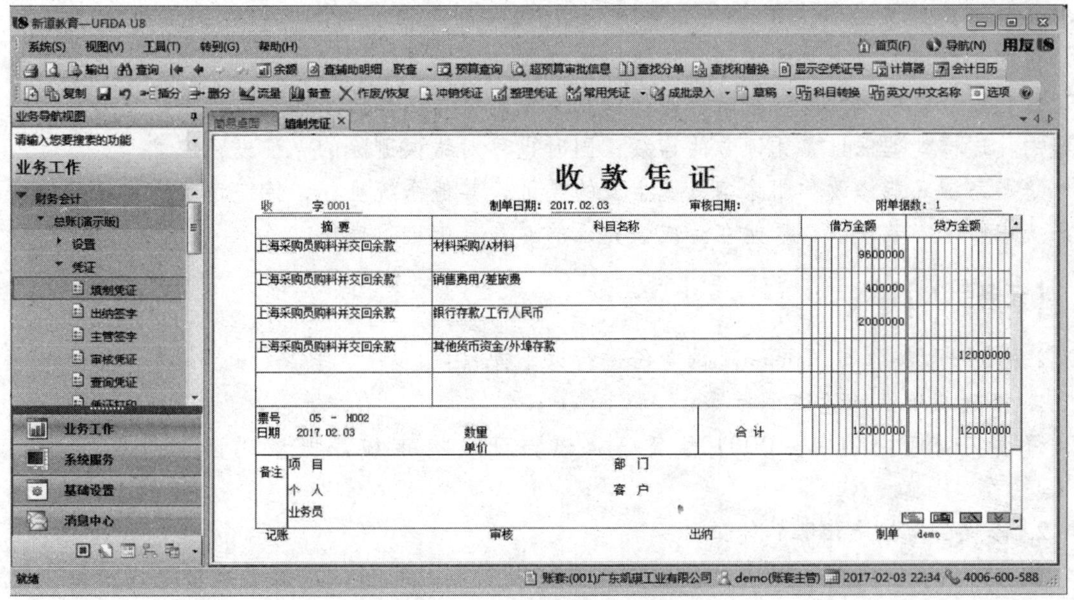

图 4－29　生成的会计凭证

3. 辅助核算内容的录入

如果科目设置了辅助核算属性，凭证中还要输入辅助核算信息，如部门、个人、项目、客户、供应商、数量、自定义项目等。录入的辅助信息将在凭证下方的备注中显示。例如：输入的科目编号为客户往来核算科目，系统弹出辅助项对话框，要求分别输入“客户（或供应商)”“业务员”“票号”“发生日期”等项目。除“票号”外，其他项目均可通过参照方式输入。

三、活动五：凭证的编辑修改

【知识链接】

错误凭证更正是经常遇到的问题。凭证处理的进度不同，修改的方式和方法也有所不同。在手工处理方式下，错误发生的环节有凭证编制错误和账簿登记错误。在会计信息系统中因为记账是由程序自动登记的，所以账簿登记不会出错，错误发生的环节只能是凭证编制错误。具体的修改方法遵守凭证记账前进行“无痕迹”修改，记账后必须“有痕迹”修改。对已经记账的凭证的修改手工处理时通常采用划线更正法、红字冲销法、补充登记法进行修改，其中划线更正法是因为凭证正确、账簿登记错误而采取的一种修改方法，会计信息系统因为不会产生账簿登记错误，所以记账后凭证修改不能采取划线更正法。

1. 错误凭证的“无痕迹”修改

计算机总账系统中，下面两种状况可以用此方法：

(1) 输入后未审核的凭证——此时发现凭证错误，可由制单员直接修改。

(2) 已审核但未记账的凭证——此时发现凭证错误，应由审核员取消审核（销章)，再由制单员修改。遵守“谁审核的谁销章，谁输入的谁修改”的原则。

2. 错误凭证的“有痕迹”修改

用在已记账的错误凭证中。对已记账的错误凭证，允许采用“红字冲销法”或“补充登记法”进行修改。

记账前有错误或重复的凭证，可进行凭证删除。为了保证凭证号的连续性，如果所删除凭证的凭证号是中间的某一张时，会计信息系统可将凭证作废处理，对于作废凭证是不进行记账的，这样处理保证了凭证号的连续，同时也可对错误删除的凭证进行恢复。

总账系统只能修改和删除本系统生成的凭证，其他系统生成，传递过来的凭证不能在总账系统中修改。若修改，只能在生成该凭证的原系统中进行操作。

【任务引入】

2 月 3 日以操作员“demo”的身份进行以下操作：

1. 修改未审核的凭证

修改实训四中的付 -0001 号凭证，该凭证没有审核，把该凭证中附单据数修改为 1。

2. 修改已审核未记账的凭证

修改实训四中的付 -0001 号凭证，该凭证王小刚已审核，但未记账，把该凭证中附单据数修改为 3。

3. 冲销凭证

冲销实训四中的付－0001号凭证，该凭证已由王小刚审核并记账，冲销该凭证借贷金额4 000元，形成付－0004号凭证。

4. 删除凭证

删除实训四中的付－0004号凭证，该凭证没审核。

【任务分析及操作步骤】

1. 修改未审核的凭证

（1）由制单员“demo”注册进入“企业应用平台”的“总账”系统。在“总账”主窗口，选择“凭证”项下的“填制凭证”命令，进入“填制凭证”窗口。单击“上张”或“下张”按钮，找到要修改的凭证，修改其中的错误。为了快速定位要修改的凭证，还可以利用“填制凭证”窗口中的查询功能，录入查询条件，找到要修改的凭证（见图4－30）。

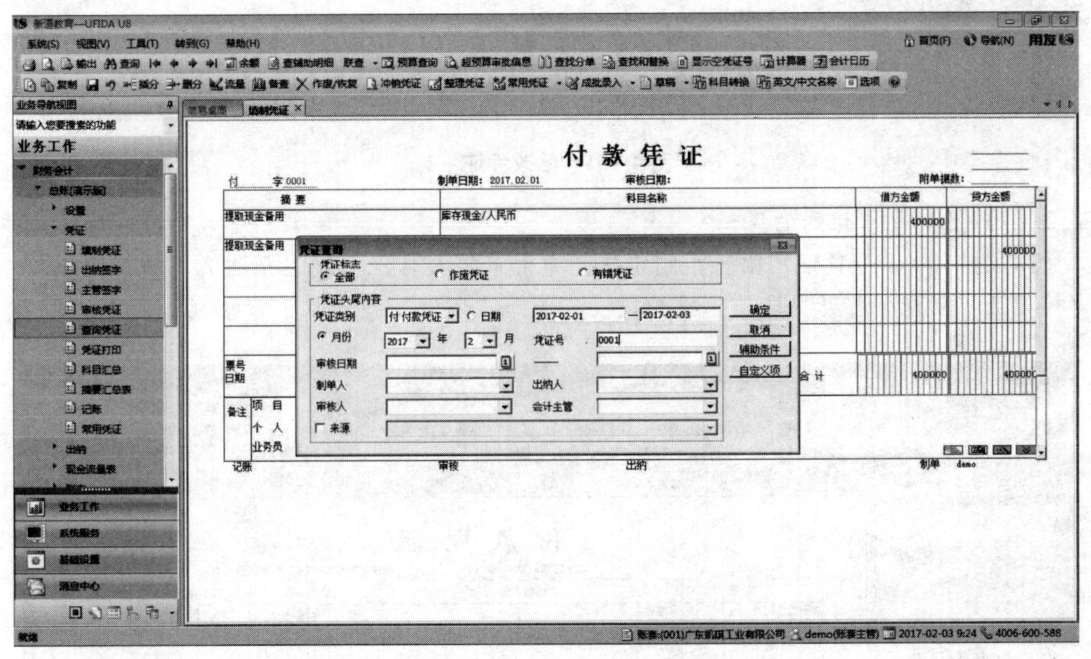

图4－30　修改凭证－1

（2）找到付款凭证0001后，即可进行修改工作。在附单据数上修改为“1”（见图4－31）。

对于辅助项、结算方式票号和日期、数量和单价的修改，只需定位具体科目，双击要修改的数据，就可以进行修改。

单击“插分”按钮，就可在当前光标定位的分录前新增一条分录。单击“删分”按钮，可以删除光标所在位置的一行分录。

修改完毕后单击“保存”按钮。

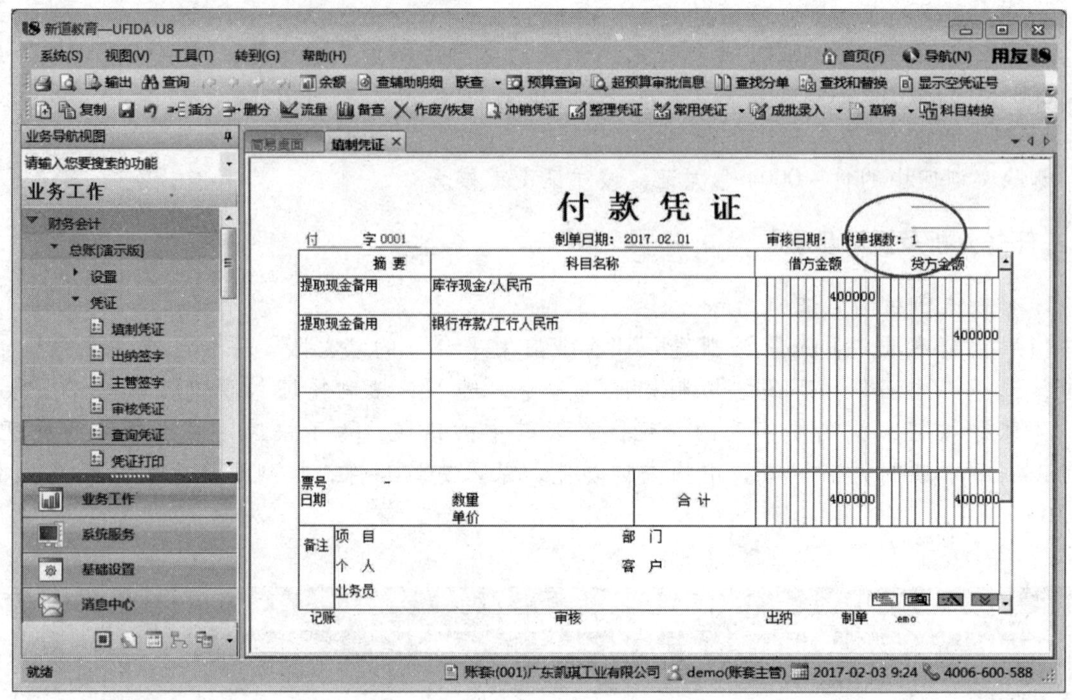

图 4－31 修改凭证－2

2. 修改已审核未记账的凭证

(1) 付－0001 号凭证已由王小刚审核，先由审核人员王小刚注册进入“总账”系统的“审核凭证”功能，打开要取消审核的凭证。选择“取消”按钮取消审核（见图 4－32）。

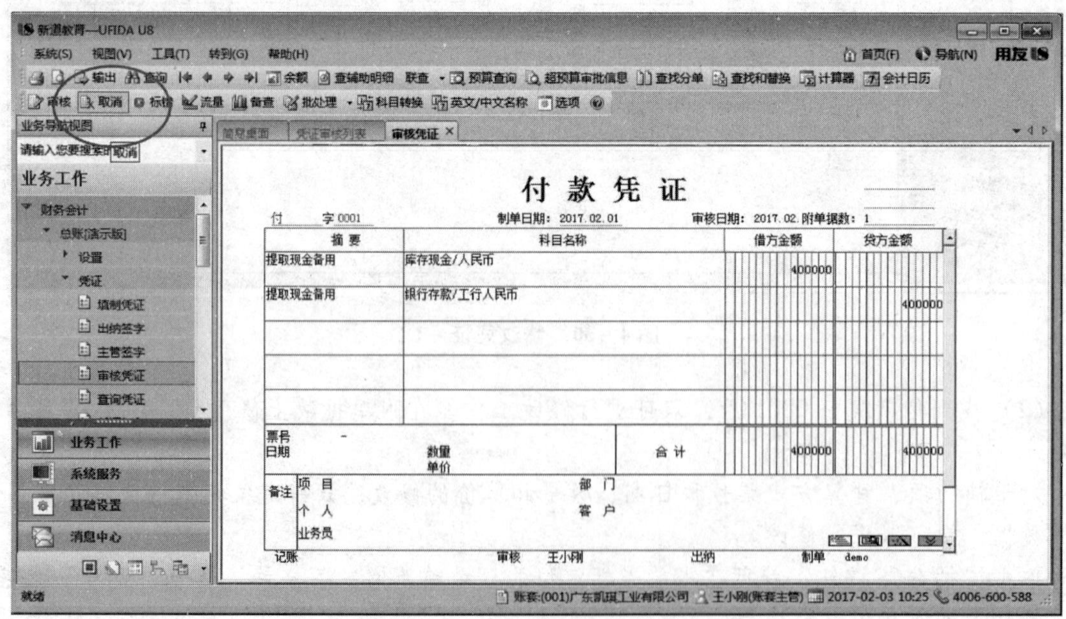

图 4－32 取消凭证审核

(2) 取消审核成功后，再由制单员“demo”进行凭证修改，将附单据数修改为3（见图4-33）。

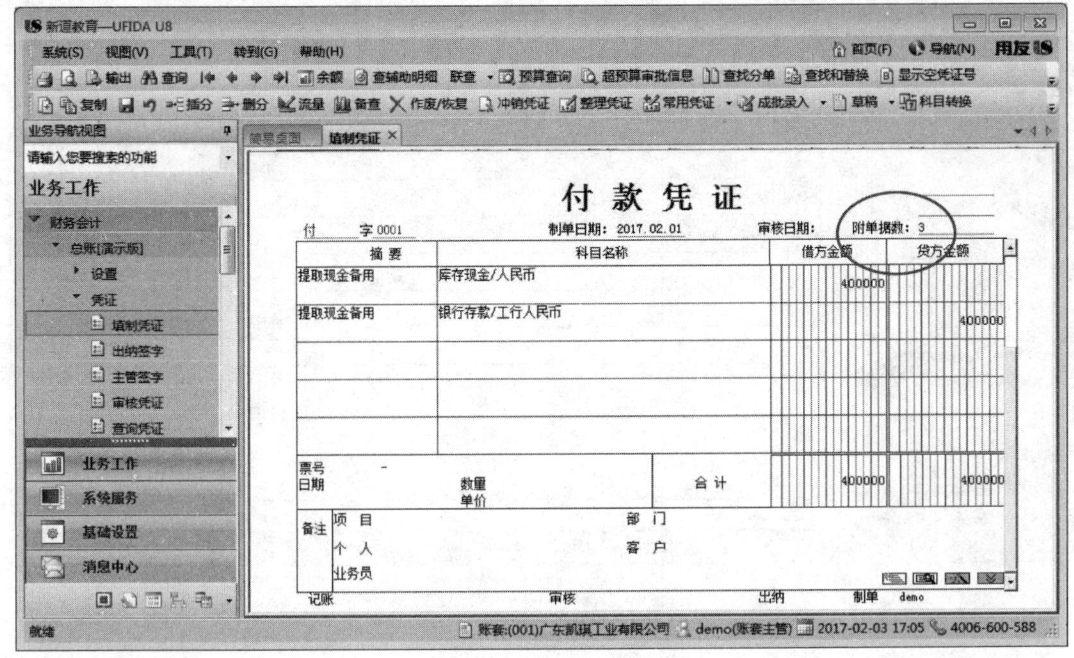

图4-33 修改凭证-3

3. 冲销凭证

付-0001号凭证已审核并登记入账，由制单员注册进入“总账”系统，要修改已记账的凭证，必须使用红字冲销法或补充登记法。

(1) 冲销凭证时，以“demo”的身份登录“企业应用平台”，在“总账”主窗口，选择“凭证”项下的“填制凭证”命令，进入“填制凭证”窗口，单击“冲销凭证”按钮，输入要冲销凭证的条件（见图4-34）。

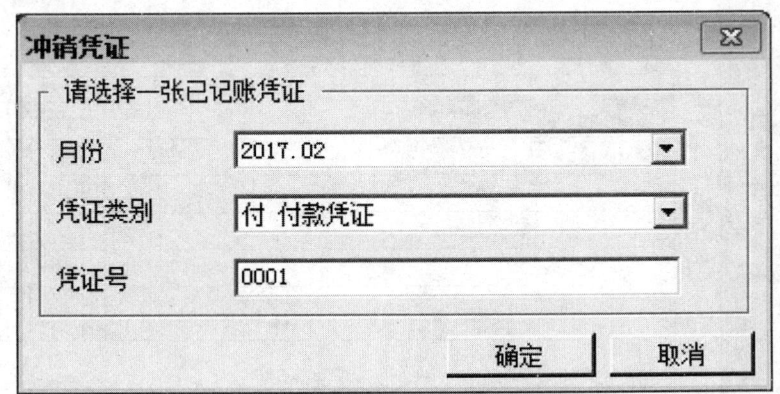

图4-34 冲销凭证-1

(2) 单击“确定”按钮后就可以生成已记账凭证的红字冲销凭证（见图4-35），单击“保存”按钮，付-0004凭证保存完毕。

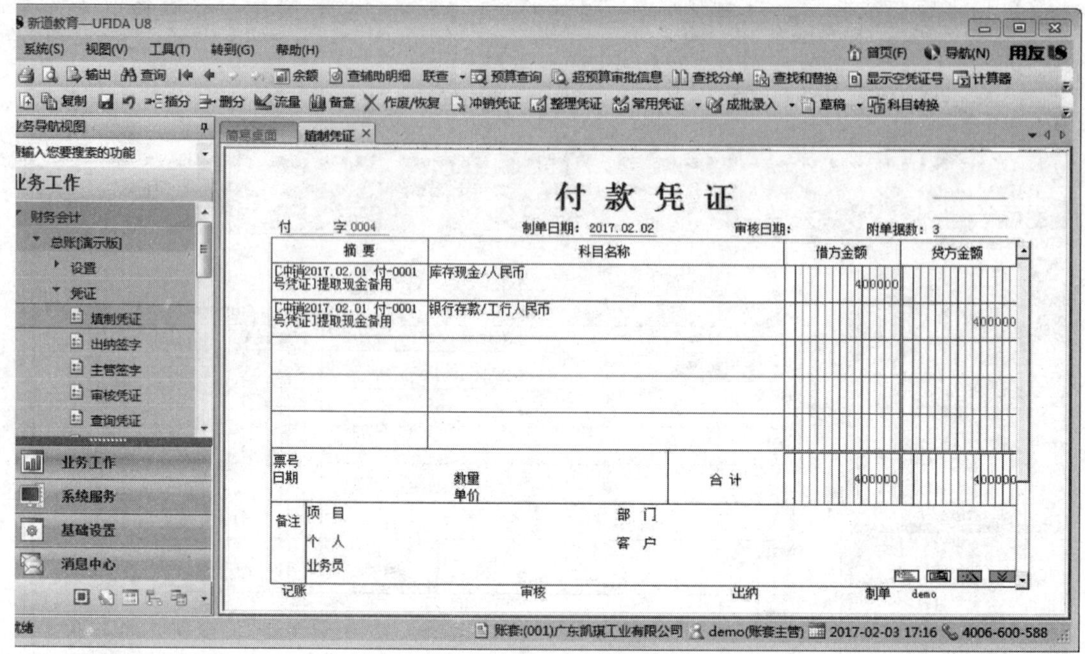

图4－35 冲销凭证－2

4. 删除凭证

（1）以“demo”身份登录“企业应用平台”，进入“总账”系统，在“总账”主窗口，选择“凭证”项下的“填制凭证”命令，进入“填制凭证”窗口，找到要删除的付－0004凭证，并打开。选择“作废/恢复”按钮，把要删除的凭证“作废”（见图4－36）。

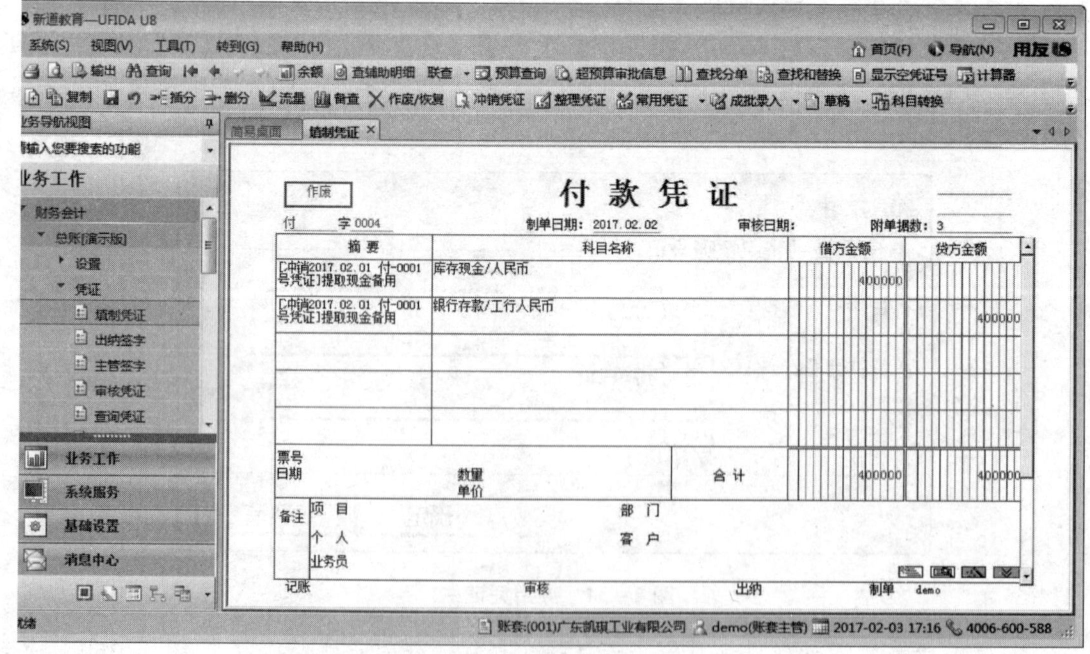

图4－36 删除凭证－1

(2) 删除凭证时，把凭证作废就可以达到删除的作用。因为，作废凭证不能被审核，也不能被记账。若要彻底删除凭证，需要单击“整理凭证”，选择凭证期间，以彻底删除凭证并整理断号（见图4－37～图4－39）。

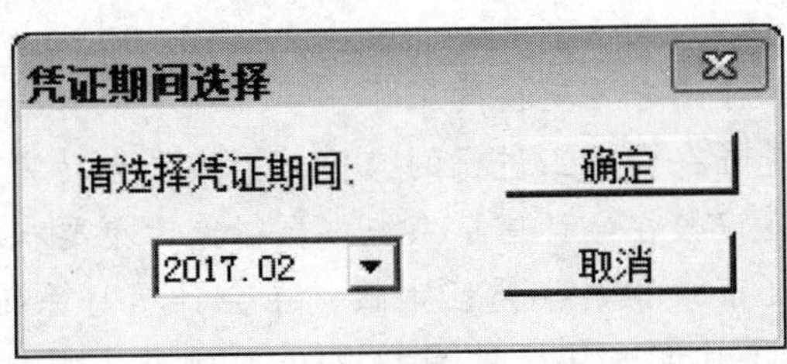

图4－37　删除凭证－2

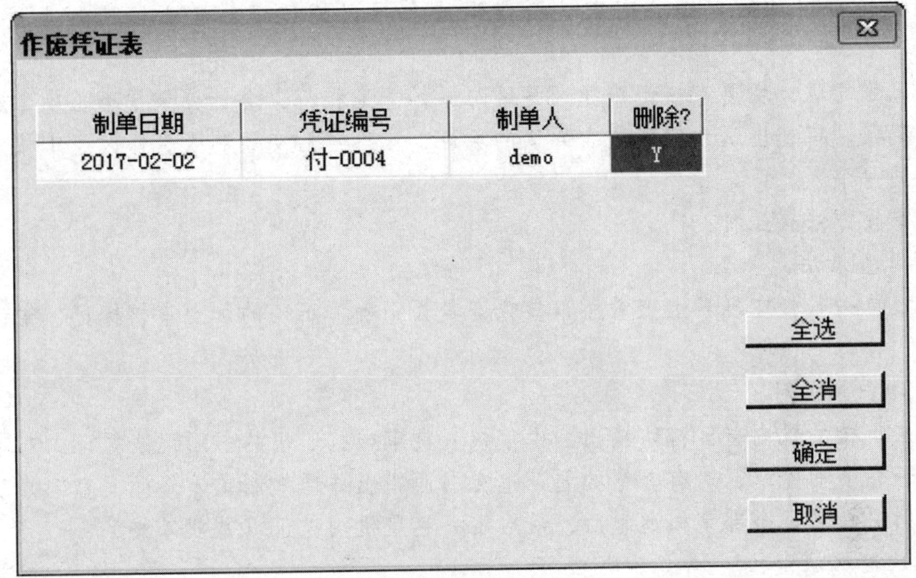

图4－38　删除凭证－3

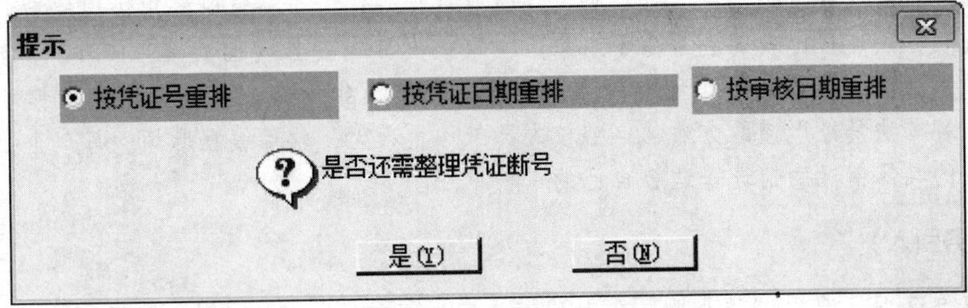

图4－39　删除凭证－4

出纳签字

四、活动六：凭证审核

【知识链接】

会计凭证审核是会计工作中非常重要的工作，会计制度中有明确的规定。在会计信息系统中，由于记账凭证输入是唯一由人工进行的操作，记账是自动完成的，无法在记账过程中再次确认和计量，所以凭证审核在会计信息系统中显得尤为重要和必要。在手工会计中，凭证审核主要包括对原始凭证审核和记账凭证审核；在会计信息系统中，由于记账凭证分为手工凭证和机内凭证，所以对记账凭证的审核又分为对手工凭证的审核和对机内凭证的审核。为确保登记到账簿的每一笔经济业务的准确性和可靠性，制单员填制的每一张凭证都必须经过审核员的审核。审查认为错误或有异议的凭证，应交给填制人员修改后，再审核。

审核记账凭证，主要审核记账凭证是否与原始凭证相符，会计分录是否正确，经审核签字后方可记账。审查出认为错误或有异议的凭证，应标错后交填制人员修改。审核人和制单人不能是同一个人。

具体审核方法有三种：

1. 屏幕查看法

由审核员一张张在屏幕上查看所审核凭证是否正确，正确的加上审核标记，错误的进行标错。

2. 打印出来核对

先将未审核的机内凭证打印输出，由审核人员审核打印出的书面记账凭证。对审核无误的记账凭证在书面签章；对有差错的凭证也在书面指出并通知制单人修改，直到修改正确后再签章。对一批凭证全部审核通过后，最后统一签署机内凭证（成批审核）。

3. 二次输入法审核

审核人员把要审核的凭证，除摘要以外的内容再次录入，此时计算机就存放两批凭证记录，由程序完成这些记录的一致性审查，一致时进行确认，不一致时给出错误信息。

第1种方法流程比较简单，易于组织，但审核人员较疲劳（面对屏幕工作），且不易留下审核依据。第二种方法操作环节较多，但每个环节操作简单，而且审核依据都可存档备查。第三种方法是最严谨的方法，但审核人员工作量太大，软件编程麻烦。每个企业可以根据本企业的具体情况酌情选择适合自己的审核方法。

【任务引入】

2017年2月3日以“王小刚”的身份审核实训四中付－0002、付－0003号凭证。

【任务分析及操作步骤】

（1）以“王小刚”的身份登录“企业应用平台”中的“总账”系统，选择“凭证”下的“审核凭证”命令，打开“凭证审核”查询条件对话框（见图4－40）。

（2）输入查询条件，单击“确定”按钮，进入“凭证审核列表”窗口（见图4－41）。

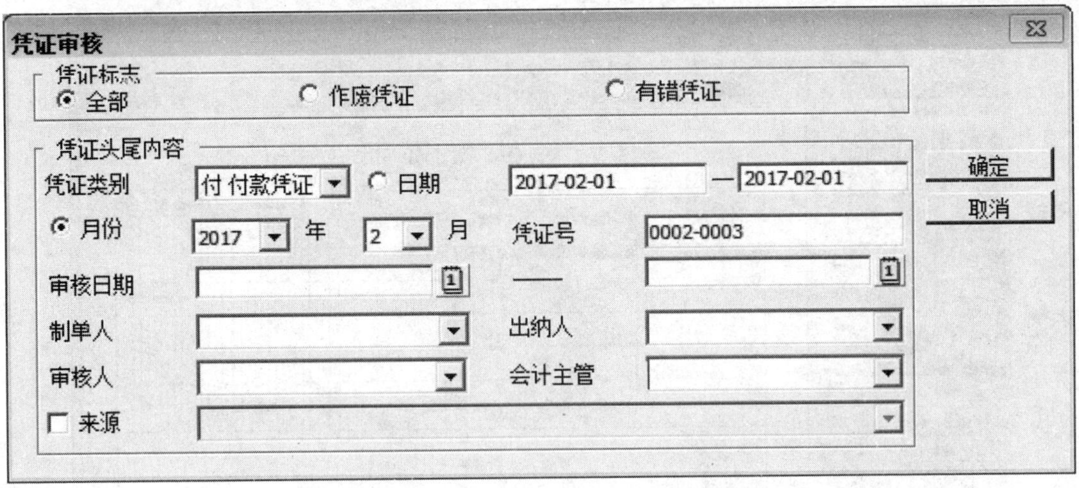

凭证审核

凭证标志
全部　作废凭证　有错凭证

凭证头尾内容
凭证类别　付 付款凭证　日期　2017-02-01 — 2017-02-01　确定
月份　2017 年　2 月　凭证号　0002-0003　取消
审核日期　——
制单人　出纳人
审核人　会计主管
来源

图 4－40　输入凭证审核查询条件

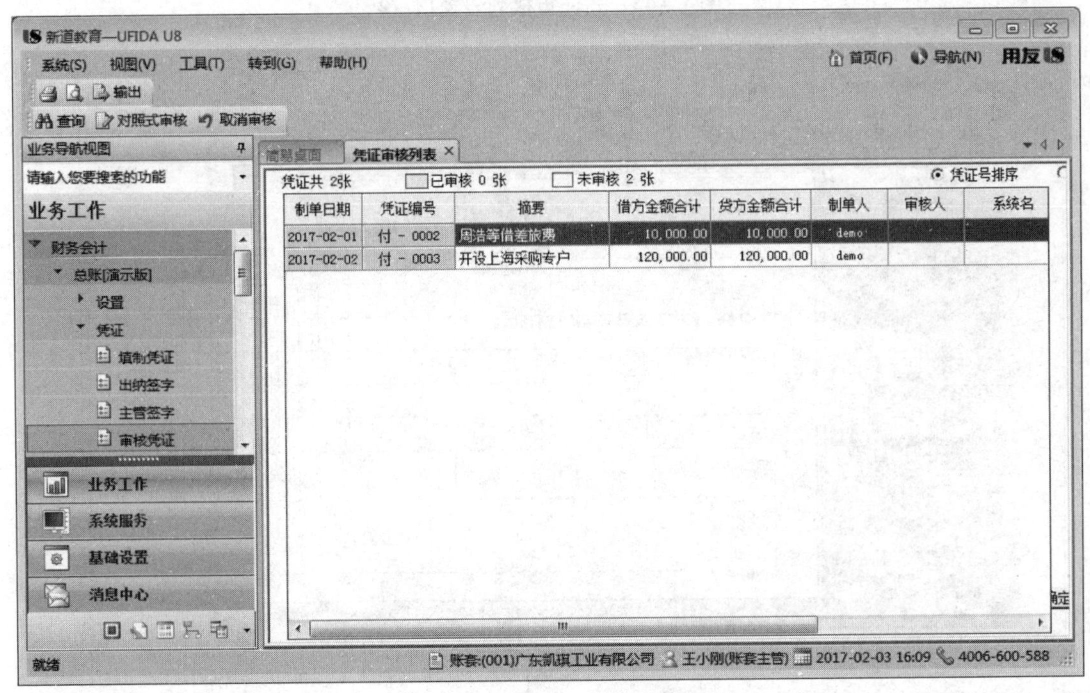

图 4－41　凭证审核列表窗口－1

(3) 选中要审核的凭证并双击，进入执行“审核凭证”窗口（见图 4－42）。

(4) 检查要审核的凭证，确认无误后，单击“审核”按钮，凭证底部的“审核”处自动签上当前操作员姓名（见图 4－43）。

(5) 单击“下张”按钮，可对其他凭证进行签字，最后单击“退出”按钮返回。凭证错误时，可单击“标错”来标识错误凭证。

如在确信业务正确的前提下，也可以执行“审核”菜单下的“成批审核凭证”命令，成批审核凭证。

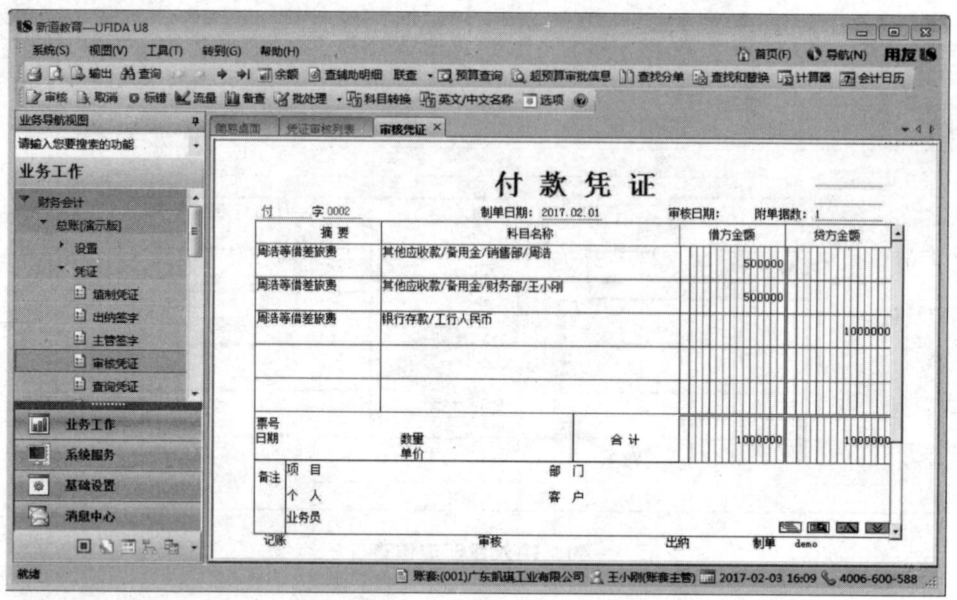

图 4-42 凭证审核列表窗口-2

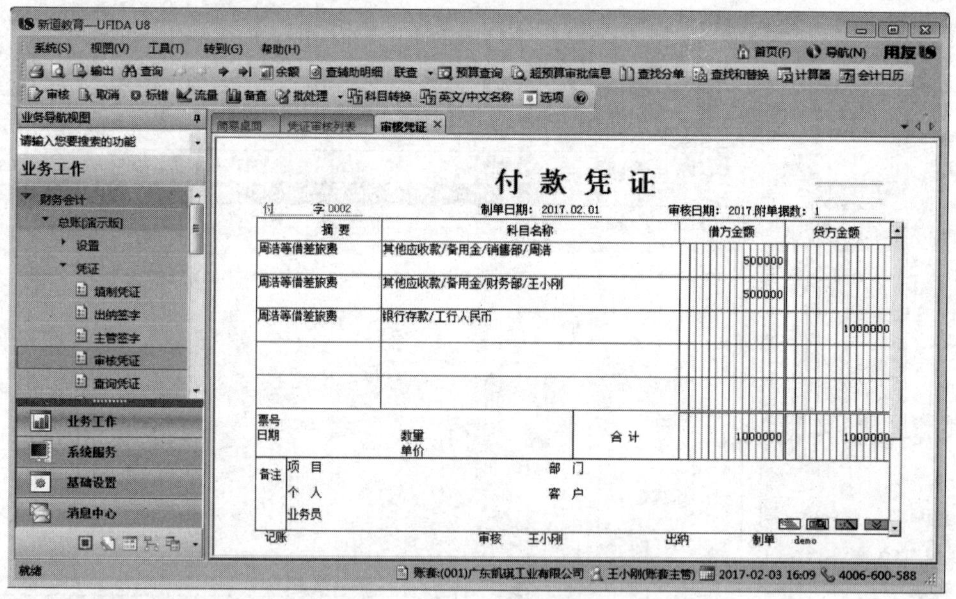

图 4-43 执行审核凭证

注意

审核人和制单人不能是同一个人。

若想对已审核的凭证取消审核，单击“取消”取消审核。取消审核签字只能由审核人自己进行。

凭证一经审核，就不能修改、删除，只有取消审核签字后才可以进行修改或删除。

审核人除了要具有审核权外，还需要有对审核凭证制单人所制凭证的审核权，这个权限在“基础设置”的“数据权限”中设置。

采用手工制单的用户，在凭单上审核完后，还须对录入机器中的凭证进行审核。

作废凭证不能审核，也不能标错。

已标错的凭证不能审核，若想审核，须先取消标错，才能审核。已审核的凭证不能标错。

若选择“凭证必须经由主管会计签字”选项，则凭证须经会计主管签字才能记账。

提示

（1）把实训四的相关的会计凭证录入完毕，并进行审核后，再进行下面的练习。

（2）在实训四中遇到外部系统传入凭证，例如从固定资产管理系统、薪资管理系统传入的凭证，可按顺序介绍不同系统，也可把实训四的内容录入完毕后，再分别介绍其他系统，然后再进行出纳管理业务的处理。

五、活动七：凭证查询

【知识链接】

凭证查询功能用于查询账套中已记账或未记账的凭证，可通过设置具体或模糊的查询条件，快速定位要查找的凭证。

【任务引入】

查询本月所有有关“银行存款”收入业务的记账凭证。

【任务分析及操作步骤】

（1）执行“凭证”菜单下的“查询凭证”功能，进入凭证查询条件对话框，单击“辅助条件”按钮，展开凭证查询辅助条件（见图4－44）。

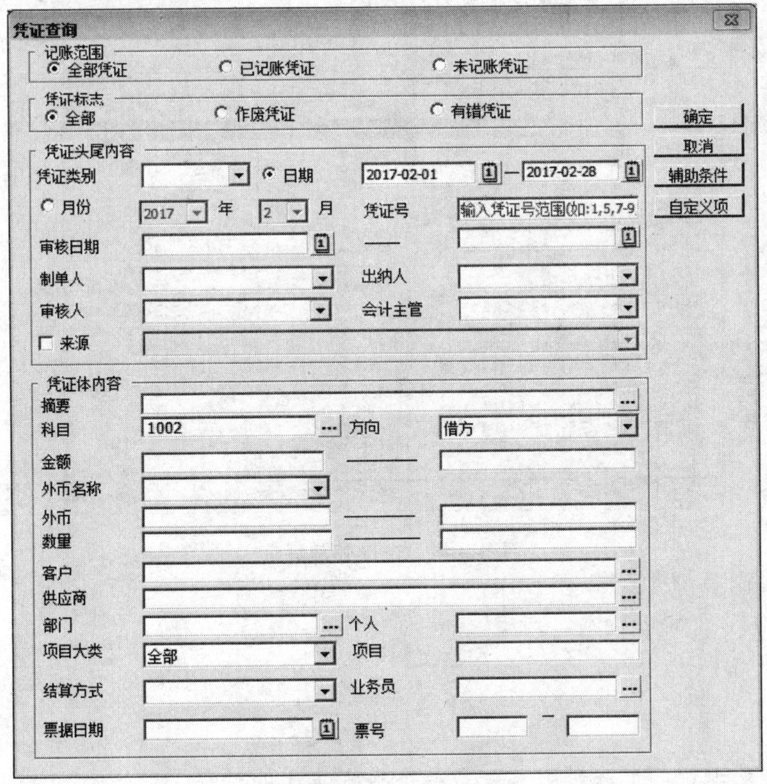

图4－44　凭证查询

（2）输入凭证查询条件，选择查询范围为“已记账凭证”，查询科目为“1002”，方向为“借方”。条件设置完后，单击“确认”按钮，即可查询到满足条件的凭证列表（见图4－45）。

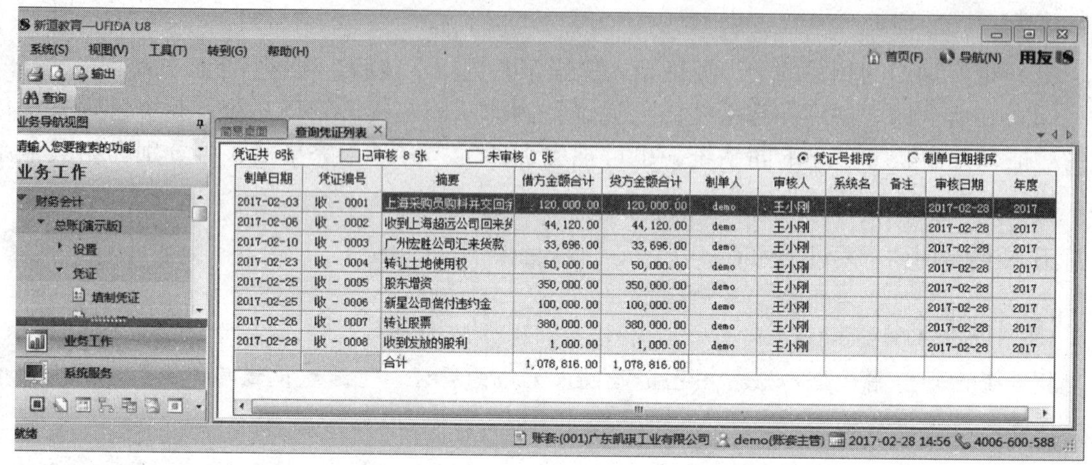

凭证共 8张 已审核 8 张 未审核 0 张 凭证号排序 制单日期排序

制单日期	凭证编号	摘要	借方金额合计	贷方金额合计	制单人	审核人	系统名	备注	审核日期	年度
2017-02-03	收 - 0001	上海采购员购料并交回	120,000.00	120,000.00	demo	王小刚			2017-02-28	2017
2017-02-06	收 - 0002	收到上海超远公司回来	44,120.00	44,120.00	demo	王小刚			2017-02-28	2017
2017-02-10	收 - 0003	广州宏胜公司汇来货款	33,696.00	33,696.00	demo	王小刚			2017-02-28	2017
2017-02-23	收 - 0004	转让土地使用权	50,000.00	50,000.00	demo	王小刚			2017-02-28	2017
2017-02-25	收 - 0005	股东增资	350,000.00	350,000.00	demo	王小刚			2017-02-28	2017
2017-02-25	收 - 0006	新星公司偿付违约金	100,000.00	100,000.00	demo	王小刚			2017-02-28	2017
2017-02-26	收 - 0007	转让股票	380,000.00	380,000.00	demo	王小刚			2017-02-28	2017
2017-02-28	收 - 0008	收到发放的股利	1,000.00	1,000.00	demo	王小刚			2017-02-28	2017
		合计	1,078,816.00	1,078,816.00						

图4－45 查询凭证列表

（3）若查询的凭证是外部系统的凭证，单击“凭证类别”，如“转账凭证”，即可显示该凭证的来源信息（见图4－46）。

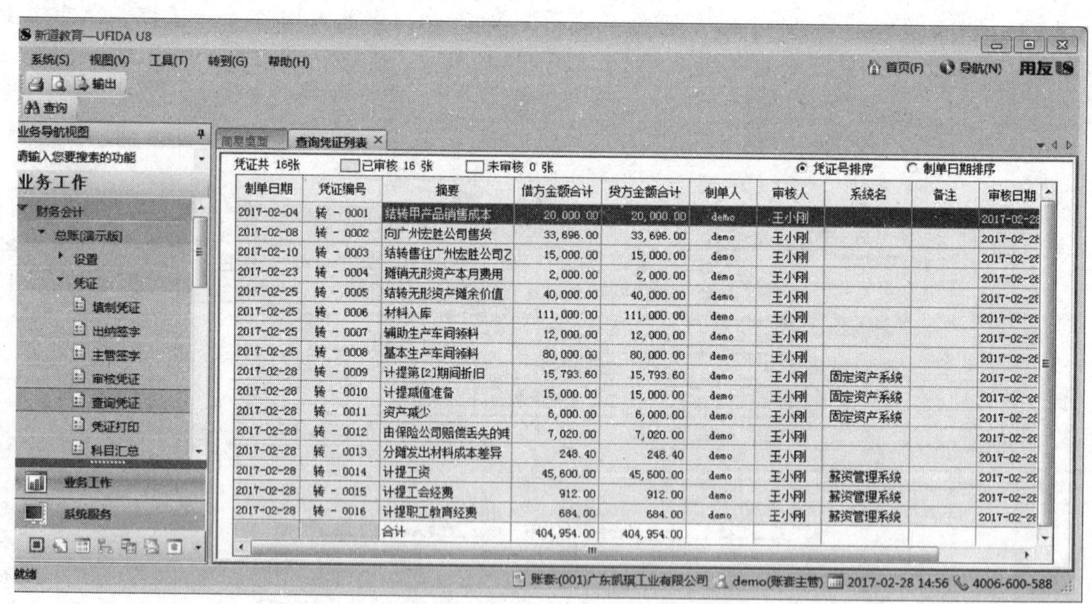

凭证共 16张 已审核 16 张 未审核 0 张 凭证号排序 制单日期排序

制单日期	凭证编号	摘要	借方金额合计	贷方金额合计	制单人	审核人	系统名	备注	审核日期
2017-02-04	转 - 0001	结转甲产品销售成本	20,000.00	20,000.00	demo	王小刚			2017-02-2
2017-02-08	转 - 0002	向广州宏胜公司售货	33,696.00	33,696.00	demo	王小刚			2017-02-2
2017-02-10	转 - 0003	结转售往广州宏胜公司乙	15,000.00	15,000.00	demo	王小刚			2017-02-2
2017-02-23	转 - 0004	摊销无形资产本月费用	2,000.00	2,000.00	demo	王小刚			2017-02-2
2017-02-25	转 - 0005	结转无形资产摊余价值	40,000.00	40,000.00	demo	王小刚			2017-02-2
2017-02-25	转 - 0006	材料入库	111,000.00	111,000.00	demo	王小刚			2017-02-2
2017-02-25	转 - 0007	辅助生产车间领料	12,000.00	12,000.00	demo	王小刚			2017-02-2
2017-02-25	转 - 0008	基本生产车间领料	80,000.00	80,000.00	demo	王小刚			2017-02-2
2017-02-28	转 - 0009	计提第[2]期间折旧	15,793.60	15,793.60	demo	王小刚	固定资产系统		2017-02-2
2017-02-28	转 - 0010	计提减值准备	15,000.00	15,000.00	demo	王小刚	固定资产系统		2017-02-2
2017-02-28	转 - 0011	资产减少	6,000.00	6,000.00	demo	王小刚	固定资产系统		2017-02-2
2017-02-28	转 - 0012	由保险公司赔偿丢失的	7,020.00	7,020.00	demo	王小刚			2017-02-2
2017-02-28	转 - 0013	分摊发出材料成本差异	248.40	248.40	demo	王小刚			2017-02-2
2017-02-28	转 - 0014	计提工资	45,600.00	45,600.00	demo	王小刚	薪资管理系统		2017-02-2
2017-02-28	转 - 0015	计提工会经费	912.00	912.00	demo	王小刚	薪资管理系统		2017-02-2
2017-02-28	转 - 0016	计提职工教育经费	684.00	684.00	demo	王小刚	薪资管理系统		2017-02-2
		合计	404,954.00	404,954.00					

图4－46 查询外部凭证

六、活动八：记账

【知识链接】

计算机总账处理中的记账过程首先是一个数据传递的过程，把经过审核签章的、要求记账的记账凭证从录入凭证数据库文件中，传递到记账凭证数据库文件中，这一工作由计算机自动完成。经过记账的凭证是不能修改的，也就是记账凭证数据库文件中的数据是不能修改的，由此形成了会计核算系统稳定的数据。

系统记账一般都遵循这样一个过程：

(1) 选择记账凭证。开始记账时，系统首先要求用户选择要记账的凭证范围。凭证范围由月份、凭证类别、凭证编号决定，系统一般给出凭证编号的最大范围作为默认值。一般月份不能为空，类别如果为空，系统自动将各类已审核的记账凭证全部进行记账。

(2) 系统自动检验记账凭证。虽然记账凭证在输入和审核时已经经过多次检验，但为了确保会计数据的正确，系统在登记机内账簿时仍将对记账凭证进行一次平衡校验和会计科目等有关内容的检验。如果发现不平衡凭证或错误凭证，系统会将不平衡的凭证或错误凭证的类别和凭证号显示给用户，同时停止记账。

(3) 数据保护。记账工作涉及系统内多个数据库表，记账过程一旦发生意外，会使记账涉及的数据库受到影响，为此系统设计了数据保护功能。记账前系统首先将有关数据库在硬盘上进行备份，一旦记账过程出现意外，系统将停止记账并自动利用备份文件恢复系统数据。

(4) 正式记账。以上工作完成后，系统自动将选定的记账凭证登记到机内账簿中（包括部门核算、往来核算和项目核算的辅助账簿），并进行汇总工作，计算出各个科目最新的本月发生额、累计发生额和最新的当前余额，将其保存在系统中，完成记账工作并将已记账的凭证张数显示给用户。

【任务引入】

对实训四中001广东凯琪工业有限公司账套中已审核的凭证进行记账。

【任务分析及操作步骤】

以“demo”的身份，密码：DEMO，进入“总账”系统，选择“凭证”下的“记账”命令，打开“记账”对话框。按记账步骤操作即可。

(1) 选择记账范围。打开“记账”对话框，可以输入连续编号范围，也可以输入不连续编号范围（不连续编号中间用英文半角状态的“,”分隔），或者直接选择“全选”按钮，全部选定（见图4-47）。选择记账范围后，单击“记账”按钮，进入下一步。

(2) 进行记账。期初试算平衡，单击“确定”按钮，系统自动开始记账，完成后，弹出“记账完毕!”对话框（见图4-48），单击“确定”按钮，完成记账。

(3) 查看和打印记账报告。记账完成后，系统显示本次记账的报告，可以单击“打印”按钮打印记账报告或单击“退出”按钮离开界面（见图4-49）。

注意

(1) 记账过程一旦断电或由于其他原因造成中断后，系统将自动调用“恢复记账前状态”恢复数据，然后再重新记账（见图4-50）。

(2) 在记账过程中，不得中断退出。

(3) 在第一次记账时，若期初余额试算不平衡，系统将不允许记账。

(4) 所选范围内的凭证如有不平衡凭证，系统将列出错误凭证，并重选记账范围。

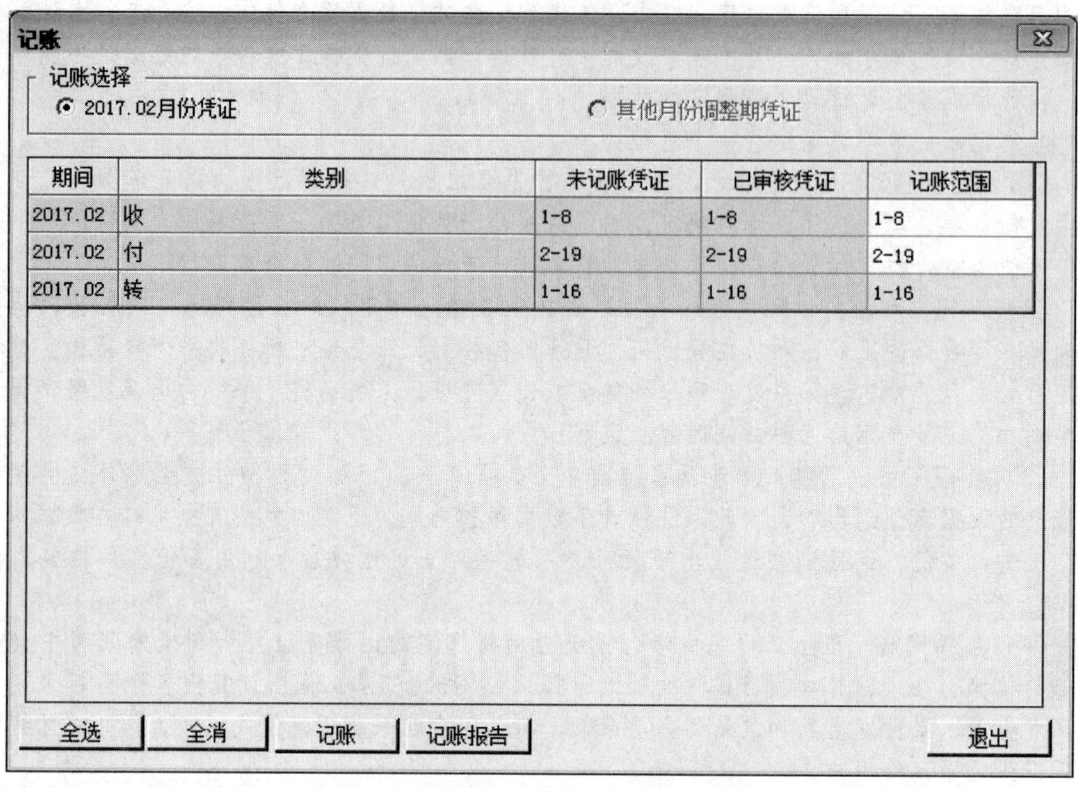

图 4-47 选择记账范围

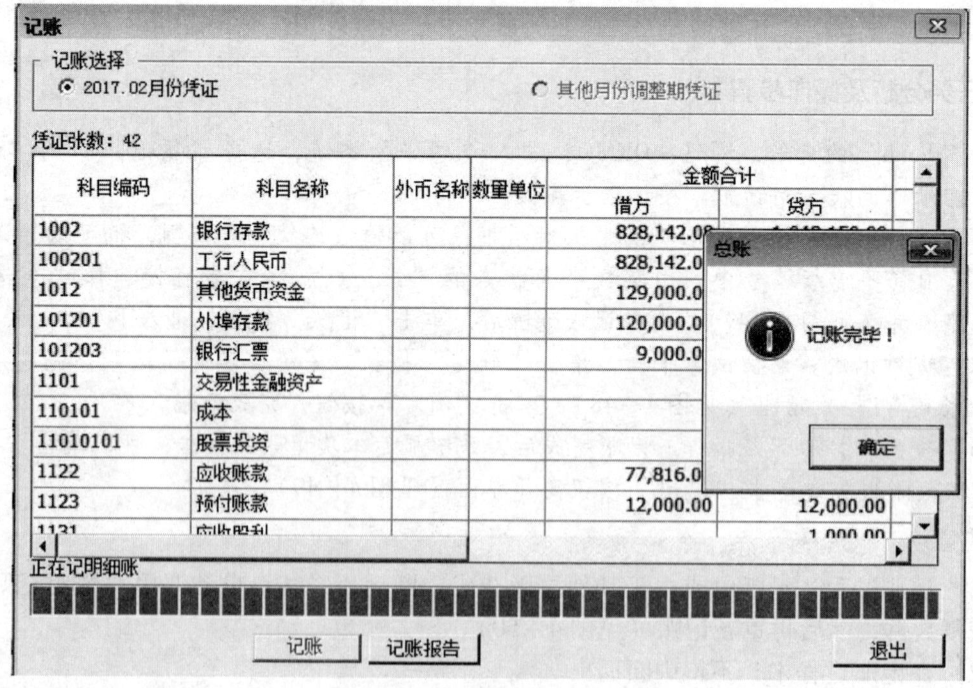

图 4-48 完成记账

图 4－49　记账－1

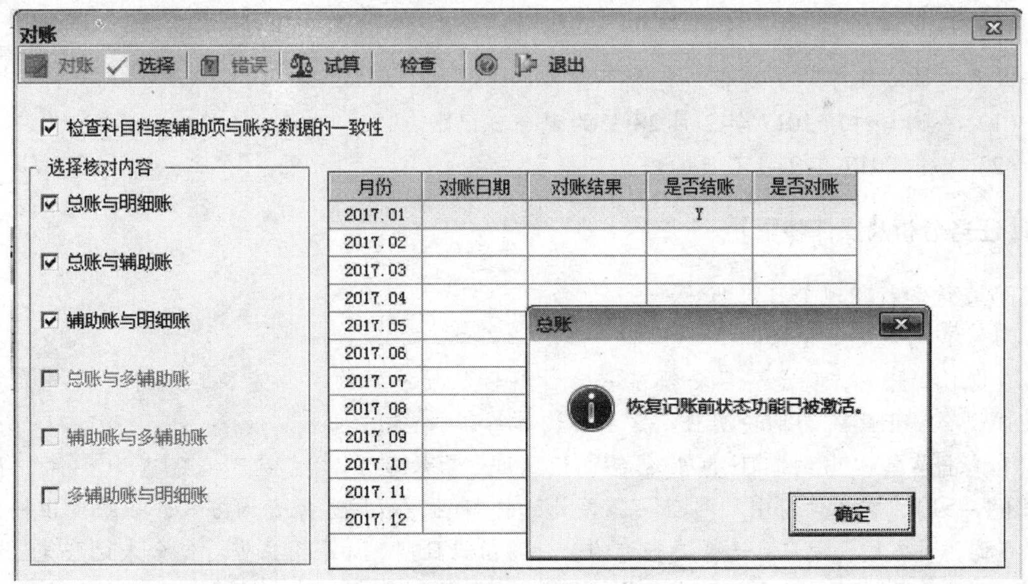

图 4－50　记账－2

（5）在期末对账界面，同时按下“Ctrl”键和“H”键，将决定是否显示/隐藏菜单中的“恢复记账前状态”功能。

科目汇总

任务四 出纳管理

一、出纳管理概述

出纳管理是为出纳人员提供的一个集成功能，以使出纳人员更为方便地查询及打印现金日记账、银行日记账、资金日报表；在支票登记簿中登记支票、录入银行对账单、进行银行对账、输出余额调节表等出纳工作。

二、活动九：日记账及资金日报表

【知识链接】

计算机总账处理中，日记账由计算机自动登记，日记账的主要作用是输出现金与银行存款日记账，以供出纳员核对现金收支和结存等使用。

要输出现金日记账和银行存款日记账，就要求在系统初始化时，现金会计科目和银行存款会计科目必须选择“日记账”标记，即表明该科目要登记日记账。所以，如果需要，任何一个会计科目都可以输出日记账。

资金日报表是反映现金和银行存款科目当日借贷方发生额及余额情况的报表。

【任务引入】

以操作员“李刚”的身份进行如下操作：

（1）查询与打印2017年2月28日的现金日记账。

（2）查询2017年2月1日的资金日报表。

【任务分析及操作步骤】

1. 查询和打印现金日记账

（1）查询现金日记账。

查询日记账时，现金科目必须在“会计科目”功能下的“指定科目”中预先指定。下面以“现金日记账”为例说明日记账的查询和打印。

①单击菜单“出纳”下的“现金日记账”，屏幕显示“现金日记账查询条件”窗口（见图4－51），在条件窗中“科目”范围处选择科目，然后选择查询方式，系统提供按月和按日查询两种方式，用户可选择要查询的会计月份或日期。如果用户查看包含未记账凭证的日记账，可单击选择“包含未记账凭证”选项；如果用户按对方科目展开查询，则单击“是否按对方科目展开”，也可将查询条件保存为“我的账簿”，或直接调用“我的账簿”即可。

②输入查询条件后，按“确定”按钮，屏幕显示现金日记账查询结果（见图4－52）。

③当屏幕显示出日记账后，用户可单击账页格式下拉选择框，选择需要查询的格式，系统自动根据科目的性质列出选项供选择。

④用鼠标双击某行或单击“凭证”按钮，可查看相应的凭证。单击“总账”按钮，可查看此科目的三栏式总账。

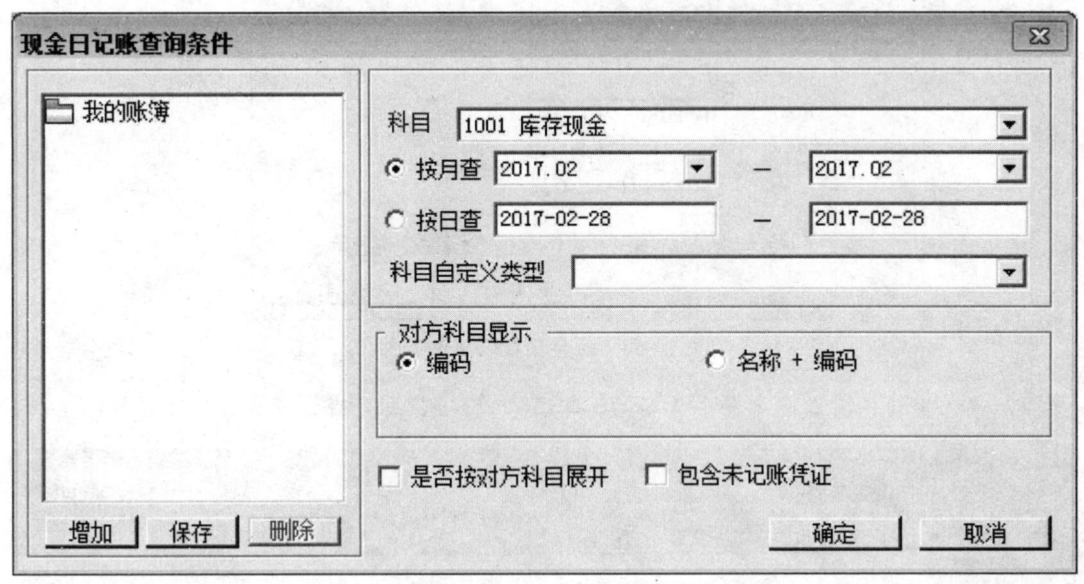

图 4－51　现金日记账查询条件

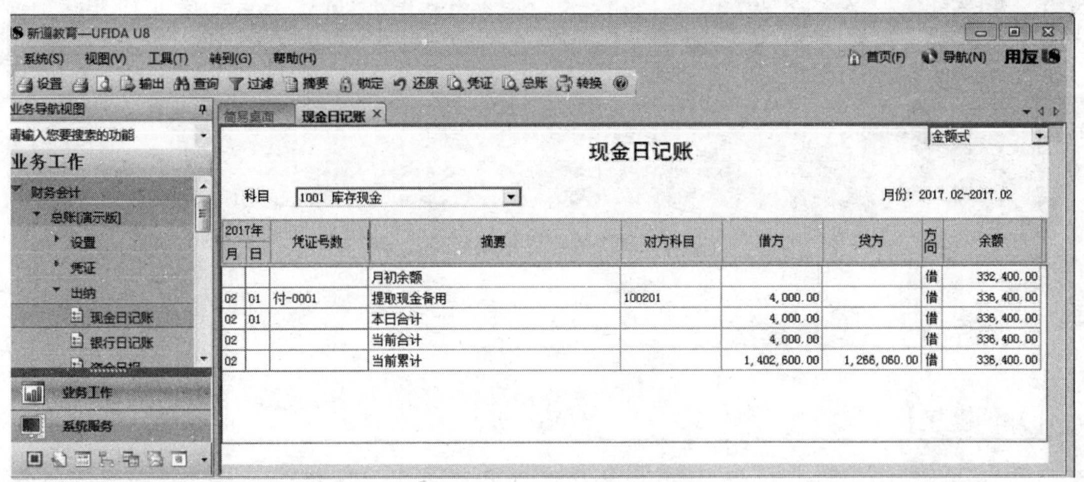

2017年 月	日	凭证号数	摘要	对方科目	借方	贷方	方向	余额
			月初余额				借	332,400.00
02	01	付-0001	提取现金备用	100201	4,000.00		借	336,400.00
02	01		本日合计		4,000.00		借	336,400.00
02			当前合计		4,000.00		借	336,400.00
02			当前累计		1,402,600.00	1,266,060.00	借	336,400.00

图 4－52　现金日记账

（2）打印现金日记账。

在现金日记账界面，按鼠标的右键，出现“打印”项，可打印正式现金日记账、银行存款日记账。现金日记账和银行存款日记账要每天登记，做到日清月结。如果业务较多，要每天打印输出；如果每天业务较少，也可按旬打印输出。

2. 查询资金日报表

资金日报表用于查询输出现金、银行存款科目某日的发生额及余额情况。资金日报表提供昨日余额、今日共借、今日共贷、今日余额、借方笔数、贷方笔数的合计数，并按币种进行合计，每个币种一行。

（1）单击“出纳”菜单下的“资金日报”，进入后，屏幕显示“资金日报表查询条件”窗口（见图 4－53）。

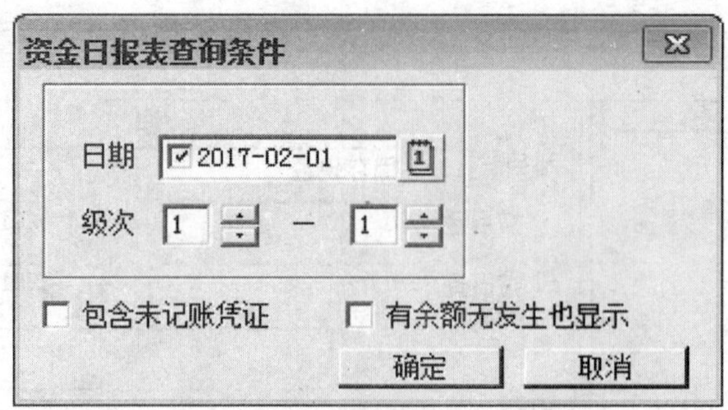

图 4-53 资金日报表查询条件

(2) 输入查询日期2017年2月1日后，单击“确定”，即可查询资金日报表（见图4-54）。

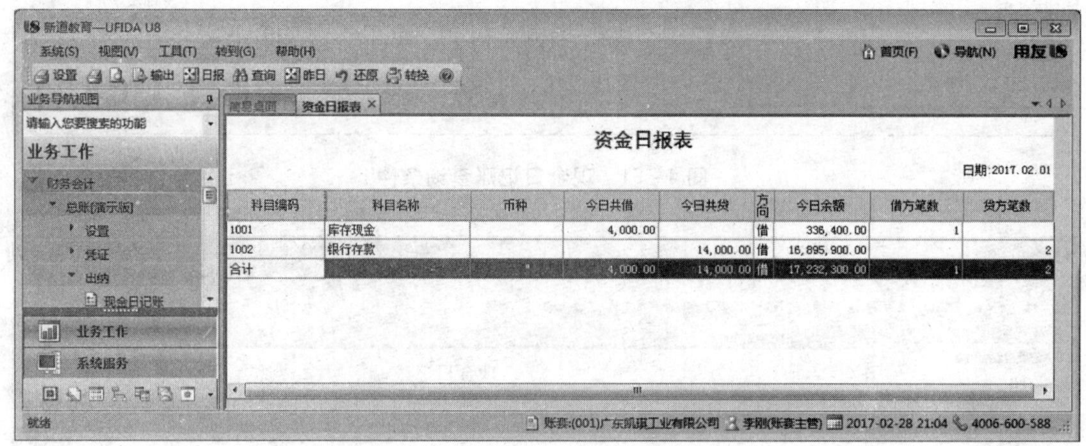

图 4-54 资金日报表查询结果

三、活动十：支票登记

【知识链接】

为了加强对支票的管理，系统为出纳员提供了“支票登记簿”功能，以供其详细登记支票领用人、领用日期、支票用途、是否报销等情况。当应收、应付系统或资金系统有支票领用时，会自动填写。

【任务分析及操作步骤】

执行“出纳”菜单下的“支票登记簿”功能，选择银行科目“工行人民币(100201)”，进入“支票登记簿”对话框（见图4-55）。在“支票登记簿”对话框中输入支票信息后，单击“保存”按钮。

注意

(1) 只有在“会计科目”中设置银行账的科目才能使用支票登记簿。

(2) 当需要使用支票登记簿时，须在“结算方式”功能中对需使用支票登记簿的结算方式打钩。

支票登记簿

科目：工行人民币(100201)　　支票张数：17(其中：已报17 未报0

领用日期	领用部门	领用人	支票号	预计金额	用途	收款人
2017.02.01	财务部		现支0001	4,000.00	备用金	
2017.02.01	销售部	周浩	现支0002	10,000.00	借差旅费	周浩，王小刚
2017.02.02	财务部		H001	120,000.00	开设采购专户	
2017.02.04	财务部		H003	9,000.00	办理银行汇票	
2017.02.04	销售部	周浩	Z001	2,000.00	垫付运费	
2017.02.10	销售部	周浩	HD003	12,000.00	预付杭州保利公司供...	
2017.02.14	销售部	周浩	HD004	5,550.00	付杭州保利公司货款	
2017.02.15	基本生产车间		现支003	140,000.00	基本生产车间发生费用	
2017.02.16	辅助生产车间		现支004	4,200.00	辅助生产车间发生费用	
2017.02.18	财务部		Z002	47,000.00	支付制造费用	
2017.02.23	财务部		Z005	300,000.00	购买土地使用权	
2017.02.23	财务部		Z007	8,000.00	支付特许权使用费	
2017.02.26	财务部		Z011	10,000.00	支付利息费用	
2017.02.26	销售部		Z012	30,000.00	支付销售费用	
2017.02.26	财务部		Z013	60,600.00	购入债券	
2017.02.26	财务部		现支005	57,000.00	支付管理费用	
2017.02.28	财务部		Z014	45,600.00	支付工资	

预计未报金额 0.00　科目截止余额 借 15675992.08

图 4－55　支票登记簿

（3）当有人领用支票时，银行出纳员须进入“支票登记”功能登记支票领用日期、领用部门、领用人、支票号、用途等。

（4）当支票支出后，经办人持原始单据（发票）到财务部门报销，会计人员据此填制记账凭证。当在系统中录入该凭证时，系统要求录入该支票的结算方式和支票号，在系统填制完成该凭证后，系统自动在支票登记簿中将该号支票写上报销日期，该号支票即为已报销。

（5）支票登记簿中的报销日期栏，一般是由系统自动填写的，但对于有些已报销而由于人为原因而造成系统未能自动填写报销日期的支票，用户可进行手工填写，将光标移到报销日期栏，然后写上报销日期即可。

四、活动十一：银行对账

【知识链接】

由于企业与银行之间凭证传递上存在时间差，会出现一方已登记入账，而另一方尚未入账的情况，即产生未达账项。未达账项会使企业银行存款日记账余额与银行对账单余额在同一日期出现不一致的情况。为了防止记账发生差错，正确掌握银行存款的实际余额，企业必须定期将企业银行存款日记账与银行发出的对账单进行核对，找出未达账项，并编制银行存款余额调节表，这就是银行对账。银行对账操作流程见图 4－56。

银行对账的具体步骤如下：

1. 银行对账期初数据录入

银行对账期初数据录入需要做的工作是：

（1）确定银行账户的启用日期。

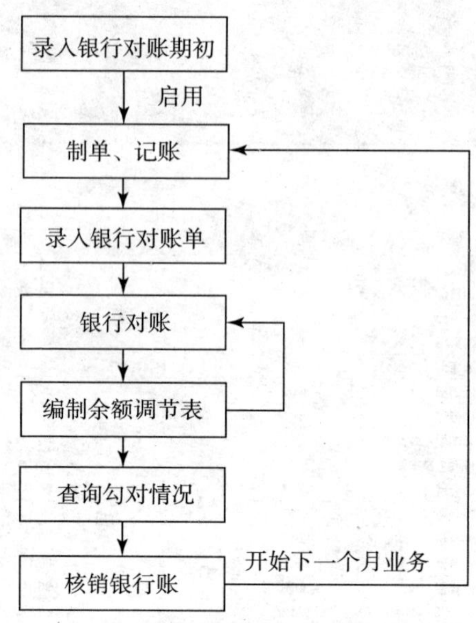

图4-56 银行对账操作流程

（2）录入企业银行日记账和银行对账单的调整前余额。

（3）录入企业银行日记账和银行对账单期初未达项，系统将根据调整前余额及期初未达项自动计算出银行对账单与企业银行日记账的调整后余额。如果调整后余额不平，应该调平。否则，在执行银行对账之后，会造成账面不平。

上述3个步骤完成以后，不得随意调整启用日期，尤其是向前调。否则，有可能造成启用日期后的期初数不能再参与对账。

2. 录入银行对账单

在需要进行银行对账时，选择银行账户，录入商业银行发来的银行对账单。录入的银行对账单主要包括业务日期、结算方式、结算号、业务金额等内容。

3. 银行对账

银行对账采用自动对账和手工对账相结合的方式进行。

（1）自动对账。

自动对账是计算机根据对账依据自动进行核对、勾销，对账依据由用户根据需要选择，方向相同、金额相同是必要条件，其他可选条件是票号（结算号）相同、结算方式相同、日期在多少天之内，即“结算方式＋结算号＋方向＋金额”。对于已经核对上的银行业务，系统将自动在银行存款日记账和银行对账单双方标上“两清”标志，并视为已达账项。对于在两清栏上未写上“两清”标志的记录，系统视为未达账项。由于自动对账是以银行存款日记账和银行对账单双方对账依据完全相同为条件，所以为了保证自动对账的正确和彻底，必须保证对账数据的规范合理。

（2）手工对账。

手工对账是对自动对账的补充。使用自动对账后，可能还有一些特殊的已达账项没有对上，而被视为未达账项，可以用手工对账进行调整。

下面4种情况中，只有第1种情况能自动核销已对账的记录，后3种情况均需通过手工对账来强制核销。

①对账单文件中一条记录和银行日记账未达账项文件中一条记录完全相同。

②对账单文件中一条记录和银行日记账未达账项文件中多条记录完全相同。

③对账单文件中多条记录和银行日记账未达账项文件中一条记录完全相同。

④对账单文件中多条记录和银行日记账未达账项文件中多条记录完全相同。

4. 编制余额调节表

银行存款余额调节表是系统自动编制的。对账结束后，就可编制、查询和打印银行存款余额调节表，以检查对账是否正确。

【任务引入】

根据实训四的日常业务进行对账，编制“银行存款余额调节表”。

1. 银行对账期初数据

企业“银行存款－工行人民币（RMB）”日记账余额为 15 900 000 元，银行对账单期初余额为 15 900 000 元。期初未达项数据见表 4－4 和表 4－5。

表 4－4　企业未达项数据

日　期	结算方式	票号	借方金额	贷方金额
17－1－28	汇兑结算	HD097	40 000	
17－1－30	银行汇票	YH088		20 000

表 4－5　银行未达项数据

凭证日期	凭证类别	凭证号	结算方式	票号	借方金额	贷方金额	摘要
17－1－29	收	8	现金支票	0082	56 000		收到北京货款
17－1－30	付	6	转账支票	Z078		36 000	支付货款

2. 2017 年 2 月银行对账单

输入条件：科目：工行（100201），月份：2017－2

按照银行提供的银行存款对账单，在此处输入。具体可参考之前银行存款凭证选择输入，未输入的业务可作为未达账项。

3. 完成银行对账

4. 余额调节表查询

【任务分析及操作步骤】

1. 录入银行对账期初数据

为了保证银行对账的正确性，在使用“银行对账”功能进行对账之前，必须先将日记账、银行对账单未达项录入系统中。通常许多用户在使用总账系统时，先不使用银行对账模块，比如某企业 2016 年 8 月开始使用总账系统，而银行对账功能则是在 12 月开始使用，那么银行对账则应该有一个启用日期（启用日期应为使用银行对账功能前最近一次手工对账的截止日期），用户则应在此录入最近一次对账企业方与银行方的调整前余额，以及启用日期之前的单位日记账和银行对账单的未达项；等所有未达账录入正确后启用此账户，再开始记 12 月份凭证，在 12 月份的凭证记完账后，进入“银行对账单”录入 12 月份的银行对账单，然后开始对账。

（1）单击“出纳”菜单中“银行对账”下的“银行对账期初录入”，进入“银行科目选择”对话框（见图4－57)。

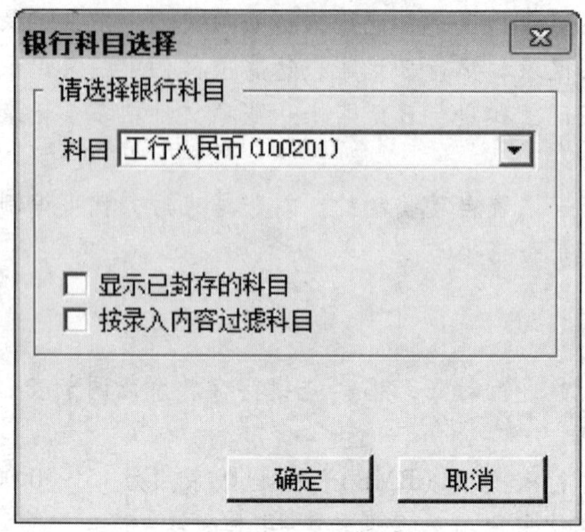

图4－57 银行科目选择－1

(2) 选择银行科目后按“确定”按钮，屏幕显示银行期初录入窗。

(3) 在启用日期处录入该银行账户的启用日期。

(4) 录入单位日记账及银行对账单的调整前余额。

(5) 选择“对账单期初未达项”和“日记账期初未达项”按钮，录入银行对账单及单位日记账期初未达项，系统将根据调整前余额及期初未达项自动计算出银行对账单与单位日记账的调整后余额（见图4－58)。

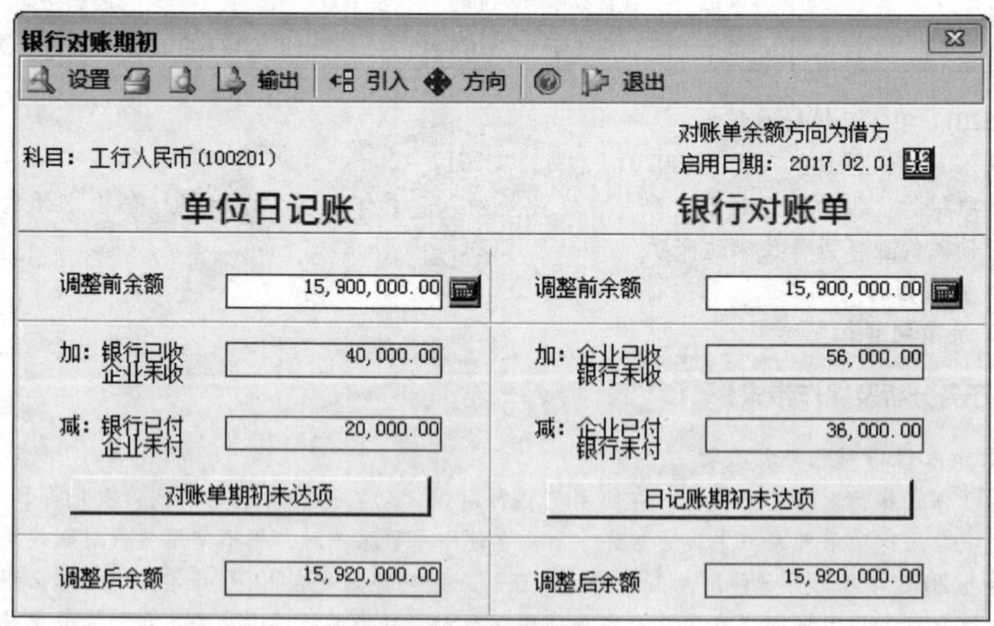

图4－58 银行对账期初

2. 录入银行对账单

银行对账单录入用于平时录入银行对账单。选择本功能后，系统要求用户指定账户（银行科目)，然后用户即可录入本账户下的银行对账单。

(1) 单击“出纳”菜单下“银行对账”中的“银行对账单”，系统要求指定账户（银行科目）、月份范围。注意终止月份必须大于等于起始月份（见图4-59）。

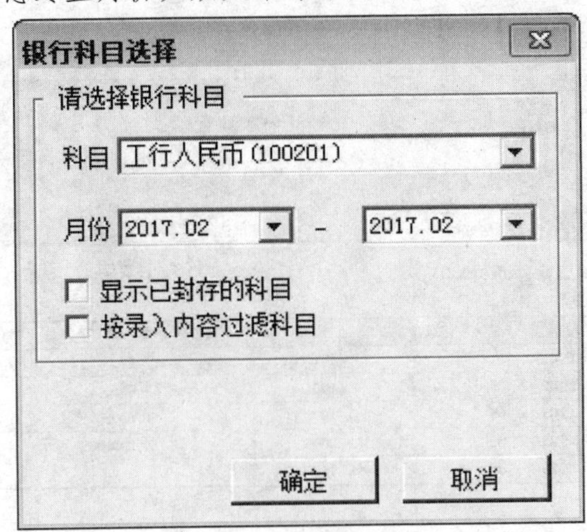

图4-59　银行科目选择-2

(2) 单击“确定”后，进入录入银行对账单界面。按“增加”按钮，在对账单列表最上增加一空行，可增加一笔银行对账单，手工录入或参照日历输入银行对账单日期，选择结算方式，注意在此输入的结算方式同制单时所使用的结算方式可相同也可不同。录入票号和借、贷方金额，系统自动计算余额，并按对账单日期顺序显示。在此输入的票号应同制单时输入的票号位长相同（见图4-60）。

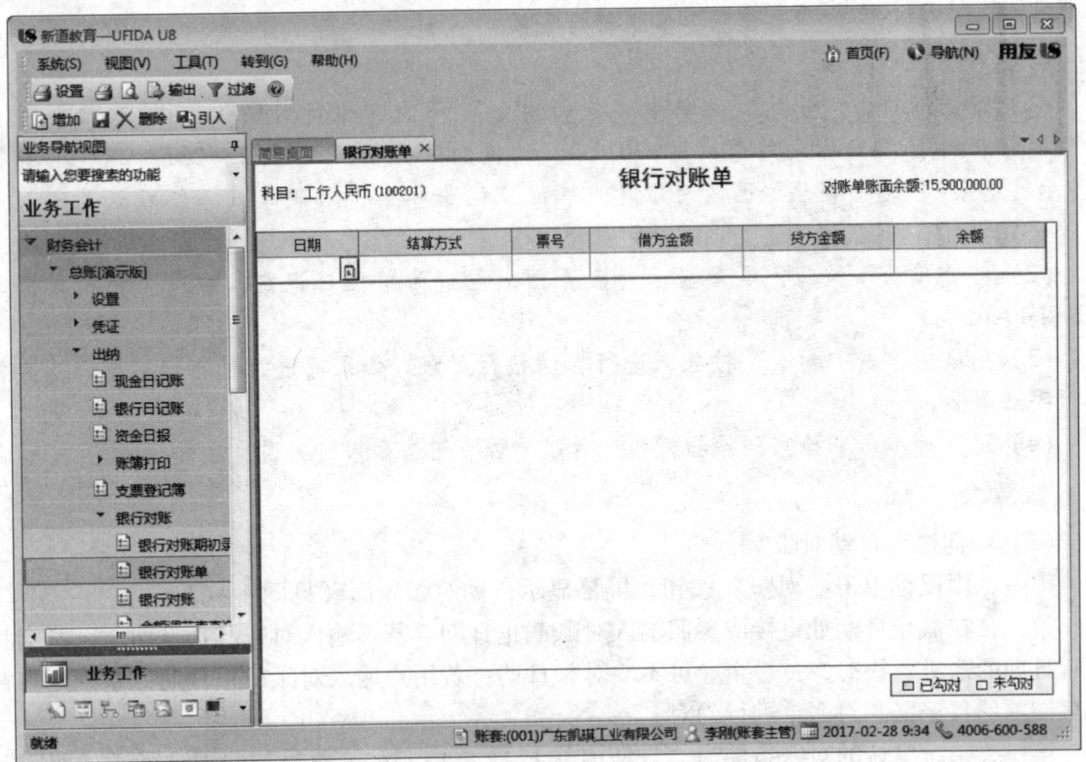

图4-60　银行对账单-1

(3) 当继续增加下一条记录时，自动将上一条记录的日期携带下来，并处于输入状态。结合实训四中与银行存款有关的业务中挑选5笔（付-0001、付-0003、付-00015；收-0001、收-0004）录入（见图4-61）。

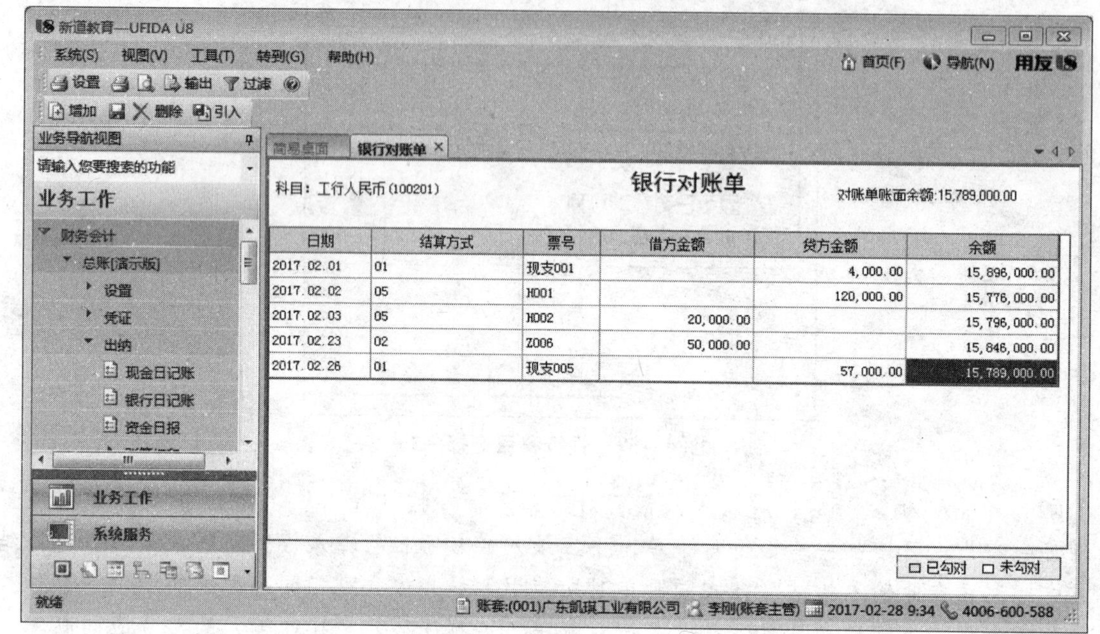

图4-61 银行对账单-2

(4) 按“删除”按钮可删除一笔银行对账单。

3. 银行对账

(1) 用鼠标单击“出纳”菜单中“银行对账”下的“银行对账”，用户选择要进行对账的银行科目“工行人民币（100201）”，选择对账月份“2017.2-2017.2”，若选择“显示已达账”，选项则显示已两清勾对的单位日记账和银行对账单（系统默认为不显示已达账）。

(2) 按“确认”按钮，屏幕显示对账界面，左边为单位日记账，右边为银行对账单（见图4-62）。

(3) 用鼠标单击“对账”按钮，进行自动银行对账。如果已进行过自动对账，可直接进行手工调整。

(4) 用鼠标单击“检查”按钮，检查对账是否有错。如果有错误，应进行调整。

注意

(1) 如何进行自动对账？

第一，用鼠标单击“对账”按钮，屏幕显示自动对账界面（见图4-63）。

第二，在截止日期处直接或参照输入对账截止日期。若不输入对账截止日期，系统会将所有日期的账进行核对，一般企业可不输对账日期；若用户输入对账截止日期，系统则将截止日期前的日记账和对账单进行勾对。

第三，系统默认的对账条件为“日期相差12天之内，结算票号相同，结算方式相同”，用户可以根据业务需要确定自动对账条件。若在“银行对账期初”中定义“银行对账单余

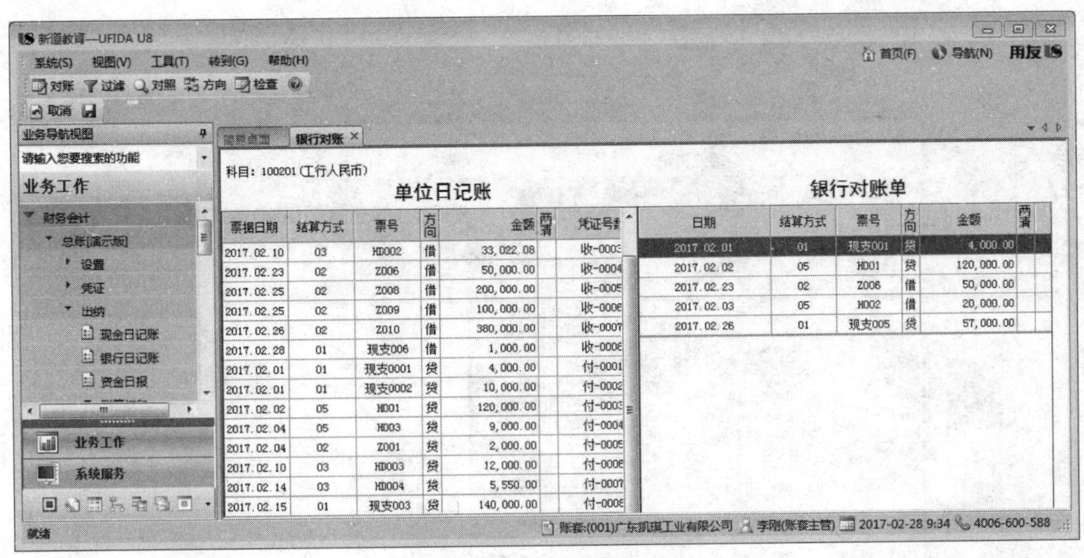

图 4－62　银行对账

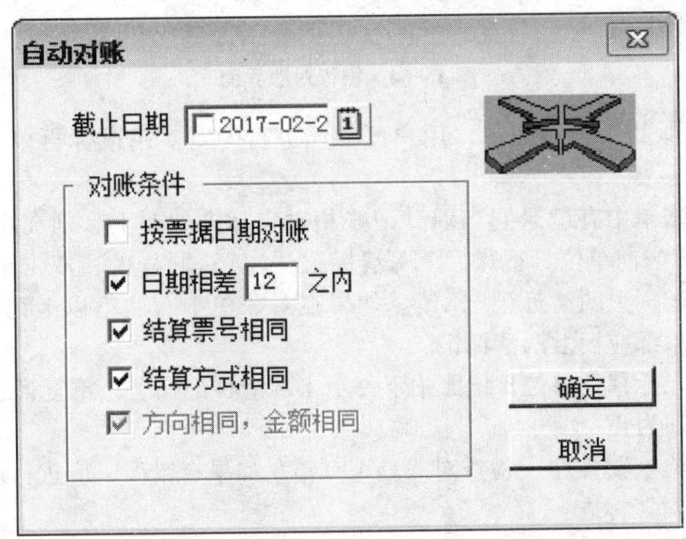

图 4－63　自动对账

额方向”为“借方”，则对账条件为“方向相同、金额相同”的日记账与对账单进行勾对。若在“银行对账期初”中定义“银行对账单余额方向”为“贷方”，则对账条件为“方向相反、金额相同”的日记账与对账单进行勾对。

第四，输入对账条件后，按“确定”按钮，系统开始按照用户设定的对账条件对账，自动对账两清的记录标记“○”，且已两清的记录背景色为浅棕色（见图 4－64）。用户可以分别选择对账条件按不同次序对账，如：对账先按票号＋方向＋金额相同进行（可多对多），然后按方向＋金额相同，且先勾对日期相差 12 天的已达账进行对账。

（2）如何进行手工对账？

第一，在单位日记账中选择要进行勾对的记录。

第二，单击“对照”按钮后，系统将在银行对账单区显示票号或金额和方向同单位日

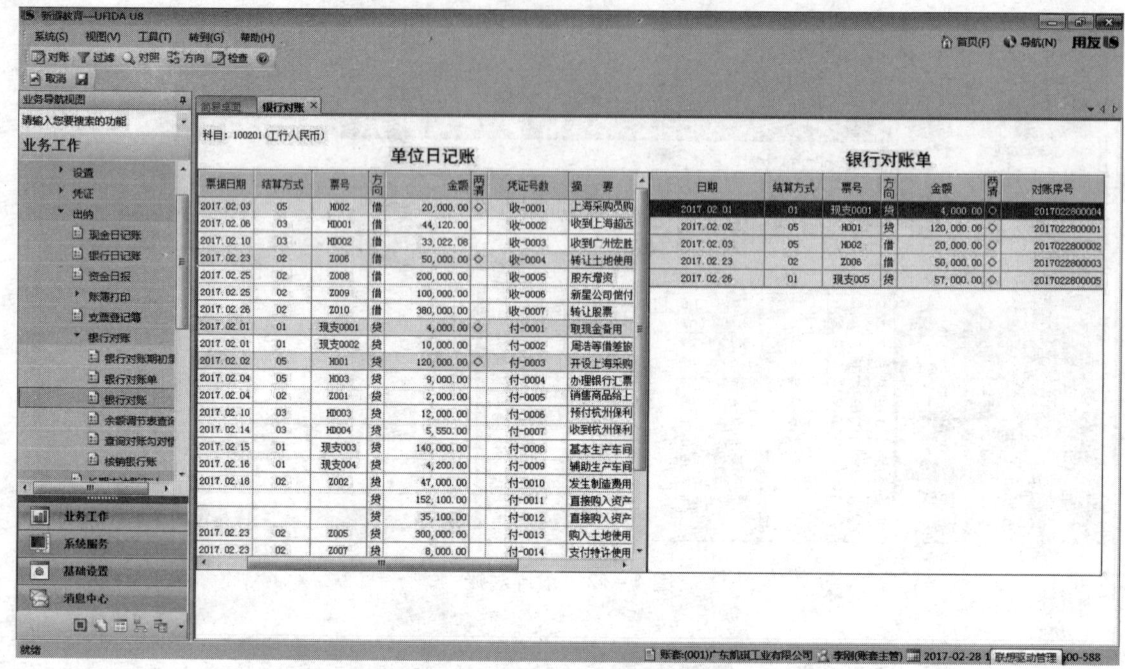

图 4－64 银行对账界面

记账中当前记录相似的银行对账单，用户可参照进行勾对。用鼠标再单击“对照”按钮，则为取消对照。

第三，如果对账单中有记录同当前日记账相对应却未勾对上，则在当前单位日记账的“两清”区双击，将当前单位日记账标上两清标记“√”；同样的，双击银行对账单中对应的对账单的两清区，标上两清标记“√”。如果在对账单中有两笔以上记录同日记账对应，则所有对应的对账单都应标上两清标记。

第四，将当前光标移到单位日记账中下一个未两清日记账上，重复第二、第三步，直到找出所有的已达账项为止。

第五，单击“检查”按钮，检查对账是否有错。如果有错误，应进行调整。

（3）如何取消对账标志？

系统提供两种取消对账标志的方式，即手动取消某一笔的对账标志和自动取消指定时间内的所有对账标志。

第一，手动取消勾对：双击要取消对账标志业务的“两清”区即可。

第二，自动取消勾对：单击“取消”按钮，显示反对账月份范围录入窗口，选择要进行反对账的期间和取消的数据范围（全部数据、自动勾对数据和手工勾对数据），单击“确定”按钮，系统将自动对此期间已两清的银行账取消两清标志。

4. 编制余额调节表

用户在对银行账进行两清勾对后，便可调用此功能查询、打印《银行存款余额调节表》，以检查对账是否正确。如要查看某科目的调节表，则将光标移到该科目上，然后单击“查看”按钮或双击该行，则可查看该银行账户的《银行存款余额调节表》（见图 4－65）。

如果余额调节表显示账面余额不平，请查看以下几处：

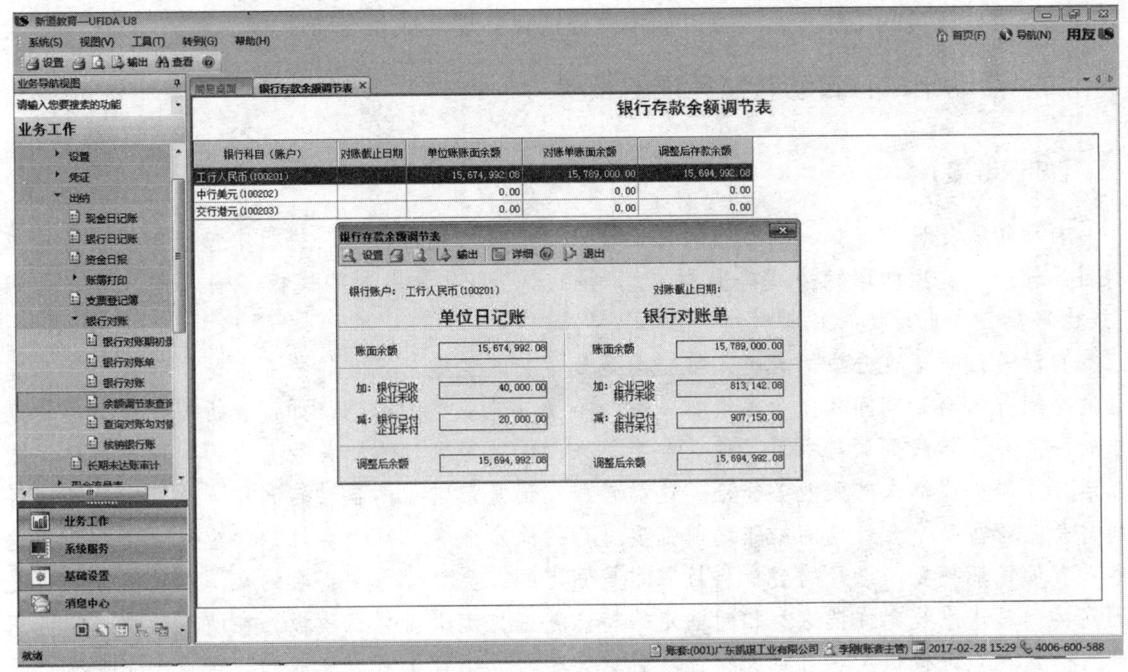

图 4-65　银行存款余额调节表

(1) 查看“银行对账期初录入”中的“调整后余额”是否平衡。如不平衡，请查看“调整前余额”“日记账期初未达项”及“银行对账单期初未达项”是否录入正确。如不正确，请进行调整。

(2) 查看银行对账单录入是否正确。如不正确，请进行调整。

(3) 查看“银行对账”中勾对是否正确、对账是否平衡。如不正确，请进行调整。

5. 查询对账单或日记账勾对情况

用于查询单位日记账及银行对账单的对账结果。

(1) 进入“银行对账”下的“查询对账勾对情况”功能。

(2) 屏幕提示输入查询条件：输入要查找的银行科目，然后选择查询方式。系统提供3种查询方式供用户选择，即显示全部、显示未达账、显示已达账，系统默认为“显示全部”。

(3) 输入查询条件后，按“确定”按钮，屏幕显示查询结果。用户可以通过单击银行对账单、单位日记账页签切换显示对账情况。

任务五　总账系统期末业务处理

一、期末业务处理概述

期末业务处理是指在将本月所发生的经济业务全部登记入账后所要做的工作，主要包括计提、分摊、结转、对账和结账。期末会计业务与日常业务相比，数量不多，但业务种类繁杂且时间紧迫。在手工会计工作中，每到期末，会计人员工作非常繁忙。而在会计信息化处理下，由于期末业务具有很强的规律性，计算机可以快速、准确地处理这些有规律的业务，不但节省会计人员的工作量，也可以加强财务核算的规范性和准确性。

二、活动十二：自动转账凭证的设置

【知识链接】

自动转账凭证就是把一些常用的凭证及分录定义成凭证模板，模板中包括摘要、借贷方科目、辅助核算项和取数公式等数据。编制相应凭证时调用这些模板，输入借、贷方金额（或由取数公式自动填写）等数据。

自动转账凭证可分成两大类，第一类是日常转账业务。日常转账业务是指该自动转账凭证的金额与本会计期间其他业务没有关系，不受其他业务的影响，如计提折旧；第二类是期末转账业务。转账金额与本月其他业务有关系，必须等到期末相关业务全部处理完毕，记账以后，才能生成期末转账业务凭证。这类转账凭证是最常见的自动转账凭证。期末结转业务通常是企业在每个会计期间结账之前都要进行的固定业务，每个会计期间重复进行，而且这些业务的凭证摘要、涉及的会计科目基本是固定的，会计分录中资金的来源和计算方法也是固定的。总账系统允许把这类相对固定的特殊凭证，定义为凭证模板，在使用时按规则调用即可。这种凭证模板又称自定义凭证。自定义转账凭证模板可以完成的转账业务主要有：

（1）“费用分配”的结转，如工资分配等。

（2）“费用分摊”的结转，如制造费用分摊等。

（3）“税金计算”的结转，如增值税等。

（4）“提取各项费用”的结转，如提取福利费等。

（5）“期末调汇”。

（6）“结转损益”。

【任务引入】

操作员：demo；密码：DEMO；进行实训八总账期末业务处理。

1. 自定义转账

（1）转账生成“结转辅助生产费用”凭证。

转账方式：把“生产成本——辅助生产成本”下所有明细账户的余额转入“生产成本——基本生产成本——辅助生产”账户，产生以下凭证：

2017 - 2 - 28　转 - 0017　　结转辅助生产费用

生产成本——基本生产成本——辅助生产　　24 638. 70

生产成本——辅助生产成本——工资及福利费　　8 383. 5

生产成本——辅助生产成本——业务招待费　　1 200

生产成本——辅助生产成本——制造费用　　55. 20

生产成本——辅助生产成本——直接材料费　　12 000

生产成本——辅助生产成本——差旅费　　3 000

2. 期末结转汇兑损益

汇兑损益入账科目：660303；结转生成以下凭证：

2017 - 2 - 28　收 - 0009　　结转汇兑损益

库存现金——美元 414.55

库存现金——港元 472.73

银行存款——中行美元 1 351.92

银行存款——交行港元 3 563.64

财务费用——汇兑损益 2 269.90

3. 结转损益

结转广东凯琪工业有限公司2017年2月的期间损益，本年利润科目：4103。

【任务分析及操作步骤】

1. 自动转账凭证

(1) 自动转账凭证设置。

定义转账分录时，先要明确转账业务的转账方法，明确转账分录的借、贷方科目分别是什么，转账金额是怎样提取的。设置自动转账分录时，首先设置转账分录的基本内容，如凭证的摘要、会计科目和借贷方向等。

对于相关自动转账分录，系统在生成自动转账凭证之前，要求将以前经济业务全部登记入账，方可采用自动转账分录生成机制凭证。

①单击系统主菜单“期末”下的“转账定义”，再选择其下级菜单中的“自定义转账设置”，屏幕显示自动转账设置窗口（见图4-66）。

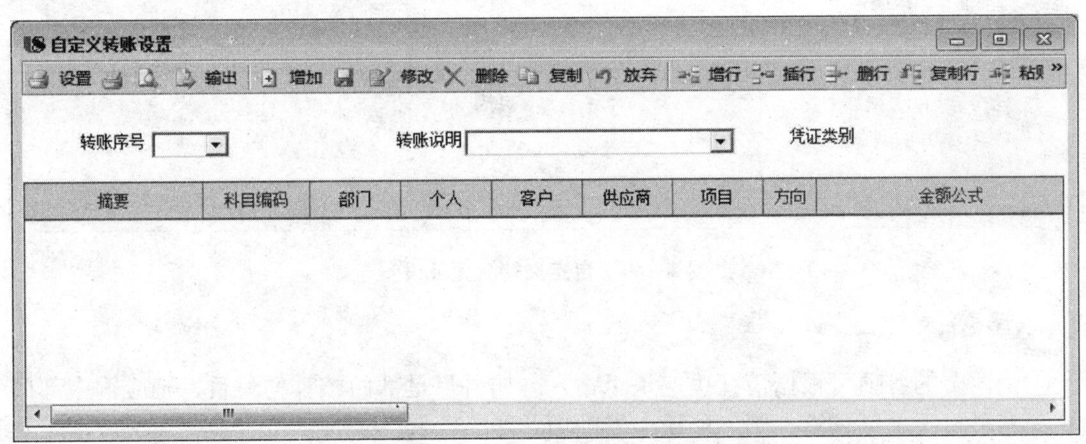

图4-66 自动转账凭证设置

②单击“增加”按钮，可定义一张转账凭证，屏幕弹出凭证主要信息录入窗口。以“结转辅助生产费用”为例，输入转账序号、转账说明并选择凭证类别（见图4-67）。

③输入以上各项后，单击“确定”，开始定义转账凭证分录信息；单击“增行”按钮，在“自动转账设置”窗口输入转账凭证分录信息。手工或参照输入科目编码、部门、方向、金额公式等内容。可通过引导方式输入公式，操作时可双击该栏目，在“公式向导”对话框中选择输入。输入完毕单击“下一步”按钮，再单击“完成”按钮返回。

④公式录入完毕后，在“自动转账设置”窗口单击“增行”按钮，继续编辑下一条转账凭证分录信息。结果见图4-68。

⑤单击“插入”按钮，可从中间插入一行。

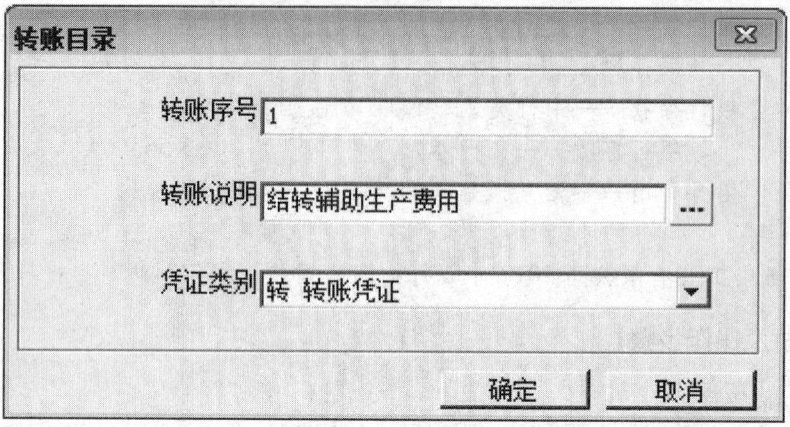

转账目录

转账序号 1

转账说明 结转辅助生产费用

凭证类别 转 转账凭证

确定 取消

图 4－67 转账目录

图 4－68 自定义转账凭证设置

公式说明

①函数中的各项可根据情况决定是否输入。如科目是部门核算的科目，则应输入部门信息；如某科目无辅助核算，则不能输入辅助项。

②科目编码可以为非末级科目。

③各辅助项必须为末级科目。

④由于科目最多只能有两个辅助核算账类，因此辅助项最多可定义两个。

⑤会计期间、方向由函数确定。若按年取数，则期间为“年”，若按月取数，则期间为“月”；若取借方发生或累计发生，则方向为“借”，若取贷方发生或累计发生，则方向为“贷”。

⑥例如：公式 QM（4105，月）的执行结果为取 4105 科目结转月份的期末余额，结转月份可在生成转账凭证时选择。JG（4105）/2 的执行结果为取对方科目 4105 计算金额的 50%，缺省会计科目表示取对方所有科目金额之和。

公式组合举例：

①QM（1001，月）＋QM（1002，月）

含义：将1001科目和1002科目当月的期末余额相加。

②QM（410101，月，836工程）－QM（4105，月）

含义：将410101项目核算科目当月的836工程项目的余额与4105科目当月的期末余额相减。

③JE（3131，月）×0.14

含义：将3131科目当月的净发生额乘以0.14（分配率或税率）。

④FS（4105，月，J）＋JE（410201，月，836工程）

含义：将4105科目当月的借方发生额加上410201项目核算科目的836工程项目的当月净发生额。

（2）自动转账凭证生成。

选择“期末”项下的“转账生成”命令，进入“转账生成”窗口。单击“自定义转账”单选按钮，单击“全选”按钮，将出现图4－69所示的窗口。

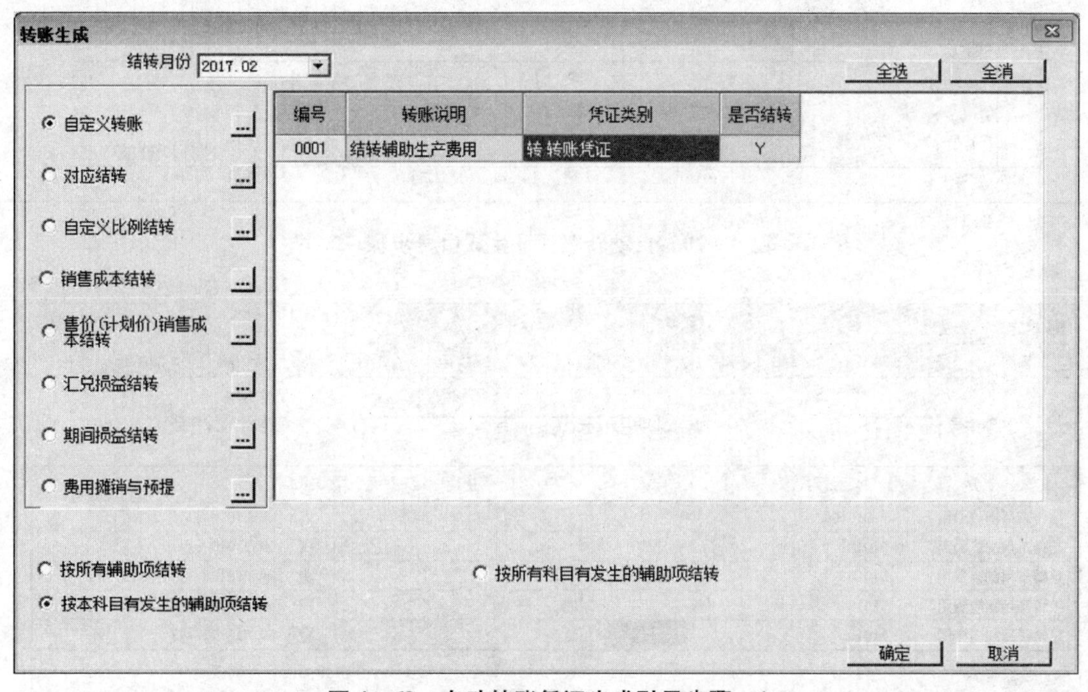

图4－69　自动转账凭证生成引导步骤－1

单击“确定”按钮，生成转账凭证。单击“保存”按钮，系统自动将当前生成的凭证追加到未记账凭证库中（见图4－70）。

说明

（1）把实训八自动转账凭证练习中的其他两笔业务转账设置与凭证生成完毕。转账设置如图4－71、图4－72所示，并依次生成相关转账凭证。

（2）所生成的转账凭证，仍需按规定程序审核才能记账。在前两笔自定义凭证录入完毕后，一定要在凭证审核、记账后才能设置第3笔转账业务。

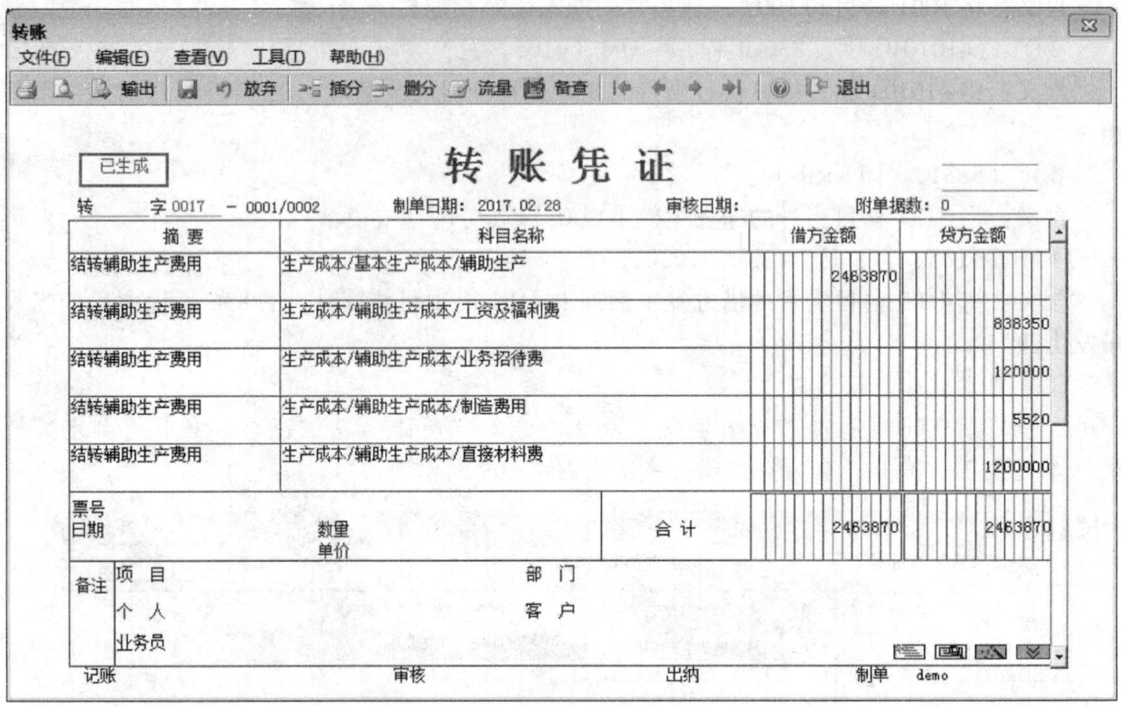

图 4－70　自动转账凭证生成引导步骤－2

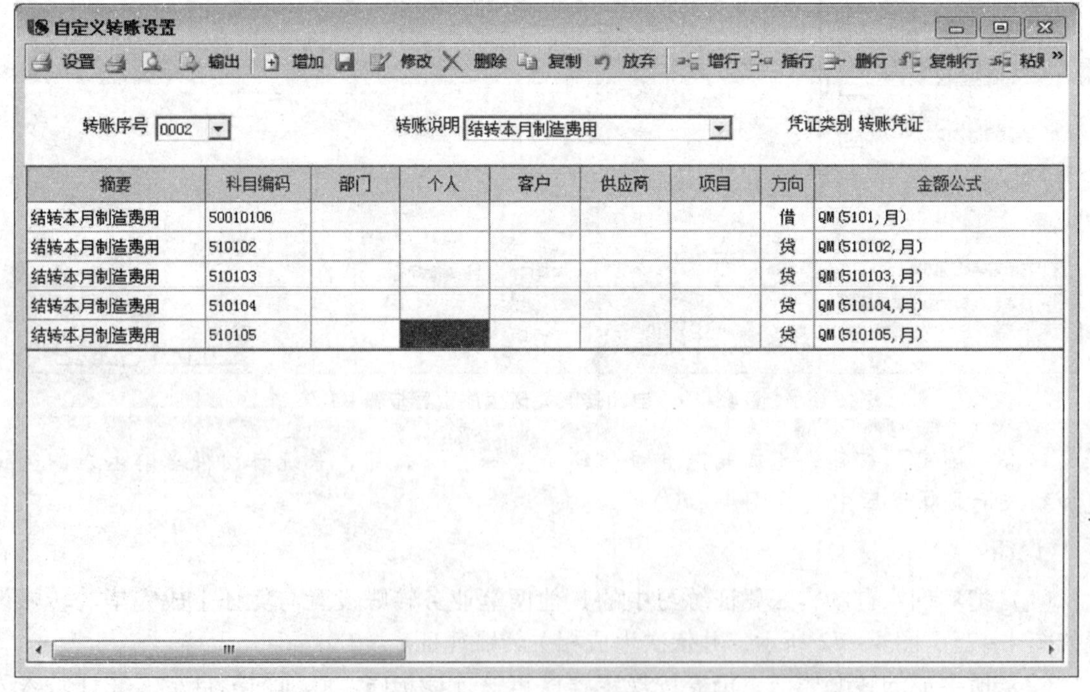

图 4－71　结转本月完工产品生产本自定义转账设置－1

自定义转账设置

设置 输出 增加 修改 删除 复制 放弃 增行 插行 删行 复制行 粘贴行 退出

转账序号 0003　转账说明 结转本月完工产品生产成本　凭证类别 转账凭证

摘要	科目编码	部门	个人	客户	供应商	项目	方向	金额公式	外币公式	数量公式	自定义项1	自
结转本月完工产品生...	140501						借	QM(500101,月)/2				
结转本月完工产品生...	50010101						贷	QM(50010101,月)/2				
结转本月完工产品生...	50010102						贷	QM(50010102,月)/2				
结转本月完工产品生...	50010103						贷	QM(50010103,月)/2				
结转本月完工产品生...	50010104						贷	QM(50010104,月)/2				
结转本月完工产品生...	50010105						贷	QM(50010105,月)/2				
结转本月完工产品生...	50010106						贷	QM(50010106,月)/2				
结转本月完工产品生...	50010107						贷	QM(50010107,月)/2				
结转本月完工产品生...	50010108						贷	QM(50010108,月)/2				

图 4-72　结转本月完工产品生产成本自定义转账设置-2

2. 结转汇兑损益

(1) 结转汇兑损益设置。

结转汇总损益用于期末自动计算外币账户的汇总损益，并在转账生成中自动生成汇总损益转账凭证，汇兑损益只处理以下外币账户：外汇存款户；外币现金；外币结算的各项债权、债务，不包括所有者权益类账户、成本类账户和损益类账户。

①用鼠标单击系统主菜单"期末"下的"转账定义"，再选择其下级菜单中的"汇兑损益结转设置"，屏幕显示"汇兑损益设置"窗口。

②在"汇兑损益入账科目"处输入该账套中汇兑损益科目的科目编码，也可单击"参照录入"或按"F2"键参照科目录入。

③将光标移到要计算汇兑损益的外币科目上按空格键选择需要计算汇兑损益的科目，或双击要计算汇兑损益的科目，选择完毕后，单击"确定"即可（见图4-73）。

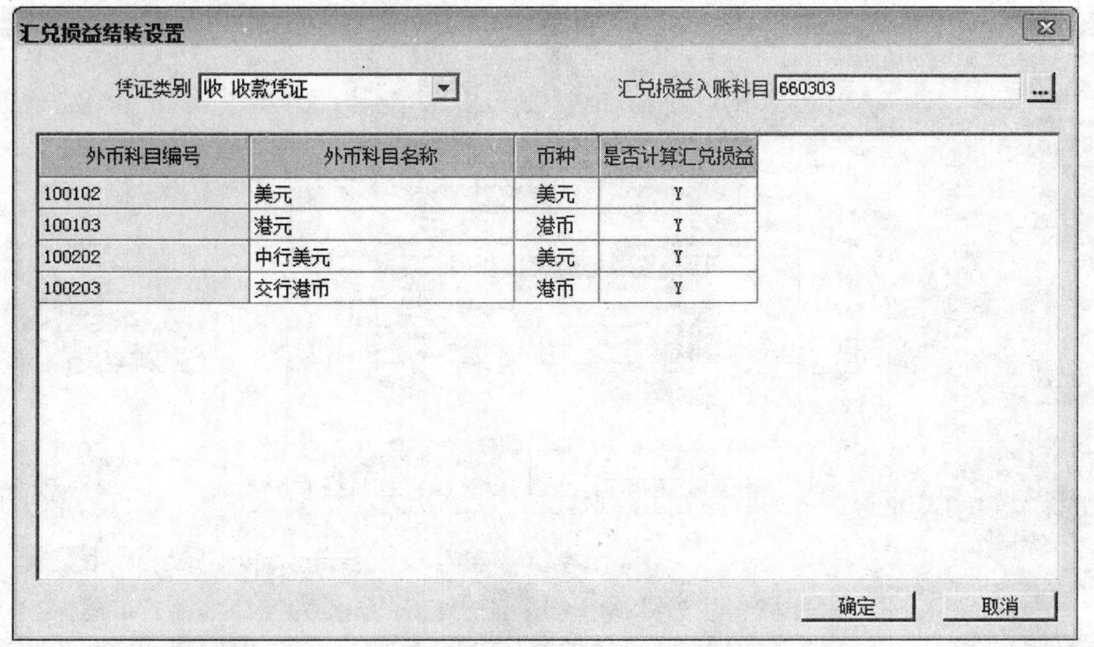
汇兑损益结转设置

凭证类别 收 收款凭证　汇兑损益入账科目 660303

外币科目编号	外币科目名称	币种	是否计算汇兑损益
100102	美元	美元	Y
100103	港元	港币	Y
100202	中行美元	美元	Y
100203	交行港币	港币	Y

确定　取消

图 4-73　汇兑损益结转设置

(2) 结转汇兑损益凭证生成。

①选择“期末”菜单下的“转账生成”命令，进入“转账生成”窗口。单击“汇兑损益结转”按钮，选择结转月份和外币币种（见图4-74）。

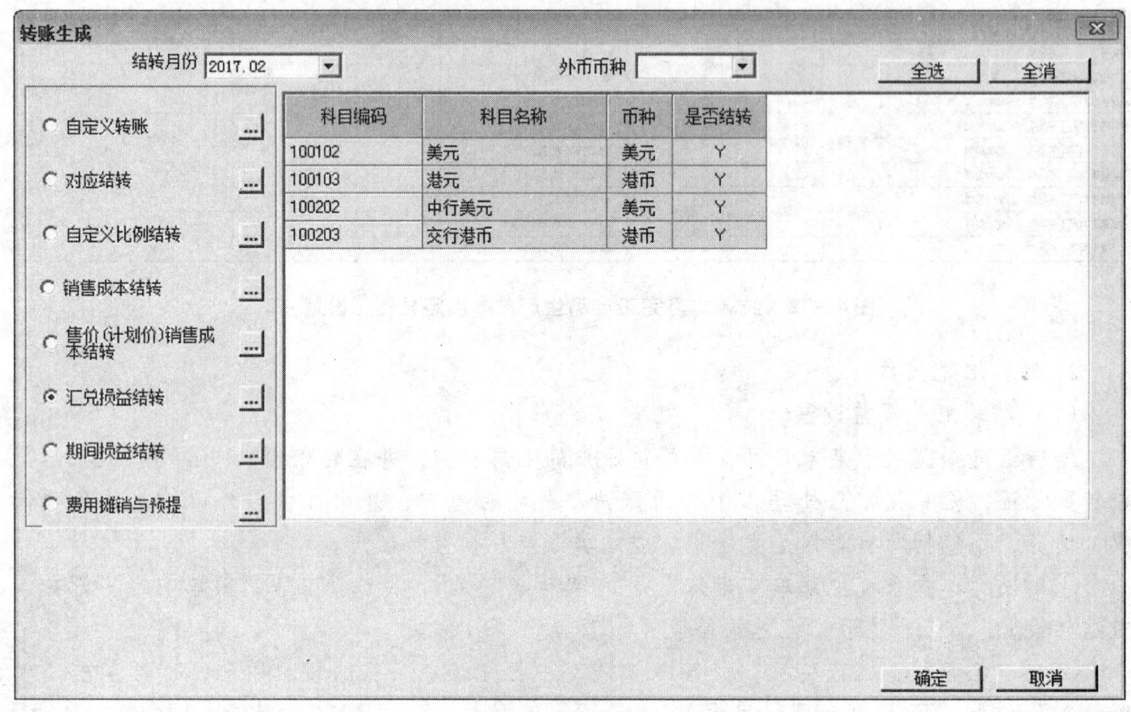

科目编码	科目名称	币种	是否结转
100102	美元	美元	Y
100103	港元	港币	Y
100202	中行美元	美元	Y
100203	交行港币	港币	Y

图4-74 转账生成设置

②单击“确定”按钮，系统自动产生汇兑损益试算表（见图4-75）。

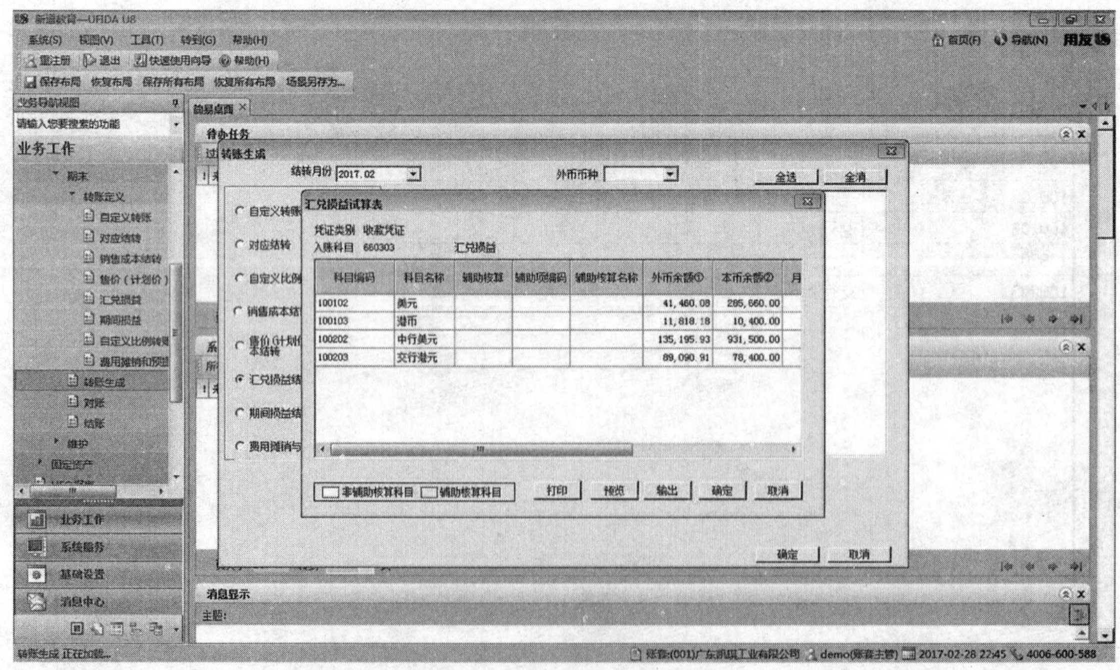

科目编码	科目名称	辅助核算	辅助项编码	辅助核算名称	外币余额①	本币余额②
100102	美元				41,460.08	285,660.00
100103	港币				11,818.18	10,400.00
100202	中行美元				135,195.93	931,500.00
100203	交行港元				89,090.91	78,400.00

图4-75 汇兑损益试算表

③单击“确定”按钮，将生成的转账凭证追加至未记账凭证中（见图 4－76）。

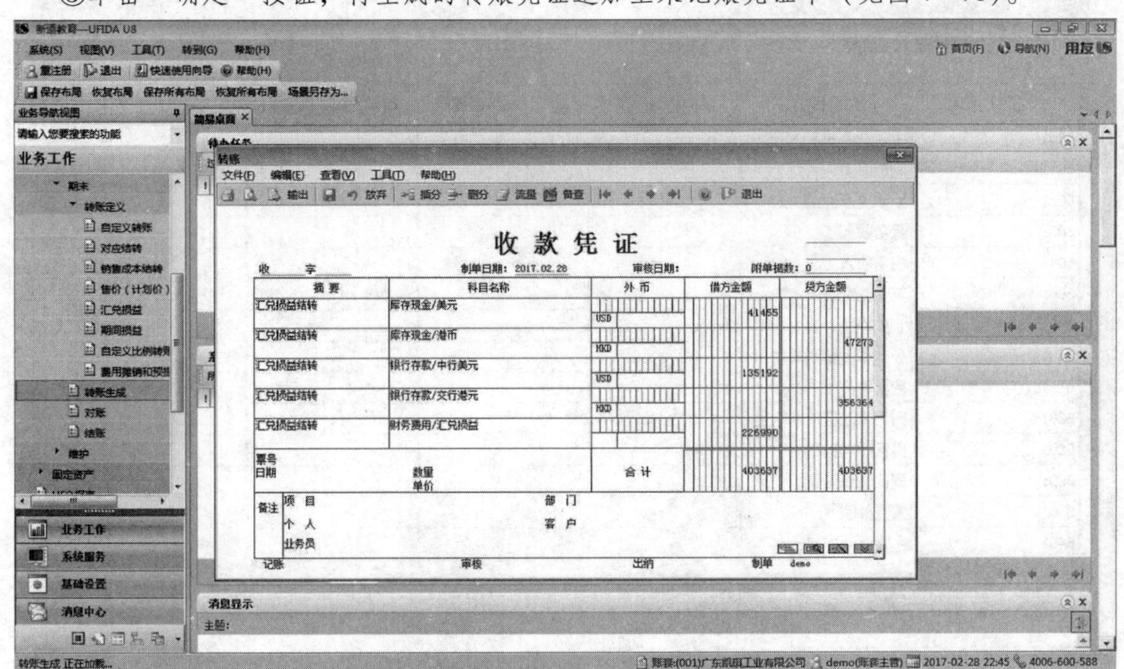

图 4－76　汇兑损益转账凭证

提示

为了保证汇兑损益计算正确，填制某月的汇兑损益凭证时必须先将本月的所有未记账凭证先记账。

汇兑损益入账科目不能是辅助账科目或有数量外币。

若启用了应收款、应付款管理系统，且在应收、应付的选项中选择了“详细核算”，应先在应收款、应付款管理系统做汇兑损益，生成凭证并记账，再在总账做相应科目的汇兑损益。

3. 结转期间损益

结转期间损益是用于在一个会计期间终了时将损益类科目的余额结转到本年利润科目中，从而及时反映企业利润的盈亏情况。它主要是对管理费用、销售费用、财务费用、销售收入、营业外收支等科目的结转。

（1）结转期间损益设置。

①单击系统主菜单“期末”下的“转账定义”，再选择其下级菜单中的“期间损益结转设置”，屏幕显示“期间损益结转设置”窗口（见图 4－77）。

②表格上方的“本年利润科目”是本年利润的入账科目“4103”，可单击“参照录入”或按“F2”参照录入。如果本年利润科目又分为多个下级科目，则可在图 4－78 所示的表格中录入，并与相应的损益科目对应。

注意

③在对应结转表中录入明细级的本年利润科目（见图 4－78）。再单击“确定”。

（2）期间损益结转凭证生成。

①选择“期末”下的“转账生成”命令，进入“转账生成”窗口。单击“期间损益结转”按钮，选择损益类型“全部”，单击“全选”按钮（见图 4－79）。

期间损益结转设置

凭证类别 转 转账凭证　　本年利润科目

损益科目编号	损益科目名称	损益科目账类	本年利润科目编码	本年利润科目名称	本年利润科目账类
6001	主营业务收入				
6011	利息收入				
6021	手续费及佣金收入				
6031	保费收入				
6041	租赁收入				
6051	其他业务收入				
6061	汇兑损益				
6101	公允价值变动损益				
611101	股票投资				
6201	摊回保险责任准备金				
6202	摊回赔付支出				
6203	摊回分保费用				
6301	营业外收入				
6401	主营业务成本				

每个损益科目的期末余额将结转到与其同一行的本年利润科目中。若损益科目与之对应的本年利润科目都有辅助核算，那么两个科目的辅助账类必须相同。损益科目为空的期间损益结转将不参与。

打印　预览　确定　取消

图 4-77　期间损益结转设置-1

期间损益结转设置

凭证类别 转 转账凭证　　本年利润科目 4103

损益科目编号	损益科目名称	损益科目账类	本年利润科目编码	本年利润科目名称	本年利润科目账类
6011	利息收入		4103	本年利润	
6021	手续费及佣金收入		4103	本年利润	
6031	保费收入		4103	本年利润	
6041	租赁收入		4103	本年利润	
6051	其他业务收入		4103	本年利润	
6061	汇兑损益		4103	本年利润	
6101	公允价值变动损益		4103	本年利润	
611101	股票投资		4103	本年利润	
6201	摊回保险责任准备金		4103	本年利润	
6202	摊回赔付支出		4103	本年利润	
6203	摊回分保费用		4103	本年利润	
6301	营业外收入		4103	本年利润	
6401	主营业务成本		4103	本年利润	
6402	其他业务成本		4103	本年利润	

每个损益科目的期末余额将结转到与其同一行的本年利润科目中。若损益科目与之对应的本年利润科目都有辅助核算，那么两个科目的辅助账类必须相同。损益科目为空的期间损益结转将不参与。

打印　预览　确定　取消

图 4-78　期间损益结转设置-2

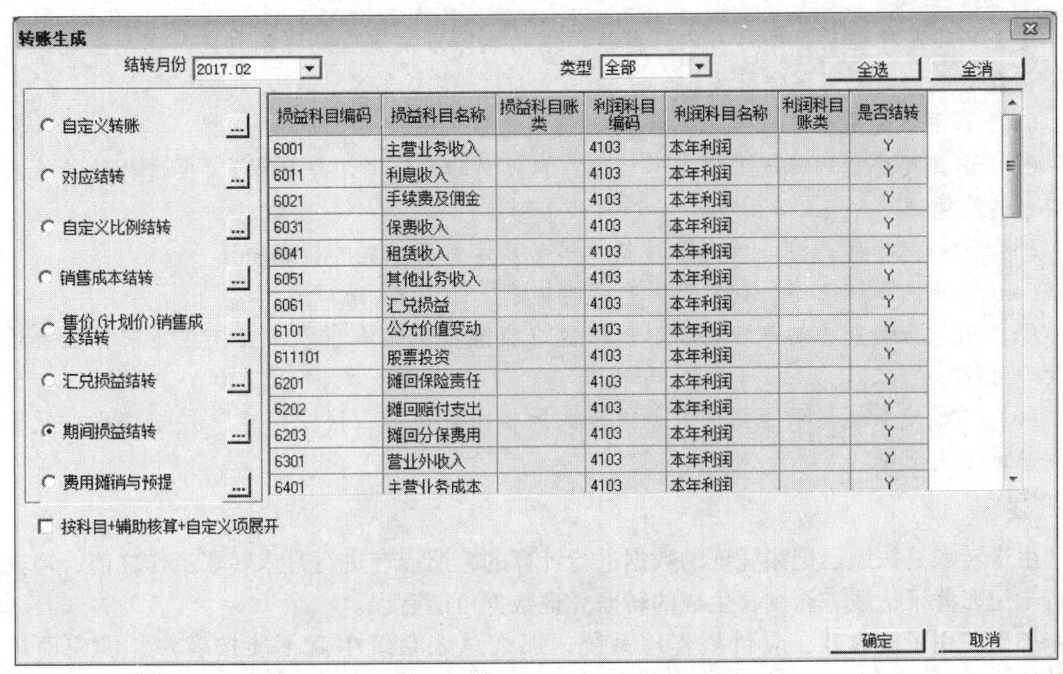

图 4-79　期间损益结转凭证生成-1

②单击“确定”按钮，生成转账凭证。单击“保存”按钮，系统自动将当前生成的转账凭证追加至未记账凭证中。生成的凭证需经账套主管审核后，才能记账（见图 4-80）。

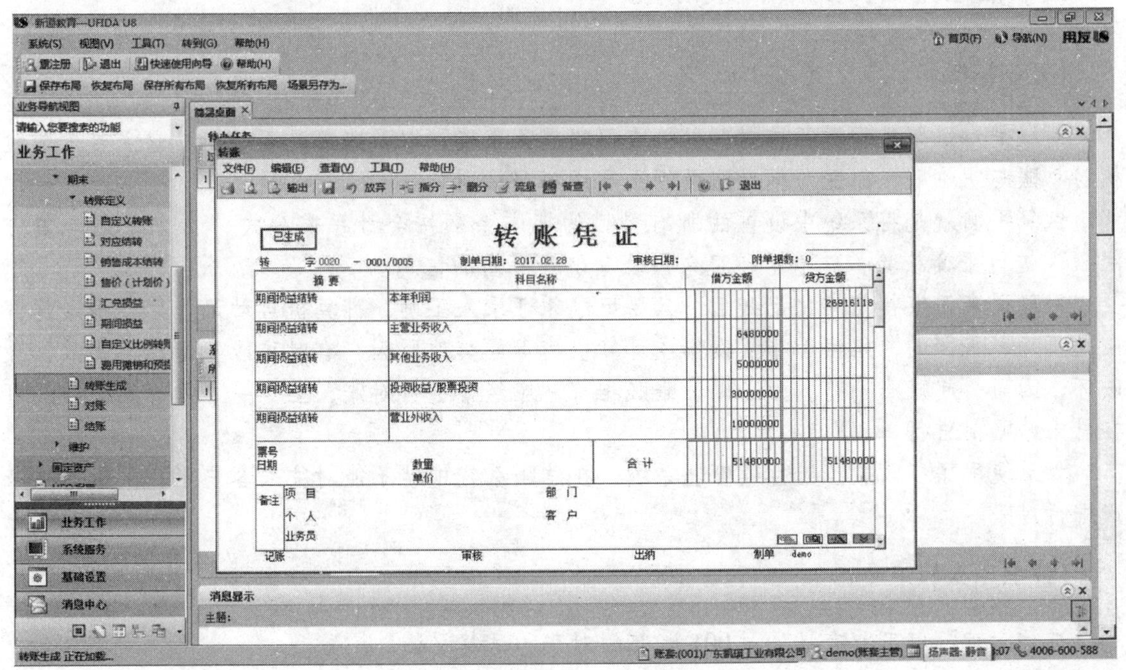

图 4-80　期间损益结转凭证生成-2

4. 转账生成

定义完转账凭证后，每月月末只需执行本功能即可快速生成转账凭证，在此生成的转账凭证将自动追加到未记账凭证中。

（1）单击系统主菜单“期末”下的“转账生成”。

（2）选择要进行的转账工作类型（如：自定义转账、对应结转等）、要进行结转的月份和要结转的凭证。

（3）选择完毕后，按“确定”按钮，屏幕显示将要生成的转账凭证。

（4）按上、下键可翻页查看将要生成的转账凭证。

（5）若凭证类别、制单日期和附单据数与实际情况略有出入，直接在当前凭证上进行修改即可。

（6）当确定系统显示的凭证是希望生成的转账凭证时，按“保存”按钮将当前凭证追加到未记账凭证中。

注意

由于转账是按照已记账凭证的数据进行计算的，所以在进行月末转账工作之前，请先将所有未记账凭证记账，否则，生成的转账凭证数据可能有误。

如果使用了应收款、应付款管理系统，那么总账系统中就不能按客户、供应商进行结转。

单击5种转账功能选项右侧的按钮，可调出相应的转账定义功能，对转账定义进行修改。

三、活动十三：试算平衡和对账

【知识链接】

对账是对账簿数据进行核对，以检查记账是否正确，以及账簿是否平衡。它主要是通过核对总账与明细账、总账与辅助账数据来完成账账核对。

试算平衡就是将系统中设置的所有科目的期末余额按会计平衡公式“借方余额＝贷方余额”进行平衡检验，并输出科目余额表及是否平衡的信息。

一般说来，实行信息化记账后，只要记账凭证录入正确，计算机自动记账后各种账簿都应是正确、平衡的，但由于非法操作或计算机病毒或其他原因，有时可能会造成某些数据被破坏，因而引起账账不符。为了保证账账相符，应经常进行对账，至少一个月一次，一般可在月末结账前进行。

如果使用了应收款、应付款管理系统，在总账系统中就不能对往来客户账、供应商往来账进行对账。

【任务引入】

进行广东凯琪工业有限公司001账套的对账和试算平衡。

【任务分析及操作步骤】

（1）单击系统主菜单“期末”下的“对账”按钮，显示待对账界面（见图4－81）。

图 4－81　对账－1

(2) 选择要对账的会计期间和对账内容，选择与总账进行核对的辅助账。

(3) 确定后，选择对账的月份，单击“对账”按钮，系统开始自动对账。

(4) 若对账结果为账账相符，则对账月份的“对账结果”处显示“正确”（见图 4－82）。若对账结果为账账不符，则对账月份的“对账结果”处显示“错误”，按“错误”按钮可查看引起账账不符的原因。

图 4－82　对账－2

(5) 按“试算”按钮，可以对各科目类别余额进行试算平衡，显示试算平衡表（见图4-83)。

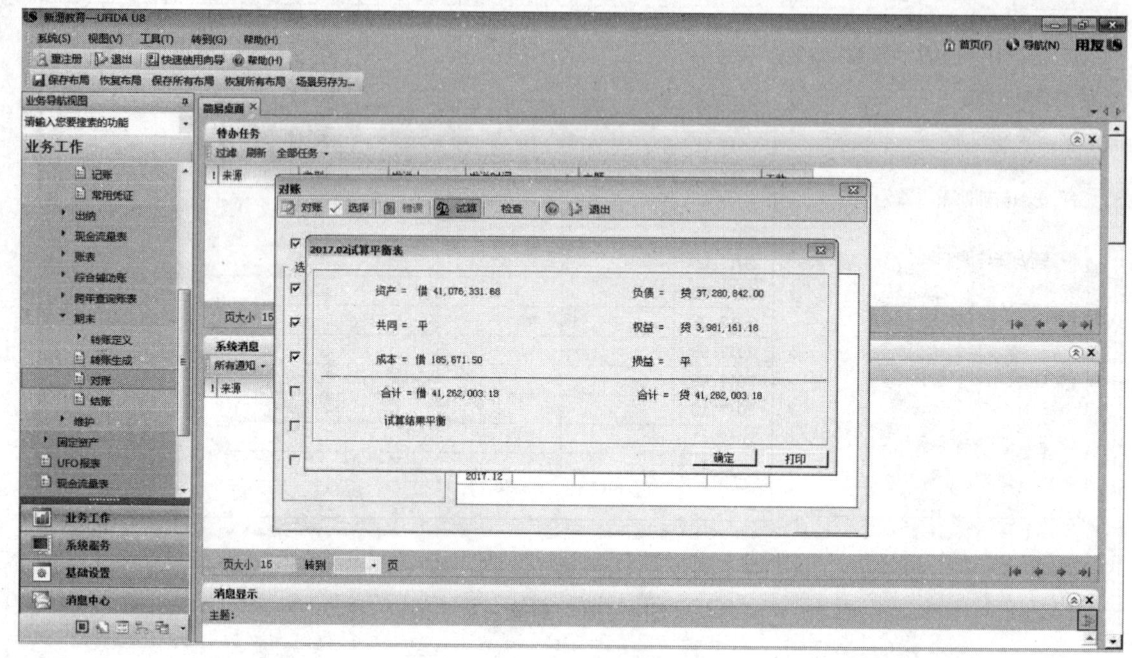

图4-83 试算平衡表

四、活动十四：结账

【知识链接】

会计每月月底都需要进行结账处理，结账实际上是计算和结转账簿的本期发生额和期末余额，并终止本期的账务处理工作。结账只能每月进行一次。

1. 总账系统结账工作的一般处理步骤

(1) 停止本月的记账工作。

(2) 进行数据保护。数据保护的过程与记账基本相同。

(3) 进行试算平衡。

(4) 将本月各账户的期末余额结转下月，成为下月的期初余额。

2. 期末结账时应注意的问题

(1) 各科目的摊、提、结转工作必须在结账以前完成。这些期末结转业务可以采用手工编制记账凭证，输入计算机进行结转，也可以利用系统提供的自动转账凭证设置功能设置自动转账凭证进行结转。

(2) 当月输入的记账凭证必须全部记账，如有未记账的当月凭证，系统将不能结账。结账后就不能再输入该月凭证。

(3) 上月未结账，本月无法结账。

(4) 结账后产生的账簿和报表才是完整的，结账前产生的账簿和报表不一定能反映该月的全部业务。

(5) 每月只能结账一次，因此一般结账前应做数据备份，如果结账不正确可以恢复重做。

(6) 有些通用账务系统初始设置中需要设定每月的结账日期，使用这些软件必须在规定的日期进行结账，否则系统将不予结账。

(7) 结账过程同样不允许无故中断系统运行或关机。

多数通用软件年末结账后系统会自动生成下一年度的机内账簿，并将本年各账户期末余额结转下年。但也有一些通用软件，年末结账后需要运行年初转账功能，才能完成余额的结转工作。

【任务引入】

对广东凯琪工业有限公司 001 账套进行结账。

【任务分析及操作步骤】

1. 结账操作

(1) 单击系统主菜单“期末”下的“结账”进入此功能，屏幕显示结账界面，选择结账月份。单击要结账月份，显示结账窗口（见图 4 – 84）。

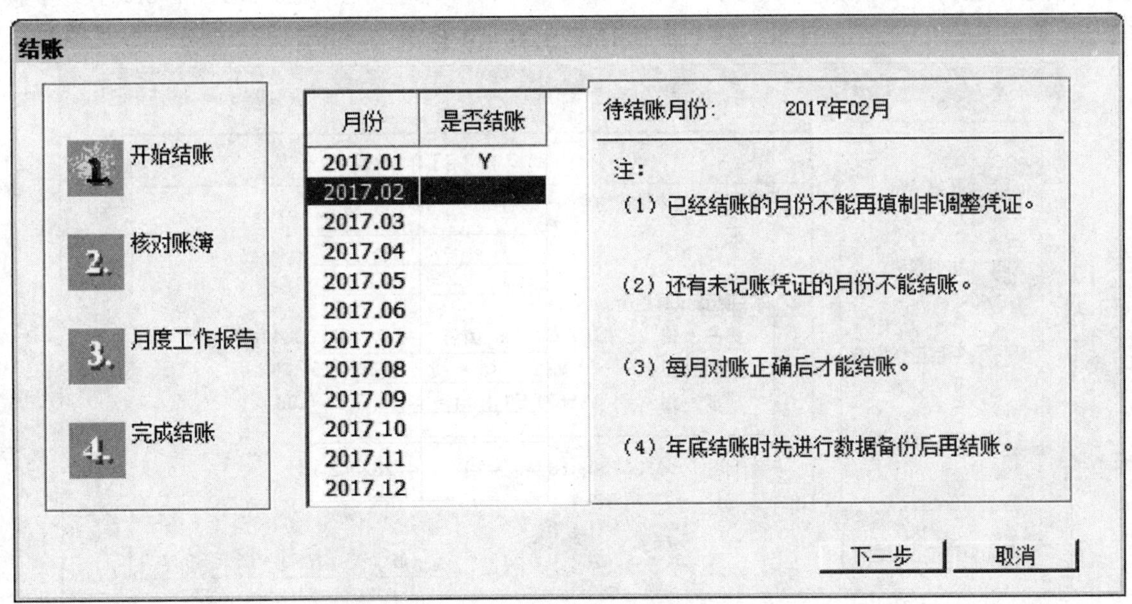

图 4 – 84　结账 – 1

(2) 选择结账月份后单击“下一步”（见图 4 – 85）。

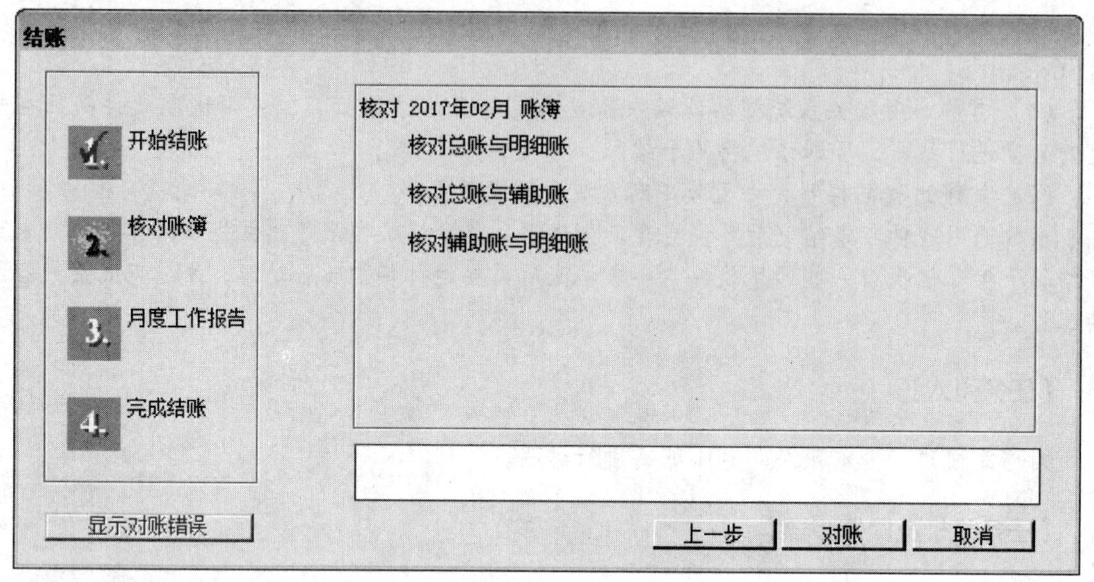

图 4-85 结账-2

(3) 按“对账”按钮，系统对要结账的月份进行账账核对。在对账过程中，可按“停止”按钮中止对账；对账完成后，单击“下一步”，屏幕显示结账“2017 年 02 月工作报告”(见图 4-86)。若需打印，则单击“打印月度工作报告”即可。

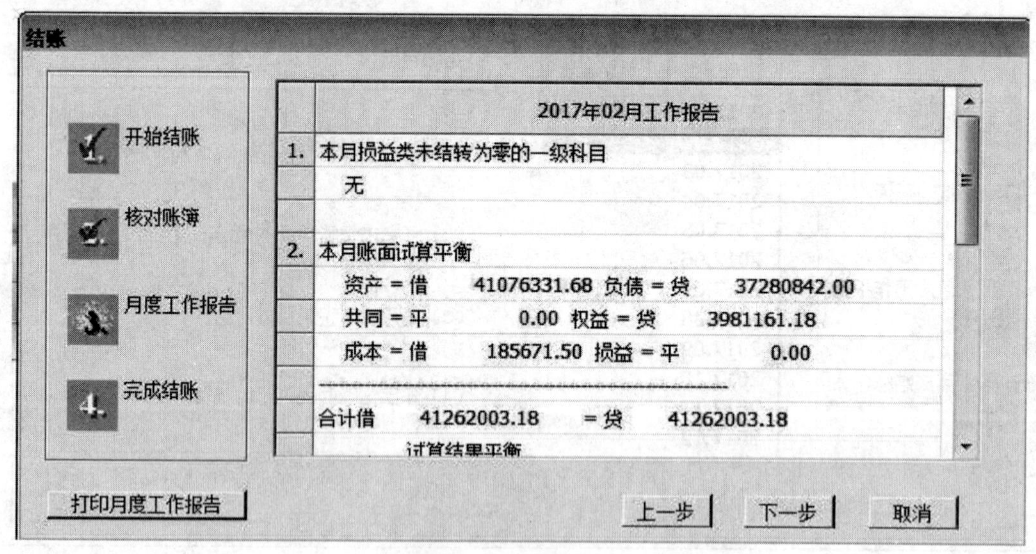

图 4-86 结账-3

(4) 查看工作报告后，单击“下一步”，屏幕显示完成结账 (见图 4-87)。

(5) 按“结账”按钮，若符合结账要求，系统将进行结账，否则不予结账。

2. 反结账

结账后，如果出现由于非法操作或计算机病毒等原因造成的数据破坏，可使用反结账功能，取消结账。

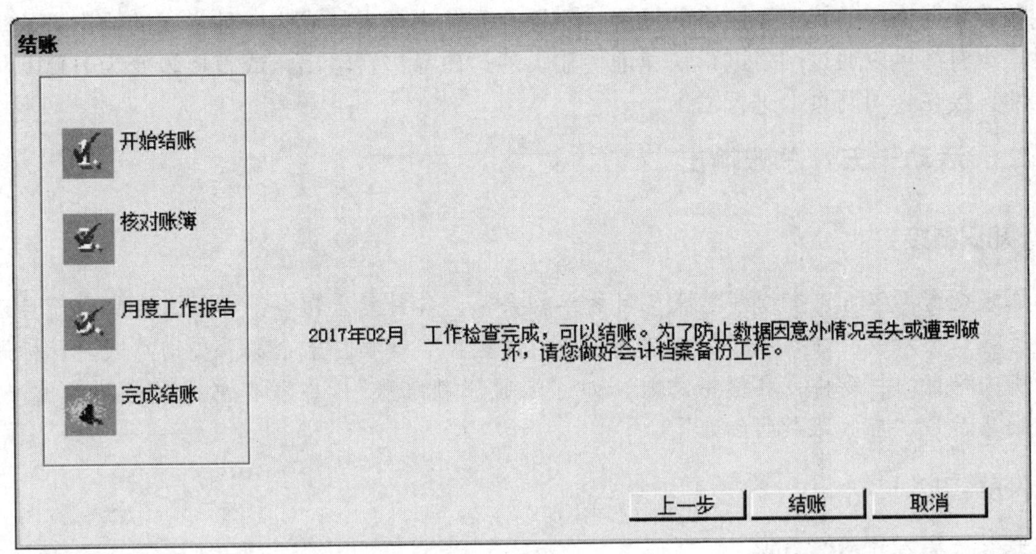

图4－87　结账－4

在结账向导中，选择要取消结账的月份，按“Ctrl＋Shift＋F6”组合键即可进行反结账。

注意

(1) 上月未结账，则本月不能记账，但可以填制、复核凭证。

(2) 若本月还有未记账凭证，则本月不能结账。

(3) 已结账月份不能再填制凭证。

(3) 结账只能由有结账权限的人员进行。

(4) 若总账与明细账对账不符，则不能结账。

(5) 反结账操作只能由账套主管执行。

任务六　账簿输出

企业发生的经济业务，经过制单、审核、记账等操作之后，就形成了正式的会计账簿。对发生的经济业务进行的查询、统计分析等操作，都可以通过“账表”来完成。查询和打印账簿，是会计日常工作中的重要内容。

一、账簿的输出方式

账簿输出分总账输出、明细账输出、日记账输出和辅助账输出。每种输出均有查询、打印和磁性介质3种输出方式。

查询输出是最常见的一种输出形式。根据需要，用户经常需要查询一些凭证、账簿资料。系统应提供方便、全面的查询条件设置，使用户能够从各个角度进行查询条件设置，获取所需要的各种信息。

根据财政部的规定，凭证和账簿需要打印输出，装订成册。系统一般提供打印设置功能，帮助用户进行打印设置工作，通过打印预览进行效果查看。特别是现在很多软件都提供丰富的套打功能，可以帮助用户打印各种形式的凭证、账簿。

随着数据格式的统一和网络的发展，磁性介质输出越来越成为一种常用的输出方式。例如很多资料都可以通过网络进行快速地传输，通过磁盘进行输出，或直接转变为HTML格式的文件直接在公司网页上进行输出。

二、活动十五：总账输出

【知识链接】

总账查询不但可以查询各总账科目的年初余额、各月发生额合计和月末余额，而且还可查询所有二至六级明细科目的年初余额、各月发生额合计和月末余额。查询总账时，标题显示为所查科目的一级科目名称+总账，如“应收账款总账”。在联查总账对应的明细账时，明细账显示为“应收账款明细账”。

【任务引入】

查询“库存现金”总账。

【任务分析及操作步骤】

(1) 选择“账表”下“科目账”中“总账”命令，弹出“总账查询条件”窗口（见图4－88)。

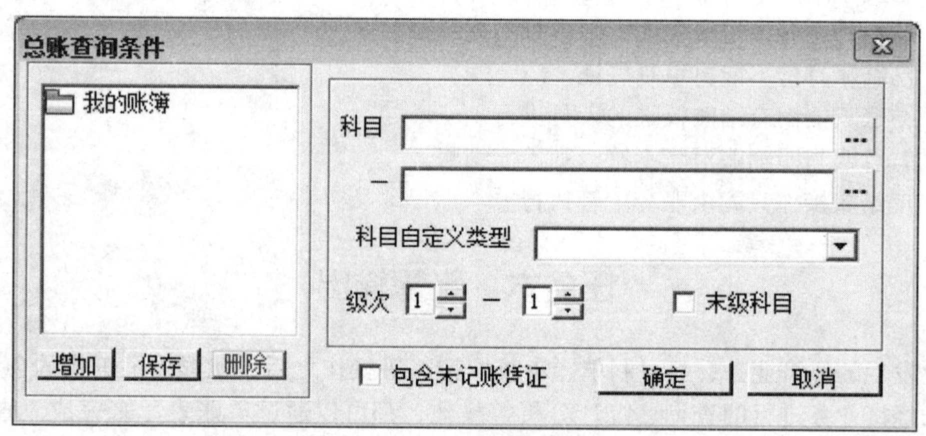

图4－88　输入总账查询条件

(2) 用户手工或参照输入要查询的总账科目“库存现金”，并选择科目级次，单击“确认”按钮，显示总账查询结果（见图4－89)。如果建立账簿，可单击图4－88中左侧的“增加”按钮，保存账簿。

(3) 单击左上角的“输出”按钮，输出结果见图4－90～图4－92。

说明

(1) 科目范围：可输入起止科目范围，输入为空时，系统默认为所有科目。

(2) 科目级次：在确定科目范围后，可以按该范围内的某级科目。如将科目级次输入为“1－1”，则只查一级科目；如将科目级次输入为“1－3”，则查一至三级科目；如需要查询所有末级科目，则选择“末级科目”即可。

(3) 若想查询包含未记账凭证的总账，选择“包含未记账凭证”即可。

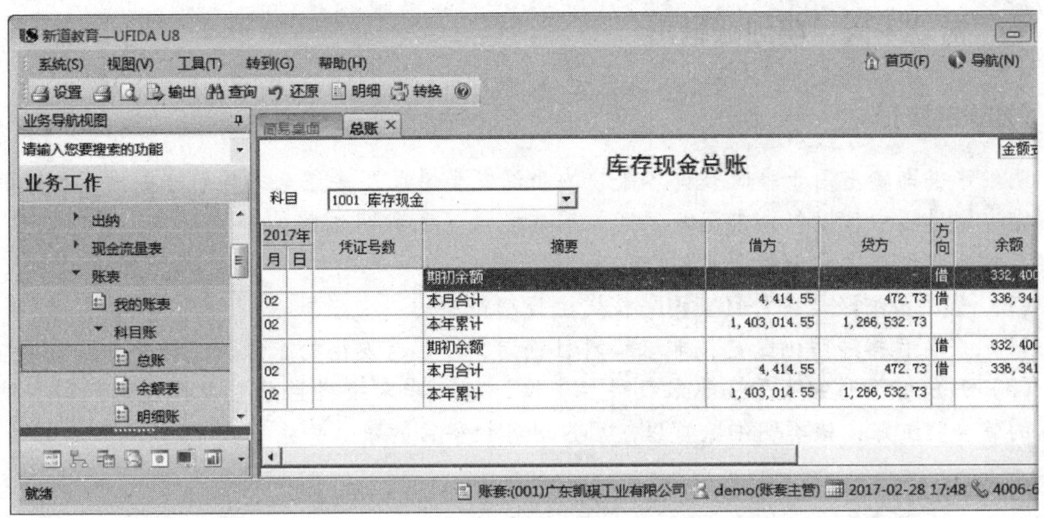

图 4-89　库存现金总账

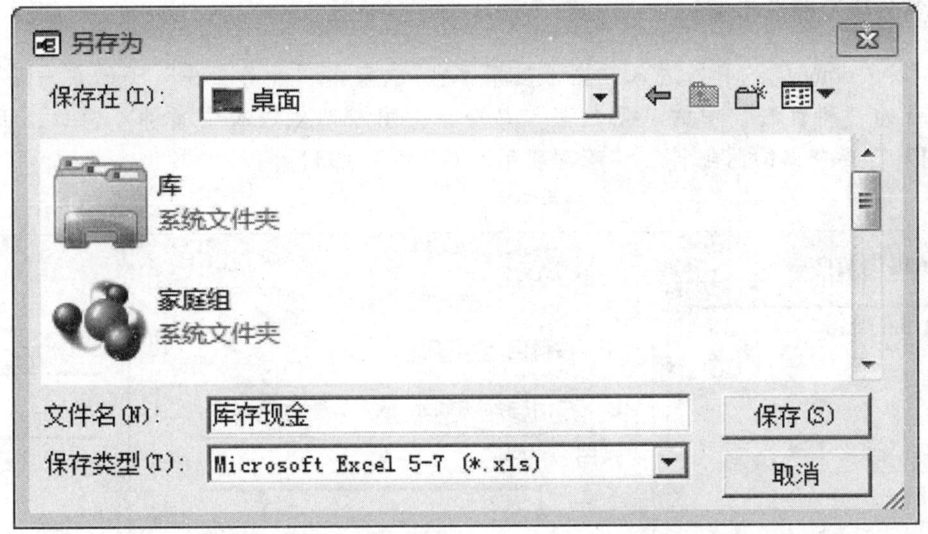

图 4-90　总账输出 -1

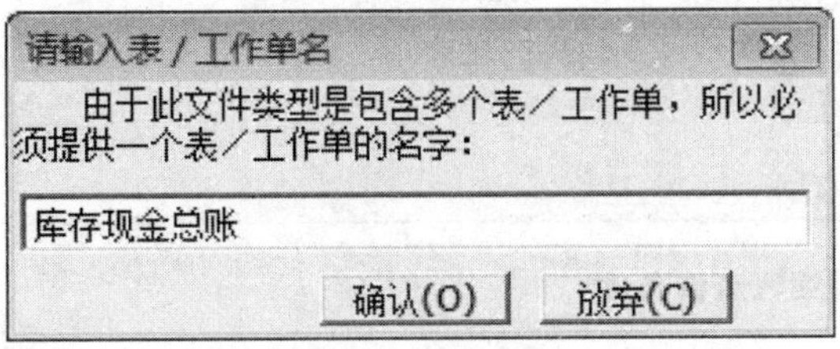

请输入表／工作单名

由于此文件类型是包含多个表／工作单，所以必须提供一个表／工作单的名字：

库存现金总账

确认(O)　放弃(C)

图 4-91　总账输出 -2

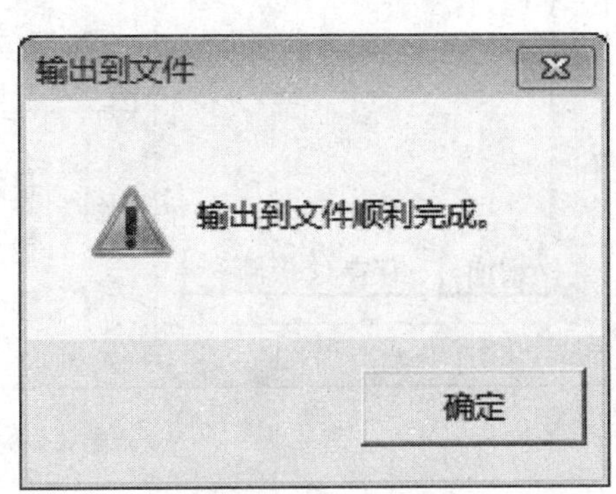

图 4-92　总账输出 -3

三、活动十六：明细账输出

【知识链接】

明细账查询输出用于平时查询各账户的明细发生情况及按任意条件组合查询明细账的情况。在查询过程中可以包含未记账凭证。系统提供了3种明细账的查询格式：普通明细账、按科目排序明细账、月份综合明细账。

（1）普通明细账是按科目查询、按发生日期排序的明细账。

（2）按科目排序明细账是按非末级科目查询、按其有发生的末级科目排序的明细账。

（3）月份综合明细账是按非末级科目查询，包含非末级科目总账数据及末级科目明细数据的综合明细账，该类明细账可以使用户对各级科目的数据关系一目了然。

【任务引入】

查询“管理费用”的明细账。

【任务分析及操作步骤】

（1）以“demo”的身份进入“企业应用平台”，双击“业务工作”下的“总账”，选择“账表”下的“科目账”中的“明细账”命令，弹出“明细账查询条件”窗口，用户手工或参照输入需要查询的明细科目“管理费用”（见图4-93）。

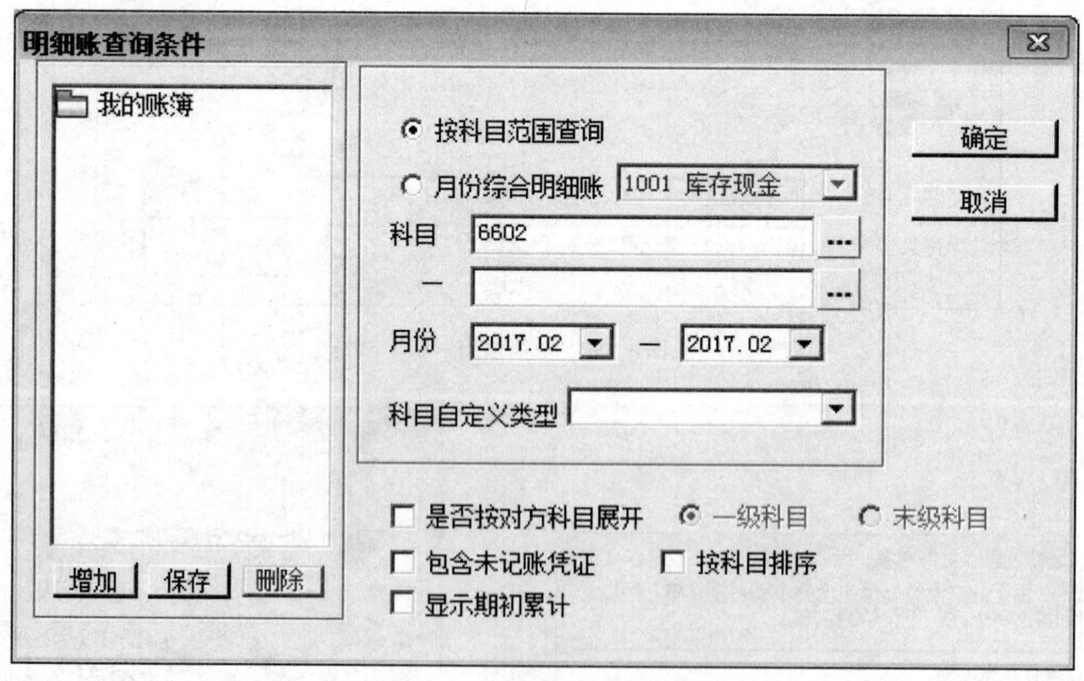

图4-93 输入明细账查询条件

（2）单击“确认”按钮，显示明细账查询结果（见图4－94）。输出过程同总账。

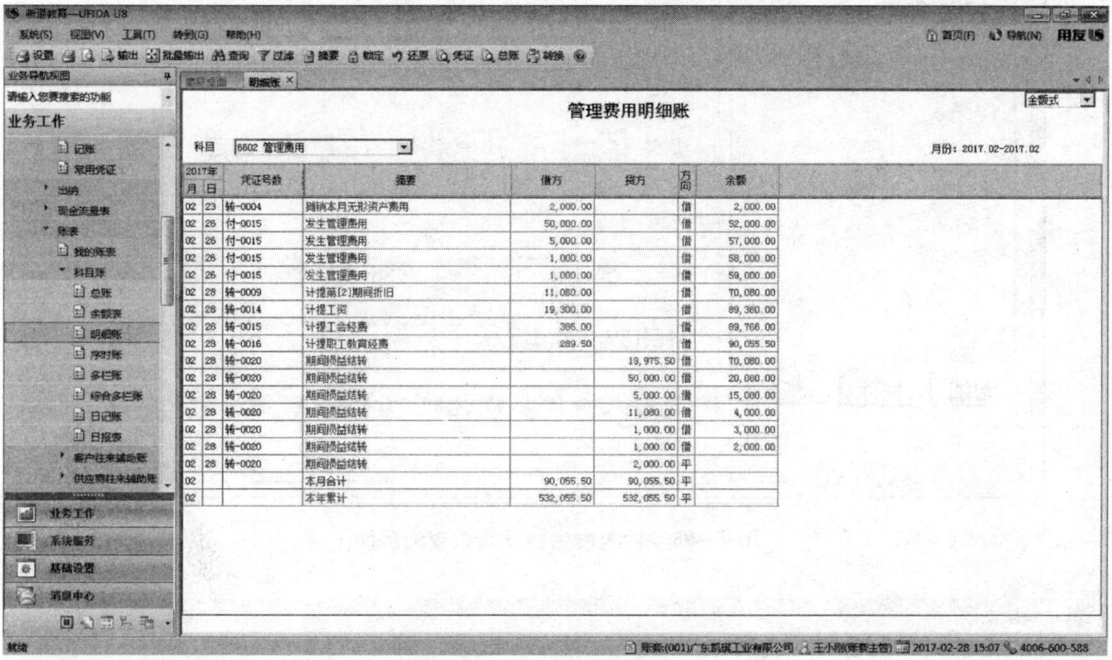

管理费用明细账

科目　6602 管理费用　　　　月份：2017.02-2017.02

2017年 月	日	凭证号数	摘要	借方	贷方	方向	余额
02	23	转-0004	摊销本月无形资产费用	2,000.00		借	2,000.00
02	26	付-0015	发生管理费用	50,000.00		借	52,000.00
02	26	付-0015	发生管理费用	5,000.00		借	57,000.00
02	26	付-0015	发生管理费用	1,000.00		借	58,000.00
02	26	付-0015	发生管理费用	1,000.00		借	59,000.00
02	28	转-0009	计提第[2]期间折旧	11,080.00		借	70,080.00
02	28	转-0014	计提工资	19,300.00		借	89,380.00
02	28	转-0015	计提工会经费	386.00		借	89,766.00
02	28	转-0016	计提职工教育经费	289.50		借	90,055.50
02	28	转-0020	期间损益结转		19,975.50	借	70,080.00
02	28	转-0020	期间损益结转		50,000.00	借	20,080.00
02	28	转-0020	期间损益结转		5,000.00	借	15,080.00
02	28	转-0020	期间损益结转		11,080.00	借	4,000.00
02	28	转-0020	期间损益结转		1,000.00	借	3,000.00
02	28	转-0020	期间损益结转		1,000.00	借	2,000.00
02	28	转-0020	期间损益结转		2,000.00	平	
02			本月合计	90,055.50	90,055.50	平	
02			本年累计	532,055.50	532,055.50	平	

图4－94　管理费用明细账

四、活动十七：余额表查询输出

【知识链接】

余额表用于查询统计各级科目的本期发生额、累计发生额和余额等。传统的总账是以总账科目分页设账，而余额表则可输出某月或某几个月的所有总账科目或明细科目的期初余额、本期发生额、累计发生额、期末余额。在实行计算机记账后，建议用户用余额表代替总账。

【任务引入】

查询账套的“发生额及余额表”。

【任务分析及操作步骤】

（1）选择“账表”下“科目账”中的“余额表”命令，弹出“发生额及余额查询条件”窗口，用户手工或参照输入需要查询余额和发生额的科目（见图4－95）。

（2）单击“确认”按钮，显示发生额及余额表查询结果（见图4－96）。

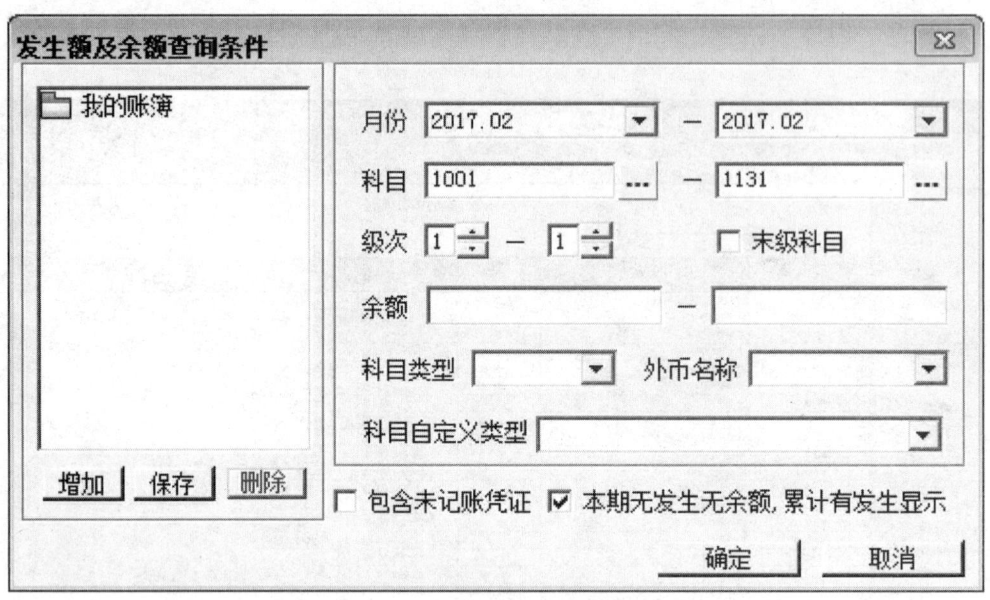

图 4－95　输入发生额及余额查询条件

科目编码	科目名称	期初余额		本期发生		期末余额	
		借方	贷方	借方	贷方	借方	贷方
1001	库存现金	332,400.00		4,414.55	472.73	336,341.82	
1002	银行存款	16,909,900.00		829,494.00	1,055,714.40	16,683,679.60	
1012	其他货币资金	564,620.00		129,000.00	120,000.00	573,620.00	
1101	交易性金融资产	747,000.00			80,000.00	667,000.00	
1121	应收票据	123,830.00				123,830.00	
1122	应收账款	3,200,000.00		77,816.00	77,816.00	3,200,000.00	
1123	预付账款			12,000.00	12,000.00		
1131	应收股利				1,000.00		1,000.00
资产小计		21,877,750.00		1,052,724.55	1,347,003.13	21,584,471.42	1,000.00
合计		21,877,750.00		1,052,724.55	1,347,003.13	21,584,471.42	1,000.00

图 4－96　发生额及余额表输出

说明

可输出总账科目、明细科目的某一时期内的本期发生额、累计发生额和余额。

可输出某科目范围的某一时期内的本期发生额、累计发生额和余额。

可按某个余额范围输出科目的余额情况。

本功能具有很强的统计功能，用户可灵活运用。该功能不仅可以查询统计人民币金额账，还可查询统计外币和数量发生额和余额。

辅助账查询输出

可查询包含未记账凭证在内的最新发生额及余额。

项目小结

总账系统是会计信息系统的核心。因此，它作为本教材重点学习内容进行讨论，其目的是为读者在将来的工作岗位上利用总账系统从事会计数据处理、评价、设计和实施工作打下良好的基础。

本项目简要地介绍了信息化条件下总账系统的原理和基本结构，分析了账务处理流程、科目编码设计方案，全面、系统地分析和讨论了总账系统中初始设置、辅助账管理、凭证处理、期末处理、出纳管理等功能模块的基本原理和使用方法。

通过对本项目的学习，读者应该掌握总账系统的结构、数据处理流程、系统模块的划分、主要模块的功能以及在实际信息化实施过程中的各种操作和原理，应该能够熟练地使用会计软件完成账务处理的各项工作。

复习思考题

项目五

薪资管理系统

学习目标

知识目标

◇ 了解薪资管理系统的工作原理及功能结构;

◇ 了解薪资管理系统的数据流程;

◇ 掌握薪资管理系统的初始化工作步骤和处理方法;

◇ 掌握薪资管理系统的日常业务工作步骤和处理方法;

◇ 掌握薪资管理系统的期末业务工作步骤和处理方法。

能力目标

◇ 能进行薪资管理系统初始化业务处理;

◇ 能进行薪资管理系统日常业务处理;

◇ 能进行薪资管理系统期末业务处理;

◇ 能进行薪资管理系统的账表查询与分析。

任务一　薪资管理系统认知

薪资的核算和管理是会计工作的基本业务之一。薪资核算和管理关系到企业每一个职工的切身利益，对于调动每一个职工的工作积极性、正确处理企业与职工之间的经济关系具有重要意义。

在企业会计信息系统中，薪资管理系统有两种基本的管理模式。

一种模式是将人力资源管理和薪资管理结合在一起形成的人力资源管理系统。这种模式的基本出发点是在知识经济日益发展的今天，人的因素是影响企业成败的关键因素。

另一种模式是在全面完成薪资核算的基础上，增加职工个人基本档案资料的记录（如学历、技术等级、职务职称和年龄等)，以便系统可以根据人员管理的需要提供各种分析统计资料。这种模式的出发点是以完成薪资核算为基本目的，在此基础上提供尽可能多的管理信息。这是目前我国绝大多数薪资管理系统采用的基本模式。本项目以这种模式的系统作为讨论分析的基础。

一、薪资业务概述

薪资是以货币形式支付给职工的劳动报酬。从薪资核算在整个资金运动中的地位来看，薪资不仅是生产成本、经营费用、管理费用或预算支出的主要份额之一，而且直接关系到每个职工的切身经济利益，也关系到整个国民收入的分配与再分配。薪资核算不像账务处理和报表编制那样复杂，但是薪资管理也具有其自身的特点，这些特点表现在：

1. 时效性强、准确性要求高

薪资的发放有较强的时间性，企业必须严格按照规定的时间完成薪资的计算和发放工作，而且要保证薪资的计算和发放准确无误。

2. 薪资涉及面广泛

薪资核算和管理不仅涉及企业的每个职员，而且涉及企业所面对的多个组织机构。同时，薪资又是企业成本的重要组成部分，合理地组织薪资的核算与管理，能有效地控制产品成本中的薪资费用，达到降低成本、提高经济效益的目的。

3. 薪资数据采集要求高、责任重大

薪资信息包括固定信息、变动信息和一些中间信息。薪资数据的原始资料来源分散，如考勤统计数据出自劳动部门，产量统计数据出自生产部门，人员调动资料出自人事部门等。因此，必须建立健全完善的数据采集管理制度，保证原始资料及时、准确地集中到数据处理部门。

4. 数据量大、重复劳动多

薪资项目众多，当企业人员众多时，薪资涉及大量的数据，需要进行大量重复的计算。

二、薪资管理系统与其他系统之间的关系

薪资管理系统的功能

薪资核算是财务核算的一部分，其日常业务要通过账务记账凭证反映，薪资管理系统和总账系统主要是凭证传递的关系，薪资计提分摊的费用要通过制单生成凭证的方式传递给总账系统进行处理。同时，薪资管理系统向成本管理系统传送成本的人工费用，成本管理系统向薪资管理系统提供计件薪资的计算标准。报表处理系统也可以从薪资管理系统取得数据，进行加工分析。薪资管理系统与其他系统的关系见图 5－1。

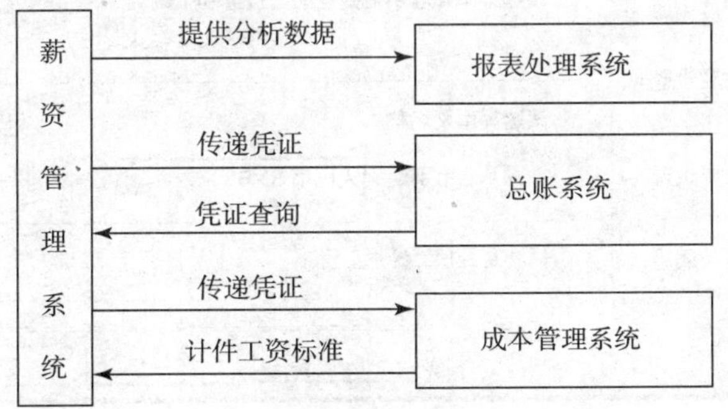

图 5－1　工资管理系统与其他系统之间的关系

任务二　薪资管理系统的初始设置

与总账系统类似，薪资管理系统也可以进行多套数据管理。实际应用中，薪资管理系统可

以与会计软件的总账系统中已经存在的账套相对应，也可以独立设置薪资处理账套。各套薪资数据资料相对独立，分别处理，自成体系。薪资管理系统所具有的与总账系统可分可合的设置方式使薪资管理系统具有更强的应用灵活性，进一步拓展了薪资管理的空间。

薪资管理系统初始化一般包括薪资账套创建、人员信息设置、薪资项目设置、计算公式设置等。

一、活动一：薪资账套创建

【知识链接】

建账工作是整个薪资管理正确运行的基础。建立一个完整的账套是系统正常运行的根本保证。通过系统提供的建账向导，逐步完成整套薪资的建账工作。系统提供的建账向导共分为四步：参数设置、扣税设置、扣零设置、人员编码。

【任务引入】

操作员：demo；密码：DEMO；账套：［001］广东凯琪工业有限公司；会计年度：2017；操作日期：2017－02－28。

建立广东凯琪工业有限公司薪资账套。工资类别个数：单个；币别：人民币；不核算计件工资；从工资中代扣个人所得税；不扣零。银行编码：01；银行名称：中国工商银行；账号长度：12位；录入时自动带出的账号长度：8位。

【任务分析及操作步骤】

（1）启动薪资管理系统，注册完毕后，如果所选择账套为首次使用，系统将自动进入建账向导（见图5－2）。

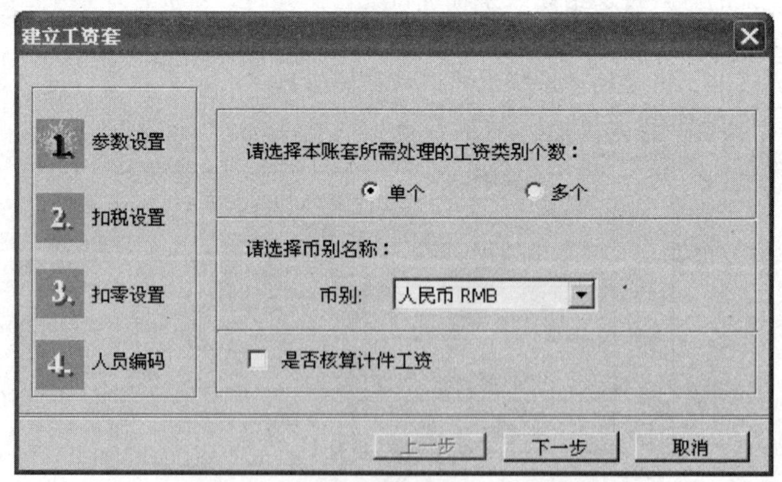

图5－2 建立工资套向导——参数设置

①选择本账套处理的工资类别个数。

如果单位按周或一月多次发放工资，或者是单位中有多种不同类别（部门）的人员，工资发放项目不尽相同，计算公式亦不相同，但需进行统一工资核算管理，应选择“多个”。

如果单位中所有人员的工资统一管理，而人员的工资项目、工资计算公式全部相同，选择“单个”，可提高系统的运行效率。

②选择该套工资的核算币种。系统提供币别参照供用户选择，若选择除本位币以外的其他币别，还需在工资类别参数维护中设置汇率。

③选择是否核算计件工资。工资项目中有计件工资的，在此设置。

(2) 当输入正确后，单击“下一步”，可进行第2步建账操作（见图5-3）。

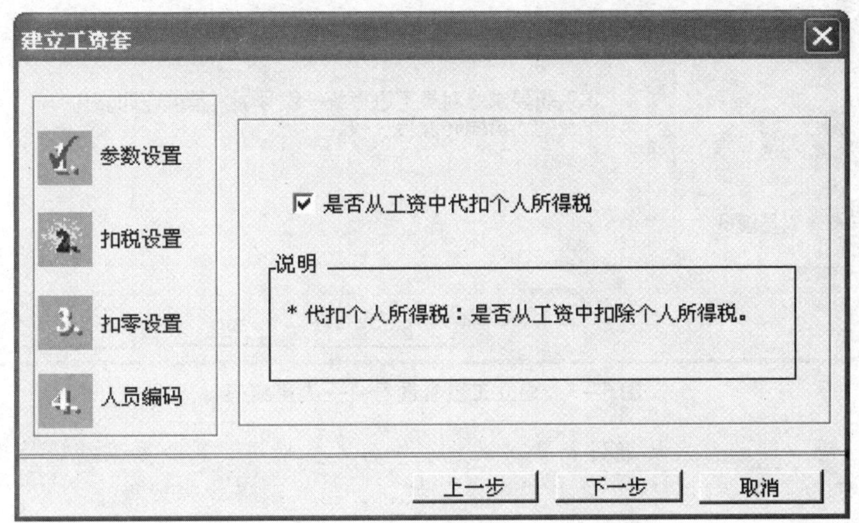

图5-3　建立工资套向导——扣税设置

选择在工资计算中是否进行扣税处理。如果要从工资中代扣个人所得税，则单击方框，打“√”。

(3) 输入正确后，单击“下一步”，可进行第3步建账操作（见图5-4）。

说明

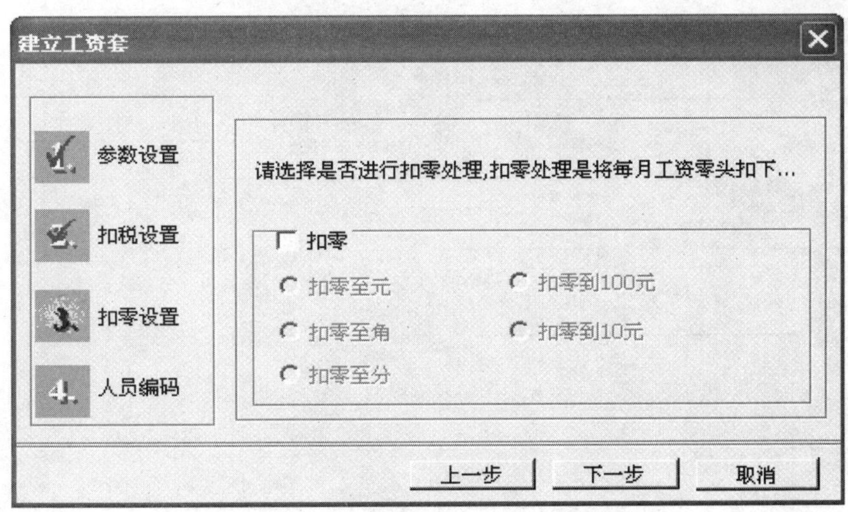

图5-4　建立工资套向导——扣零设置

(4) 用户设置完毕后，单击“下一步”，则进入建账向导的第4步（见图5-5）。

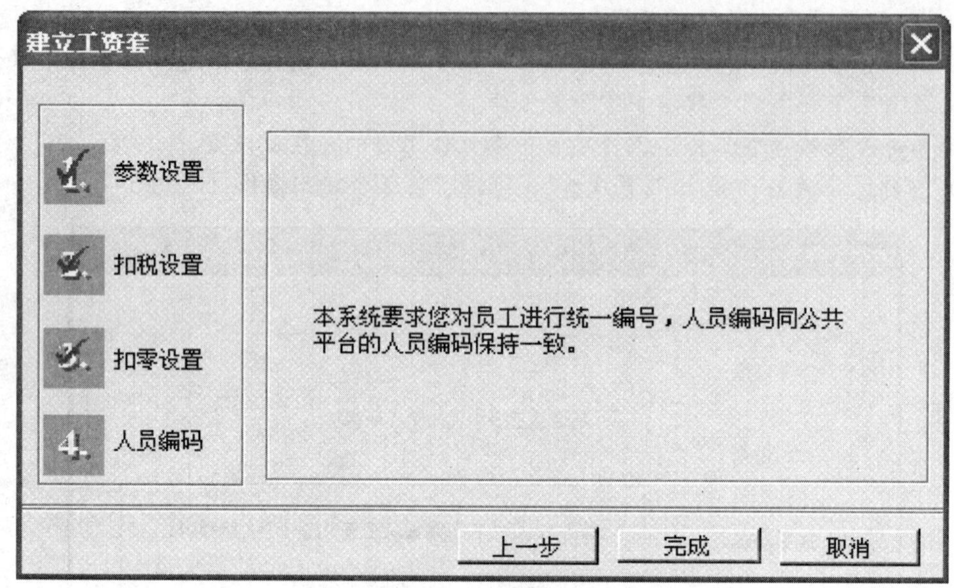

图5-5 建立工资套向导——人员编码

“人员编码”即单位人员编码长度。以数字作为人员编码。系统要求薪资管理中人员编码与基础档案中人员编码一致。单击“完成”按钮，结束薪资建账过程。

(5) 薪资管理系统银行档案设置。

①登录企业应用平台，执行“基础设置”→“基础档案”→“收付结算”→“银行档案”命令，选中“中国工商银行”信息，双击打开“修改银行档案”窗口。

②在“个人账户规则”处选中“定长”复选框，在“账号长度”录入“12”，在“自动带出账号长度”录入“8”。单击保存按钮（见图5-6）。

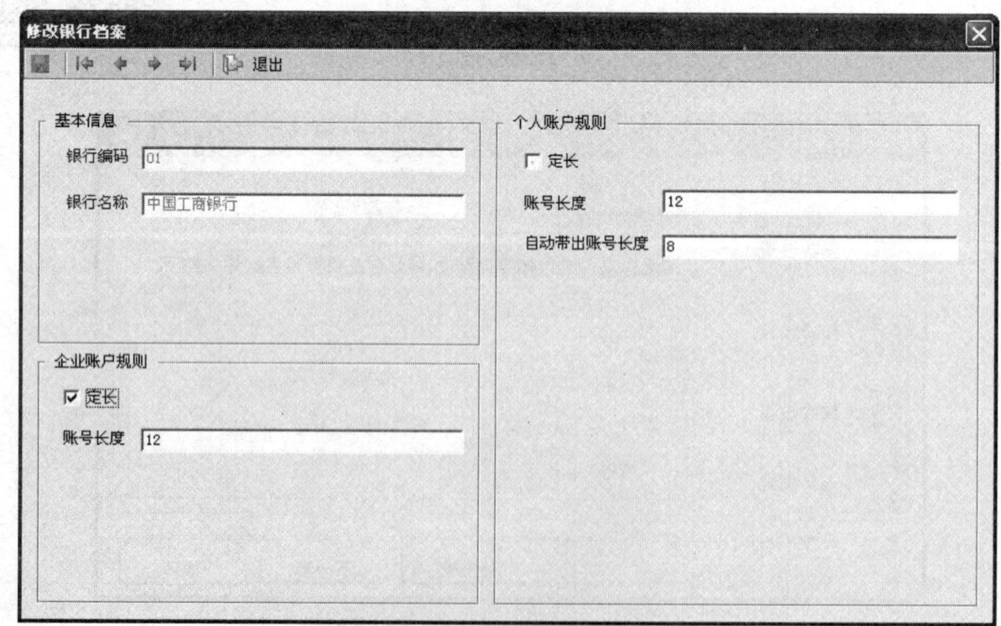

图5-6 修改银行档案

二、活动二：人员信息设置

【知识链接】

为了反映企业各部门的工资支出总额、统计和分析工资核算的各项指标，薪资管理系统中强调对部门进行综合管理，即需要对企业各部门设定部门编码，增加部门表。部门编码可以采用分级设置的办法，所分级次可以根据企业的具体情况而定。

人员类别是根据企业内部管理的需要而对全部职员所做的分类。从管理、考核或统计需要出发，可以将职员分为管理人员、生产人员、车间管理人员、福利人员、退休退职人员等多种类型。人员类别设置就是设置各类职员的编码与名称。设置人员类别的直接目的是在工资费用分配中自动设置工资及福利费的分配结转对象，将不同人员的工资费用结转至不同的会计账户或辅助核算项目，以正确归集企业的工资费用。

在集成的会计软件中，部门、人员类别一般在总账系统基础信息设置中完成，薪资管理系统中可任意调用总账系统中的部门表、人员类别，同时可直接引用总账系统中的部分属性设置规则。

1. 部门档案设置

【任务引入】

设置部门档案。

【任务分析及操作步骤】

进入“基础档案”→“机构人员”→“部门档案”。系统弹出部门设置窗口，可设置部门（见图5－7）。

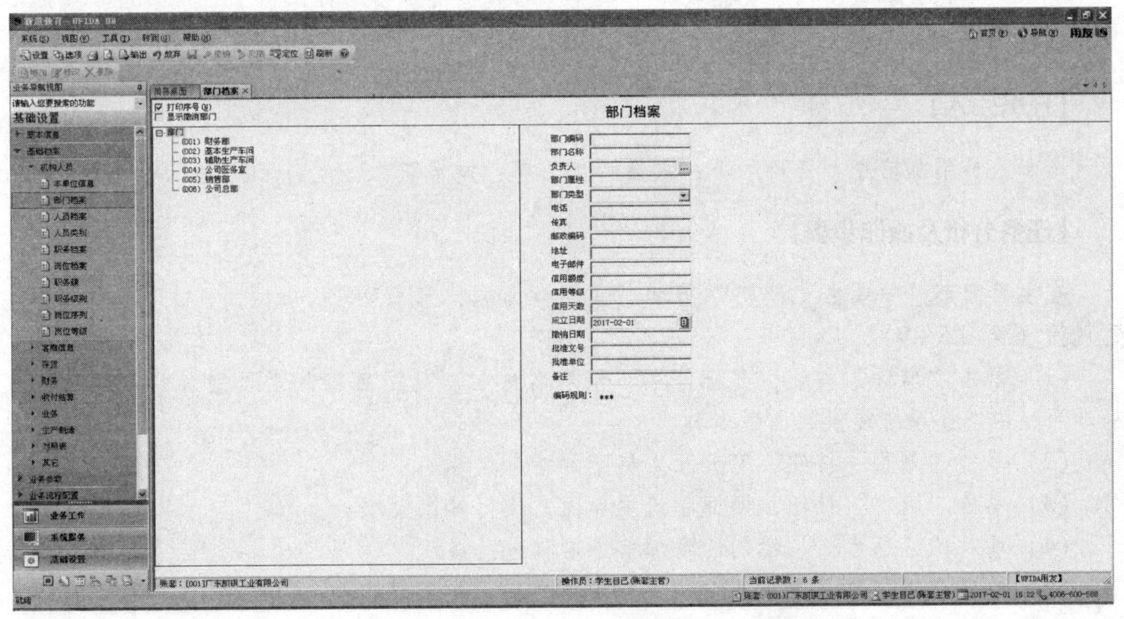

图5－7　部门设置

2. 人员类别设置

人员类别设置便于按人员类别进行工资汇总计算。

【任务引入】

设置人员类别：管理人员、生产人员、销售人员、福利人员。

【任务分析及操作步骤】

注册“企业应用平台”，进入“基础档案”→“机构人员”→“人员类别”，系统弹出人员类别设置窗口，可设置人员类别（见图5-8）。

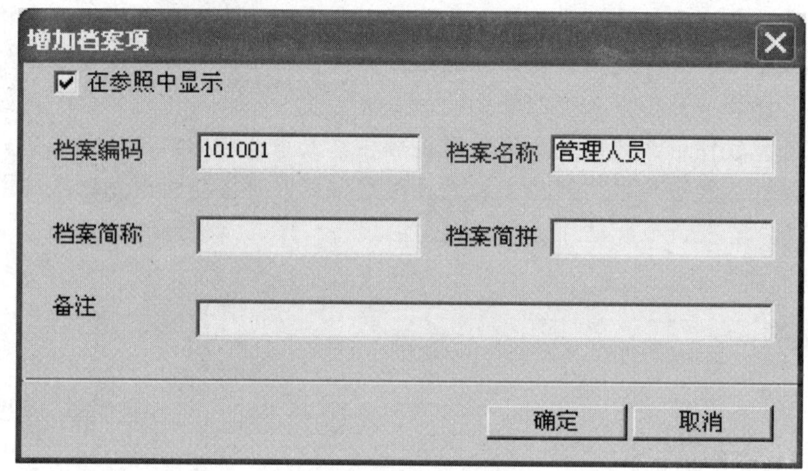

图5-8 人员类别设置

3. 人员附加信息设置

人员附加信息设置可增加人员信息，丰富人员档案的内容，便于对人员进行更加有效的管理。例如可增加设置人员的性别、民族、婚否等。

【任务引入】

增加人员附加信息。资料如下：人员附加信息：技术职称、性别、民族。

【任务分析及操作步骤】

在主界面菜单中单击“设置”下的“人员附加信息设置”项，即进入人员附加信息设置界面（见图5-9）。

（1）单击“增加”按钮，光标停在“信息名称”栏处，可输入人员附加信息名称，或从参照栏中选择系统提供的信息名称。

（2）单击“删除”按钮，可删除人员附加信息名称。

（3）单击“确定”按钮，即回系统主界面，执行其他操作。

（4）可对“信息名称”栏内的附加信息名称进行修改。

（5）单击“▲”和“▼”按钮，可调整附加信息的顺序。

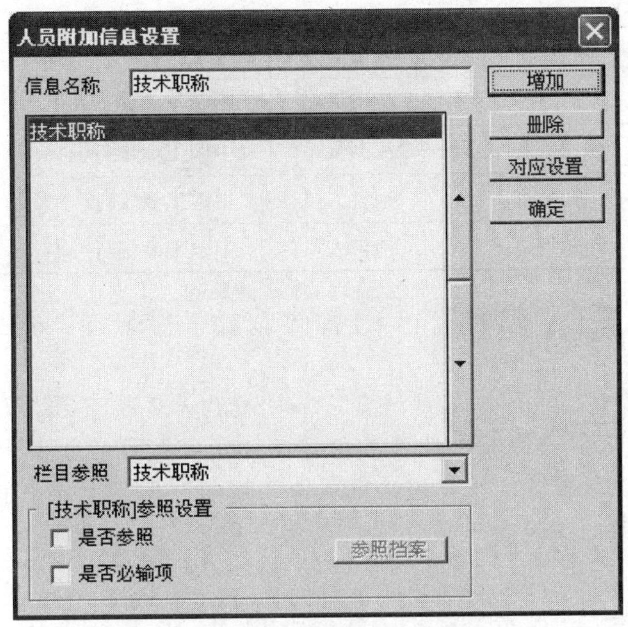

图 5-9　人员附加信息设置

注意

(1) 在输入人员附加信息时，信息名称框不允许为空。

(2) 已使用的人员附加信息不允许删除。

(3) 人员附加信息名称长度不得超过 5 个汉字。

(4) 人员附加信息只允许增加到 100 个。

4. 人员档案设置

人员档案的设置用于登记工资发放人员的姓名、职工编号、所在部门、人员类别等信息，员工的增减变动都必须先在本功能中处理。

【任务引入】

设置人员档案见表 5-1。

表 5-1　人员档案

编号	姓名	所在部门	人员类别	银行	账号
001	王小刚	财务部	管理人员	中国工商银行	955802160001
002	何森林	财务部	管理人员	中国工商银行	955802160002
003	李刚	财务部	管理人员	中国工商银行	955802160003
004	王波	基本生产车间	生产人员	中国工商银行	955802160004
005	陈欣	基本生产车间	生产人员	中国工商银行	955802160005
006	魏刚	辅助生产车间	生产人员	中国工商银行	955802160006

续表

编号	姓名	所在部门	人员类别	银行	账号
007	何立鸿	辅助生产车间	生产人员	中国工商银行	955802160007
008	李萍	公司医务室	福利人员	中国工商银行	955802160008
009	周浩	销售部	销售人员	中国工商银行	955802160009
010	邱正	销售部	销售人员	中国工商银行	955802160010

【任务分析及操作步骤】

(1) 在“基础设置”中的“基础档案”→“机构人员”下的“人员档案”设置完该人员的信息后，再进入薪资管理中设置，在薪资管理主界面单击“设置”菜单下的“人员档案”，即可进入该功能。在人员档案中单击“增加”图标，或单击右键菜单中的“增加”，即进入人员档案明细进行人员设置，取消“中方人员”选项（见图5－10），逐个增加。

图5－10 人员档案－1

各栏目说明

此外，也可以在人员档案中单击“批增”图标，进入人员批量增加界面，选中左边的所有部分，按“查询”，显示出已录入总账系统，但是未录入薪资管理系统的人员名单（见图5－11）。

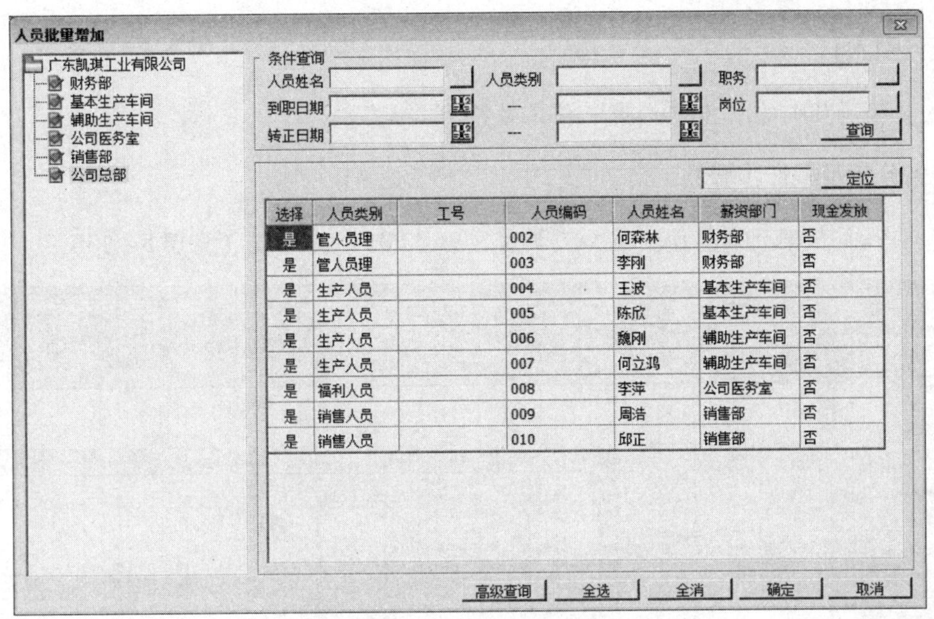

选择	人员类别	工号	人员编码	人员姓名	薪资部门	现金发放
是	管人员理		002	何森林	财务部	否
是	管人员理		003	李刚	财务部	否
是	生产人员		004	王波	基本生产车间	否
是	生产人员		005	陈欣	基本生产车间	否
是	生产人员		006	魏刚	辅助生产车间	否
是	生产人员		007	何立鸡	辅助生产车间	否
是	福利人员		008	李萍	公司医务室	否
是	销售人员		009	周浩	销售部	否
是	销售人员		010	邱正	销售部	否

图 5－11　人员档案－2

（2）单击“确定”，界面见图 5－12。

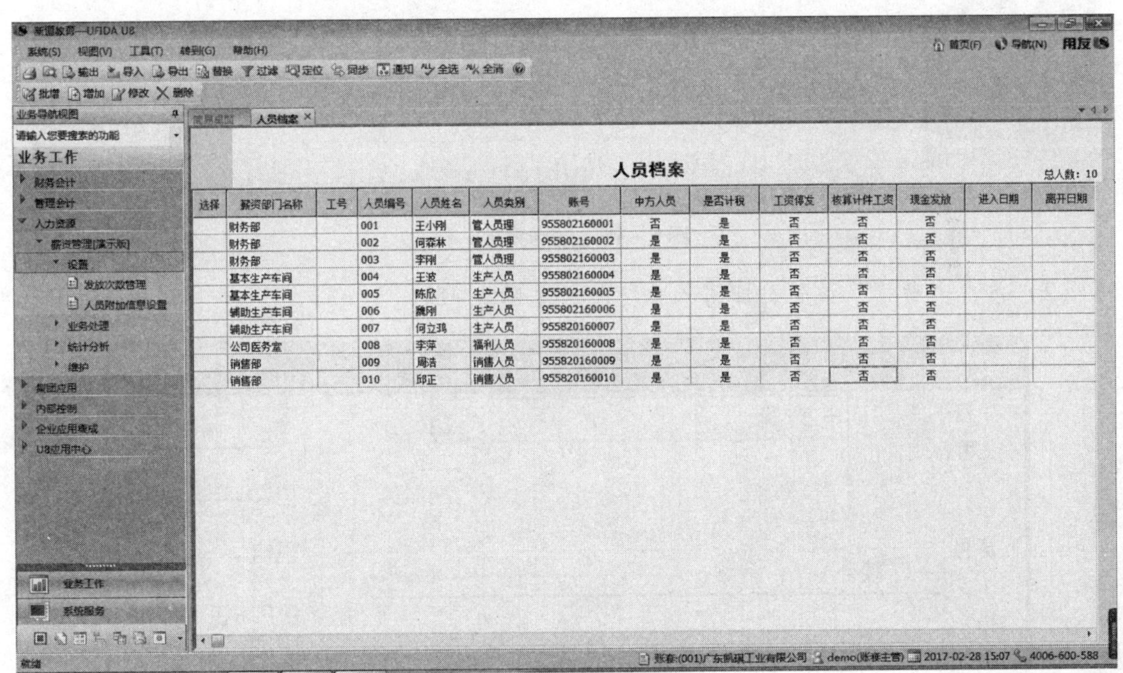

选择	薪资部门名称	工号	人员编号	人员姓名	人员类别	账号	中方人员	是否计税	工资停发	核算计件工资	现金发放	进入日期	离开日期
	财务部		001	王小刚	管人员理	955802160001	否	是	否	否	否		
	财务部		002	何森林	管人员理	955802160002	是	是	否	否	否		
	财务部		003	李刚	管人员理	955802160003	是	是	否	否	否		
	基本生产车间		004	王波	生产人员	955802160004	是	是	否	否	否		
	基本生产车间		005	陈欣	生产人员	955802160005	是	是	否	否	否		
	辅助生产车间		006	魏刚	生产人员	955802160006	是	是	否	否	否		
	辅助生产车间		007	何立鸡	生产人员	955820160007	是	是	否	否	否		
	公司医务室		008	李萍	福利人员	955820160008	是	是	否	否	否		
	销售部		009	周浩	销售人员	955820160009	是	是	否	否	否		
	销售部		010	邱正	销售人员	955820160010	是	是	否	否	否		

图 5－12　人员档案－3

5. 数据替换

数据替换，就是将符合条件人员的某个项目的内容，统一替换为某个数据。

相关操作

【任务引入】

将人员编码 001 的“中方人员”信息替换为“是”。

【任务分析及操作步骤】

(1) 在人员档案列表界面，选择人员编号为“001”的人员（见图 5－13）。

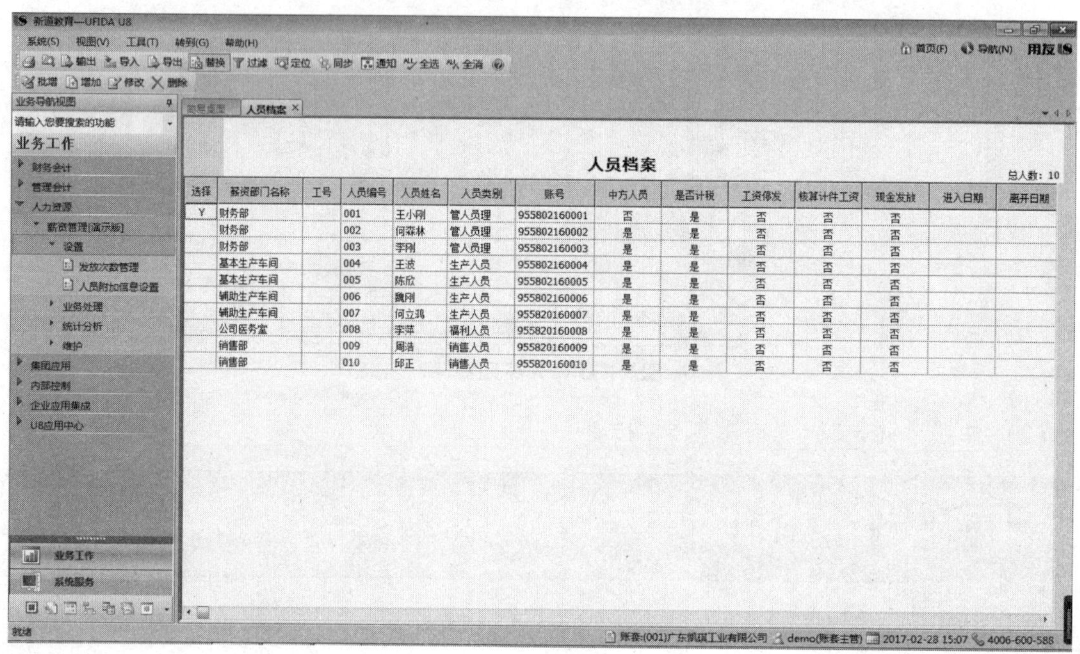

图 5－13 数据替换－1

(2) 单击“替换”按钮，即进入本功能（见图 5－14）。

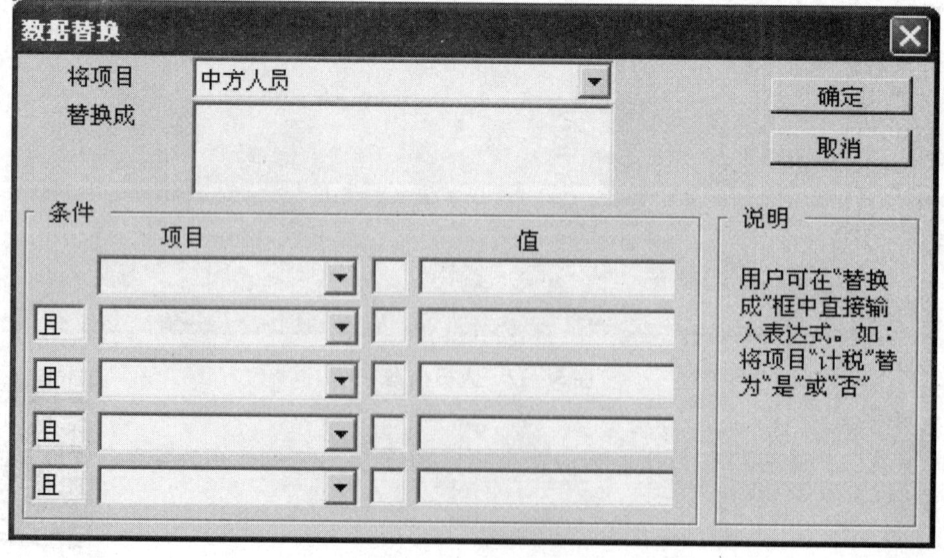

图 5－14 数据替换－2

(3) 在“将项目”栏内选择被替换项目名称“中方人员”。

(4) 在“替换成”栏内输入替换内容“是”。所输入的替换内容，系统全部默认为字符型，此处不需加双引号。

(5) 输入替换条件：

界面左边“下拉框”提供部门、人员类别、人员姓名、人员编号、人员附加信息的参照。

界面右边选项窗，可输入选中的项目对应的数据内容，即条件。部门、人员类别可参照输入过滤条件。

系统提供逻辑运算符的选择使用（=，<，>，>=，<=）。

单击最左边的逻辑选择框，可进行“且”“或”的选择。

(6) 若单击“确定”按钮，会出现“数据替换后不可恢复，确认吗?”，单击“确定”按钮，系统将符合条件人员的相应信息内容替换（见图5-15）。

(7) 若单击“取消”按钮，将取消当前操作并返回。

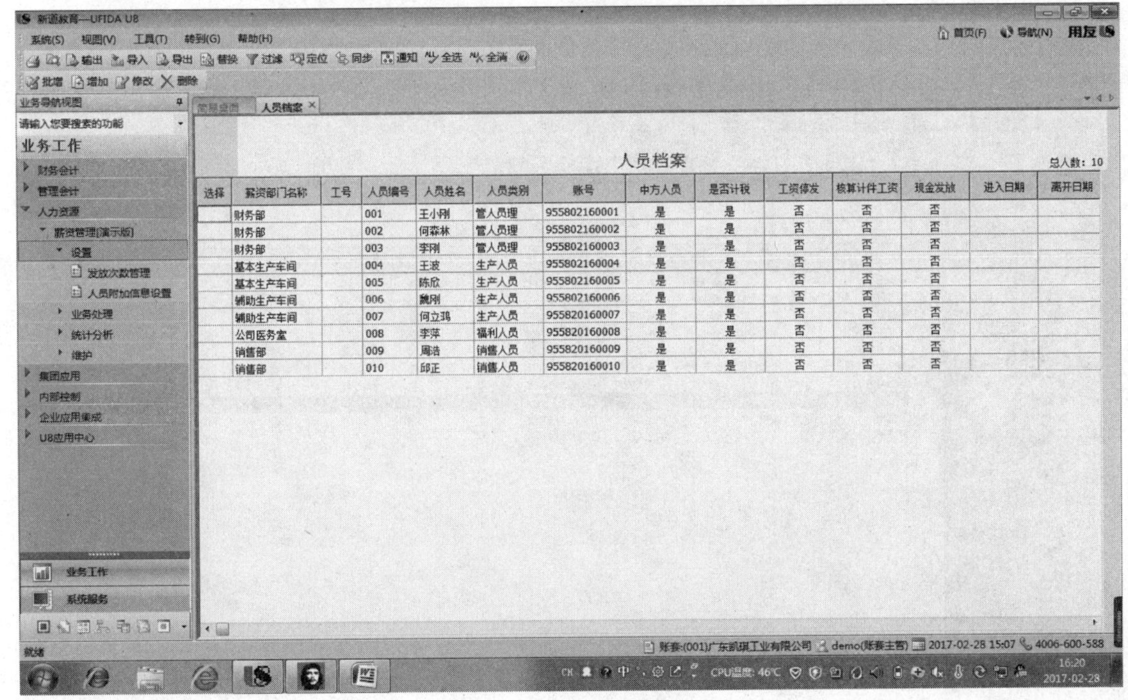

选择	薪资部门名称	工号	人员编号	人员姓名	人员类别	账号	中方人员	是否计税	工资停发	核算计件工资	现金发放	进入日期	离开日期
	财务部		001	王小刚	管人员理	955802160001	是	是	否	否	否		
	财务部		002	何森林	管人员理	955802160002	是	是	否	否	否		
	财务部		003	李刚	管人员理	955802160003	是	是	否	否	否		
	基本生产车间		004	王波	生产人员	955802160004	是	是	否	否	否		
	基本生产车间		005	陈欣	生产人员	955802160005	是	是	否	否	否		
	辅助生产车间		006	魏刚	生产人员	955802160006	是	是	否	否	否		
	辅助生产车间		007	何立鸦	生产人员	955820160007	是	是	否	否	否		
	公司医务室		008	李萍	福利人员	955820160008	是	是	否	否	否		
	销售部		009	周浩	销售人员	955820160009	是	是	否	否	否		
	销售部		010	邱正	销售人员	955820160010	是	是	否	否	否		

图5-15　数据替换-3

6. 人员进行查询

人员查询即快速定位或显示要查找人员的信息，人员查询有两种方式：人员定位查询和数据筛选查询。

(1) 按人员定位进行查询。

人员定位可按人员、部门两种方式进行人员定位。

【任务引入】

定位查询姓名为“李萍”的职员工资信息。

【任务分析及操作步骤】

在图 5－12 的人员档案设置中，单击“定位”图标，即进入“部门/人员定位”界面，进行按部门定位设置。设置定位条件（见图 5－16）后，单击“确认”就可实现人员定位（见图 5－17）。

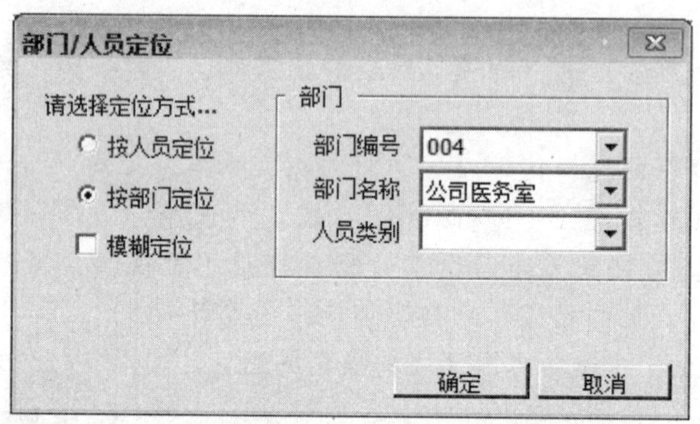

图 5－16 人员定位－1

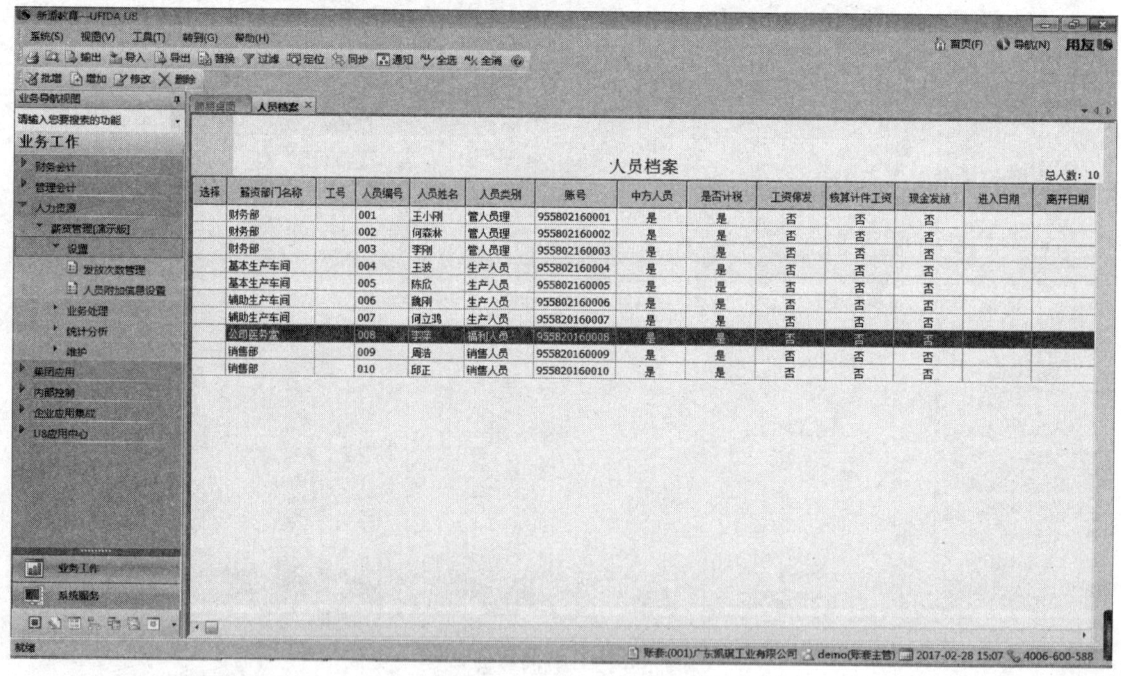

选择	薪资部门名称	工号	人员编号	人员姓名	人员类别	账号	中方人员	是否计税	工资停发	核算计件工资	现金发放	进入日期	离开日期
	财务部		001	王小刚	管人员理	955802160001	是	是	否	否	否		
	财务部		002	何森林	管人员理	955802160002	是	是	否	否	否		
	财务部		003	李刚	管人员理	955802160003	是	是	否	否	否		
	基本生产车间		004	王波	生产人员	955802160004	是	是	否	否	否		
	基本生产车间		005	陈欣	生产人员	955802160005	是	是	否	否	否		
	辅助生产车间		006	魏刚	生产人员	955802160006	是	是	否	否	否		
	辅助生产车间		007	何立鸿	生产人员	955820160007	是	是	否	否	否		
	公司医务室		008	李萍	福利人员	955820160008	是	是	否	否	否		
	销售部		009	周浩	销售人员	955820160009	是	是	否	否	否		
	销售部		010	邱正	销售人员	955820160010	是	是	否	否	否		

图 5－17 人员定位－2

（2）按数据筛选查询。

数据筛选，即设置数据筛选条件，只显示满足条件的数据。

【任务引入】

只显示部门是“财务部”的全部人员工资信息。

【任务分析及操作步骤】

在图5－12的人员档案设置中，单击“过滤”图标，进入数据筛选界面（见图5－18）设置过滤条件。数据过滤后，人员档案主界面中人员为过滤后的结果（见图5－19）。

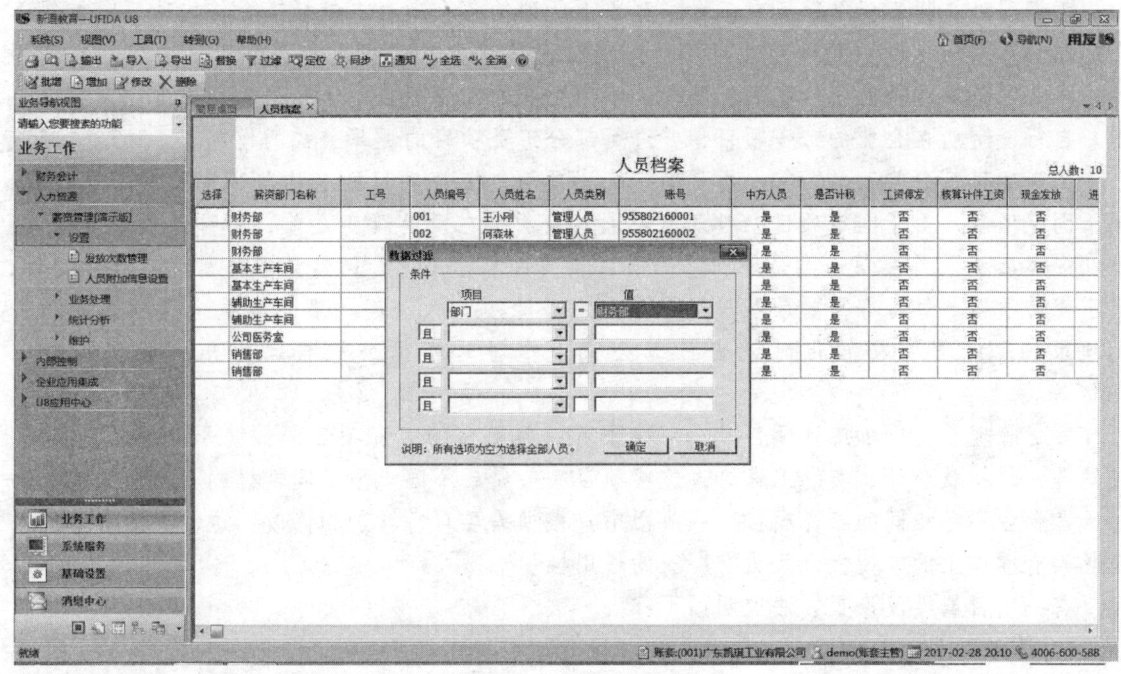

图5－18　部门/人员定位

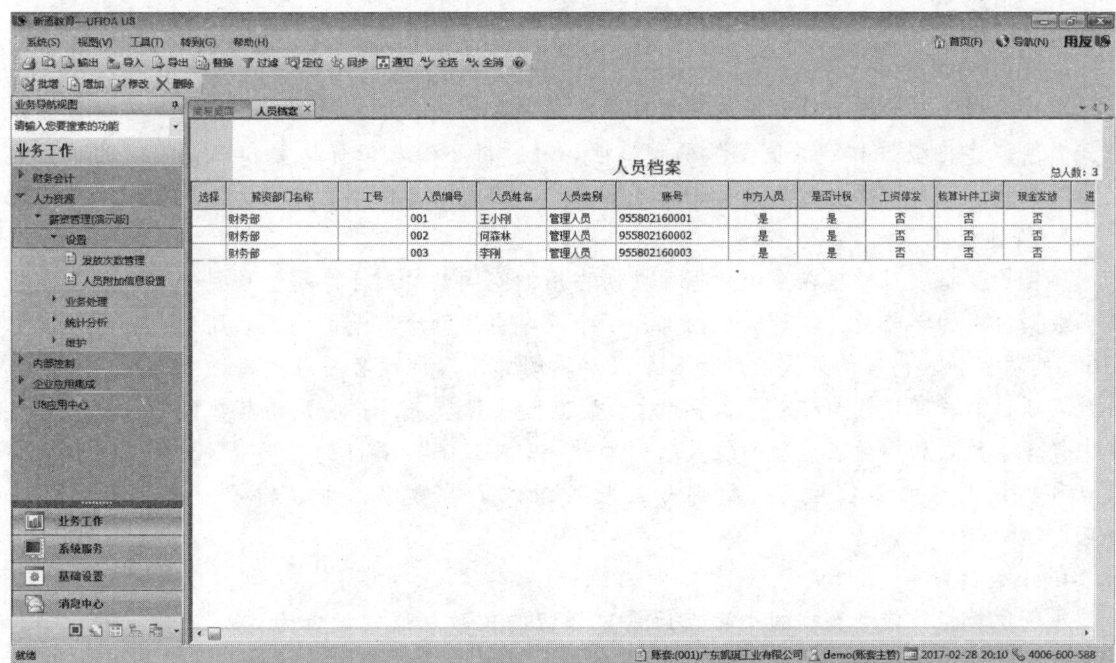

图5－19　数据过滤

三、活动三：工资项目设置

【知识链接】

工资项目是指工资结算表或工资结算单上所列的各个项目，包括工资构成项目、计算工资的原始数据项目和中间过渡项目。在这些工资项目中，有些是所有企业所共有的或通用的，有些则是某些企业所特有的，所以，不同企业的工资项目不尽相同。薪资管理系统允许用户自行设定所在企业的工资项目，并进行部分工资项目的运算公式的设定。

工资项目可分为三类。第一类是固定工资项目。工资项目的名称与数据长期不会改变，属于固定项目，对于固定项目一般只需要录入一次，在没有改变之前，下月无须重复录入，如“基本工资”等。第二类是变动工资项目。项目名称不变，但其数据每月都有可能变动，属于变动项目，每月都需要录入当月数据，如“计件工资”等。第三类是合计项。此项目无须录入，但需要初始化时设置计算公式，处理时根据公式自动算出，如“应发工资”等。

薪资管理系统增加工资项目时，一般预置一些必需的工资项目，如编号、姓名、部门、应发合计、扣款合计、实发工资等，这些项目一般属于不同类型不同规模的企业所共有。而对于各企业不尽相同的工资项目，一般由用户根据需要自行增加和修改。这使得薪资管理系统既具有操作上的方便性，又具有广泛的适用性。

有关项目属性及设置方法说明如下：

1. 项目名称

系统对项目名称的定义没有特别的规范，用户可以使用通用或方便的名称定义工资项目。有的软件为用户定义了若干个比较固定的工资项目，用户可根据自己的需要保留或删除这些项目，也可对项目名称、项目属性、项目长度等进行修改。

2. 项目类型

项目类型是与开发会计软件的数据库系统相联系的一个字段属性值，多数薪资管理系统中只提供“字符型”和“数值型”两种属性。一般将不参与工资运算和工资编辑的项目定义为字符型，而将需要对数据进行编辑或需要参与工资计算的项目定义为数值型。

3. 项目长度

项目长度指项目数据在系统数据库内所占用的空间数。对于字符型项目来说，长度是指项目数据占用的字节数，在计算机内部，一个汉字占用两个字节的空间。所以，一个长度为“16”的项目，其内容的最大长度为8个汉字。例如，人员姓名一般不超过4个汉字，则人员姓名项目的长度设置为“8”即可。对于数值型项目来讲，长度是指其数值的位数，总长度中包含小数点和小数点后面的位数。例如，“基本工资”项目的长度是10位，则去掉小数点和小数点后的2位后，整数部分最长可录入7位数字，可以输入一个百万元的工资额。

4. 小数位数

小数位数指数值型数据的小数点后需要保留的位数。通常设置为“2”，即工资数据与运算结果均精确到“分”。

在工资项目设置的操作中，一般会涉及以下两项：

(1) 增加一个工资项目，即输入一个新的工资项目。输入时一般包括项目名称、项目类型、项目长度、小数位数，有的软件还包括项目性质等内容。

(2) 删除一个工资项目。删除当前编辑的工资项目，包括工资项目中的所有相关内容。操作中要留意这一项目中有无已存在的工资数据，以免由于误操作而丢失有用的数据。

【任务引入】

设置广东凯琪工业有限公司工资项目信息（见表5-2）。

表5-2　工资项目信息

工资项目名称	类型	长度	小数	增减项
基本工资	数字	8	2	增项
岗位工资	数字	8	2	增项
加班工资	数字	8	2	增项
交通补贴	数字	8	2	增项
奖金	数字	8	2	增项
应发合计	数字	10	2	增项
请假扣款	数字	8	2	减项
养老保险金	数字	8	2	减项
代扣税	数字	10	2	减项
扣款合计	数字	10	2	减项
实发合计	数字	10	2	增项
请假天数	数字	8	2	其他

【任务分析及操作步骤】

(1) 在薪资管理系统主界面菜单中单击“设置”下的“工资项目设置”项，进入“工资项目设置”对话框（见图5-20）。

(2) 单击“增加”按钮，录入工资项目名称“基本工资”、类型“数字”、长度“8”、小数“2”、增减项“增项”等内容，再依次录入其他工资项目设置项，设置完毕（见图5-21）。

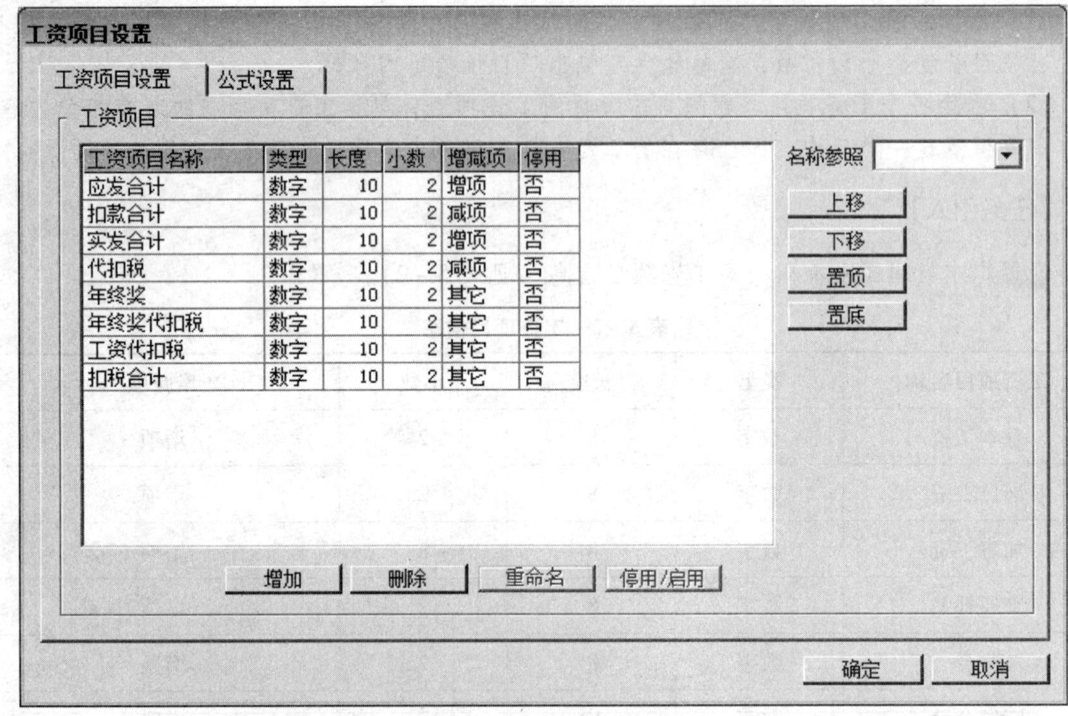

图 5－20　工资项目设置－1

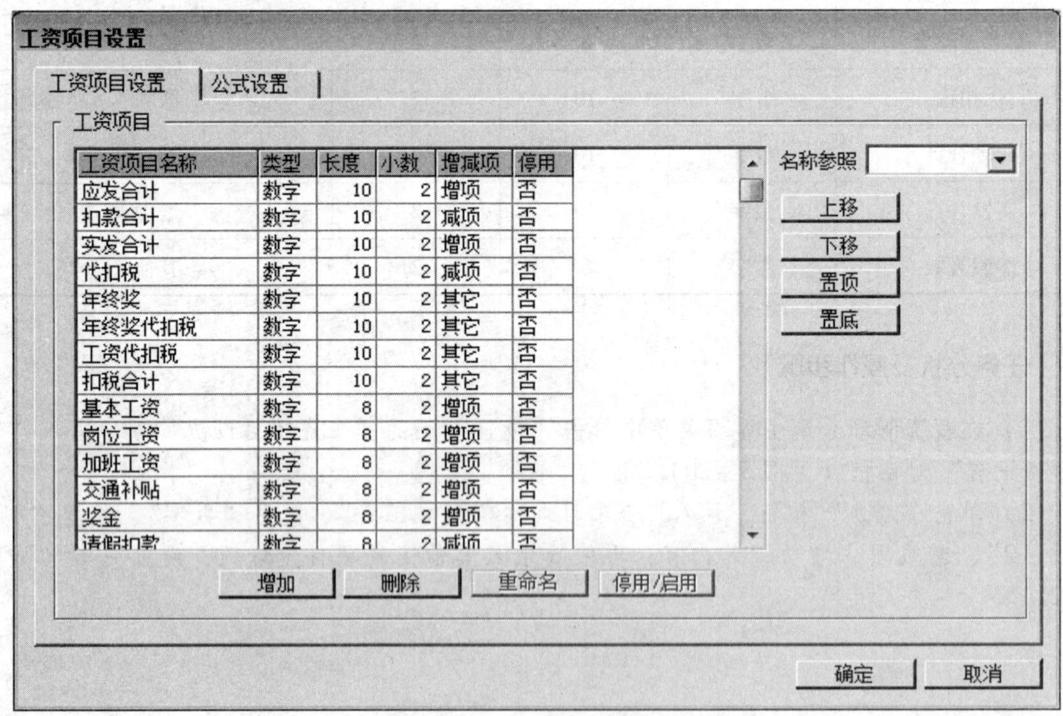

图 5－21　工资项目设置－2

栏目说明

（1）项目名称：工资项目名称或工资发放项目名称。

（2）类型：项目的数据类型。如果是数字，且在工资汇总表中须进行汇总，则应设为数字型；如果是汉字、字母，应设为字符型。

（3）长度：项目数据的最大长度。若为数字型，则小数点占一位长度。

（4）小数：数字型数据小数位数的长度。

（5）增减项：增项、减项、其他项。系统默认增项为“应发合计”构成项，减项为“扣款合计”构成项，其他项由用户指定。

功能说明

（1）增加：增加一个工资项目。

（2）删除：删除某个工资项目。

（3）重命名：修改工资项目名称。

（4）参照：常用工资项目参照。

（5）确认：确认当前的操作，回到工资管理主界面。

（6）取消：取消当前的操作，回到工资管理主界面。

（7）移动：通过单击向上或向下箭头按钮，调整工资项目名称在列表中的前后排列顺序。

注意

四、活动四：计算公式设置

【知识链接】

在设置为数值型的工资项目中，部分项目属于合计项，这类工资项目的数据来源于对其他工资项目的数据运算。例如，“实发工资”等于“应发工资”减去“扣款合计”。因此，定义工资项目后，还需要根据各项目的运算关系定义工资项目间的计算公式。

【任务引入】

设置工资项目计算公式（见表5－3）。

表5－3　工资项目计算公式

工资项目	定义公式
交通补贴	iff（人员类别＝“销售人员”，200，100）
请假扣款	请假天数＊50
养老保险金	（基本工资＋岗位工资）＊0.10
应发合计	基本工资＋岗位工资＋加班工资＋交通补贴＋奖金
扣款合计	请假扣款＋养老保险金＋代扣税
实发合计	应发合计－扣款合计

【任务分析及操作步骤】

（1）在“公式设置”对话框单击“增加”按钮，新增一个工资项目设置计算公式，或选择一个已有的工资项目修改公式。

（2）在公式定义区，使用函数公式向导、公式输入参照、工资项目参照、部门参照和人员类别参照编辑输入该工资项目的计算公式（见图5－22）。

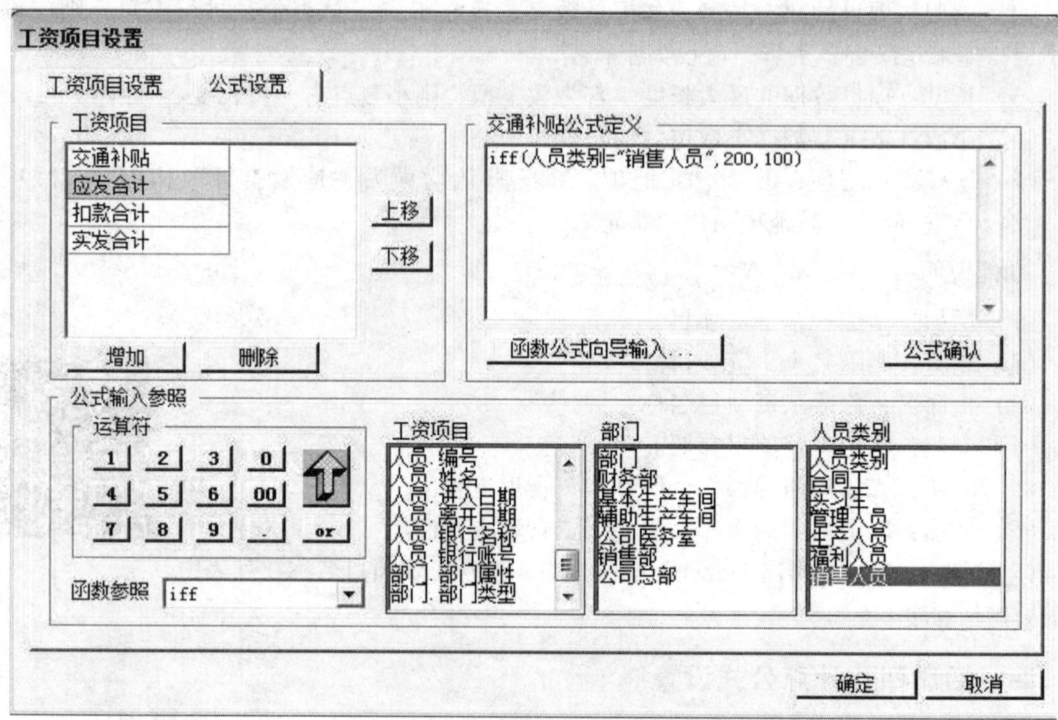

图 5－22 工资项目计算公式设置－1

(3) 公式定义后，单击“公式确认”按钮，进行公式正确性检查。

(4) 依次录入工资项目其他的计算公式。录入完毕后见图 5－23。

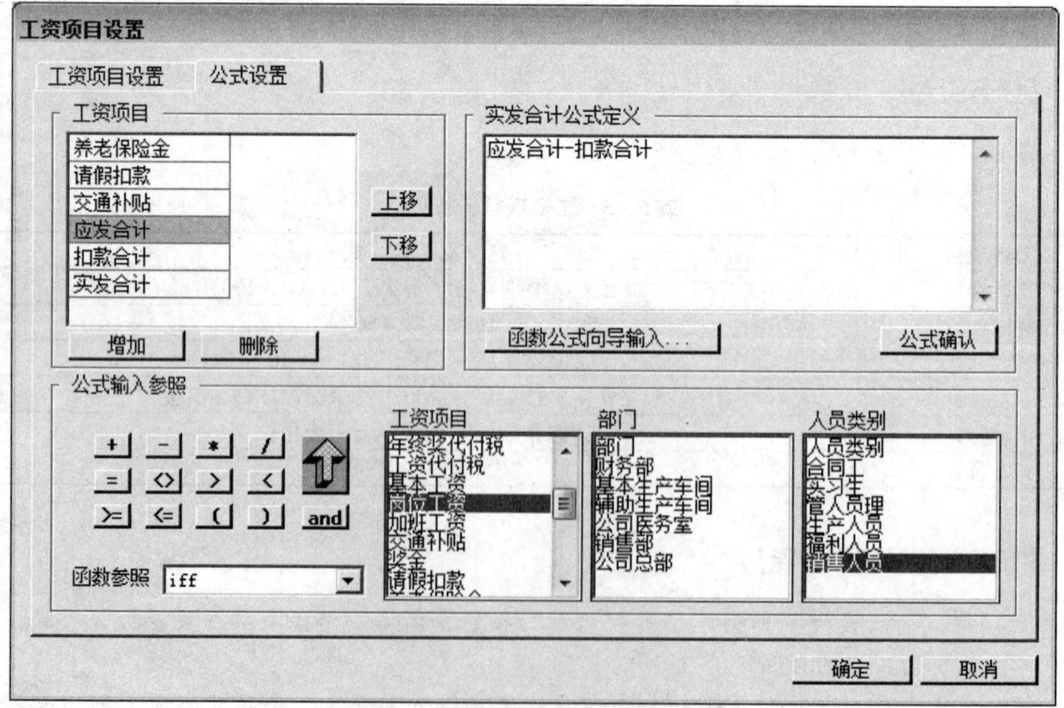

图 5－23 工资项目计算公式设置－2

(5) 单击“确定”按钮退出。

注意

(1) 定义工资项目计算公式要符合逻辑，系统将对公式进行合法性检查。

(2) 应发合计、扣款合计和实发合计公式不用设置。

(3) 所得税公式不用设置，只须根据实际情况修改纳税基数。

(4) 函数公式向导只支持系统提供的函数。

(5) 定义公式时要注意先后顺序，先得到的数应先设置公式。应发合计、扣款合计和实发合计公式应是公式定义框的最后 3 个公式，且实发合计的公式要在应发合计和扣款合计公式之后。

公式举例

例 1：全勤奖计算公式的设置

iff（人员类别 = 经理，300，150）

该公式表示人员类别是经理的人员的全勤奖是 300 元，除经理以外其他各类人员的全勤奖是 150 元。

例 2：岗位工资计算公式的设置

iff（人员类别 = 经理，800，iff（人员类别 = 工程师，600，iff（人员类别 = 会计，700，500）））

该公式表示如果人员类别是经理，则他的岗位工资是 800 元；如果人员类别是工程师，则他的岗位工资是 600 元；如果人员类别是会计，则他的岗位工资是 700 元，其他各类人员的岗位工资均为 500 元。

例 3：住房补贴计算公式的设置

iff（部门 = 财务部且人员类别 = 会计师或部门 = 开发部且人员类别 = 工程师，200，150）

该公式表示部门是财务部的会计师和开发部的工程师，其住房补贴是 200 元，其他人员的住房补贴为 150 元。

说明：以上公式定义都可通过“函数公式向导输入...”来完成。

任务三　薪资管理系统日常业务处理

日常业务处理首先是数据的录入，包括录入考勤、产量、工时、废品率、本月应扣工资金额以及本月工资调整金额等。数据录入之后是计算，包括职工日工资的计算、职工个人应发工资合计、个人收入所得税等应扣项目金额合计的计算、实发工资的计算等。然后，完成工资费用的分配，包括按职工类别进行工资费用的汇总、分类的统计，并生成工资费用结转的凭证。最后根据管理的要求进行扣零计算和票面额分解表计算，以便在用现金发放工资的企业提取适宜数量、不同面值的纸币。

一、活动五：薪资系统的数据编辑

【知识链接】

薪资管理系统一般都提供给用户比较完善的工资数据的编辑功能，初次运行软件时，在系统数据编辑界面，将列示所有工资数据的编辑区间，由用户顺序录入初始工资数据。在后续操作中，系统将按用户要求有选择地列示相关职员的原有数据，有编辑权的用户可对其中栏目进行录入或修改。

在系统列示的工资数据操作界面，其中的一部分只是作为不同职员的资料列示，以便用户参照或辨别，如人员编码、人员姓名、人员类别、所属部门等。这些项目的具体内容将显示在屏幕上，但不允许用户对其进行修改。另外，对于在工资计算公式中已定义的属于计算结果的项目，其数据将根据其他项目经计算求得，不需要用户对其进行直接操作，当相关项目输入或修改后，该工资项目会立即显示计算出的结果。

编辑工资数据的常用方法是在适当位置直接录入或修改每一职员的各工资项目金额。

工资数据编辑中常用的操作方法有以下几种：

1. 定位

这是使用户快速寻找到需要编辑的满足指定条件的第一个工资记录位置的方法。操作中需要用户首先选择或输入定位条件，系统根据所选择或输入的条件将光标移动至满足条件的位置。

2. 过滤

这是一种根据所输入的条件对当前窗口所显示的内容进行删减的方法。当用户希望编辑窗口只留下当前编辑所涉及的内容时，可以输入过滤条件使系统在当前窗口隐去暂时不需要的职员记录或工资项目。过滤后精简当前屏幕上所显示的内容，从而方便用户对当前内容进行编辑操作。

过滤操作中最主要的是对过滤条件的设置，在系统弹出的过滤条件设置窗口中，一般允许用户直接输入过滤条件，也可以根据系统提供的引导功能选择输入过滤条件，一般系统都允许用户同时输入多个过滤条件，以显示最为简洁方便的输出界面。

3. 替换

为实现对全部或部分职员工资项目的快速操作，薪资管理系统一般都提供工资数据的替换功能。用户通过替换操作对指定范围内记录中的某一工资项目做规律性地运算，从而一次性更改多个记录数据，实现快速编辑工资数据的目的。

替换操作适用于对多个职员的某一工资项目做规律性地更改。例如，自本月起所有职员的“岗位工资”在原数据基础上增加50元，则在输入内容为“岗位工资=岗位工资+50”的替换条件后，系统自动在每一职员的“岗位工资”项目中加上50元。再如，所有职员的奖金增加20%，则应在对“奖金”项目的替换条件对话框中输入“奖金=奖金×1.2”的替换条件。若是只对部分职员的记录做这一调整，则还应在系统提供的范围设置对话框中输入范围条件。通常，系统提供同时输入多个替换条件的功能。

总之，工资数据编辑的主要内容是：

（1）系统初次投入使用时输入每个职工的各项工资数据。

（2）每月处理工资数据前对需要变动的工资数据进行修改编辑。

（3）根据给定的各种条件，快速、准确地查询任意职工的各种工资数据。

注意

（1）固定工资项目若没有改变，可不必重复录入。

（2）变动工资项目需要每月录入。

（3）合计项是由公式自动算出，无须录入。

【任务引入】

录入广东凯琪工业有限公司2017年2月工资数据（见表5-4）。

表5-4　2017年2月工资数据　　单位：元

编号	姓名	基本工资	岗位工资	奖金
001	王小刚	3 000	500	1 500
002	何森林	3 000	400	1 200
003	李刚	3 000	500	1 500
004	王波	2 600	500	1 200
005	陈欣	2 600	400	1 000
006	魏刚	2 400	500	1 200
007	何立鸿	2 400	400	1 000
008	李萍	2 600	500	1 200
009	周浩	2 800	500	1 500
010	邱正	2 800	500	1 200

考勤情况说明：李刚请假2天，周浩请假1天。

【任务分析及操作步骤】

可以通过“表格”和“页编辑”两种方式录入工资数据，还可以使用“过滤器”“定位器”“数据替换”“计算”“汇总”和“排序”等功能快速进行数据编辑处理。

1. 表格方式数据录入

在薪资管理系统中，单击“业务处理”菜单下的“工资变动”，进入“工资变动”窗口，即可对所有人员的工资数据进行录入、修改（见图5-24）。

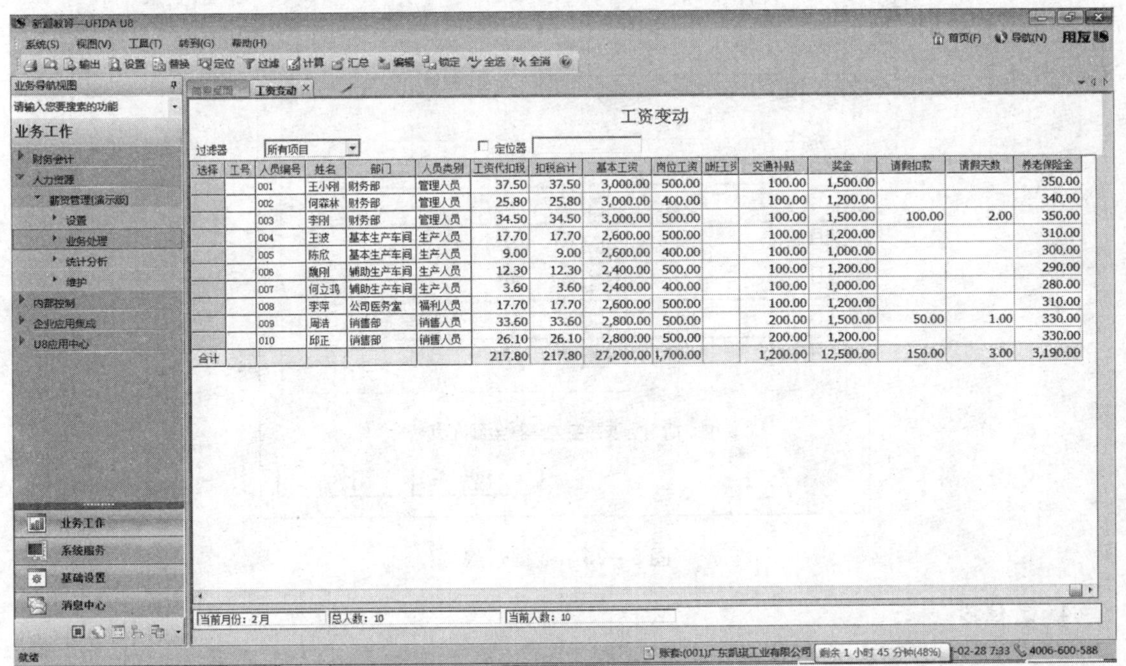

图5-24　工资变动

2. 页编辑方式数据录入

在工具栏中，单击“编辑”，进入“页编辑”模式，一条一条输入人员工资变动数据（见图5－25）。

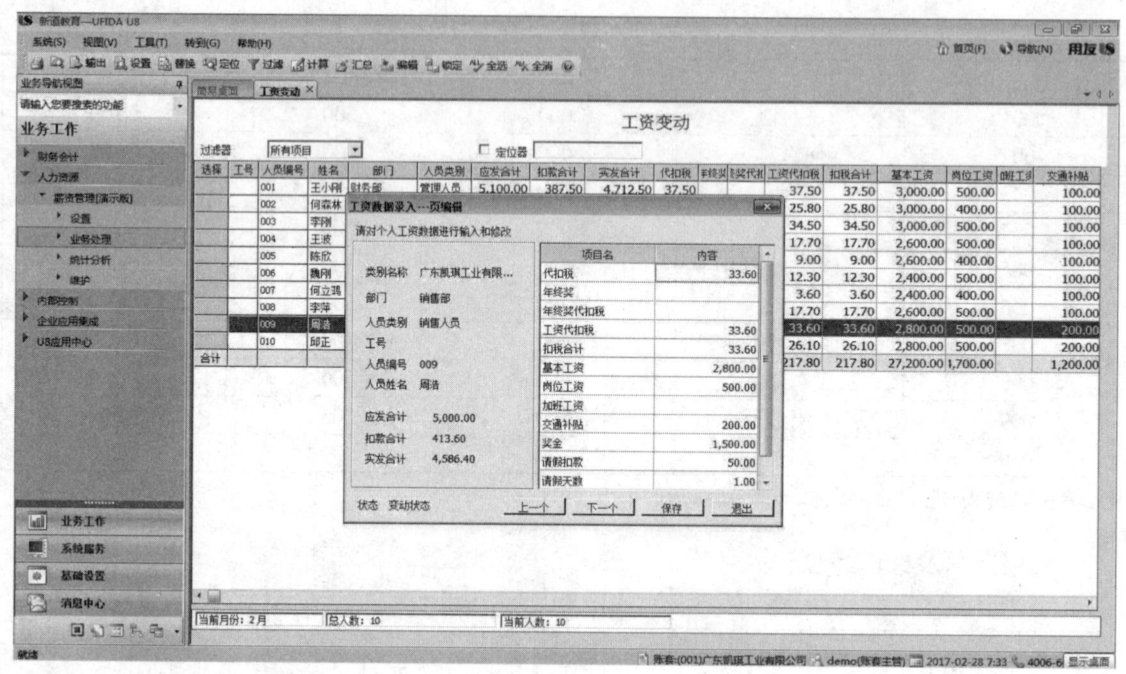

图5－25 工资数据录入——页编辑

3. 过滤器

如果只输入或修改工资项目中的某一项或几项，可将要修改的项目过滤出来，便于修改（见图5－26）。

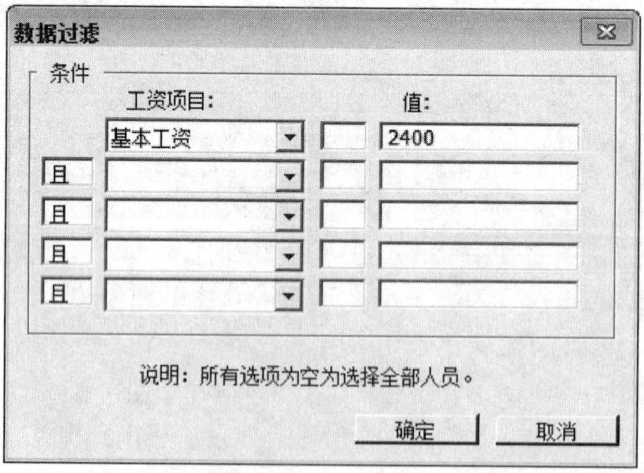

数据过滤

条件

工资项目： 值：

基本工资 2400

且

且

且

且

说明：所有选项为空为选择全部人员。

确定 取消

图5－26 数据过滤

4. 定位器

在工资变动界面，首先单击选中复选框“√”启用定位器，然后单击某一列，在文本框中显示选中的对应列名称。例如，单击“岗位工资”列，定位器文本框中显示“岗位工资”，用户在文本框中录入数据如“200”，按回车键后，系统根据用户在定位器文本框中录入的数据，在选定的列进行查询，并将光标定位于满足条件的第一条记录上。

5. 数据替换

数据替换是将符合条件人员的某个工资项目的数据，统一替换成某个表达式的值。在工资变动主界面单击“替换”图标，即可进入该功能界面（见图5－27）。

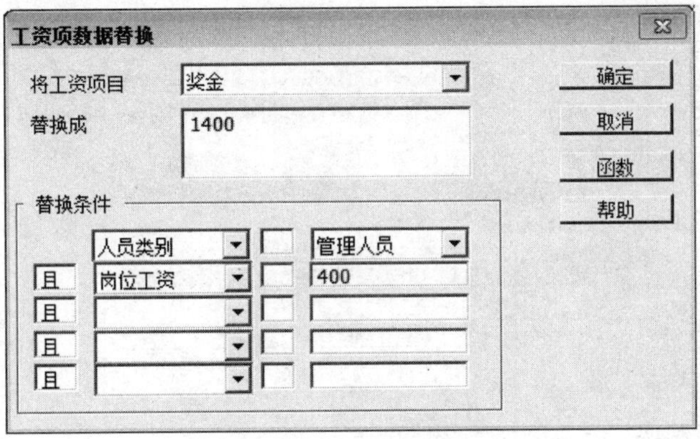

图5－27　工资项数据替换

6. 计算

在修改某些数据、重新设置计算公式、进行数据替换或在个人所得税中执行自动扣税等操作后，最好调用本功能对个人工资数据重新计算，以保证数据正确。通常实发合计、应发合计、扣款合计在修改完数据后不自动计算合计项，如要检查合计项是否正确，可先执行“计算”重算工资，如果不重算工资，在退出工资变动时，系统会自动提示重新计算。

7. 汇总

若对工资数据的内容已进行变更，在执行重算工资后，为保证数据的准确性，可调用“汇总”对工资数据进行重新汇总。在退出工资变动时，如未执行“工资汇总”，系统会自动提示进行汇总操作。

8. 排序

在工资变动主界面单击右键菜单中“排序”，然后选择需排序的列及排序的方式。本功能的设置，有利于用户录入和查询工资数据。

二、活动六：扣缴所得税

【知识链接】

个人所得税是根据《中华人民共和国个人所得税法》对个人的所得征收的一项税种。鉴于许多企事业单位计算职工工资薪金所得税工作量较大，薪资管理系统提供个人所得税自动计算功能。用户只需自定义所得税扣税基数，系统会自动计算出个人所得税。这既减轻了工作负担，又提高了工作效率。

【任务引入】

按现时的实际情况进行个人所得税设置。

【任务分析及操作步骤】

1. 设置申报表栏目

(1) 用户在“业务处理”菜单中单击“扣缴所得税”后，弹出“个人所得税申报模块”对话框（见图5-28）。

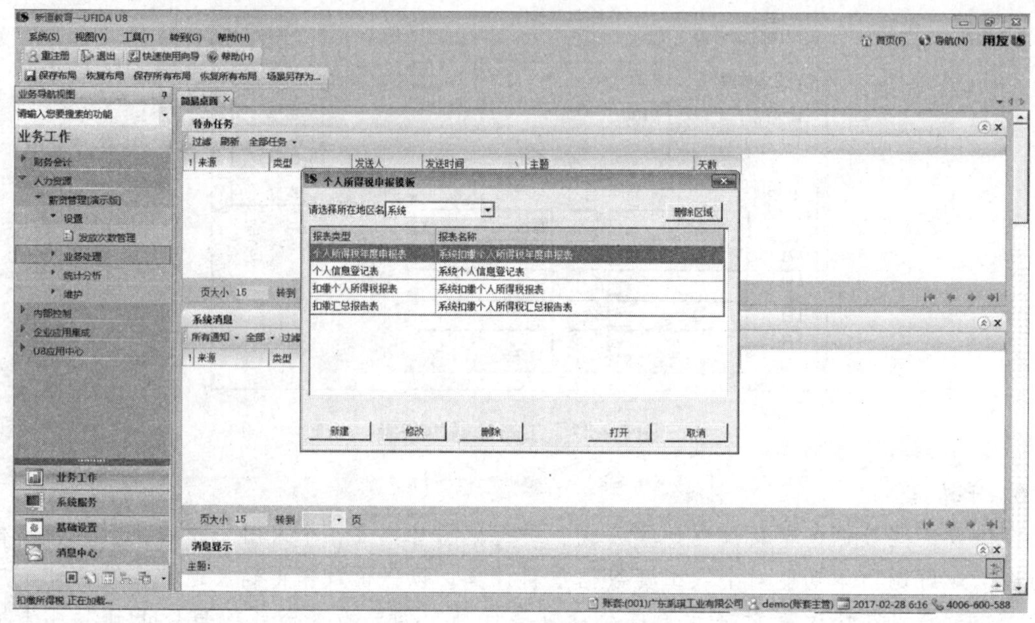

图5-28 个人所得税申报模版

(2) 选择“系统扣缴个人所得税年度申报表”按“打开”后，打开“所得税申报”查询条件设置框设置条件后，单击“确定”按钮，即可进入“系统扣缴个人所得税年度申报表”页面（见图5-29）。

系统扣缴个人所得税年度申报表

2017年2月--2017年2月

总人数：10

姓名	证件号码	所得项目	所属期间...	所属期间...	收入额	减费用额	应纳税所...	税率	速算扣除数	应纳税额	已扣缴税款
王小刚		工资	20170101	20171231			1250.00	3	0.00	37.50	37.50
何森林		工资	20170101	20171231			860.00	3	0.00	25.80	25.80
李刚		工资	20170101	20171231			1150.00	3	0.00	34.50	34.50
王波		工资	20170101	20171231			590.00	3	0.00	17.70	17.70
陈欣		工资	20170101	20171231			300.00	3	0.00	9.00	9.00
魏刚		工资	20170101	20171231			410.00	3	0.00	12.30	12.30
何立鸿		工资	20170101	20171231			120.00	3	0.00	3.60	3.60
李萍		工资	20170101	20171231			590.00	3	0.00	17.70	17.70
周洁		工资	20170101	20171231			1120.00	3	0.00	33.60	33.60
邱正		工资	20170101	20171231			870.00	3	0.00	26.10	26.10
合计							7260.00		0.00	217.80	217.80

图5-29 个人所得税申报表

2. 设置个人所得税税率表

在“个人所得税扣缴申报表”页面单击“税率”图标，进入税率表定义功能（见图5－30）。

个人所得税＝应纳税所得额×适用税率－速算扣除数

应纳税所得额＝应发合计－“三险一金”－扣除费用

级次	应纳税所得额下限	应纳税所得额上限	税率(%)	速算扣除数
1	0.00	1500.00	3.00	0.00
2	1500.00	4500.00	10.00	105.00
3	4500.00	9000.00	20.00	555.00
4	9000.00	35000.00	25.00	1005.00
5	35000.00	55000.00	30.00	2755.00
6	55000.00	80000.00	35.00	5505.00
7	80000.00		45.00	13505.00

图5－30 个人所得税申报表——税率表

栏目说明

（1）级次：相对应的纳税级次。

（2）应纳税所得额下限：该级次的最低金额。

（3）应纳税所得额上限：该级次的最高金额。

（4）税率（%）：该级次的税率百分比。

（5）速算扣除数：采用超额累进税率计税时，简化计算应纳税额的一个数据。速算扣除数实际上是在级距和税率不变的条件下，全额累进税率的应纳税额比超额累进税率的应纳税额多纳的一个常数。

（6）基数：扣减费用额。从工资中减去基数，剩下的才进行缴税。

三、活动七：银行代发

【知识链接】

银行代发即由银行发放企业职工个人工资。目前许多企业发放工资时都采用银行代发的方式。这种做法既能减轻财务部门发放工资的繁重工作，有效地避免财务部门到银行提取大笔款项所承担的风险，又能提高对员工个人工资的保密程度。

【任务引入】

浏览银行代发一览表。

【任务分析及操作步骤】

在系统主界面单击“业务处理”菜单下的“银行代发”，选择部门范围后，进入该功能界面，单击“格式”，在银行模版选项中选择“中国工商银行”，修改总长度为“12”，按“确定”后，出现询问“确认设置的银行文件格式?”，单击“是”后，屏幕显示银行代发一览表（见5－31）。

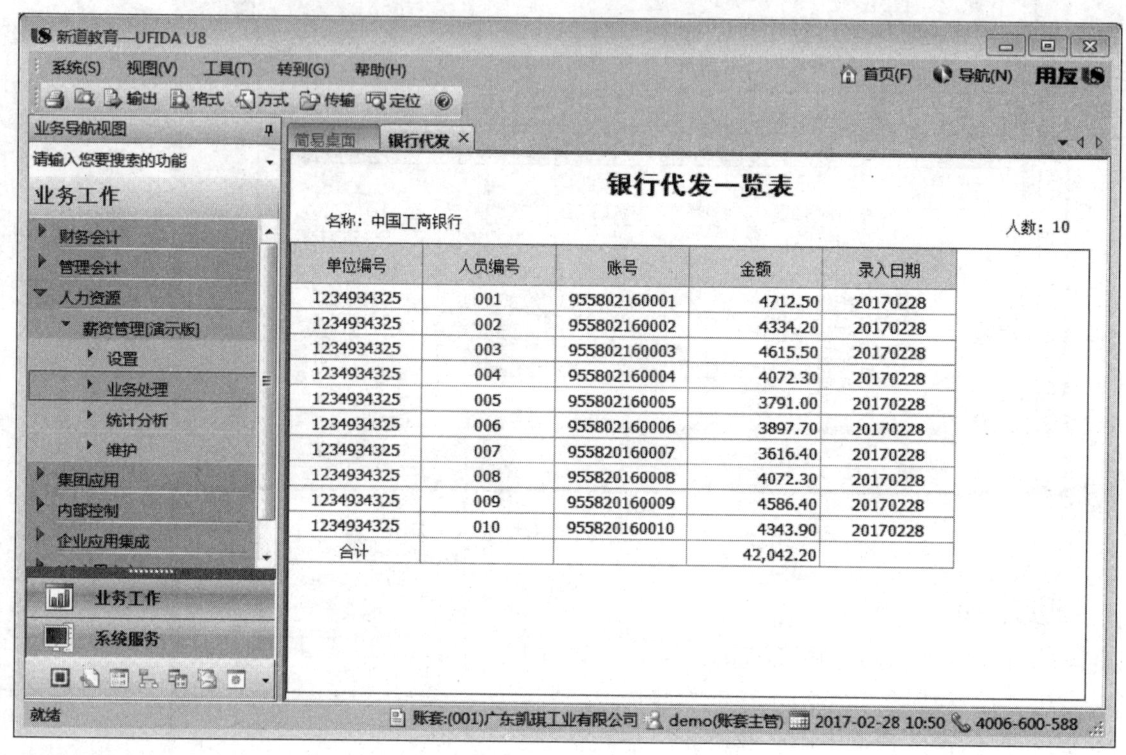

图5－31 银行代发一览表

任务四 薪资管理系统期末处理

薪资管理系统期末处理主要完成工资费用分摊设置和薪资管理系统结账的功能。

一、活动八：工资费用分摊设置

【知识链接】

工资费用结转凭证主要是对工资费用进行分摊和计提福利费等相关凭证。此类工资费用结转凭证作为每月必须处理的相对固定的业务，是非常适合自动转账凭证处理的。在第一次进行工资核算时，用户应该根据薪资管理系统提供的功能来正确定义工资费用结转凭证。日常业务处理时，工资输入并计算完毕后，就可以根据工资费用分配表，将工资费用按照用途进行分配，并编制转账会计凭证，传递到总账系统供记账处理之用。

【任务引入】

(1) 进行工资、工会经费、职工教育经费的分摊设置（见表5－5～表5－7）。

①工资分摊设置（计提比例100%）。

表5－5　工资分摊设置

部门名称	人员类别	项目	借方科目	贷方科目
财务部公司总部	管理人员	应发合计	660201	221101
基本生产车间	生产人员	应发合计	50010101	221102
辅助生产车间	生产人员	应发合计	50010201	221103
销售部	销售人员	应发合计	660101	221105
公司医务室	福利人员	应发合计	660201	221104

②工会经费分摊设置（计提比例2%）。

表5－6　工会经费分摊设置

部门名称	人员类别	项目	借方科目	贷方科目
财务部公司总部	管理人员	应发合计	660201	221101
基本生产车间	生产人员	应发合计	50010101	221102
辅助生产车间	生产人员	应发合计	50010201	221103
销售部	销售人员	应发合计	660101	221105
公司医务室	福利人员	应发合计	660201	221104

③职工教育经费分摊设置（计提比例1.5%）。

表5－7　职工教育经费分摊设置

部门名称	人员类别	项目	借方科目	贷方科目
财务部公司总部	管理人员	应发合计	660201	221101
基本生产车间	生产人员	应发合计	50010101	221102
辅助生产车间	生产人员	应发合计	50010201	221103
销售部	销售人员	应发合计	660101	221105
公司医务室	福利人员	应发合计	660201	221104

(2) 对企业职工按人员类别进行工资费用结转，生成工资费用结转凭证。

【任务分析及操作步骤】

在薪资管理系统中，在工资费用汇总、分类和统计的基础上，要按照人员的类别和所属部门分配工资、计提福利费等。与其他自动转账凭证定义类似，工资费用结转凭证也需要对凭证涉及的各个要素逐一进行设置，但薪资管理系统往往采取向导方式引导用户完成工资费用结转凭证的定义。通用薪资管理系统中通常需要对工资费用结转凭证进行以下要素的设置：

1. 工资分摊类型

首次使用工资分摊功能，应先进行工资分摊设置。所有与工资相关的费用及基金均须建立相应的分摊类型名称及分摊比例，如应付工资、应付福利费用、职工教育经费、工会经费等。在薪资管理系统中，双击“人力资源”的“薪资管理”系统下的“业务处理”菜单下的“工资分摊”，进入“工资分摊”窗口（见图5-32）。

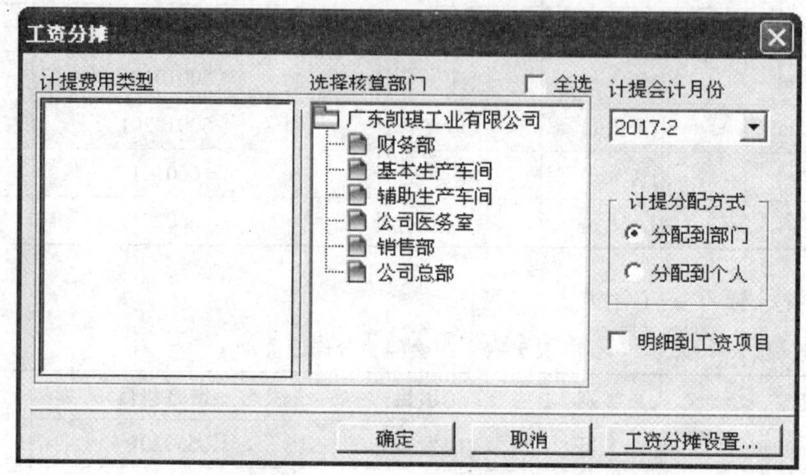

图5-32 工资分摊类型设置-1

单击“工资分摊设置”按钮后，单击“增加”，录入计提类型名称“计提工资”，分摊计提比例“100%”（见图5-33）。

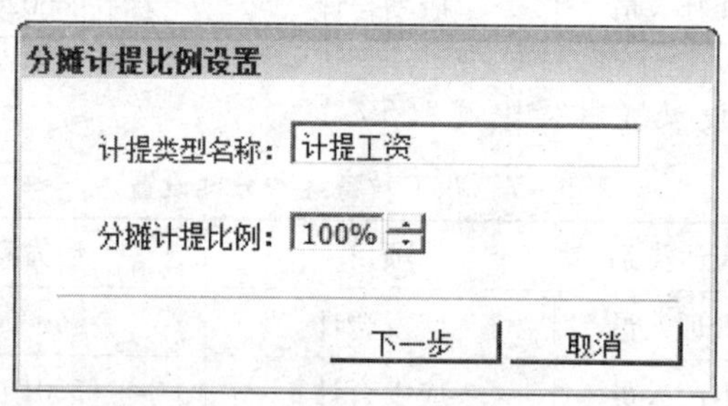

图5-33 工资分摊类型设置-2

2. 会计科目

会计科目设置是工资费用自动转账凭证定义中最主要的项目设置。工资初始化对人员进行类别划分，目的就是将不同类别人员的工资记入不同的费用成本账户。

（1）设置工资费用科目时，应该按人员类别进行设置，即需要直接指定每一类职员的工资费用应结转的会计科目和应付工资科目，也就是确定的凭证的借方科目与贷方科目（见图5-34、图5-35）。

（2）单击“返回”按钮。勾选出所有部门，以及设置的计提费用类型“计提工资”选项（见图5-36），按“确定”。

（3）出现“计提工资一览表”进行工资借贷方科目的设置（见图5-37）。然后单击“制单”按钮。

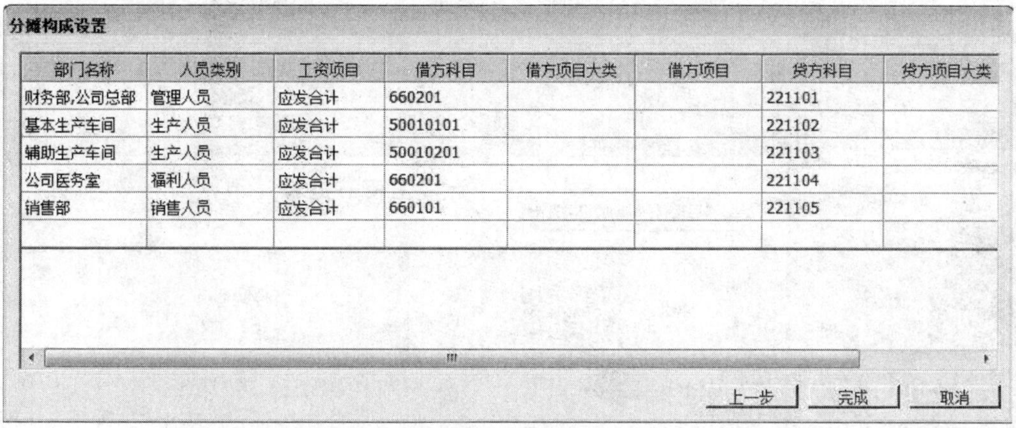

分摊构成设置
部门名称 人员类别 工资项目 借方科目 借方项目大类 借方项目 贷方科目 贷方项目大类
财务部,公司总部 管理人员 应发合计 660201 221101
基本生产车间 生产人员 应发合计 50010101 221102
辅助生产车间 生产人员 应发合计 50010201 221103
公司医务室 福利人员 应发合计 660201 221104
销售部 销售人员 应发合计 660101 221105
上一步
完成
取消

图 5－34　工资分摊类型设置－3

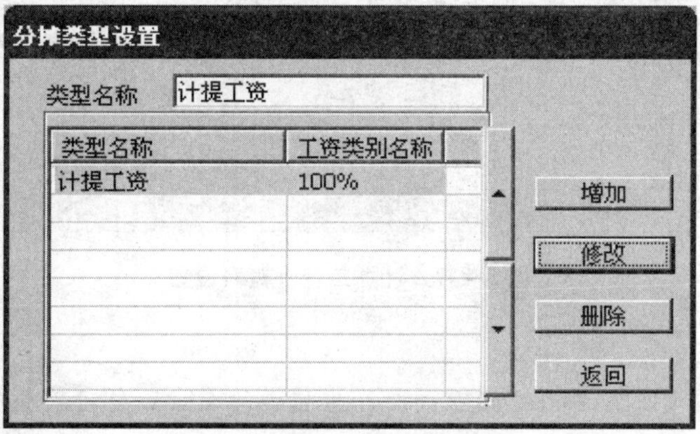

分摊类型设置
类型名称
计提工资
类型名称 工资类别名称
计提工资 100%
增加
修改
删除
返回

图 5－35　工资分摊类型设置－4

工资分摊
计提费用类型
计提工资
选择核算部门
全选
广东凯琪工业有限公司
财务部
基本生产车间
辅助生产车间
公司医务室
销售部
公司总部
计提会计月份
2017-2
计提分配方式
分配到部门
分配到个人
明细到工资项目
确定
取消
工资分摊设置...

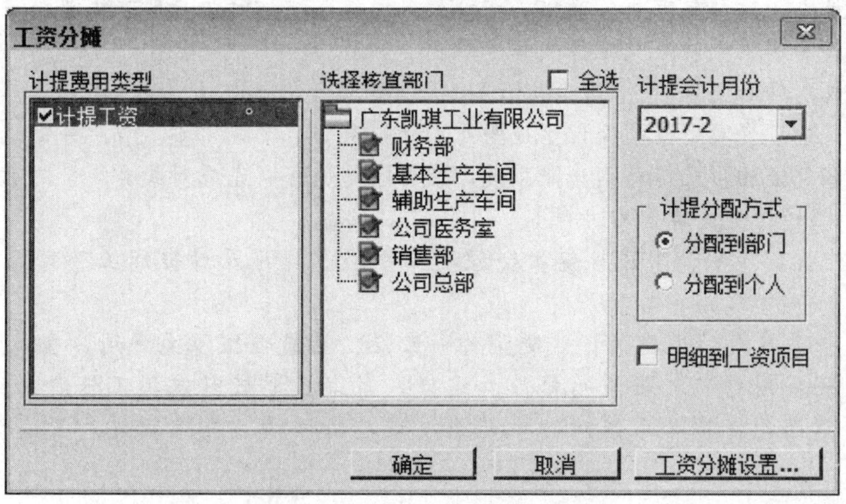

图 5－36　工资分摊类型设置－5

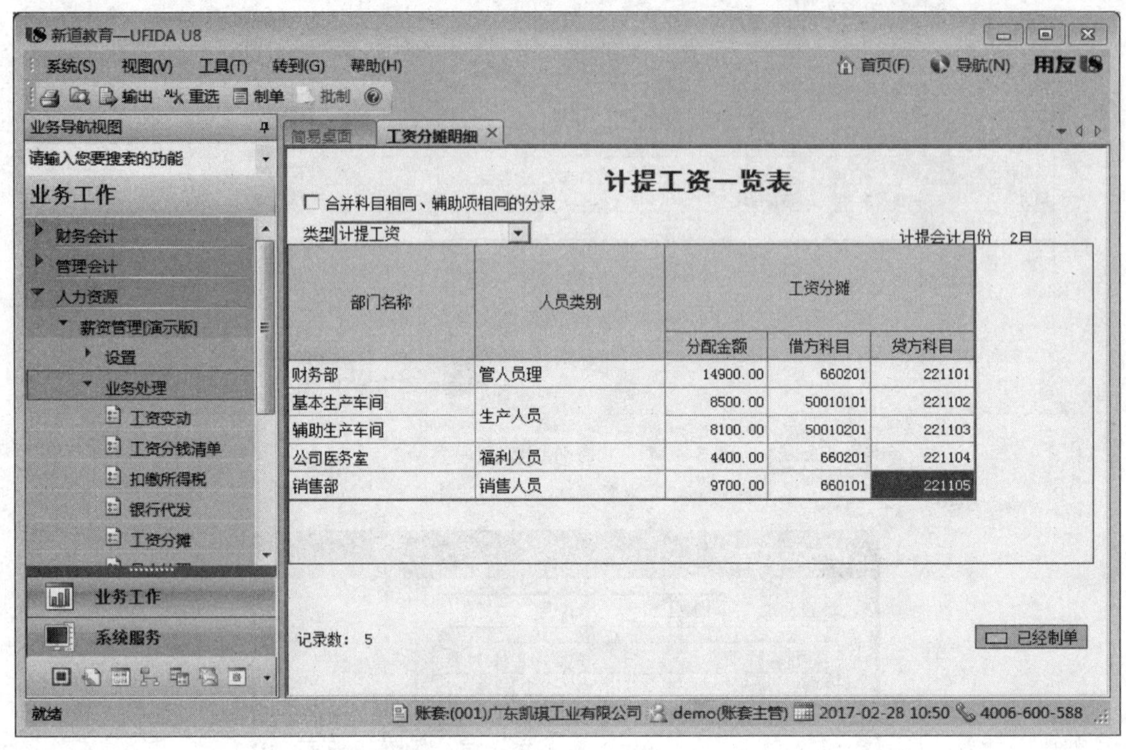

图 5-37 计提工资一览表设置

3. 凭证类型

凭证类型用于指定工资费用结转业务所产生凭证的类别。凭证类型根据前面的凭证类别设置来选择，一般为“转”，凭证系统会自动根据当期转账凭证号来自动累计。

4. 凭证摘要

记账凭证每一行都要有一条摘要。在设置自动转账凭证时，一般只需要给一条摘要就可以了，这条摘要通用于转账凭证每一条分录。

5.（生成）转账凭证

根据定义的工资费用分配凭证生成当月的记账凭证，单击“保存”，将费用分摊的结果最后通过转账凭证的形式传递到总账系统。在总账系统可以完成对此类凭证的审核和记账工作（见图 5-38），生成转-0014 凭证。

重复以上操作步骤，生成计提工会经费转-0015 凭证及计提职工教育经费转-0016 凭证。

为了维护系统自动生成的记账凭证的一致性，系统往往不允许用户在总账系统凭证模块中对工资费用结转凭证进行修改。这样，当审核记账时发现工资费用结转凭证有错时，需要返回薪资管理系统对自动转账设置进行修改，并重新进行工资费用的分配与结转。

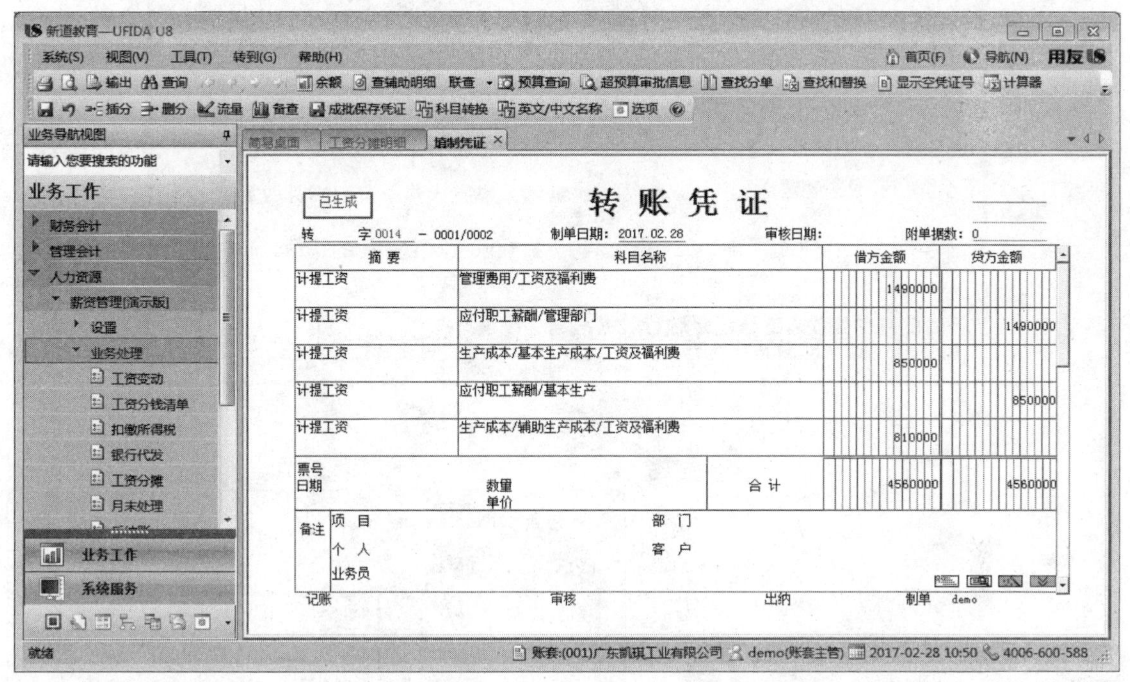

图 5-38　工资费用转账凭证

二、活动九：薪资管理系统结账

【知识链接】

月末结账是将当月数据经过处理后结转至下月。每月工资数据处理完毕后，均可进行月末结转。由于在工资项目中有的项目是变动的，每月的数据均不相同，因此在每月工资处理时，均须将其数据清零，而后输入下一月的数据。此类项目称为清零项目。

【任务引入】

进行薪资月末处理，且清零（除“基本工资”，其他项目全部清零）。

【任务分析及操作步骤】

对工资账套进行月末结账。除“基本工资”，其他项目全部清零。

1. 进行月末结转

（1）选择“业务处理”菜单下的“月末处理”，进入月末处理功能（见图 5-39）。用户若单击“取消”按钮，则退回“薪资管理”主界面，若单击“确认”按钮，则可进行月末结转（见图 5-40）。

（2）用户若单击“否”按钮，则下月项目完全继承当前月数据；若单击“是”按钮，则进入“选择清零项目”界面，将除“基本工资”外的其他项目都选入右框中（见图 5-41）。

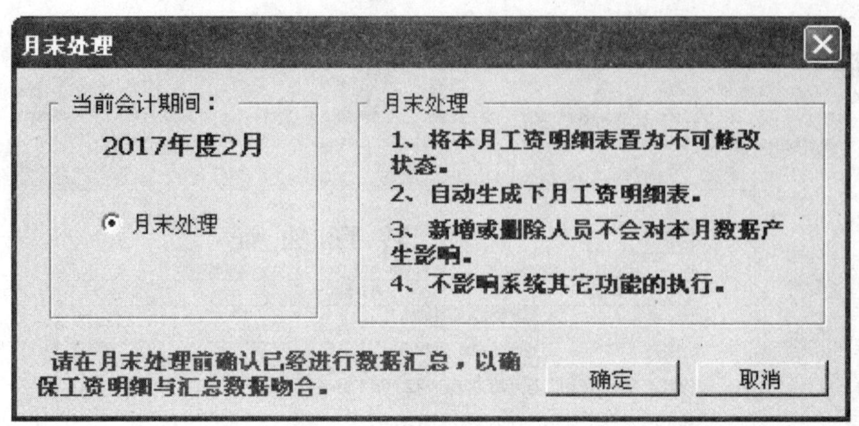

图 5－39　月末处理步骤－1

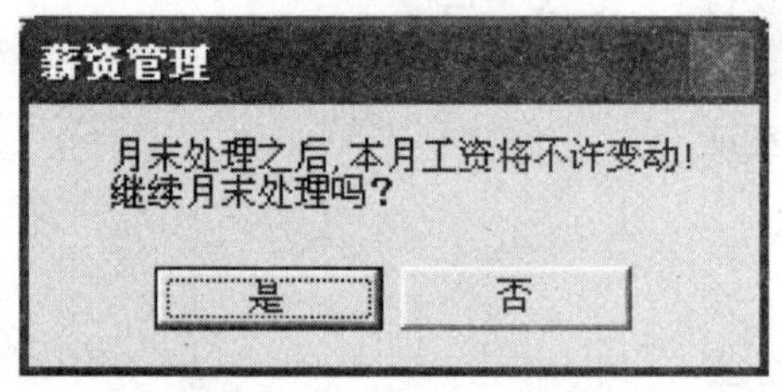

图 5－40　月末处理步骤－2

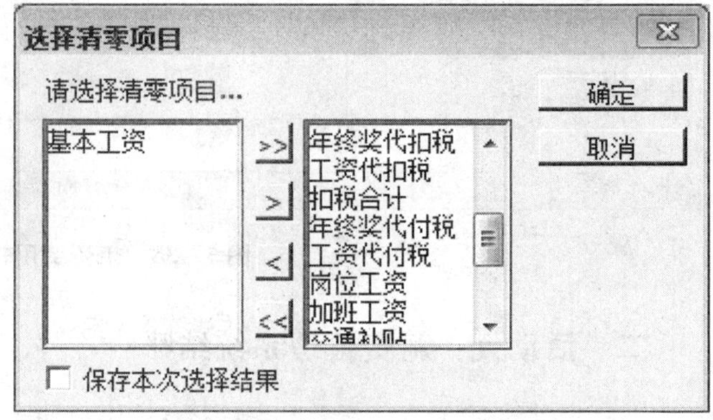

图 5－41　月末处理步骤－3

（3）选择后单击“确定”按钮，系统将进行数据结转，按用户设置将清零项目数据清空，其他项目继承当前月数据。

（4）在下月数据生成后，系统会给出提示“月末处理完毕!”。

2. 反结账

在“业务处理”菜单下选择“反结账”，进入“反结账”界面（见图 5－42、图 5－43）。

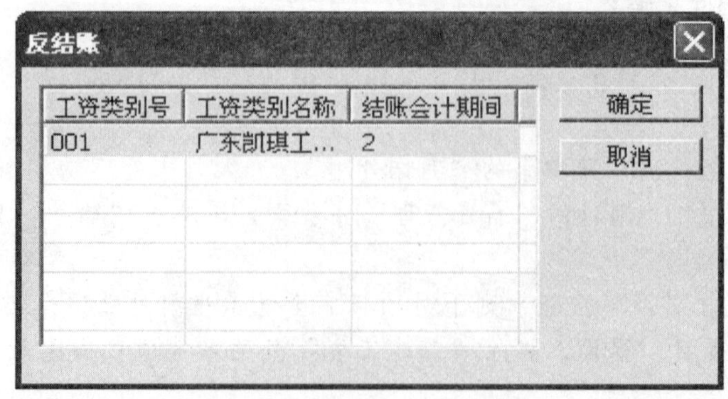

图 5－42　反结账－1

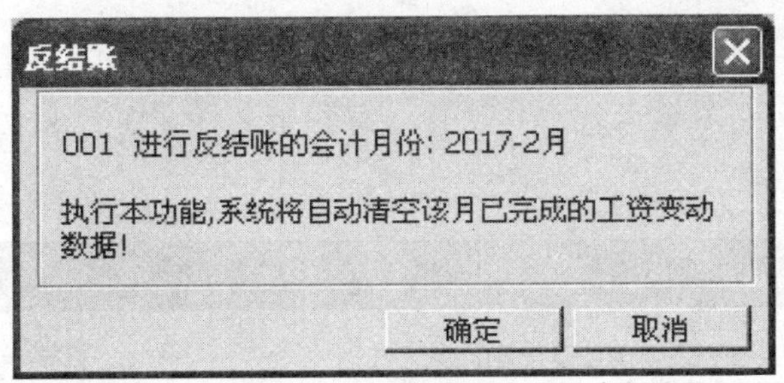

图 5-43　反结账-2

注意

(1) 工资反结账只能由账套主管执行。

(2) 有下列情况之一，不允许反结账：

①本月工资类别已制单到总账系统。

②总账系统已结账。

任务五　薪资账表管理

工资日常业务处理完成后，相关工资报表数据同时生成。系统提供多种形式的报表反映工资核算的结果，用户可以自行设置相关工资报表的格式并建立新的工资表。

一、活动十：工资表输出

【知识链接】

工资表用于本月工资的发放和统计。本功能主要是完成查询和打印各种工资表的工作。工资表包括以下由系统提供的原始表：

(1) 工资发放签名表：工资发放清单或工资发放签名表，一个职工一行。

(2) 工资发放条：为发放工资时交职工的工资项目清单。

(3) 部门工资汇总表：按企业（或各部门）工资汇总的查询清单。

(4) 人员类别工资汇总表：按人员类别进行工资汇总的查询清单。

(5) 条件汇总表：由用户指定条件生成的工资汇总表。

(6) 条件明细表：由用户指定条件生成的工资统计表。

(7) 条件统计表：由用户指定条件生成的工资统计表。

(8) 工资卡：工资台账，按每人一张设立卡片，工资卡片反映每个员工各月的各项工资情况。

(9) 工资变动明细表：由用户指定条件生成的用于与上月个人工资进行核对的统计表。

(10) 工资变动汇总表：由用户指定条件生成的用于与上月工资汇总数进行核对的统计表。

【任务引入】

查询工资发放签名表、工资发放条。

【任务分析及操作步骤】

(1) 在“薪资管理”主界面单击“统计分析”下的“账表”中的“工资表”界面(见图5-44)。

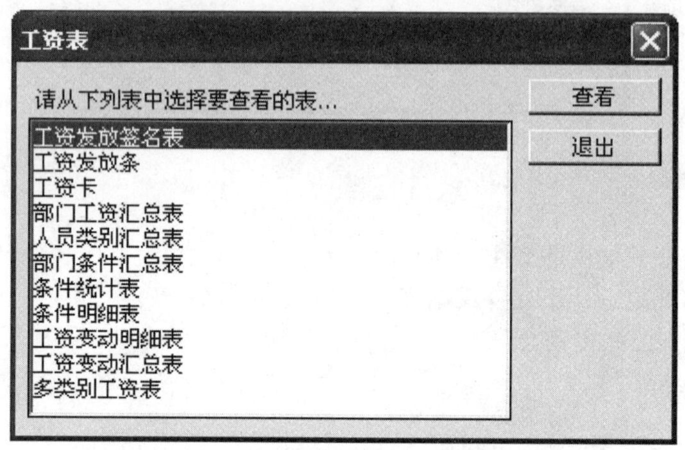

图5-44 工资表

(2) 用户选中“工资发放签名表”后,单击“查看”,系统即弹出对话框,用户可选择要查看的部门(见图5-45)。

图5-45 选择部门

(3) 用户从备选的部门中选择要查看的部门,单击“确认”后,进入“工资发放签名表”界面(见图5-46)。

若用户勾选图5-45中“选定下级部门”功能,则当用户选择上级部门时,其下级部门将全部被选中。

注意

若用户点空“选定下级部门”功能,则当用户选择上级部门时,其下级部门将不再被选中;若用户在此基础上要选择下级部门,需打开树形结构,再对下级部门进行选择。

其他工资报表处理方法同“工资发放签名表”。

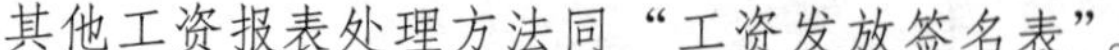

工资发放签名表

输出　连打　设置　查询　退出

工资发放签名表

2017 年 02 月

部门：全部　　会计月份：二月　　人数：10

人员编号	姓名	应发合计	扣款合计	实发合计	代扣税	代付税	年终奖	年终奖代扣税	工资代扣税	扣税合计	年终奖代付税	工资代付税	基本工资
001	王小刚	5,100.00	387.50	4,712.50	37.50				37.50	37.50			3,000.00
002	何森林	4,700.00	365.80	4,334.20	25.80				25.80	25.80			3,000.00
003	李刚	5,100.00	484.50	4,615.50	34.50				34.50	34.50			3,000.00
004	王波	4,400.00	327.70	4,072.30	17.70				17.70	17.70			2,600.00
005	陈欣	4,100.00	309.00	3,791.00	9.00				9.00	9.00			2,600.00
006	魏刚	4,200.00	302.30	3,897.70	12.30				12.30	12.30			2,400.00
007	何立鸿	3,900.00	283.60	3,616.40	3.60				3.60	3.60			2,400.00
008	李萍	4,400.00	327.70	4,072.30	17.70				17.70	17.70			2,600.00
009	周浩	5,000.00	413.60	4,586.40	33.60				33.60	33.60			2,800.00
010	邱正	4,700.00	356.10	4,343.90	26.10				26.10	26.10			2,800.00
合计		45,600.00	3,557.80	42,042.20	217.80	0.00	0.00	0.00	217.80	217.80	0.00	0.00	27,200.00

制表：　　审核：　　复核：

图 5－46　工资发放签名表

工资分析表

项目小结

本项目从工资核算和管理的需要出发，分析了薪资管理系统的特点和工作任务，着重分析了薪资管理系统的基本特点和功能结构。通过对本项目的学习，应该掌握薪资管理系统从初始设置、数据输入到数据处理和输出的基本设计和使用方法、工作内容和注意事项。特别要掌握工资的公式设置、扣零设置和工资费用分配凭证的定义。

复习思考题

项目六

固定资产管理系统

学习目标

知识目标

◇ 了解固定资产管理系统的工作原理及功能结构；

◇ 了解固定资产管理系统初始化处理方法；

◇ 掌握固定资产管理系统日常业务的处理方法；

◇ 掌握固定资产管理系统期末业务处理方法；

◇ 了解固定资产相关账簿查询和打印的方法。

能力目标

◇ 能描述固定资产管理系统的概念和功能；

◇ 能进行固定资产管理系统初始化业务处理；

◇ 能熟练进行固定资产管理系统日常业务处理；

◇ 能进行固定资产管理系统期末业务处理；

◇ 能进行固定资产管理系统的账表查询与分析。

任务一　固定资产管理系统概述

一、固定资产业务概述

固定资产作为企业生产经营活动中使用的主要劳动资料，是企业进行生产经营活动的物质基础，其数量、质量以及代表的工艺水平与技术水平，在一定程度上反映出一个企业的规模、生产能力、技术装备等级和现代化水平，对企业的生产与经营具有重要作用。

企业取得固定资产长期使用的目的是用于生产经营活动，获得未来的经济利益。虽然这种经济利益来自于对固定资产服务潜能的利用，而不是来自可直接转换的货币，但它可以用货币加以合理计量。

固定资产在使用中虽然能保持其原有形态，但其价值将随着使用而不断磨耗、逐渐转移，这种价值的降低主要通过折旧来体现，构成产品与管理的成本费用。企业为了将来能扩大再生产，重置固定资产，要把固定资产的折旧费用分配到各个受益期，实现期间收入与费用的配比。所以企业必须在固定资产的有效使用期间，计提一定数额的折旧费并进行分配。正确计提折旧不仅是核算经营成果的前提条件，也是保证企业再生产正常进行的重要措施。

固定资产种类繁多、规格不一、用途各异，因此对其进行科学、合理的分类，是加强管理和有效组织核算的重要条件。固定资产可以按不同的标准分类。企业通常按经济用途和使用情况对其综合分类，分为生产经营、非生产经营、出租、不需用、未使用、土地、融资租入等固定资产。在这几个大类下，根据其用途又细分为机器设备、动力设备、运输工具、办公设备等。对固定资产进行合理分类管理，有助于了解固定资产的分布和使用情况，分析其使用率，进而促进其有效利用。另外，对于不同类别的固定资产，要找到分别适用于它们的合理的折旧方法和政策。

固定资产单位价值高、使用年限长、使用广泛，企业的财务、设备和使用部门都要对其管理，因此固定资产的管理项目很多。为了提供固定资产计提折旧的必要资料，具体反映企业每一项固定资产的分布与使用情况，进行有效的监督和管理，通常按每一项独立的固定资产设置一张卡片登记其详细资料。随着固定资产的增减变动，卡片也进行相应增减或修改，以反映最新状况。卡片项目是固定资产卡片上记录详细资料的栏目，有固定资产编码、名称、使用年限、存放地点、原值、折旧方法等基本项目，还要登记有助于管理的项目，如记录大修情况等。

为了保护企业财产，避免国有资产流失，国家对固定资产的使用和管理有严格的政策。

固定资产的核算与管理虽然比较复杂，需要长期保存大量的数据与资料，有关固定资产的数据项目很多，但比较固定，数据结构化程度高，处理方法重复而规范，非常适用于计算机处理。利用计算机强大的数据处理能力，可以对固定资产数据统一组织、集中保存和规范化处理，从而细化核算，及时反映固定资产增减变动和使用情况，为不同的固定资产提供更科学、更准确的单项计提折旧的计算公式及分配方法，使成本计算更准确。而且，计算机可以充分利用系统长期保存的各种数据资源，信息重组，配合企业工作重点，根据需要随时生成各种管理报表，为各级管理人员提供详尽、丰富、完整和准确的资料和管理信息，以便优化固定资产配置，对其实行个性化管理，从而促进企业提高固定资产的使用效率，保护企业财产的安全。与其他管理系统比较，固定资产管理系统具有如下特点：

1. 数据量大，存储时间长

企业拥有的固定资产数量较多，反映每一项固定资产详细资料的信息项目也较多，通常有十多项甚至几十项。由于各企业管理的要求不同，这些项目可能还不完全相同。为了便于各部门随时掌握固定资产使用的详细情况，需要将每一项固定资产的详细资料录入系统保存。固定资产的使用时间较长，因此数据的存储时间也长，即使是已经淘汰的固定资产，它们的资料也必须按制度要求保密相当长一段时间，以便留下必要的审计线索。因此，系统需要保存的数据量很大，保存的时间很长。在系统初始设置时，要将固定资产初始数据录入系统，输入工作量特别大，而且准确性要求高。

2. 数据处理频率低，处理方式较简单

固定资产管理系统的初始化工作量大，但卡片上提供的信息可以长期使用。系统投入使用后，由于日常发生的固定资产增减变动的业务不多，因此数据处理的频率较低。仅在新增固定资产、减少固定资产以及固定资产有变动时，才需要输入相关的业务内容，如新增固定资产单据与相应的卡片资料、固定资产减少单据或有关的变动单据。后续的处理，如更新卡片、编制凭证都由计算机自动完成，无须人工干预。日常处理的另一项重要内容是固定资产折旧的提取和分配。尽管采用了单项折旧的方法，但各种折旧的算法比较简单，且相当多固定资产每月的折旧额是固定的，需要输入的本期工作量等数据十分有限。至于折旧费用的分配以及转账，由于事先已进行了有关内容的设置，在计提折旧的同时即可进行分门别类的归集与累计，当所有固定资产的折旧提取后，就生成了折旧费用分配表，根据此表自动生成转账凭证十分方便。而且折旧每月只提取一次，操作的工作量很少。同时，固定资产减值准备计提及转回业务处理的频率更低。

3. 查询与报表输出多

企业的固定资产使用广泛，涉及的部门很多。因此各方需要的统计报表种类多、数量大，而且日常的综合查询业务也多。手工方式下信息集成困难，能提供的管理信息十分有限。计算机处理后，可以对系统保存的各种资料进行信息集成、整合与重组，生成各种管理报表，满足各方管理与决策的需要。

固定资产管理系统的功能

二、固定资产管理系统的功能

固定资产管理系统功能结构图（见图6－1）。

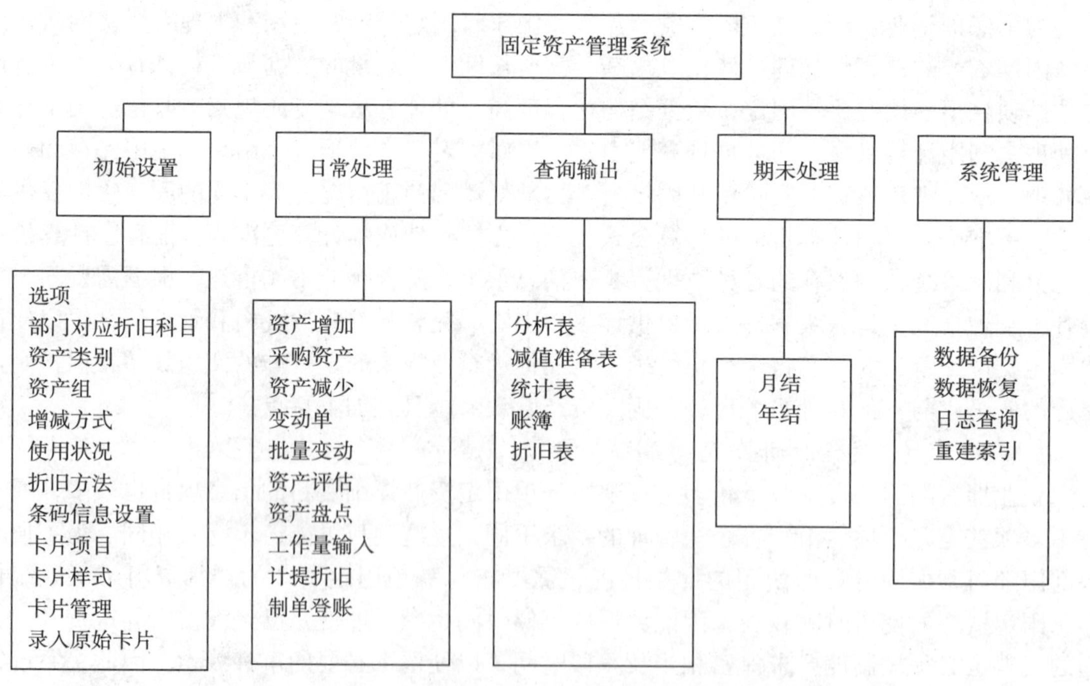

图6－1 固定资产管理系统功能结构图

三、固定资产管理系统和其他系统之间的关系

固定资产核算是财务核算的一部分，其日常业务要通过记账凭证反映，固定资产管理系

统和总账系统主要是凭证传递的关系，固定资产的增减、计提折旧的费用要通过制单的方式传递给总账系统进行处理。同时，固定资产管理系统向成本管理系统传送成本的折旧费用。报表处理系统也可以从固定资产管理系统取得数据，进行加工分析。固定资产管理系统与其他系统之间的关系见图6-2。

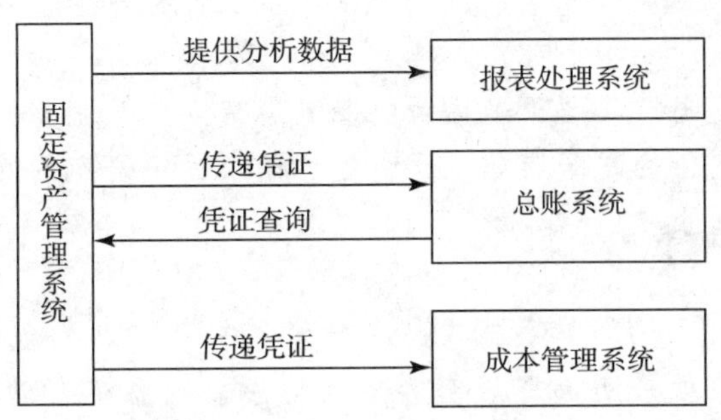

图6-2　固定资产管理系统与其他系统之间的关系

任务二　固定资产管理系统的初始设置

固定资产管理系统初始化设置主要包括：账套各项参数的设置、部门对应折旧科目设置、资产类别设置、增减方式设置、使用状况设置、折旧方法设置、卡片项目定义、卡片样式定义和原始卡片输入等。

固定资产核算首先要建立固定资产账套，即建立核算单位。固定资产账套是在企业的会计账套下建立的，其含义和作用与总账系统是一致的。建立账套要设置账套参数，需要确定账套编号与标识符、单位名称、主管、是否计提折旧、是否与总账系统对账及对账科目、资产类别等编码结构和启用日期，还要指明账套路径和总账系统路径，以方便向总账系统转账、对账。

一、活动一：建立固定资产账套

【任务引入】

以“demo”的身份，密码：DEMO，注册固定资产系统，建立广东凯琪工业有限公司账套，资料如下：

1. 使用会计期间

固定资产的账套启用月份为2017年2月。

2. 折旧信息

采用“平均年限法（一）”计提折旧，折旧汇总分配周期为一个月，当“月初已计提月份=可使用月份-1”时将剩余折旧全部提足。

3. 与财务系统接口信息

要求固定资产管理系统与总账系统进行对账；

固定资产对账科目为“1601，固定资产”，累计折旧对账科目为“1602，累计折旧”。

4. 其他信息

资产类别编码长度："2—1—1—2"；

固定资产编码方式采用按"类别编号＋序号"自动编码，序号长度为"5"；

对账不平衡的情况下允许固定资产月末结账。

【知识链接】

建账工作是整个固定资产管理正确运行的基础。建立一个完整的账套，是系统正常运行的根本保证。通过系统提供的建账向导，逐步完成整个固定资产的建账工作。

【任务分析及操作步骤】

(1) 注册"企业应用平台"，双击"业务工作"中的"财务会计"下的"固定资产"，进入固定资产管理系统，如果所选择账套为首次使用，则系统自动提示"……是否进行初始化"，单击"是"按钮（见图6－3）。了解约定及说明后，选中"我同意"后，单击"下一步"按钮（见图6－4）。

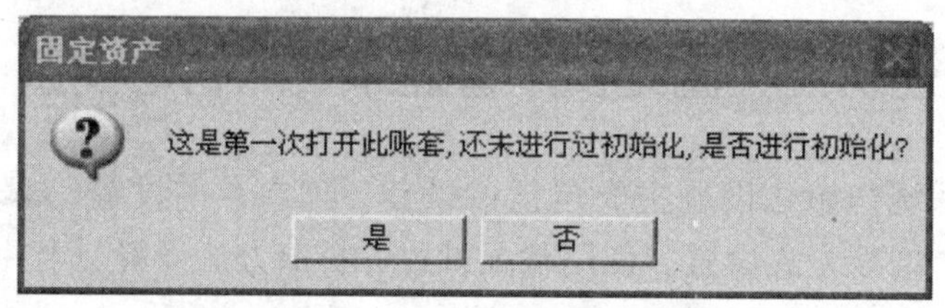

图6－3 初始化提示对话框

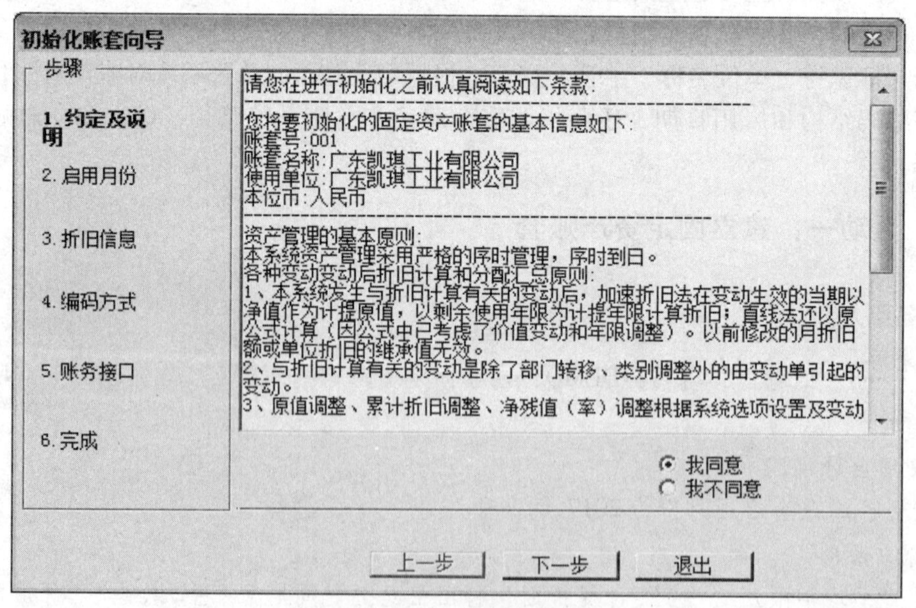

图6－4 初始化向导对话框－1

(2) 使用会计期间设置。本固定资产账套开始使用的年份和月份为2017年2月（见图6－5）。

固定资产管理系统开始使用期间不能大于总账系统管理建立账套的日期。

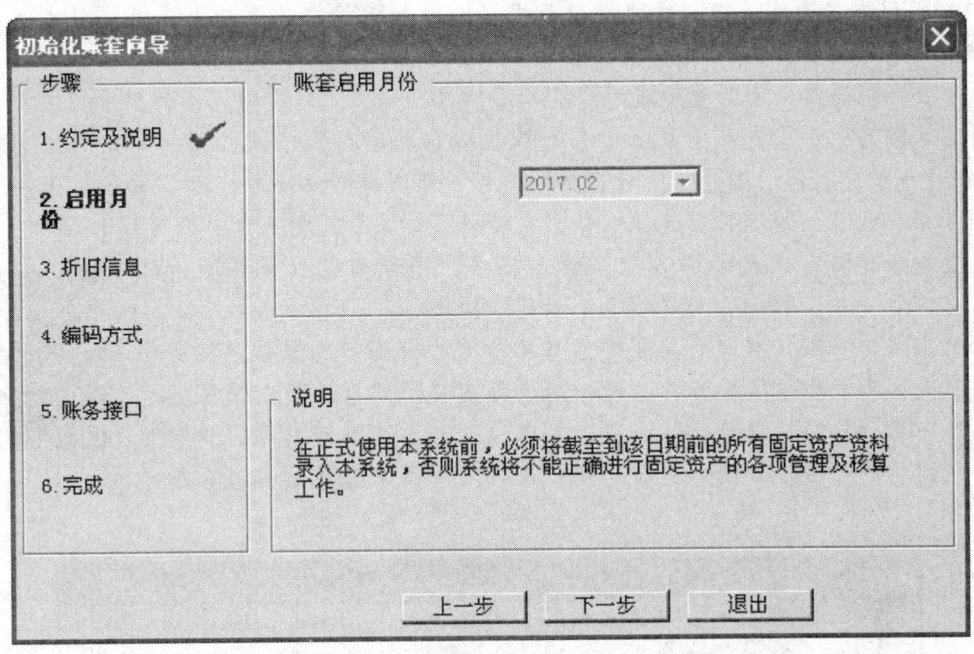

图6-5　初始化向导对话框-2

(3) 折旧信息设置。系统提供了7种折旧方法，即不提折旧、平均年限法（一）、平均年限法（二）、工作量法、年数总和法、双倍余额递减法（一）、双倍余额递减法（二）。企业根据自身的需要确定计提折旧的方法。企业在实际计提折旧时，不一定每个月计提一次，可根据所处的行业和自身实际情况确定计提折旧和将折旧归集入成本和费用的周期。

选择本账套固定资产采用的计提折旧方法、折旧汇总分配周期，并选择当"月初已计提月份=可使用月份-1"时将剩余折旧全部提足（见图6-6）。

输入正确后，单击"下一步"按钮。

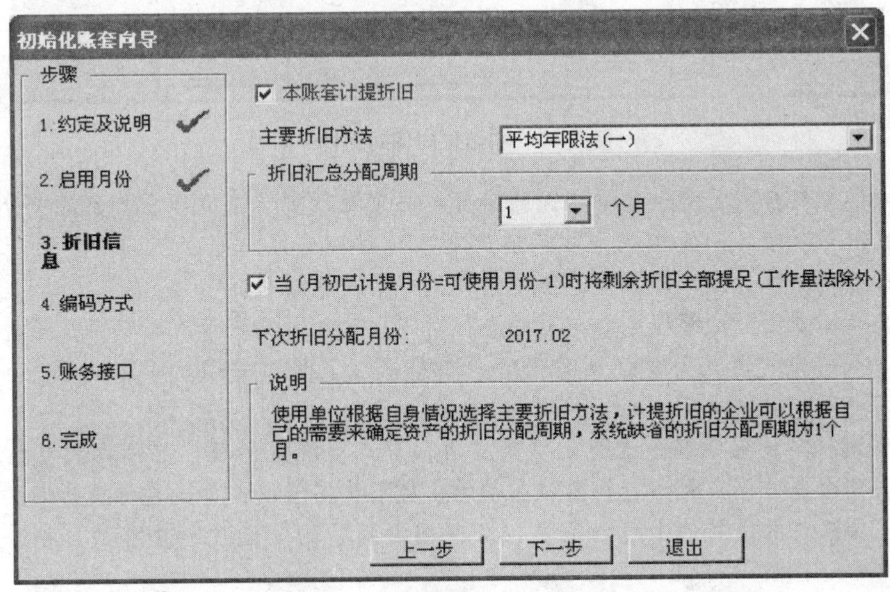

图6-6　初始化向导对话框-3

(4) 编码方式设置。资产类别是企业根据管理和核算的需要给资产做的分类。本系统类别编码最多可设置 8 级 20 位，系统推荐用国家规定的 4 级 6 位（2112）方式。

固定资产编码是资产的管理者给资产所编的序列码，可以在输入卡片时手工输入，也可以选用自动编码的形式自动生成。如果选择了“自动编码”方式，则可单击下拉列表，从“类别编号 + 序号、部门编号 + 序号、类别编号 + 部门编号 + 序号、部门编号 + 类别编号 + 序号”中根据企业的情况自行选择一种。自动编码的序号长度可自由设定为 1 ~5 位。

设置本账套固定资产编码方式、输入方法、序号长度（见图 6 –7）后，单击“下一步”按钮，可进行下一步建账操作。

注意

(5) 与总账系统的接口。为了确保系统所有固定资产的原值总额等于总账系统的固定资产一级科目的余额，所有固定资产的累计折旧总额等于总账系统中累计折旧一级科目的余额，可以选择与总账系统对账，这样可以在系统运行的任何时候执行对账功能，及时发现两个系统的偏差，并予以调整。

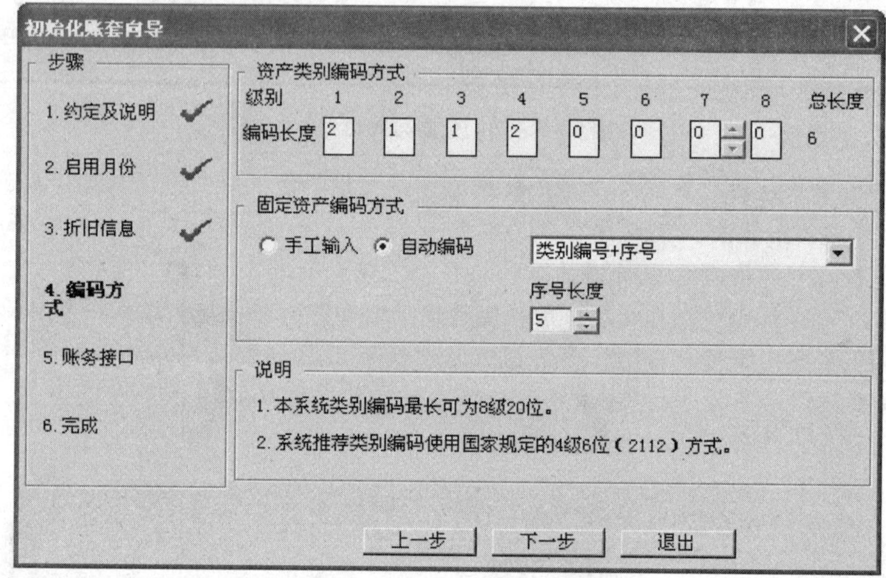

图 6 –7 初始化向导对话框 –4

如果选择了与总账系统进行对账，需要确定固定资产管理系统和总账系统中分别选择哪一会计科目进行对账。一般情况下固定资产对账科目应选择总账系统内固定资产的一级科目，累计折旧对账科目应选择总账系统中累计折旧的一级科目。

本账套选择固定资产管理系统与总账进行对账；输入固定资产对账科目、累计折旧对账科目；对账不平衡的情况下允许固定资产月末结账（见图 6 –8）。单击“下一步”按钮，可进行下一步建账操作。

(6) 系统初始设置审查。上述几步完成后，系统出现提示框，显示本次初始化的全部内容，需认真检查一下，因为有些内容在初始化后不能再修改，如是否计提折旧和开始使用期间是不能再修改的。其他上述各项可在“基础设置”的“选项”中修改。检查完毕，确认无误，单击“完成”按钮（见图 6 –9）。

(7) 确认、保存固定资产账套信息的设置，单击“是”按钮（见图 6 –10）。

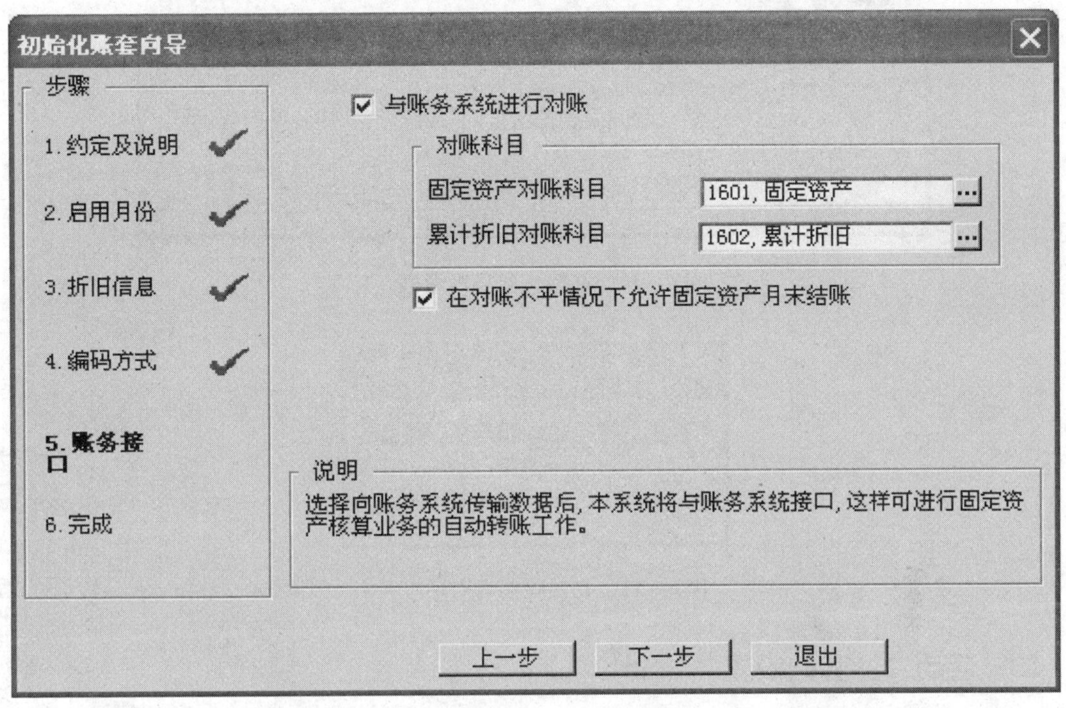

图6－8　初始化向导对话框－5

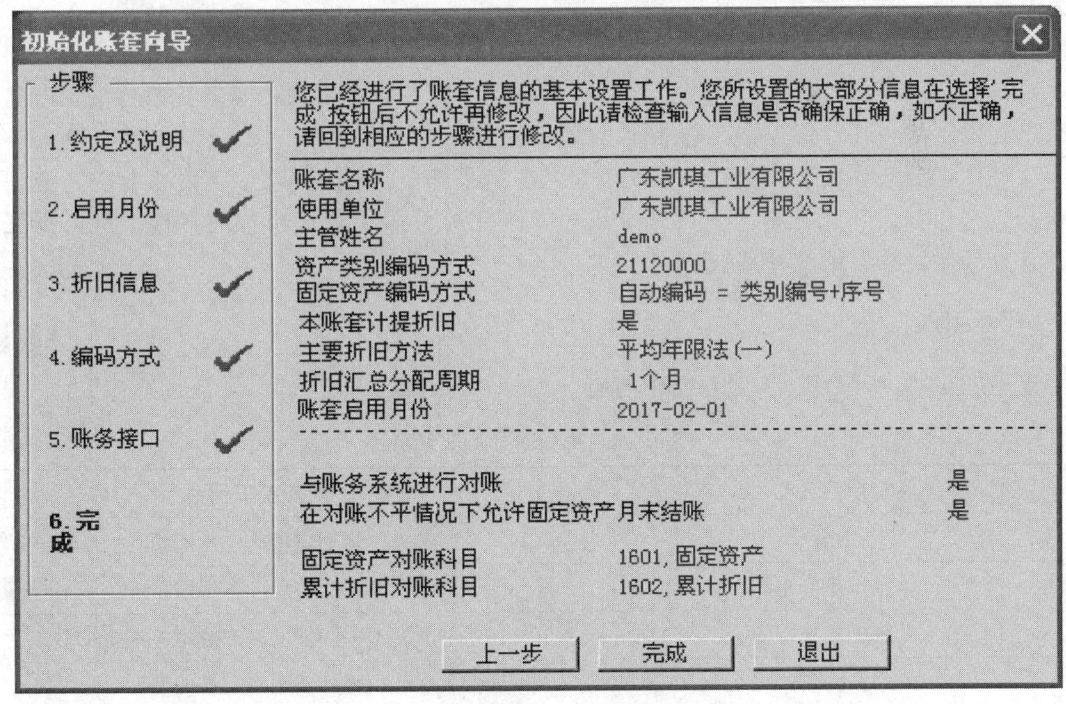

图6－9　初始化向导对话框－6

(8) 系统弹出“已成功初始化本固定资产账套!”，单击“确定”(见图6－11)。

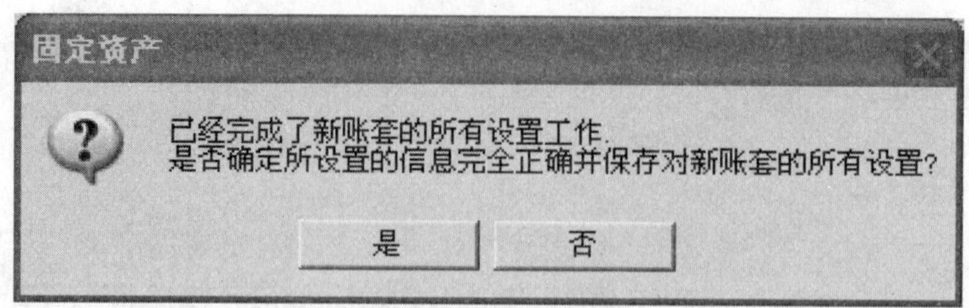

图 6-10 初始化向导对话框-7

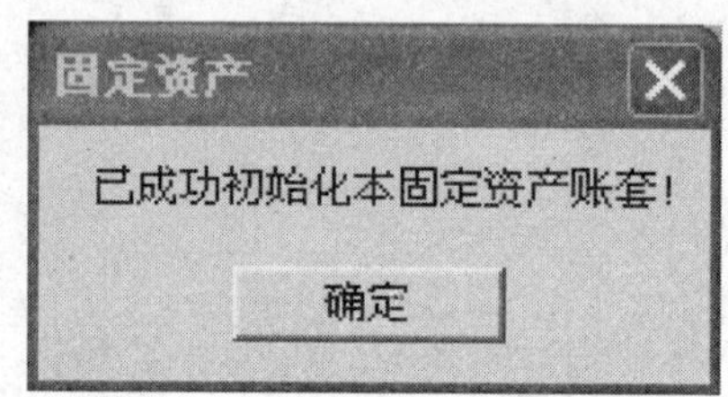

图 6-11 初始化向导对话框-8

二、活动二：基础设置

1. 部门对应折旧科目设置

【知识链接】

固定资产计提折旧后必须把折旧归入成本或费用。根据不同企业的具体情况，可按部门或类别归集。当按部门归集折旧费用时，一般情况下，某一部门内的资产折旧费用将归集到一个比较固定的科目，所以部门折旧科目的设置就是给部门选择一个折旧科目，输入卡片时，该科目自动默认在卡片中，不必逐个输入。如果部门还没有设置，可在固定资产管理系统选择“部门档案”设置部门。因为系统输入卡片时，只能选择明细级部门，所以设置折旧科目也只能设置明细级科目。

【任务引入】

设置表 6-1 所示的部门对应折旧科目。

表 6-1 部门对应折旧科目

部门名称	对应折旧科目
财务部	管理费用——折旧费
基本生产车间	制造费用——折旧费
辅助生产车间	生产成本——辅助生产成本——折旧费
公司医务室	管理费用——折旧费

续表

部门名称	对应折旧科目
销售部	销售费用——折旧费
公司总部	管理费用——折旧费

【任务分析及操作步骤】

(1) 在“固定资产”窗口，展开“设置”，双击“部门对应折旧科目”项，系统弹出“部门对应折旧科目”窗口（见图6－12）。

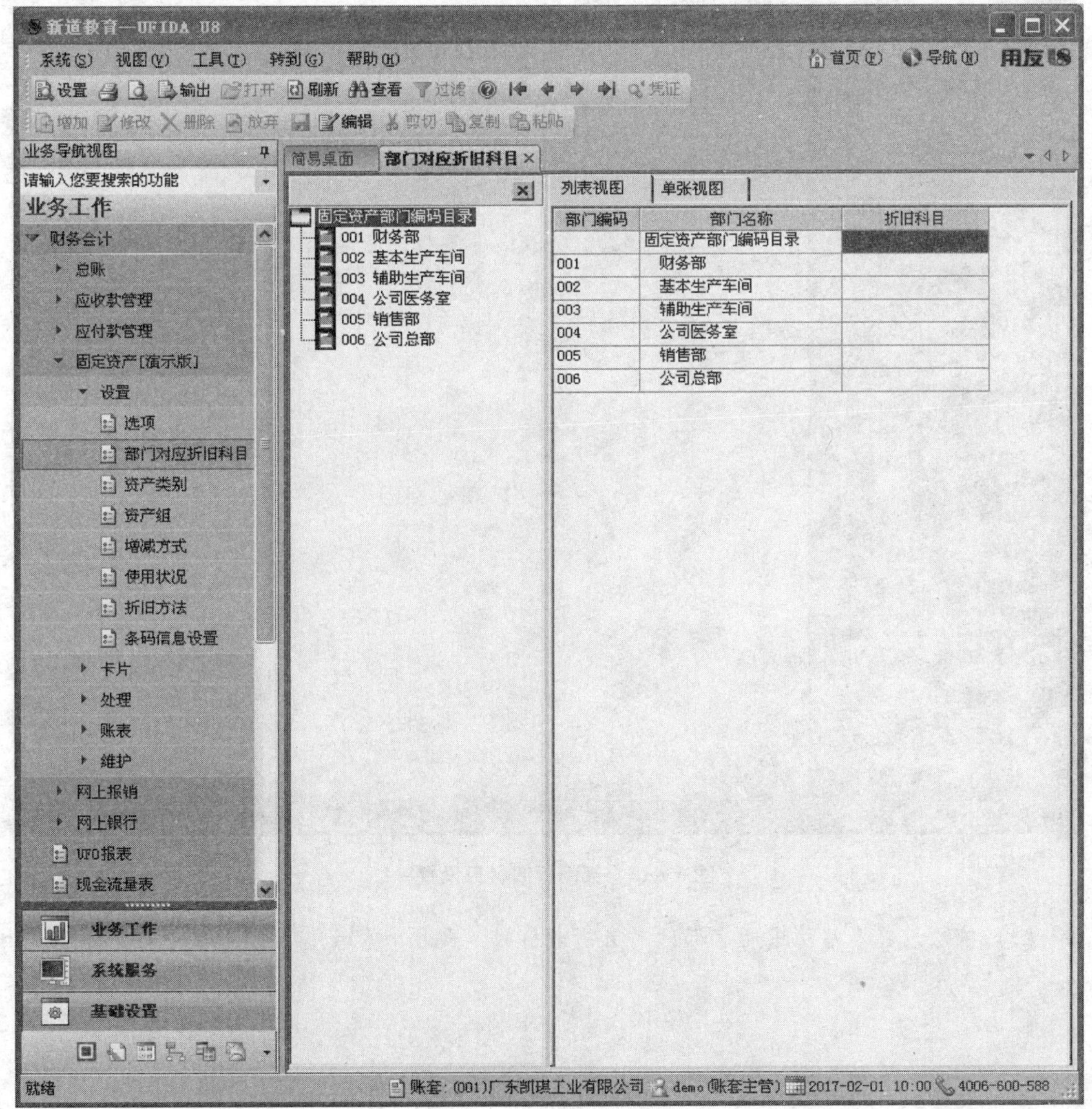

图6－12　部门编码目录

(2) 选中“固定资产部门编码目录”中的“001　财务部”，单击工具栏中的“修改”

按钮，选择输入“管理费用——折旧费”科目，单击工具栏中的“保存”按钮（见图6－13）。

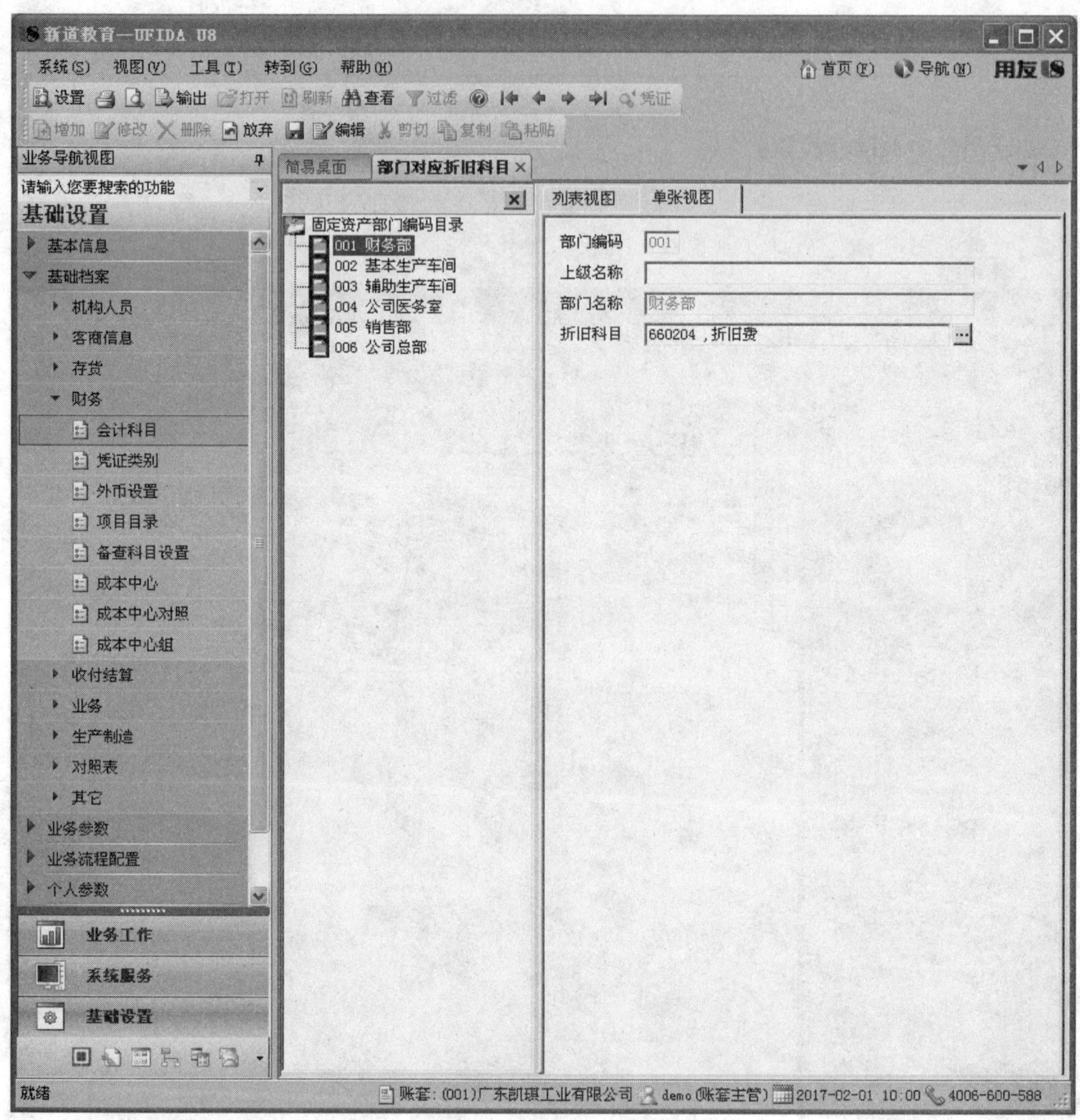

图6－13 部门折旧科目设置－1

（3）依次设置本活动中所有部门对应折旧科目（见图6－14）。

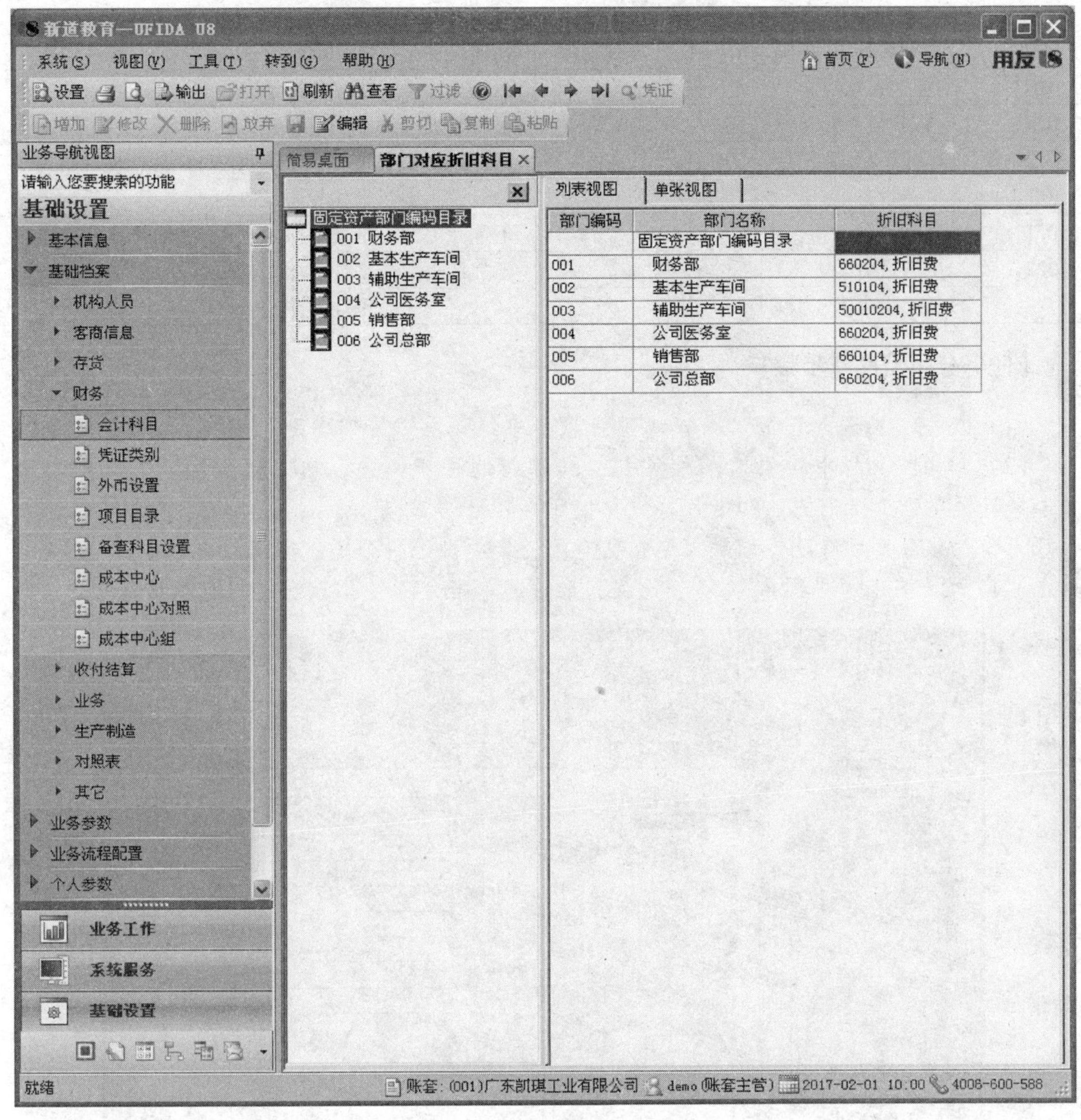

图 6-14 部门折旧科目设置-2

2. 资产类别设置

【知识链接】

固定资产的种类繁多，规格不一，要强化固定资产管理，及时准确做好固定资产核算，必须科学地做好固定资产的分类，为核算和统计管理提供依据。企业可根据自身的特点和管理要求，确立一个较为合理的资产分类方法。

【任务引入】

设置表 6-2 所示的固定资产管理系统资产类别。

表6-2 资产类别表

代码	类别名称	使用年限	净残值率	计提属性	折旧方法	卡片样式
01	房屋建筑物				平均年限法（一）	通用样式
011	行政楼	50	4%	正常计提	平均年限法（一）	通用样式
012	车间厂房	50	4%	正常计提	平均年限法（一）	通用样式
02	机器设备				平均年限法（一）	含税卡片样式
021	办公设备			正常计提	平均年限法（一）	含税卡片样式
022	生产设备			正常计提	平均年限法（一）	含税卡片样式
03	运输设备				平均年限法（一）	通用样式

【任务分析及操作步骤】

（1）双击“设置”下的“资产类别”项，系统弹出“资产类别”窗口。

（2）单击工具栏中的“增加”按钮，增加新的资产类别，输入类别编码、类别名称，并选择计提属性、折旧方法和卡片样式。使用年限、净残值率、计量单位等信息可以输入，也可不输入并可日后修改。如果需要在已有的资产类别下再分类，则需要先选中该分类，再单击“增加”按钮（见图6-15）。设置完毕后，单击“保存”按钮，保存新增数据。

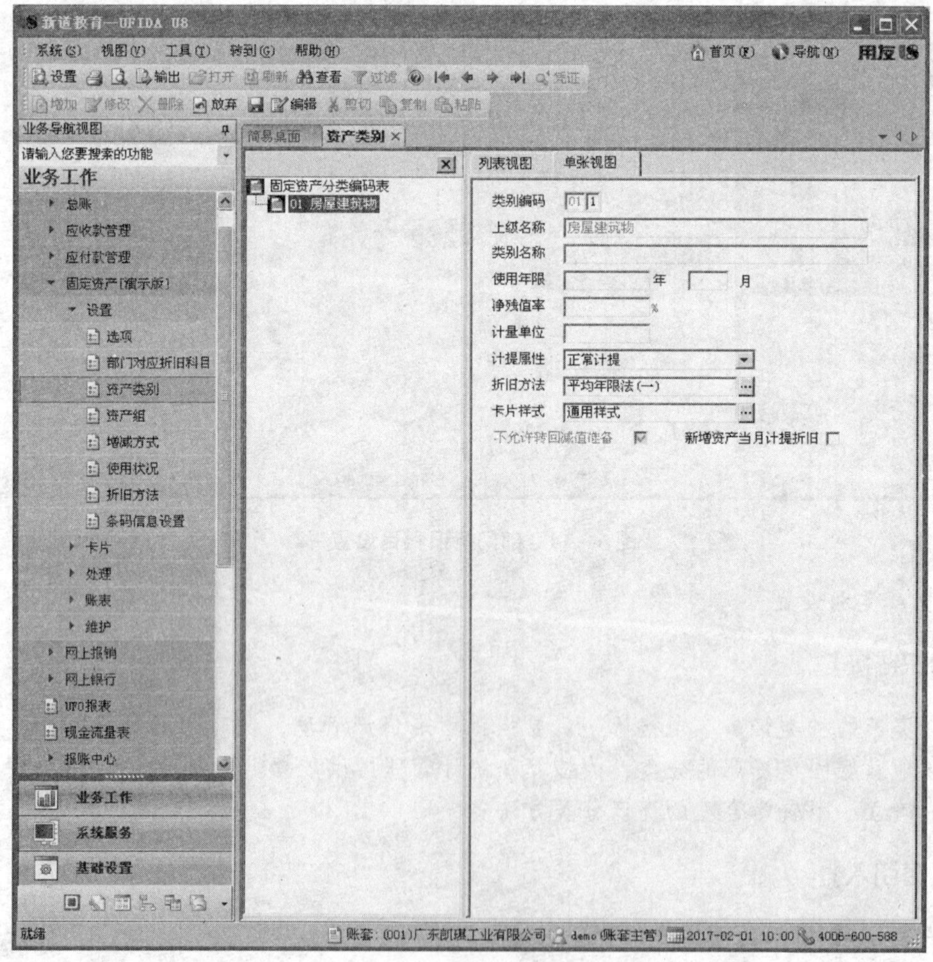

图6-15 资产类别设置-1

(3) 依次设置本活动中所有固定资产的类别（见图6－16）。

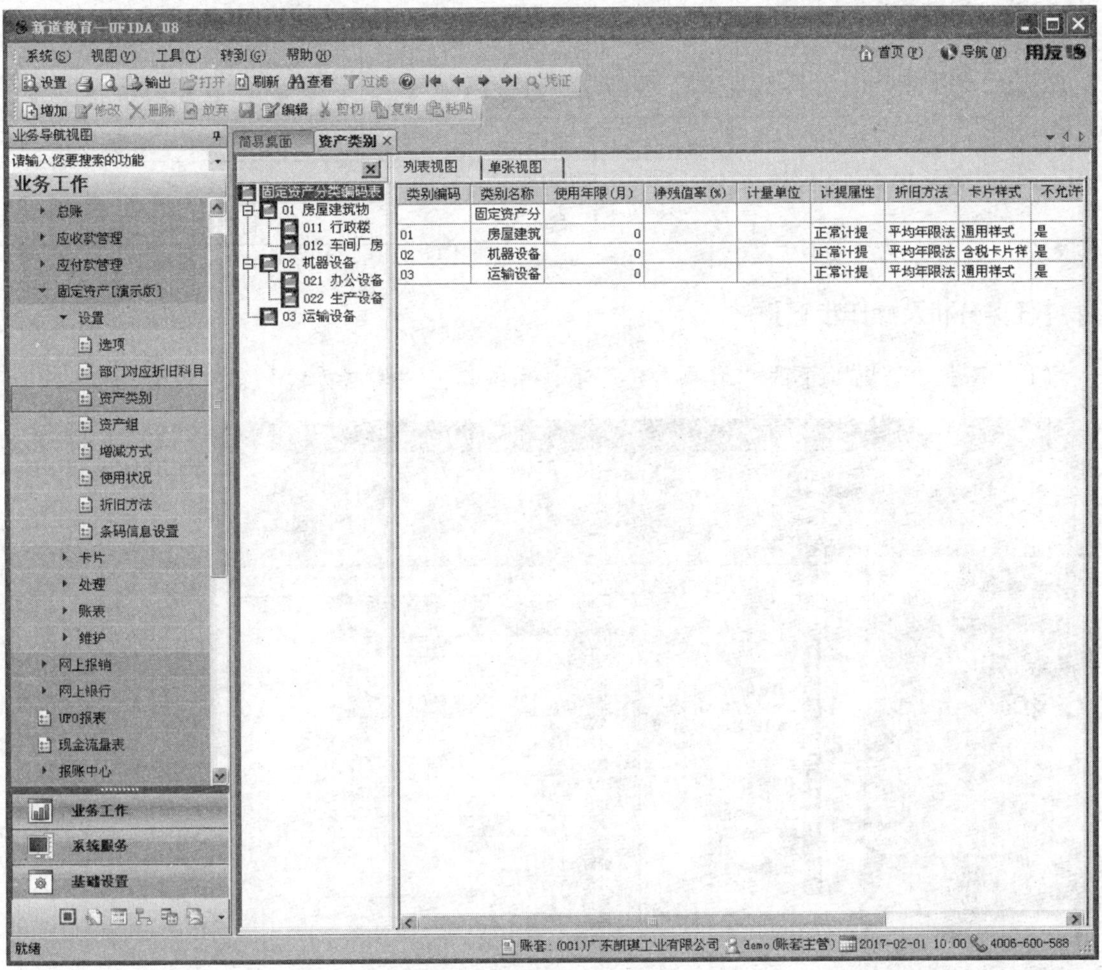

图6－16 资产类别设置－2

3. 增减方式对应入账科目设置

【知识链接】

增减方式包括增加方式和减少方式两类。设置资产增加或减少方式可以用来确定资产计价和处理的原则，同时明确资产的增加或减少方式，做到对固定资产增减的汇总管理条理化、明细化。设置增减方式的对应入账科目可便于在生成凭证时自动带出会计科目。

系统提供的增加方式主要有：直接购入、投资者投入、捐赠、盘盈、在建工程转入及融资租入等。

系统提供的减少方式主要有：出售、盘亏、投资转出、捐赠转出、报废、毁损及融资租出、拆分减少等。

【任务引入】

设置表6－3所示的增减方式的对应入账科目。

表 6－3 固定资产增减方式对应入账科目

项目	增减方式	对应入账科目
增加方式	直接购入	银行存款——工行人民币
	在建工程转入	在建工程
减少方式	出售	固定资产清理
	报废	固定资产清理
	盘亏	待处理财产损溢

【任务分析及操作步骤】

（1）双击“设置”下的“增减方式”项，系统弹出“增减方式”窗口（见图 6－17）。

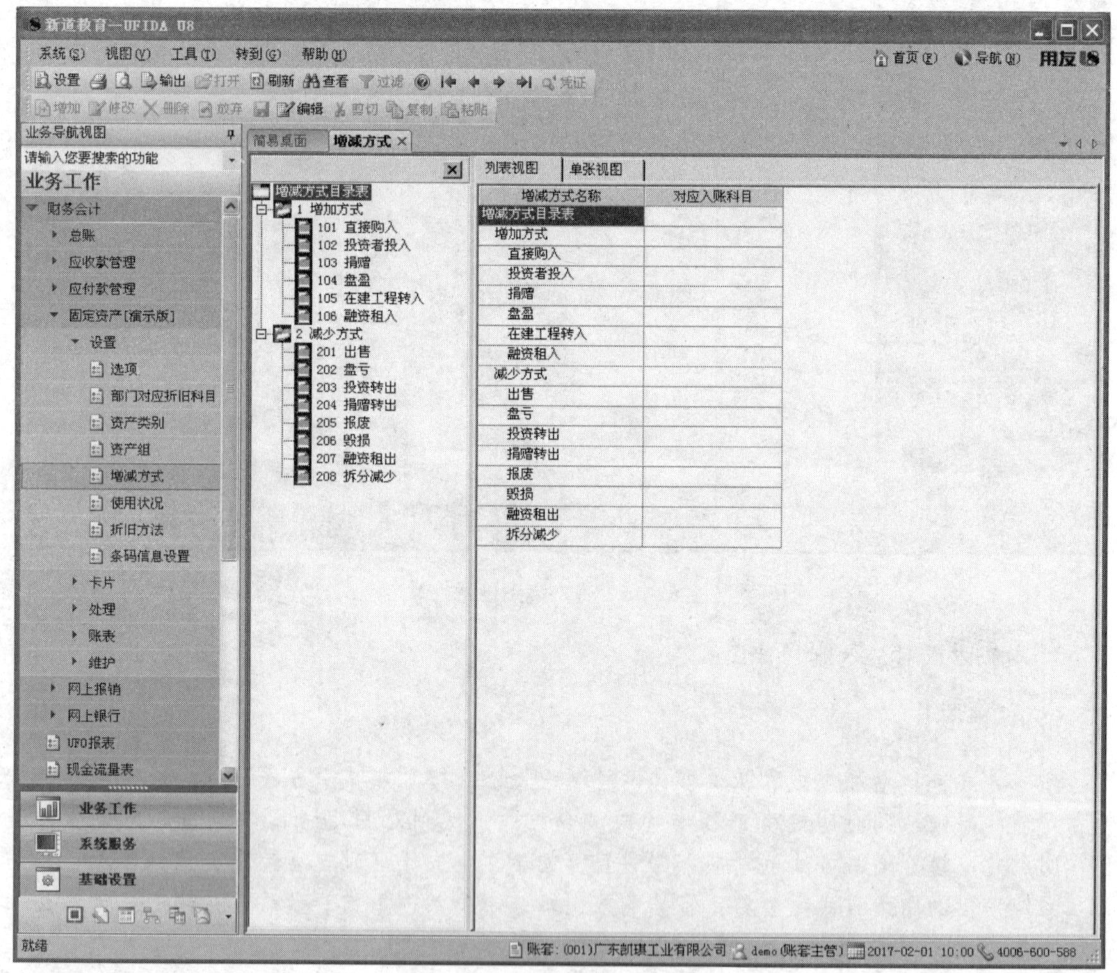

图 6－17 增减方式目录表

（2）选中“直接购入”所在行，单击“修改”按钮，打开“增减方式”窗口，在“对应入账科目”的参照按钮里选择“银行存款——工行人民币”（见图 6－18），单击“保存”，完成设置。

（3）以此方法继续设置其他增减方式对应入账科目（见图 6－19）。

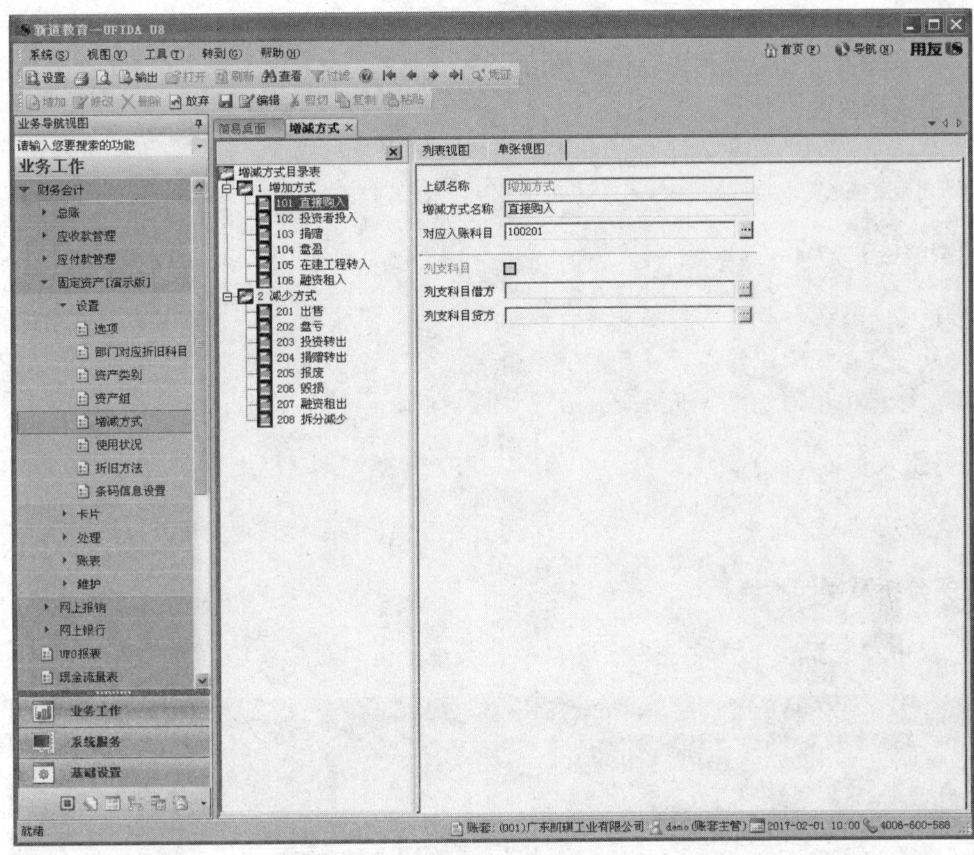

图 6－18　增减方式及对应科目设置－1

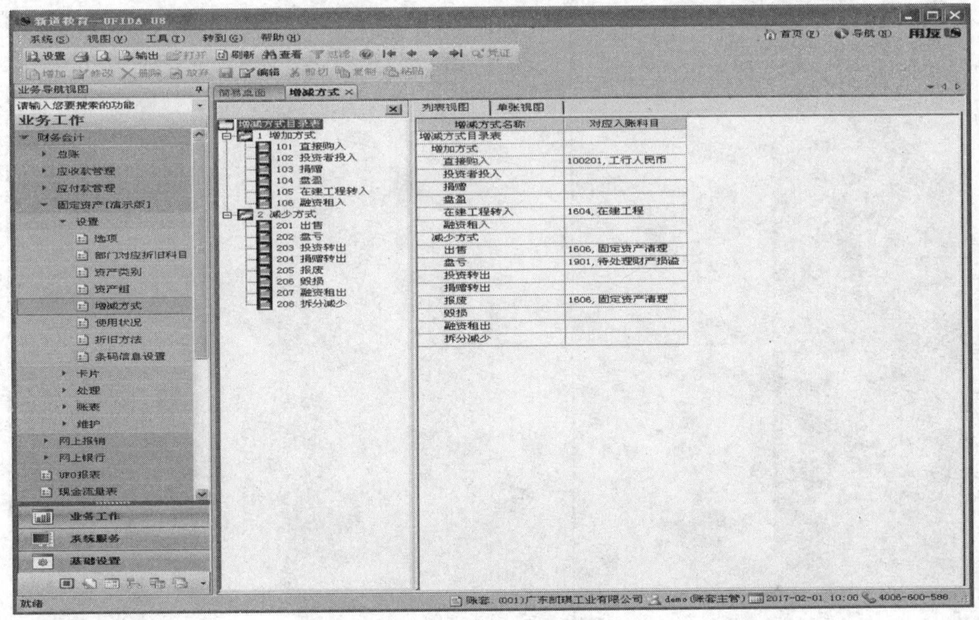

图 6－19　增减方式及对应科目设置－2

注意

（1）不能删除已使用的增减方式。

（2）不能删除非明细级方式。

（3）不能修改和删除系统默认的增减方式中“盘盈、盘亏、毁损”，因为系统提供的报表中有固定资产盘盈、盘亏报告表。

（4）生成凭证时，如果入账科目发生了变化，可以及时修改。

4. 使用状况设置

【知识链接】

从固定资产核算和管理的角度来看，明确资产的使用状况，一方面可以正确地计算和计提折旧；另一方面便于统计固定资产的使用情况，提高资产的利用效率。在设置时，根据不同类别固定资产的不同使用状况决定是否要计提折旧。

【任务引入】

使用状况分为：使用中（在用、季节性停用、经营性出租、大修理停用）、未使用、不需用。

【任务分析及操作步骤】

（1）双击“设置”下的“使用状况”项，系统弹出“使用状况”窗口（见图6－20）。

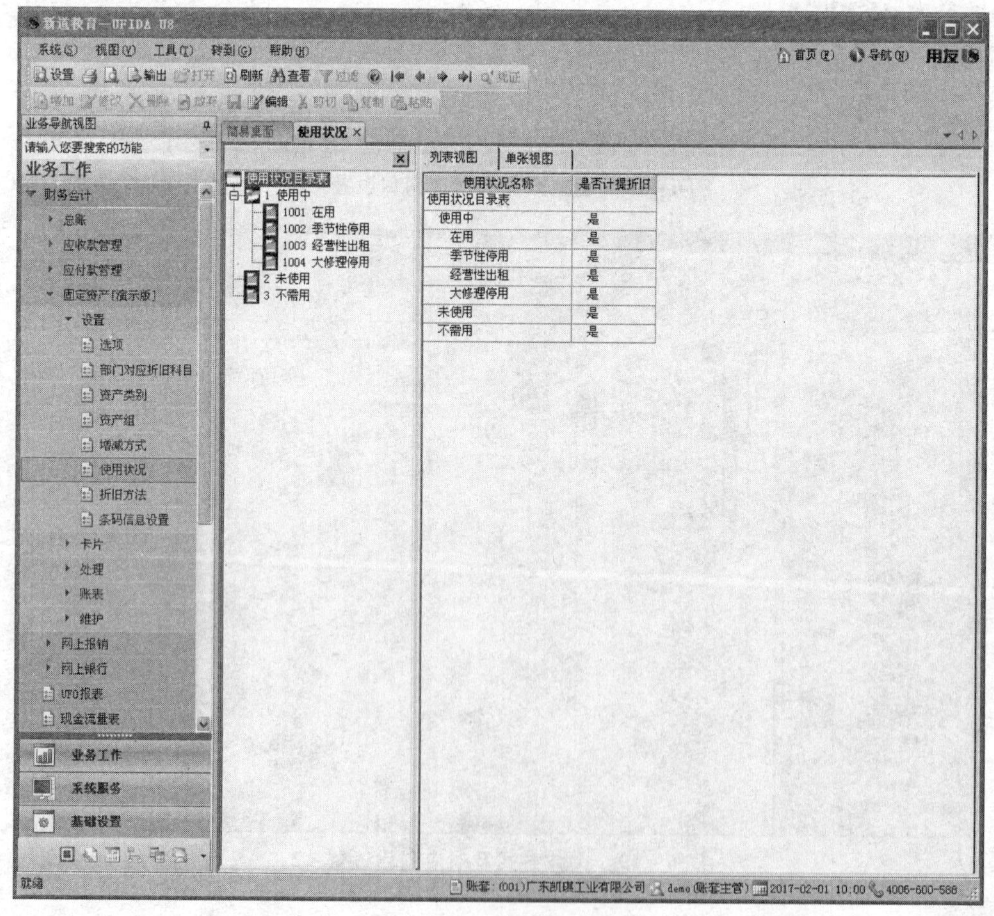

图6－20　使用状况设置

(2) 可以选定系统默认的使用状况，也可以单击“增加”“修改”或“删除”按钮进行重新设置，最后单击“保存”按钮完成设置。

5. 折旧方法设置

【知识链接】

折旧方法设置是系统自动计算折旧的基础。系统提供7种常用方法：不提折旧、平均年限法（一）、平均年限法（二）、工作量法、年数总和法、双倍余额递减法（一）和双倍余额递减法（二），并列出它们相应的折旧计算公式。这7种方法是系统默认的折旧方法，不能删除和修改。核算单位也可以根据需要来定义折旧方法。

【任务引入】

设置查看常用折旧方法。

【任务分析及操作步骤】

(1) 双击“设置”下的“折旧方法”项，系统弹出“折旧方法”窗口，该窗口列出已有的折旧方法（见图6-21）。

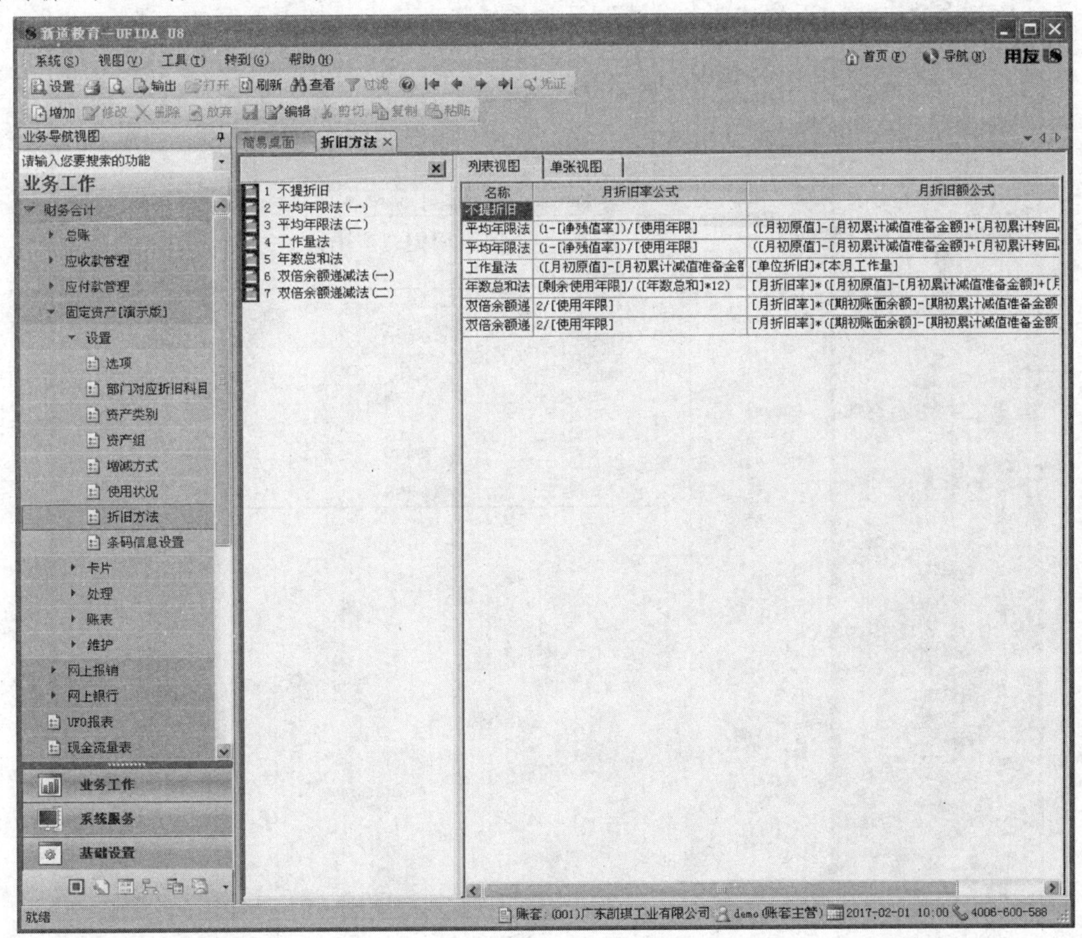

图6-21 折旧方法设置

（2）单击工具栏中的“增加”按钮，系统弹出“折旧方法定义”窗口，在此可新增自定义折旧方法。与系统预设的7种折旧方法不同的是，用户新增的自定义折旧方法可以删除和修改。

6. 卡片样式定义

卡片项目定义

【知识链接】

卡片样式指固定资产卡片的整体外观，包括格式（表格线、对齐形式、字体大小、字型等）、项目和项目的位置。各核算企业的需求不同，所要求的卡片样式可能也不同，所以系统提供卡片样式定义功能，系统默认的卡片是通用样式，也可以在通用样式的基础上进行修改。

【任务引入】

增加模板名为“通用样式1”的新卡片，该卡片须在通用样式的基础上将卡片中的“存放地点”项目删除。

【任务分析及操作步骤】

（1）双击“卡片”下的“卡片样式”项，系统弹出“卡片样式”窗口（见图6-22）。

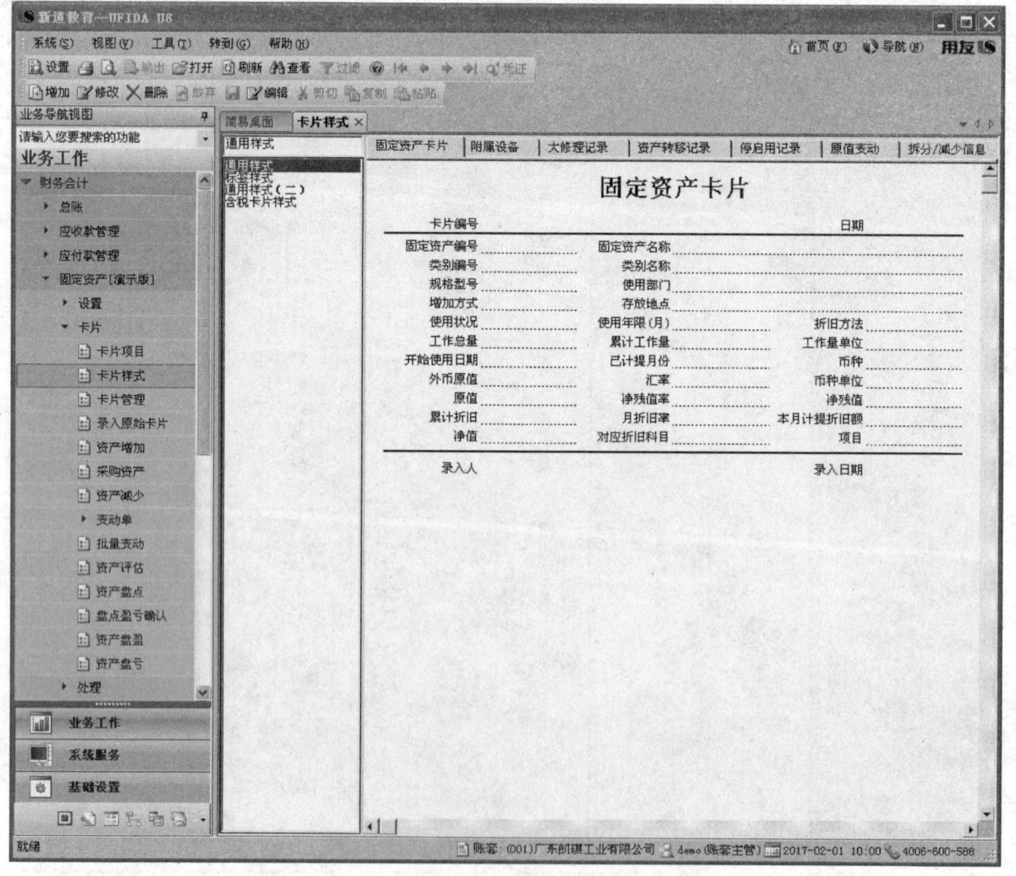

图6-22 卡片样式

(2) 系统提供一个通用样式，单击工具栏中的“增加”按钮增加新的卡片样式，系统提示“是否以当前卡片样式为基础建立新样式”，单击“是”按钮，即可按照通用样式增加新的卡片样式（见图6－23)。

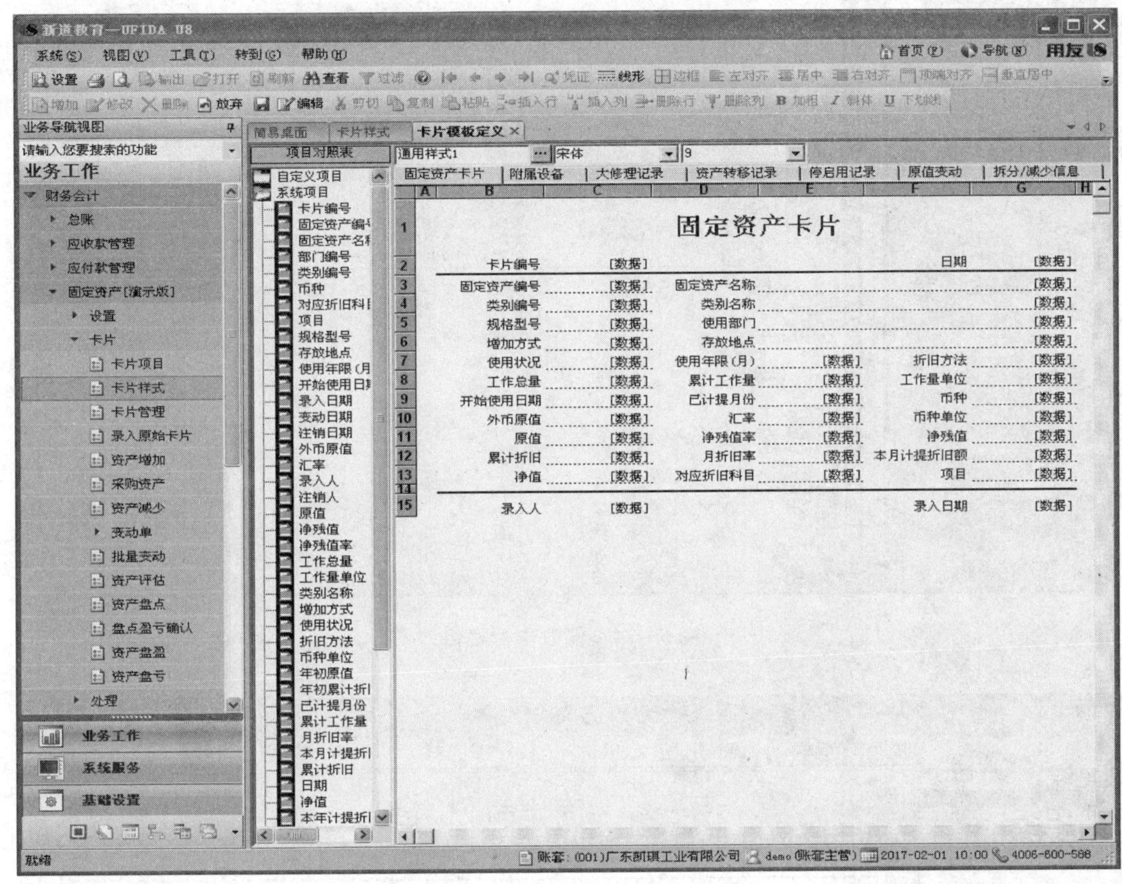

图6－23　新增卡片样式设置

(3) 选中卡片中的“存放地点”栏（见图6－24)，单击工具栏上的“编辑”按钮，选择“项目移出”(也可以用选定具体的卡片项目，然后单击鼠标右键，在弹出的菜单列表中对该卡片项目进行具体设置)。

(4) 最后给修改完成的卡片模板定义一个新的模板名“通用样式1”，单击工具栏上的“保存”按钮保存模板（见图6－25)。

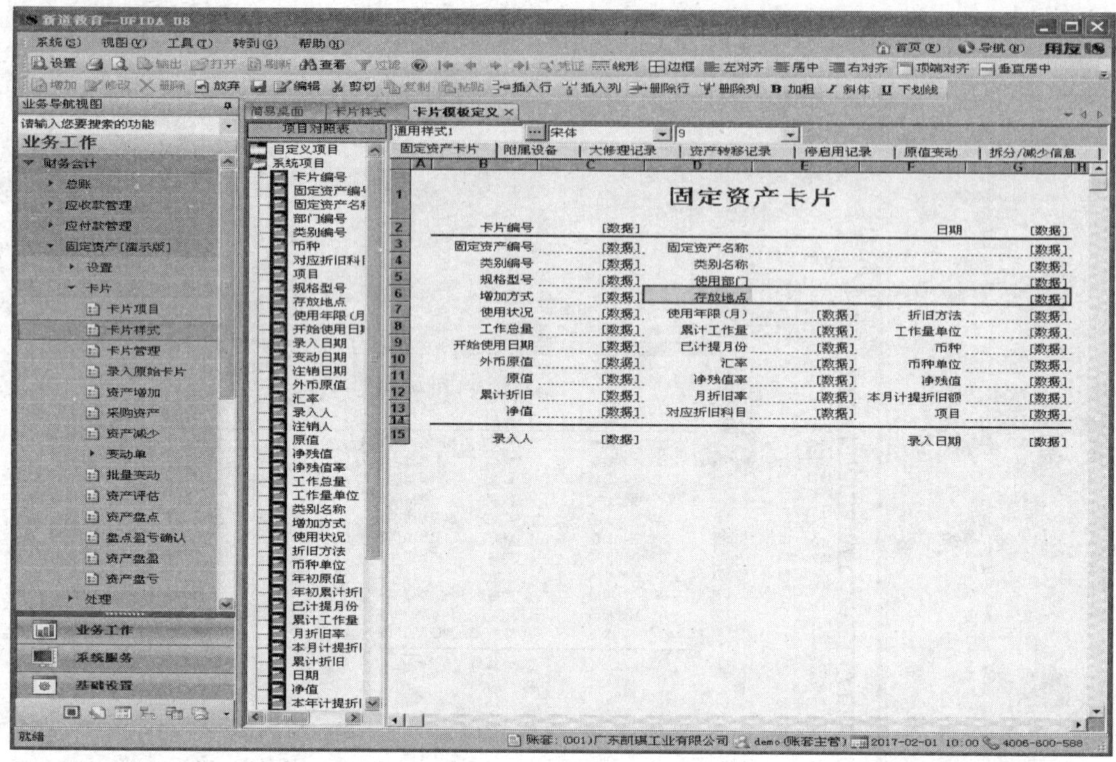

图 6－24 修改卡片栏目

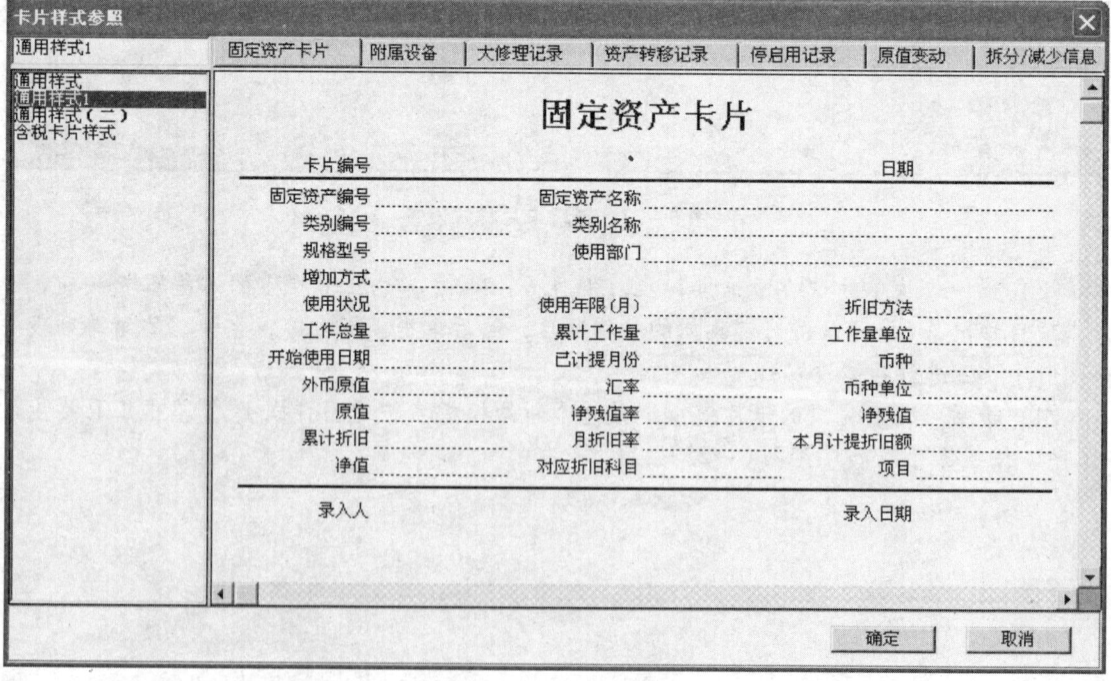

图 6－25 卡片样式设置

三、活动三：原始卡片录入

【知识链接】

原始卡片是指卡片所记录的固定资产开始使用日期是在建账日期之前，即已使用过并已计提折旧的固定资产卡片。企业在使用固定资产管理系统进行核算前，必须将原始卡片资料输入系统，保持历史资料的连续性。

【任务引入】

录入表 6－4 所示的固定资产原始卡片（所列固定资产都为单个部门使用）。

表 6－4　固定资产原始卡片表

卡片编号	00001	00002	00003	00004	00005
固定资产编号	01100001	01200001	02200001	02200002	02100001
固定资产名称	甲楼	乙楼	A 生产线	B 生产线	汽车
类别编号	011	012	022	022	021
类别名称	行政楼	车间厂房	生产设备	生产设备	办公设备
部门名称	公司总部	基本生产车间	基本生产车间	基本生产车间	公司总部
增加方式	直接购入	在建工程转入	在建工程转入	在建工程转入	直接购入
使用状况	在用	在用	在用	在用	在用
使用年限（月）	600	600	100	100	100
折旧方式	平均年限法（一）	平均年限法（一）	平均年限法（一）	平均年限法（一）	平均年限法（一）
开始使用的年限	2014－03－05	2013－09－09	2013－12－06	2014－07－08	2014－02－01
币种	人民币	人民币	人民币	人民币	人民币
原值	4 000 000	780 000	215 000	146 000	400 000
净残值率	4%	4%	4%	4%	2%
净残值	160 000	31 200	8 600	5 840	8 000
累计折旧	217 600	49 920	76 368	42 048	137 200
月折旧率	0.0016	0.0016	0.0096	0.0096	0.0098
本月计提折旧额	6 400	1 248	2 064	1 401.6	3 920
净值	3 782 400	730 080	138 632	103 952	262 800
对应折旧科目	管理费用（折旧费）	制造费用（折旧费）	制造费用（折旧费）	制造费用（折旧费）	管理费用（折旧费）

【任务分析及操作步骤】

（1）单击“卡片”下的“录入原始卡片”项，选择增加的卡片类别“行政楼”（见图 6－26）。

（2）单击“确定”按钮，系统弹出“固定资产卡片”00001 号卡片窗口（见图 6－27）。

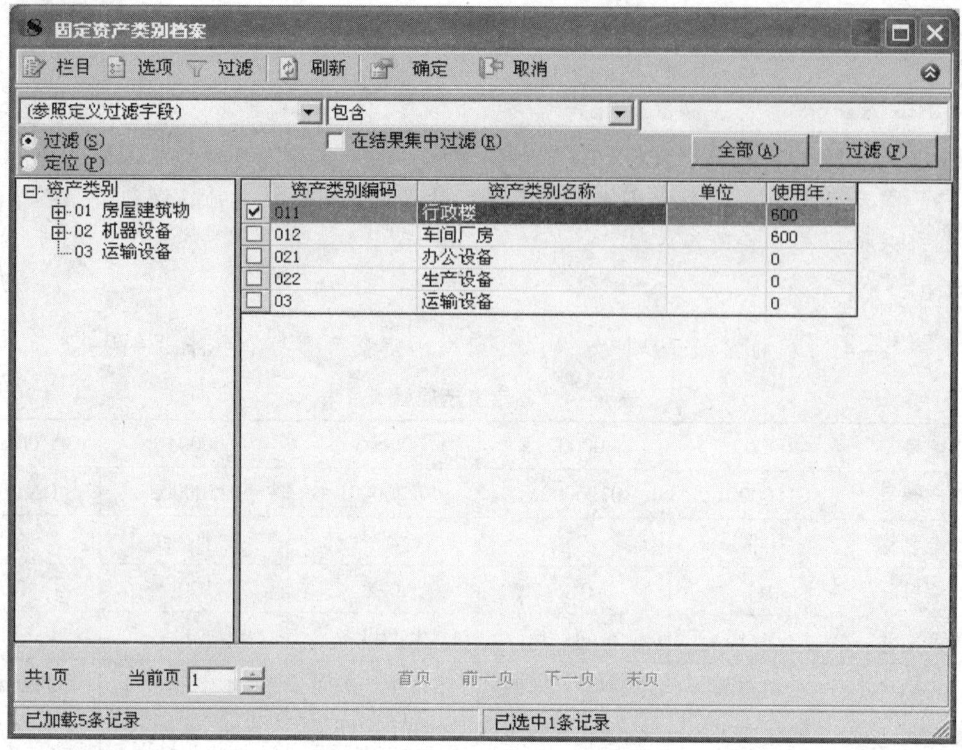

图6－26 录入原始卡片－1

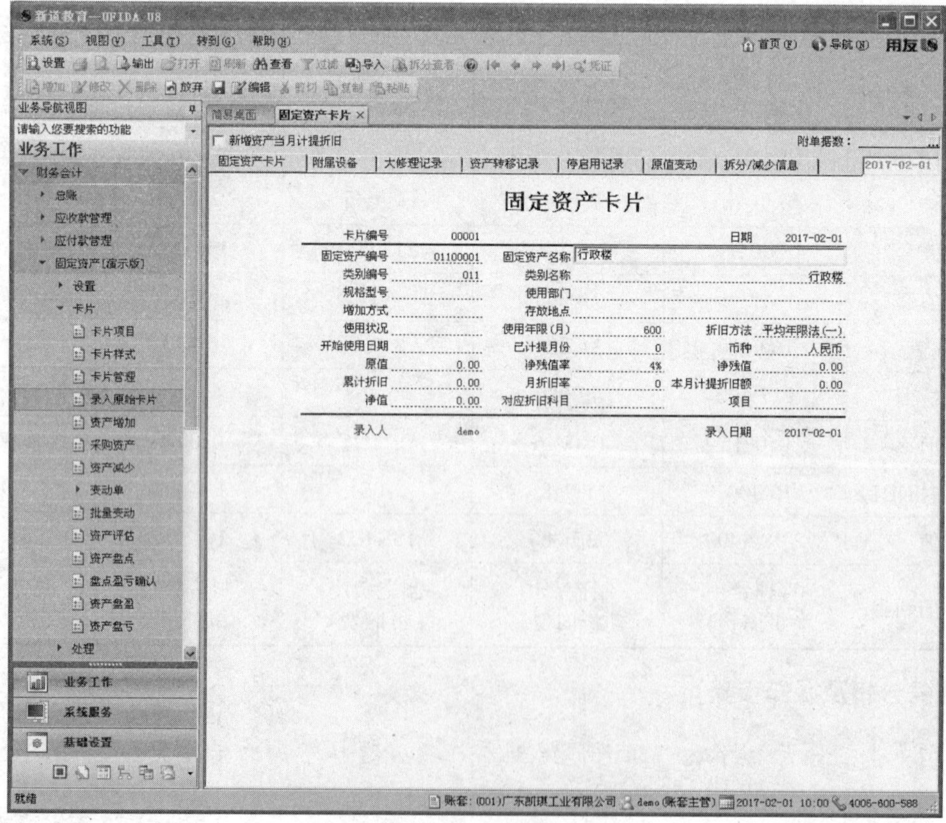

图6－27 录入原始卡片－2

(3) 在各项目中录入表6-4中“甲楼”的原始卡片信息（见图6-28），录入完毕，单击“保存”按钮。

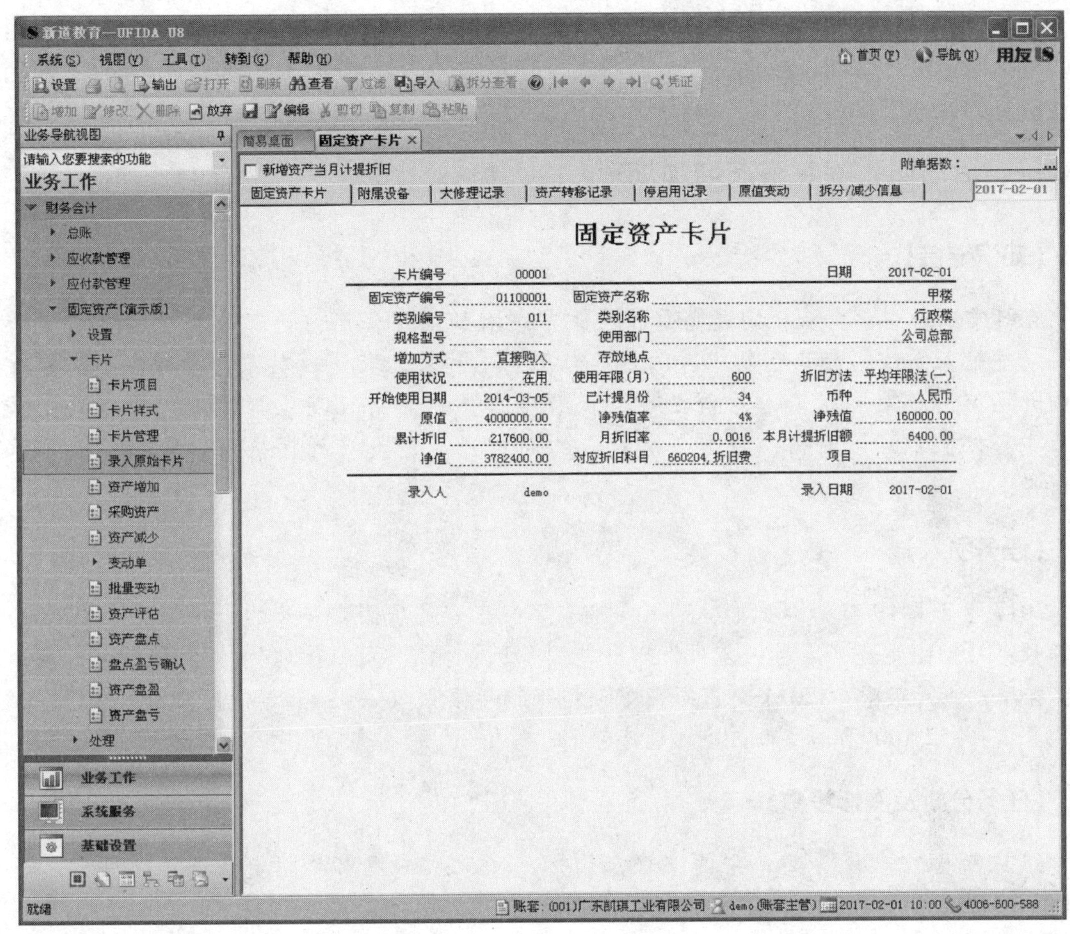

图6-28　录入原始卡片-3

(4) 依次录入本活动中其他4个固定资产的原始卡片信息。

注意

(1) 固定资产编号和类别编号根据前面“资产类别”初始化输入设置情况，由系统自动生成；固定资产名称需要人工输入。

(2) 使用部门、增加方式和使用状况是参照输入。

(3) 使用年限、净残值率、折旧方法及币种都是系统默认值，但可以修改。

(4) 对应折旧科目是根据部门对应折旧科目设置而定。如果选择单个部门，可以修改默认的对应折旧科目。

(5) 如果一项固定资产的使用涉及多个部门，则选择多个部门，且按照一定比例分配折旧费用，一般不能修改对应折旧科目。

任务三　固定资产管理系统日常业务处理

初始设置工作完成后，一般很少改动，平时所做的大部分工作是固定资产的日常应用工作，包括固定资产增加、减少、变动调整，工作量输入，计提折旧，折旧分配和月末处理等变动信息的处理工作。

一、活动四：固定资产增加处理

【知识链接】

在日常工作中，企业会购进或通过其他方式增加固定资产，该部分资产通过“资产增加”功能输入系统，相当于新卡片输入。与原始卡片输入相比，其不同之处在于：原始卡片的开始使用日期应在输入月份之前，新卡片的开始使用日期应与输入月份相同；原始卡片中可以显示月折旧额，新增卡片对应的固定资产还没有计提折旧，因此不能显示月折旧额。

【任务引入】

2017 年 2 月 19 日，经批准，购入一辆东风汽车。该项固定资产的卡片编号：00006；类别编号：03；固定资产名称：东风汽车；使用部门：销售部；增加方式：直接购入；使用状况：在用；使用年限：120 个月；折旧方法：平均年限法（一）；开始使用日期：2017－02－01，原值：152 100 元人民币；净残值率：5%。

【任务分析及操作步骤】

（1）双击“卡片”菜单中的“资产增加”项，系统弹出“固定资产类别档案”窗口（见图 6－29）。

（2）选择需增加的固定资产类别“运输设备”，然后单击“确定”按钮，系统进入“固定资产卡片”窗口。依据卡片中的项目提示，将本活动中的数据依次录入相应的项目中（见图 6－30），最后单击“保存”按钮保存录入数据。

（3）单击该页面上面的“凭证”按钮，生成一张凭证，在付款凭证的借方科目中录入“固定资产”账户，录入其他相关数据后，保存设置，生成付－0011 号凭证（见图 6－31）。

注意

（1）因为是新增的固定资产，所以在进行固定资产的日期录入时，只能修改日，不能修改年与月。新增的固定资产第一个月不计提折旧，所以月折旧率与月折旧额为 0。

（2）对于固定资产多部门使用的情况，一般指该固定资产没有单一的使用部门，该固定资产的折旧费用由共同使用的部门分摊。

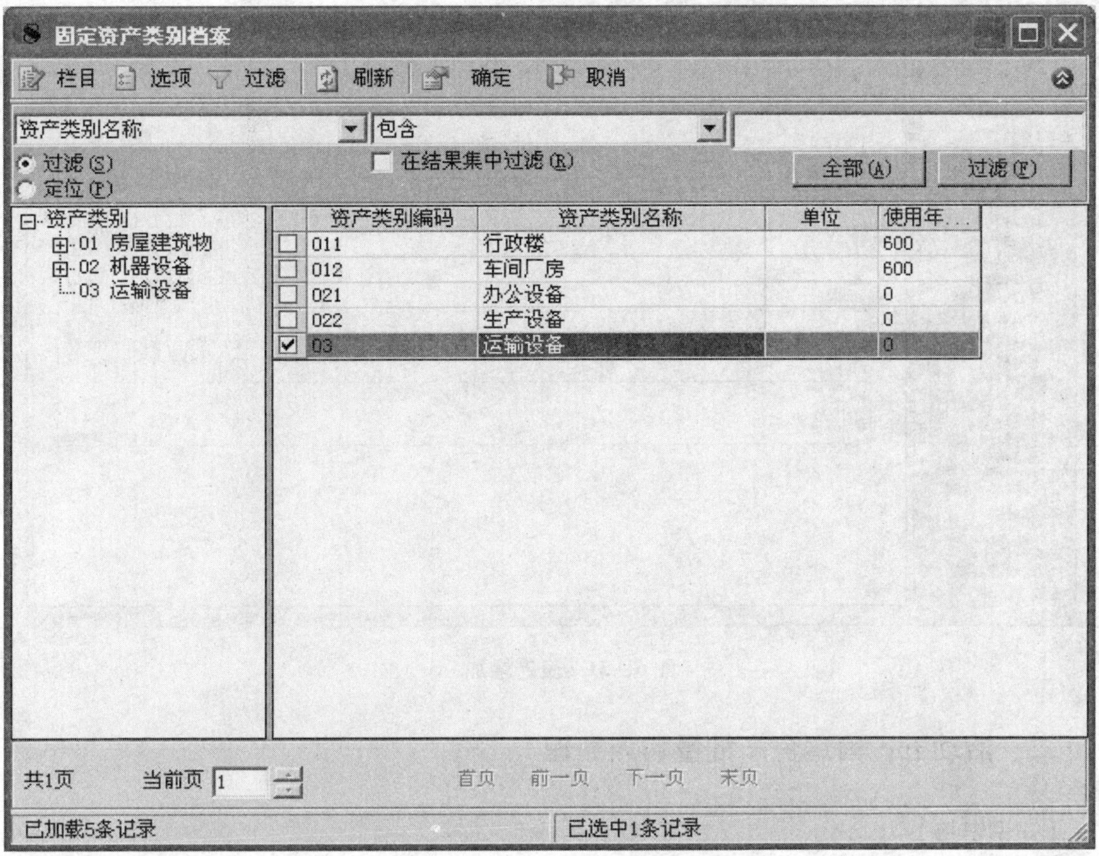

固定资产类别档案

栏目 选项 过滤 刷新 确定 取消

资产类别名称 包含

过滤(S) 定位(F) 在结果集中过滤(R) 全部(A) 过滤(F)

资产类别
- 01 房屋建筑物
- 02 机器设备
- 03 运输设备

	资产类别编码	资产类别名称	单位	使用年...
☐	011	行政楼		600
☐	012	车间厂房		600
☐	021	办公设备		0
☐	022	生产设备		0
☑	03	运输设备		0

共1页 当前页 1 首页 前一页 下一页 末页

已加载5条记录 已选中1条记录

图 6-29 资产增加-1

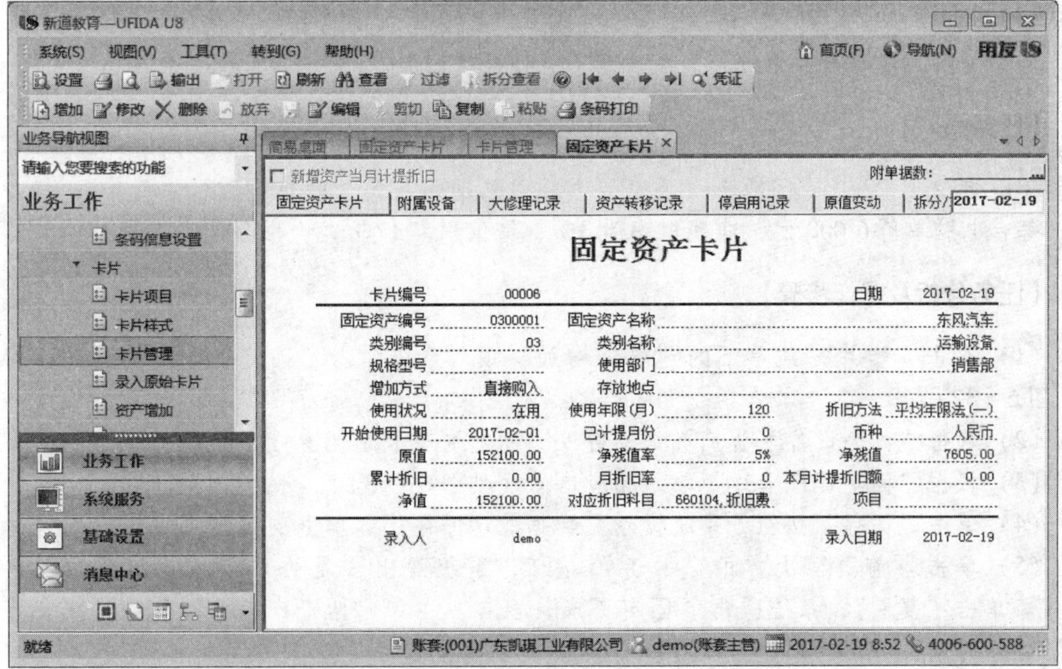

图 6-30 资产增加-2

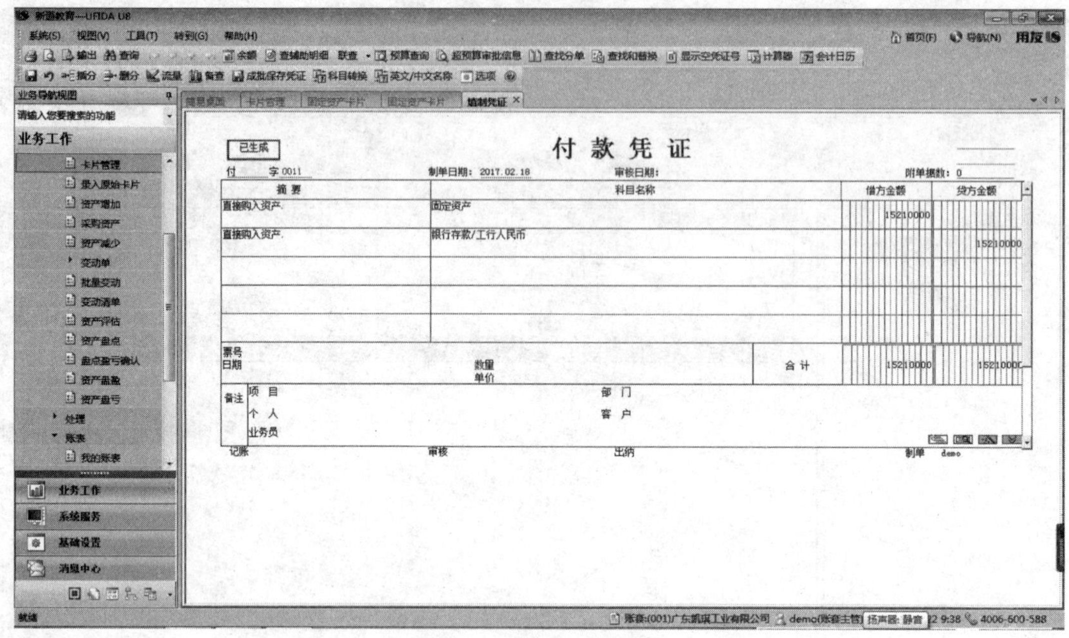

图6-31 资产增加-3

二、活动五：固定资产批量购入处理

【知识链接】

在日常工作中，企业会购进或通过其他方式增加多批量固定资产，该部分资产通过“资产增加”功能输入系统，相当于新卡片输入。批量增加固定资产与单项增加固定资产一样，开始使用日期与输入月份相同，当期不能计提折旧额。

【任务引入】

2017年2月22日，因业务发展需要，公司总部购入5台联想电脑。使用年限为96个月，每台电脑单价6 000元，净残值率为3%，增值税率17%，价税合计为7 020元。

【任务分析及操作步骤】

(1) 双击“卡片”菜单下的“资产增加”项，系统弹出“固定资产类别档案”窗口(见图6-32)。

(2) 双击“办公设备”资产类别，进入“固定资产卡片”窗口。

(3) 根据“固定资产卡片”录入相应信息（见图6-33)。

(4) 单击“保存”按钮，系统提示“数据成功保存!”，单击“确定”按钮。

(5) 单击当前页面上方的“放弃”按钮，系统弹出“是否取消本次操作?”，单击“是”。单击“复制”，系统弹出“固定资产”窗口。在“起始资产编号”和“终止资产编号”后分别输入02100003和02100006，卡片复制数量选择“4”（见图6-34)，单击“确定”，提示“卡片批量复制完成”(见图6-35)，单击“确定”按钮。

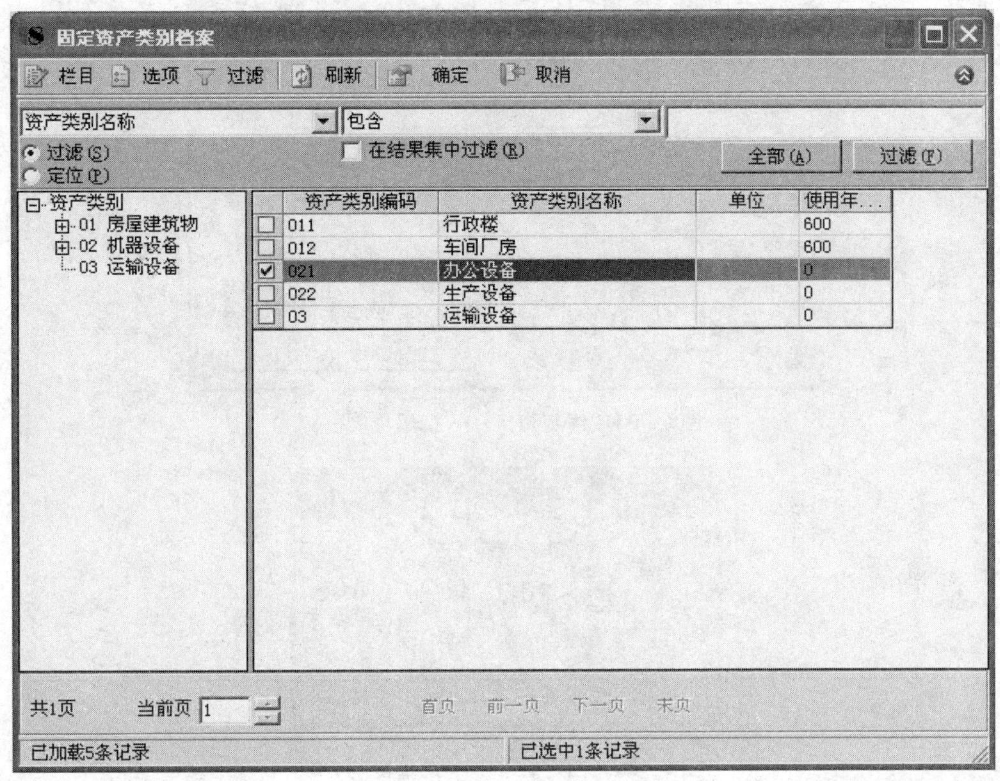

图 6－32　资产增加－4

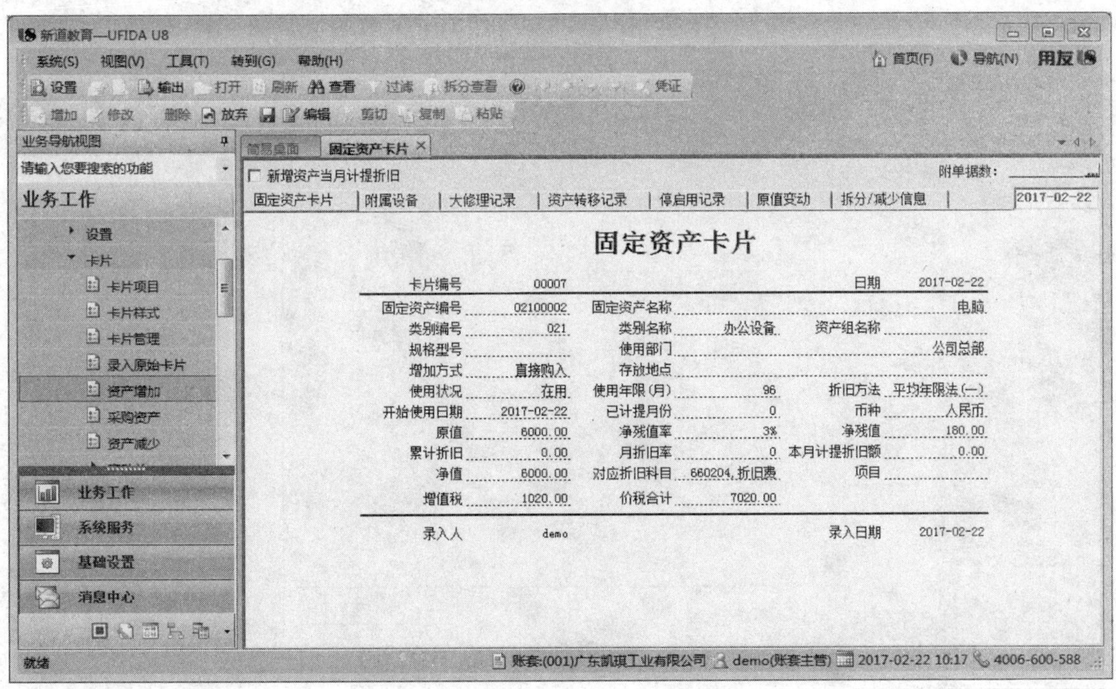

图 6－33　资产增加－5

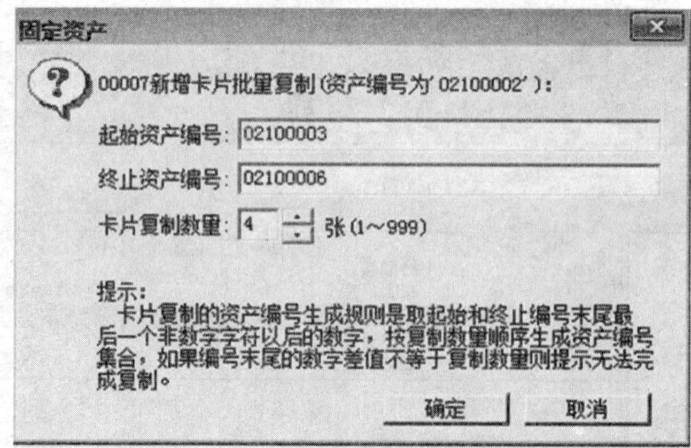

图6-34 固定资产——批量复制-1

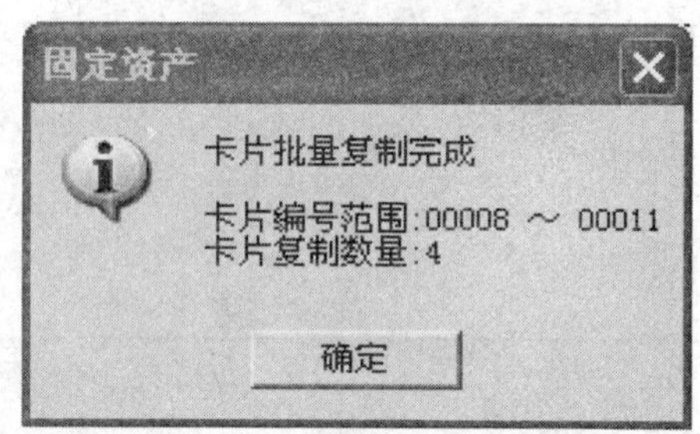

图6-35 固定资产——批量复制-2

(5) 单击“固定资产”中“处理”下面“批量制单”,选中“新增资产”业务类型(见图6-36)。

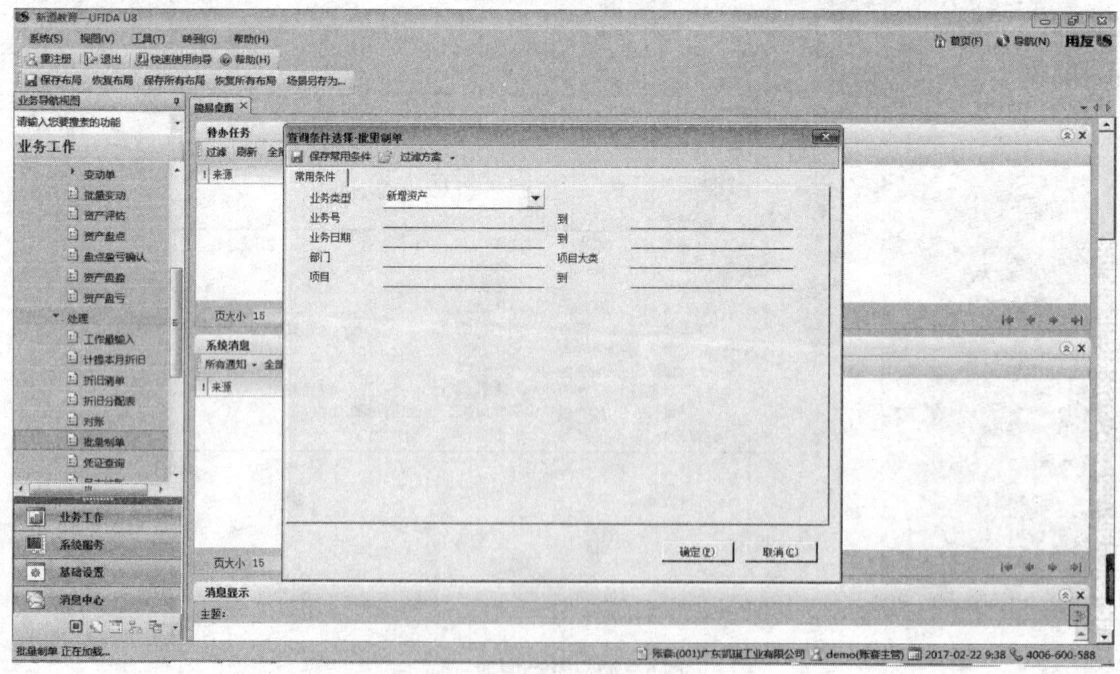

图6-36 固定资产——批量复制-3

(6) 单击“确定(F)”，进入批量制单的界面后，单击“全选”→“合并”，选中“付款凭证”(见图6-37)。

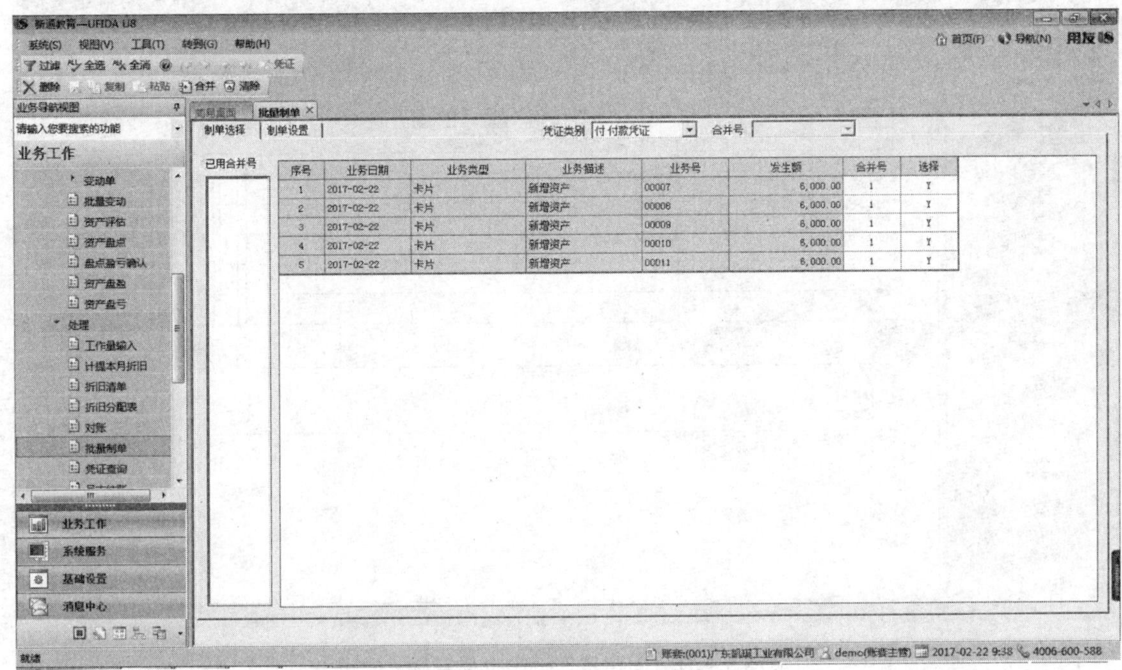

图6-37 固定资产——批量复制-4

(7) 单击“制单设置”，在相应位置填入正确的会计科目(见图6-38)。

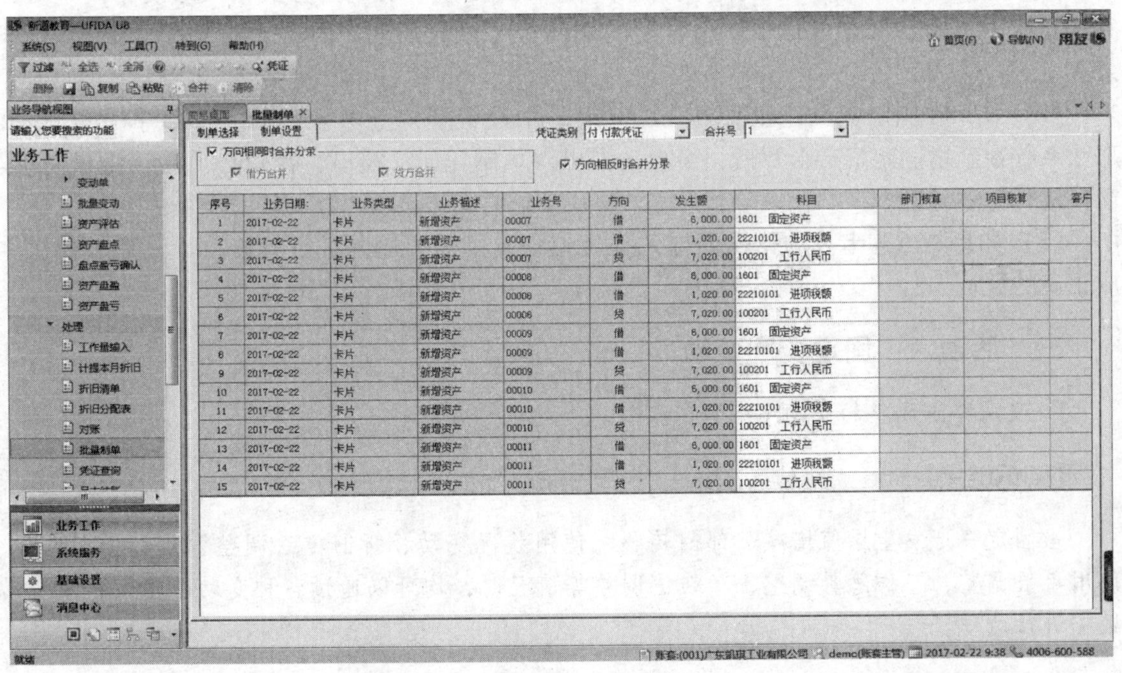

图6-38 固定资产——批量复制-5

（8）单击“凭证”按钮，生成付－0012号凭证，单击“保存”按钮（见图3－39）。

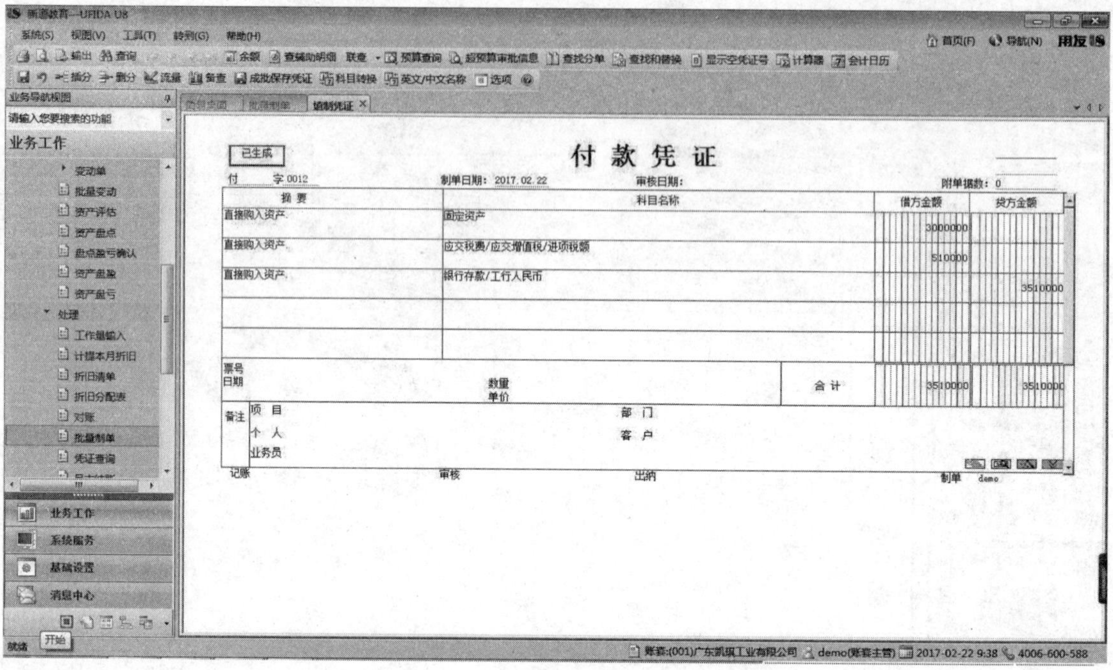

图6－39　固定资产——批量复制－6

注意

（1）“资产增加”和“原始卡片录入”操作相对应。资产的方式录入取决于固定资产的开始使用日期。只有当开始使用日期的期间等于录入的期间时，才能通过“资产增加”录入。

（2）如果在固定资产管理系统的“选项”中设置了“业务发生后立即制单”复选框，那么系统在新增固定资产卡片后，会自动弹出“填制凭证”窗口，否则必须在“批量制单”窗口进行凭证处理。

（3）如果是因为卡片的错误而导致凭证错误，则需要删除凭证，修改卡片后，再次生成正确的凭证。

三、活动六：固定资产变动

1. 使用年限调整的变动

【知识链接】

当固定资产发生原值增减、部门转移、使用状况变动、折旧方法调整、累计折旧调整、使用年限调整、工作总量调整、净残值调整等情况时，均可以通过各种变动单输入相关变动数据进行处理。

【任务引入】

2017年2月26日，办公用汽车由于车祸毁损，其使用年限发生变动，由原来的100个月变成 84 个月。

【任务分析及操作步骤】

(1) 双击“卡片”菜单下的“变动单”项，在其中选择具体的变动方式“使用年限调整”并双击打开“固定资产变动单”(见图6-40)。

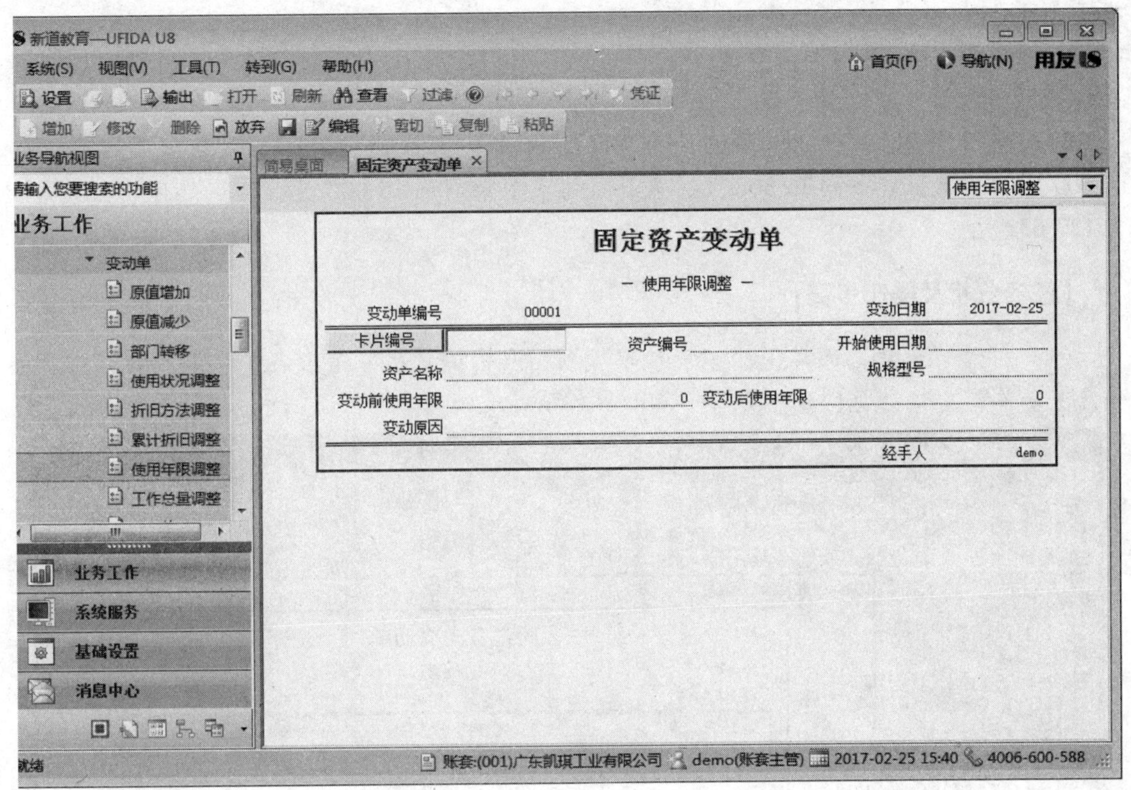

图 6-40　固定资产变动单-1

(2) 在处理使用年限调整业务时，输入卡片编号，相应的资产编号、资产名称、开始使用日期、规格型号、变动前使用年限都会自动列出。然后输入变动后使用年限“84”和变动原因 (不允许无故变动)“车祸毁损”(见图6-41)。最后单击“保存”按钮，系统提示“数据成功保存!”，单击“确定”按钮。

固定资产变动单

— 使用年限调整 —

变动单编号	00001			变动日期	2017-02-25
卡片编号	00005	资产编号	02100001	开始使用日期	2014-02-01
资产名称			汽车	规格型号	
变动前使用年限	100	变动后使用年限			84
变动原因					车祸毁损
				经手人	demo

图 6-41　固定资产变动单-2

2. 计提减值准备

【知识链接】

当固定资产发生原值增减、部门转移、使用状况变动、折旧方法调整、累计折旧调整、使用年限调整、工作总量调整、净残值调整等情况时，均可以通过各种变动单输入相关变动数据进行处理。

【任务引入】

2017年2月28日，对卡片编号为00003的A生产线进行测试，发生减值准备金额15 000元，累计折旧金额76 368元，累计减值准备金额为15 000元，测试其可收回收市值为123 632元。

【任务分析及操作步骤】

(1) 打开“卡片”菜单下的“变动单”项，双击“计提减值准备”按钮，打开“固定资产变动单”窗口（见图6-42）。

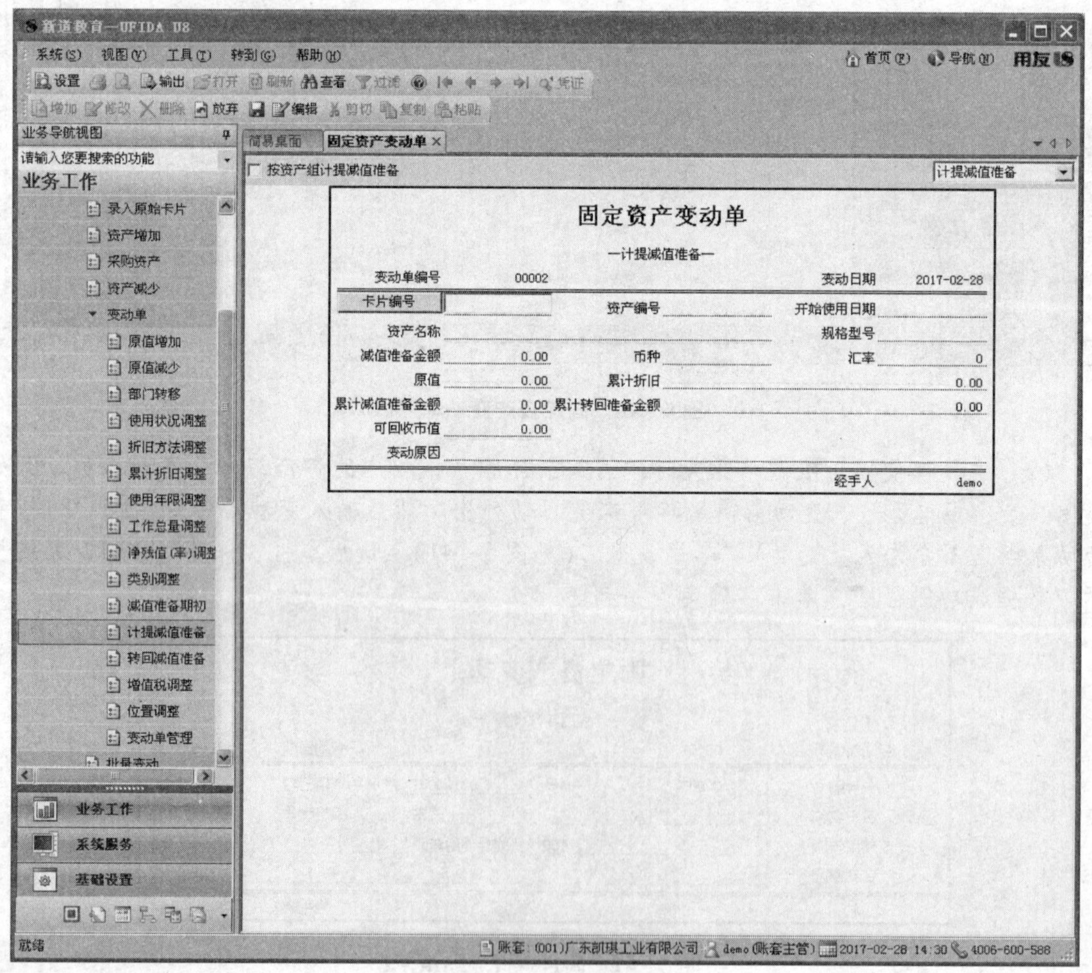

图6-42 资产减值-1

(2) 在“卡片编号”栏的参照按钮里选择“A生产线”，在“减值准备金额”栏输入“15000”，在“变动原因”栏输入“资产减值”（见图6-43）。单击“保存”按钮。

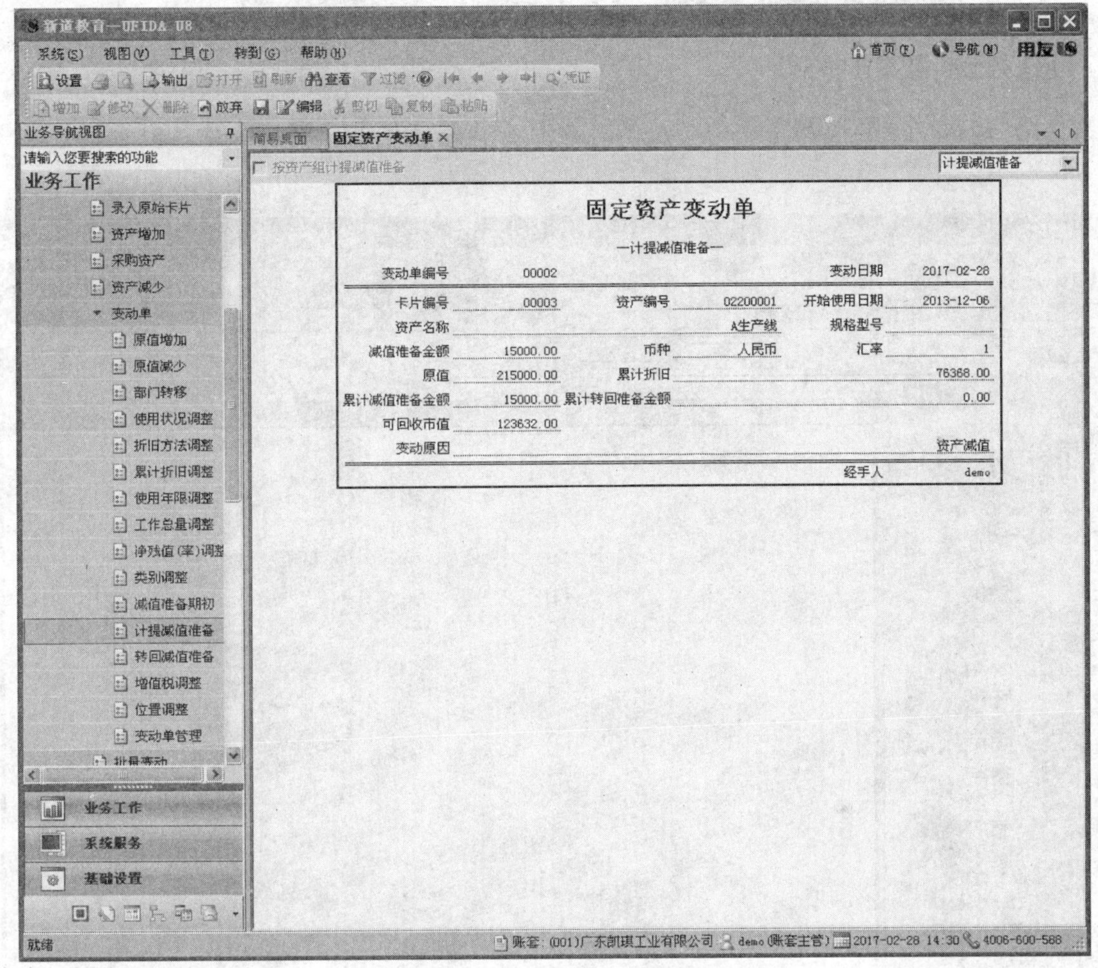

图6-43　资产减值-2

(3) 系统弹出“数据成功保存!”，单击“确定”按钮。

注意

(1) 变动单不能修改，只有当月可删除重做，所以应仔细确认后再保存。

(2) 具体的变动方式中有一些需要注意的地方，如选择“部门转移”“原值增加”“原值减少”变动，则当月原始录入或新增的资产不允许做此种变动业务。

(3) 在进行具体的变动操作时，应仔细看清楚帮助信息（在打开变动单后，按F1键）。

四、活动七：固定资产减少处理

【知识链接】

固定资产在使用过程中，总会由于各种原因，如毁损、出售、盘亏等退出企业，该部分操作称为“资产减少”。

【任务引入】

正在使用的固定资产发生了减少，对其进行处理。

【任务分析及操作步骤】

(1) 双击“卡片”菜单下的“资产减少”项，系统弹出“资产减少”对话框（见图6-44）。

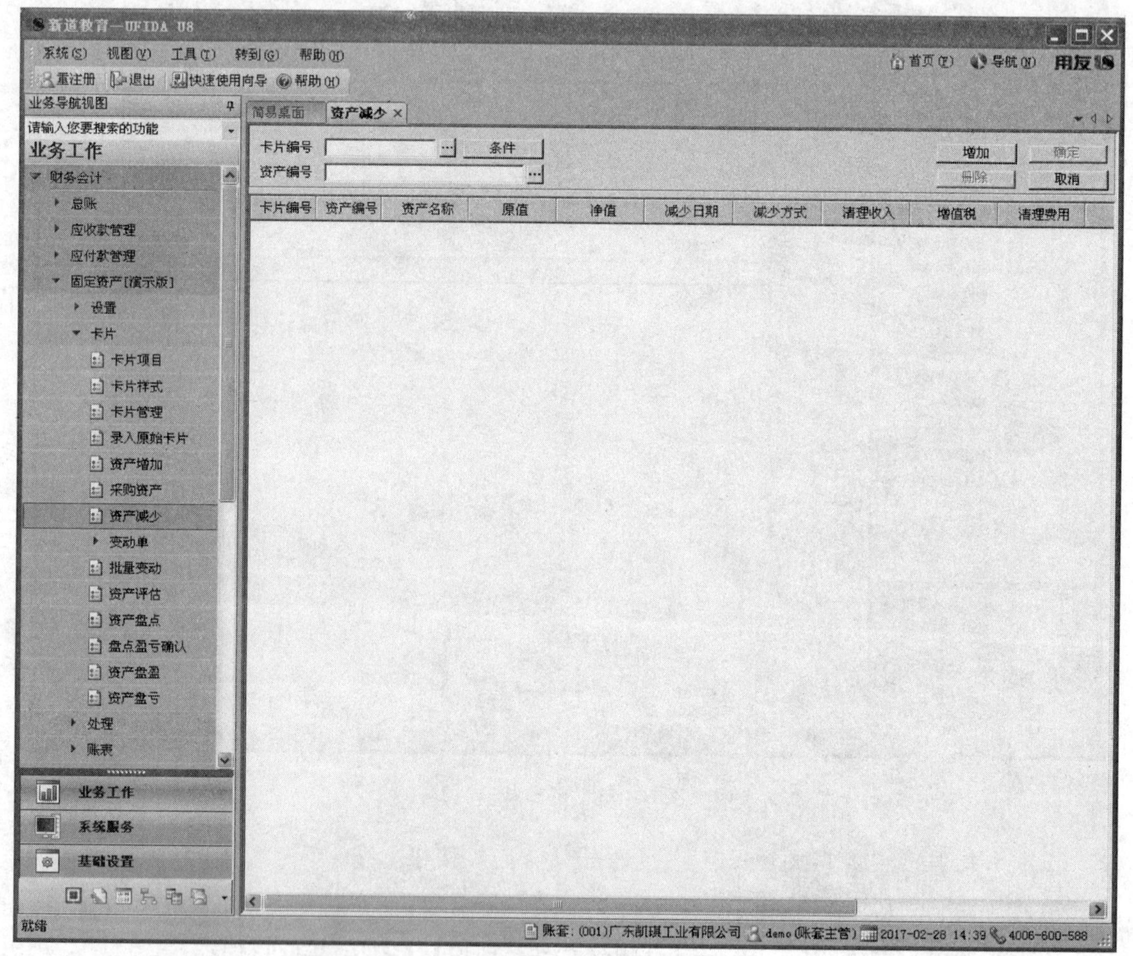

图6-44 资产减少

(2) 输入需要进行资产减少的卡片编号，然后单击“增加”按钮，会在资产减少表增加一项纪录，输入相关内容。

(3) 最后单击“确定”按钮。

注意

只有经过本月计提折旧的固定资产才能执行资产减少。

任务四　固定资产管理系统期末处理

固定资产管理系统期末处理包括月末和年末的结转处理。

月末处理是完成本月折旧计提、生成凭证和对账后，可以进行月末结账，即将当月的固定资产数据结转至下月，并为下月的处理做好准备。期末处理要将重要的文件备份、将本月计提的折旧累加到卡片文件的“本年折旧”和“累计折旧”，将本月计提折旧资产的已计提折旧期数加1，再将本月已作逻辑删除的卡片记录转移到档案文件并真正删除，最后作本月已结账标志。月末结转处理每月只能进行一次，确认当月处理完成后由专人进行。期末结账后当期数据不能再修改，因此操作应谨慎。如果有错必须修改，可通过系统提供的“恢复月末结账前状态”功能反结账，再进行修改并处理，然后重新结账。

月末处理的控制与薪资管理系统相似，处理前由系统检查本月的主要处理是否已完成，包括固定资产增减单及变动单是否已“登账”，折旧是否已计提并汇总分配和转账凭证已编制等，如发现有主要业务未处理（如未计提折旧），则自动终止处理。若本月未结转，则下月不能处理当月的固定资产数据，如计提折旧和增减变动单“登账”等。

年末处理是完成每年12月份处理后的结转，它与月末处理的功能类似，要完成月末结转全部处理，备份全年的重要文件，还要自动建立新年度固定资产的有关文件，将当年的固定资产数据处理后结转至下一年，以便进行下一年度固定资产的核算和管理。

一、活动八：计提折旧

【知识链接】

固定资产在使用过程中，随着时间或工作量的增加，价值会越来越小，这就是折旧。自动计提折旧是固定资产系统的主要功能之一。系统在一个会计期间内计提折旧一次，根据输入系统的资料自动计算每项资产的折旧，并自动生成折旧分配表，制作记账凭证，将本期的折旧费用自动登账。

【任务引入】

计提实训六中001账套广东凯琪工业有限公司2017年2月的固定资产折旧。

【任务分析及操作步骤】

(1) 双击“处理”菜单下的“计提本月折旧”项，系统提示“是否要查看折旧清单?”（见图6－45)。

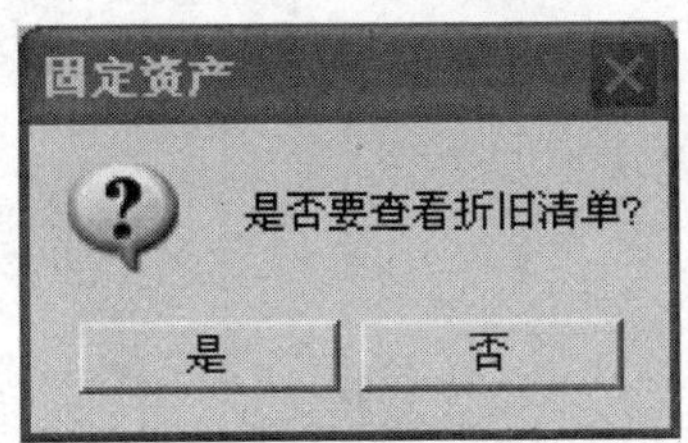

图6－45　计提本月折旧－1

(2) 单击“是”按钮，则系统弹出“本操作将计提本月折旧，并花费一定时间，是否要继续?”，单击“是”按钮，系统开始计提折旧，并弹出“折旧清单”窗口，在此窗口可以按照部门具体查看折旧信息（见图6－46）。

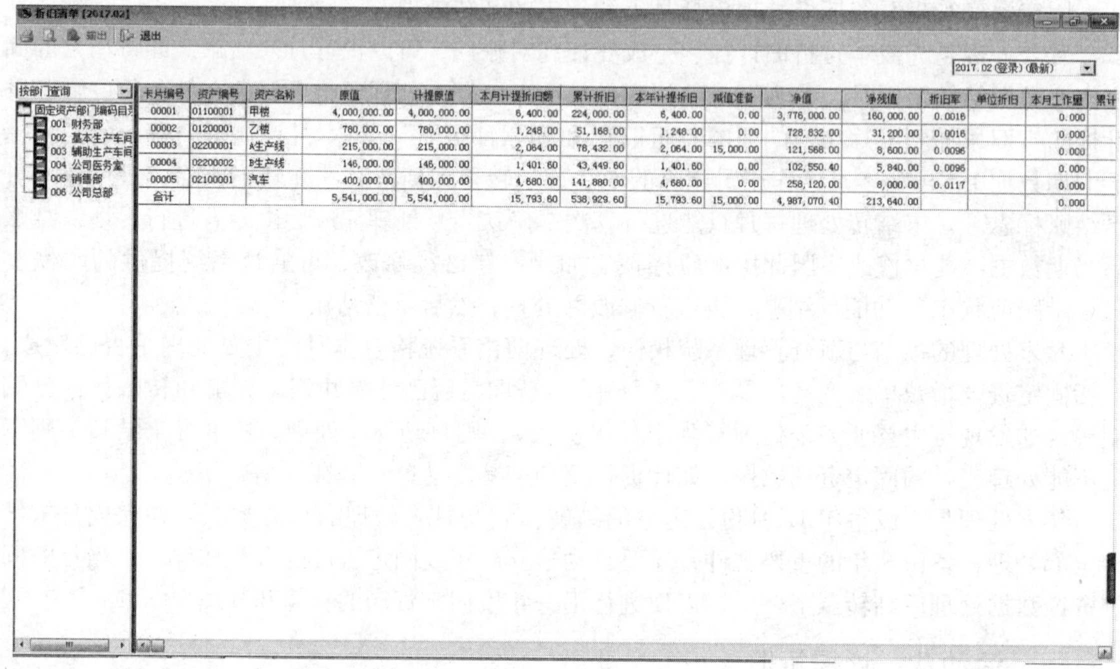

卡片编号	资产编号	资产名称	原值	计提原值	本月计提折旧额	累计折旧	本年计提折旧	减值准备	净值	净残值	折旧率	单位折旧	本月工作量	累计
00001	01100001	甲楼	4,000,000.00	4,000,000.00	6,400.00	224,000.00	6,400.00	0.00	3,776,000.00	160,000.00	0.0016		0.000	
00002	01200001	乙楼	780,000.00	780,000.00	1,248.00	51,168.00	1,248.00	0.00	728,832.00	31,200.00	0.0016		0.000	
00003	02200001	A生产线	215,000.00	215,000.00	2,064.00	78,432.00	2,064.00	15,000.00	121,568.00	8,600.00	0.0096		0.000	
00004	02200002	B生产线	146,000.00	146,000.00	1,401.60	43,449.60	1,401.60	0.00	102,550.40	5,840.00	0.0096		0.000	
00005	02100001	汽车	400,000.00	400,000.00	4,680.00	141,880.00	4,680.00	0.00	258,120.00	8,000.00	0.0117		0.000	
合计			5,541,000.00	5,541,000.00	15,793.60	538,929.60	15,793.60	15,000.00	4,987,070.40	213,640.00			0.000	

图6－46 计提本月折旧－2

(3) 单击“折旧清单”窗口工具栏中的“退出”按钮，系统弹出“计提折旧完成!”和“折旧分配表”（见图6－47）。

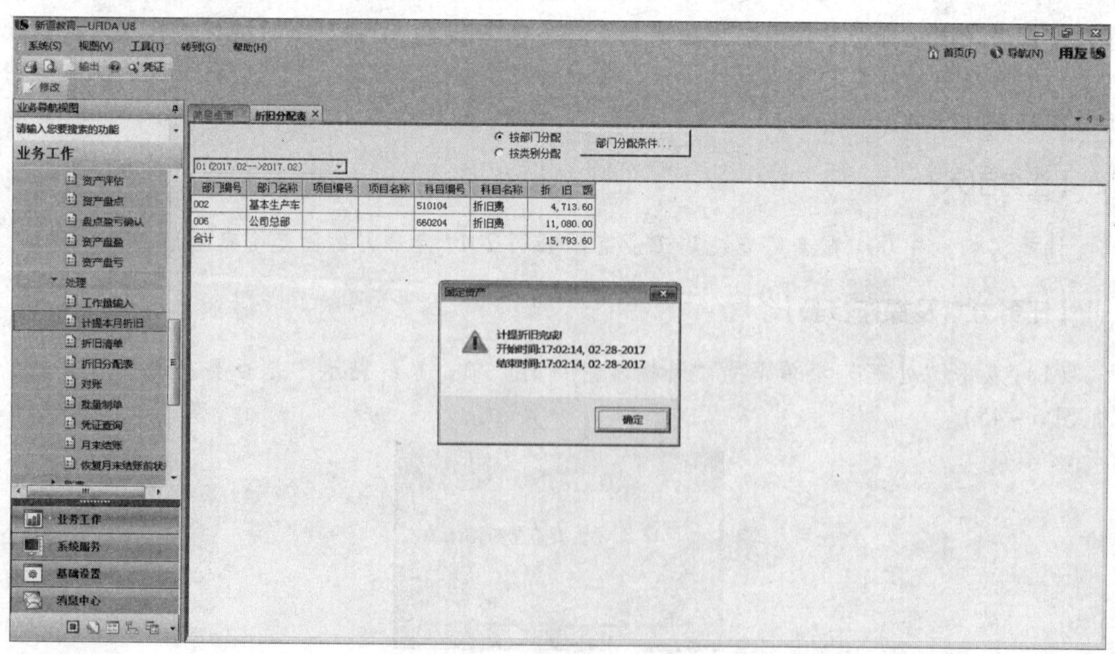

部门编号	部门名称	项目编号	项目名称	科目编号	科目名称	折旧额
002	基本生产车			510104	折旧费	4,713.60
006	公司总部			660204	折旧费	11,080.00
合计						15,793.60

图6－47 计提本月折旧－3

(4) 单击“确定”按钮，在“折旧分配表”窗口单击工具栏中的“凭证”按钮，生成折旧分配凭证，补充此凭证的凭证类别、科目等信息（见图6-48），然后按“保存”按钮保存。

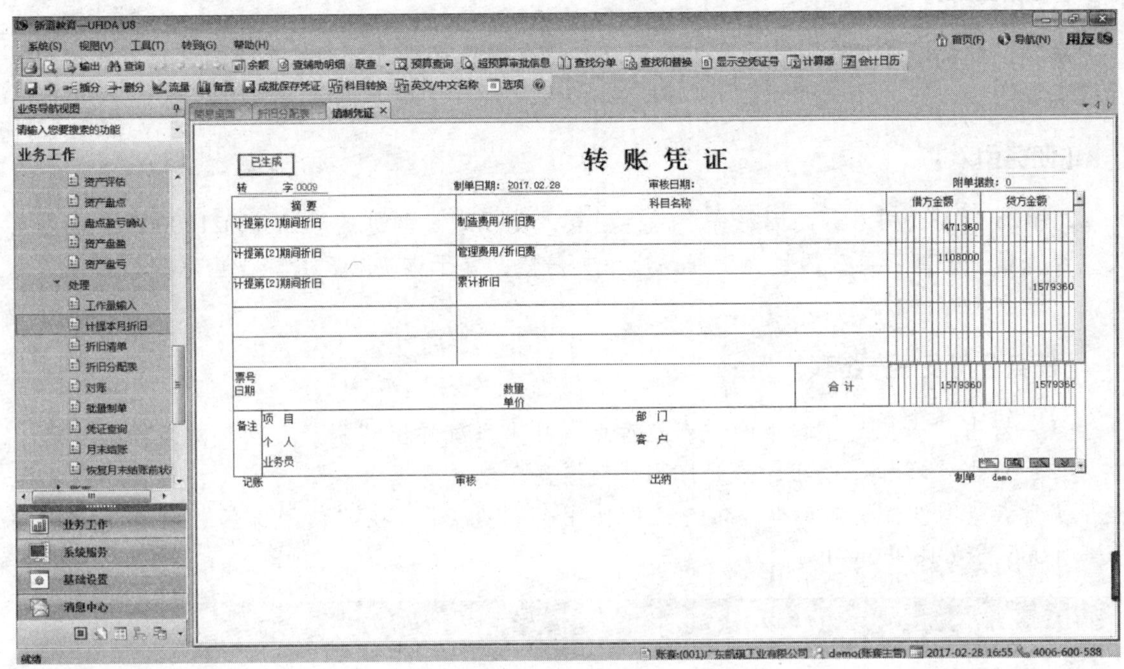

图6-48　计提本月折旧-4

(5) 单击“关闭”按钮，完成此次折旧工作。

注意

(1) 系统在一个期间内可以多次计提折旧。每次计提折旧后，只是将计提折旧累加到月初的累计折旧，不会重复累计。

(2) 如果上次计提折旧已制单，把数据传递到总账系统，则必须删除该凭证或红字冲销后才能重新计提折旧。

(3) 计提折旧后又对账套进行了影响折旧计算或分配的操作，必须重新计提折旧，否则系统不允许结账。

(4) 如果自定义的折旧方法月折旧率或月折旧额出现负数，则说明折旧已经提足，这时系统会自动中止计提折旧。

(5) 系统执行完折旧计提以后，就生成折旧清单。

(6) 折旧清单显示所有应计提的资产计提折旧数额的列表，表中列示了计提期间、资产名称、计提原值、月折旧率、单位折旧、月工作量和月折旧额等信息。

(7) 折旧分配表是编制记账凭证、把计提折旧额分配到成本和费用的依据。生成折旧分配凭证的时间是根据企业在初始化或“选项”中选择的折旧分配汇总周期决定的。如果选定的是一个月，则每期计提折旧后自动生成折旧分配表；如果选定的是一季度，则到了一季度计提折旧后才自动生成折旧分配凭证。折旧分配表有两种类型：部门折旧分配表和类别折旧分配表。只能选择一种制作记账凭证。

二、活动九：资产盘点

【知识链接】

期末，对公司持有的固定资产进行盘点，盘点结果可能与账面结果相同，也可能出现盘盈或盘亏。

【任务引入】

2 月 28 日对公司总部的固定资产进行盘点，发现本月购进的编号为 02100005 的电脑丢失，经查属于该部门员工的过失责任，应由其赔偿，鉴于该资产已投保，由保险公司代为赔偿，尚未收到赔偿款。

【任务分析及操作步骤】

(1) 双击“卡片”菜单下的“资产盘点”项，系统弹出“资产盘点”对话框。

(2) 单击“增加”按钮，系统打开“新增盘点单－数据录入”对话框，单击“范围”，打开“盘点范围设置”对话框，勾选“按使用部门盘点”，在“使用部门”栏选择“公司总部［006］”（见图 6－49）。

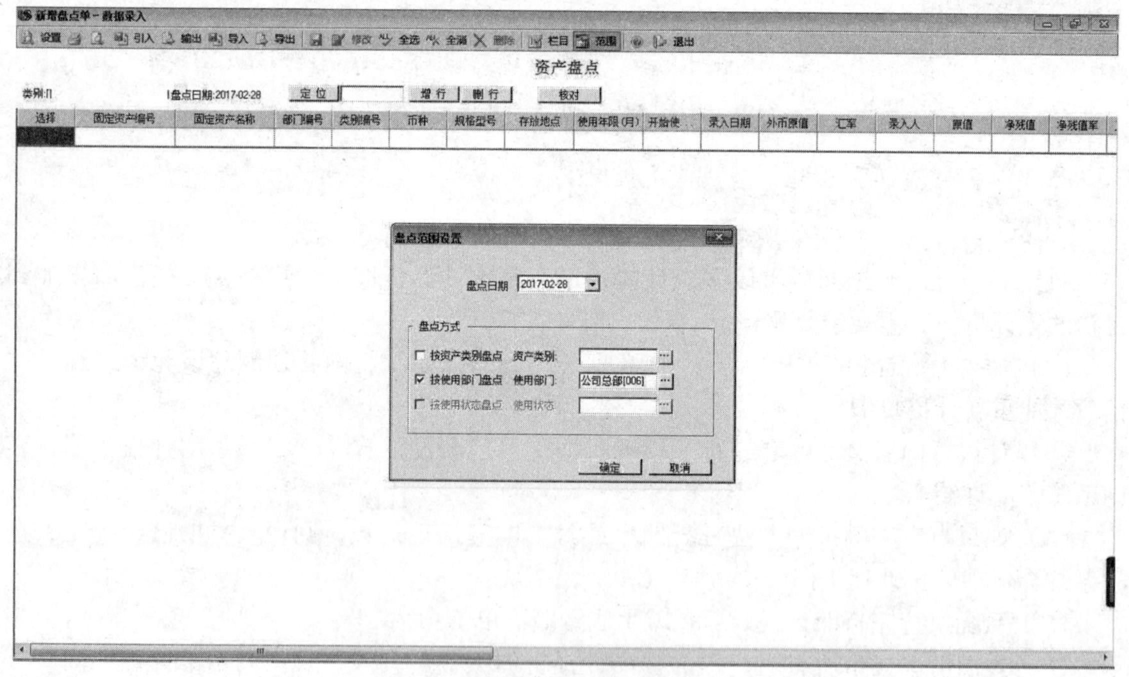

图 6－49　盘点范围设置

(3) 单击“确定”按钮，系统列示公司总部全部的固定资产，在“选择”栏双击选中编号为 02100005 的固定资产（见图 6－50）。

(4) 单击“删行”按钮，删除 02100005 资产（见图 6－51）。

(5) 单击“退出”按钮，系统提示“本盘点单数据已变更，是否保存?”（见图 6－52）。

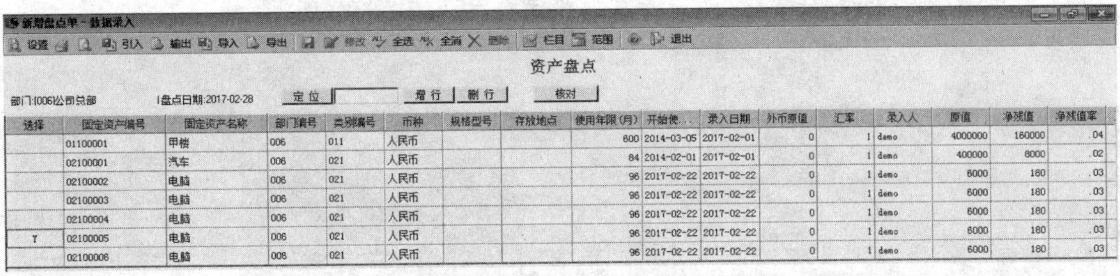

新增盘点单－数据录入

设置　引入　输出　导入　导出　修改　全选　全消　删除　栏目　范围　退出

资产盘点

部门:[006]公司总部　　[盘点日期:2017-02-28　　定 位　　增 行　删 行　　核对

选择	固定资产编号	固定资产名称	部门编号	类别编号	币种	规格型号	存放地点	使用年限(月)	开始使...	录入日期	外币原值	汇率	录入人	原值	净残值	净残值率
	01100001	甲楼	006	011	人民币			600	2014-03-05	2017-02-01	0	1	demo	4000000	160000	.04
	02100001	汽车	006	021	人民币			84	2014-02-01	2017-02-01	0	1	demo	400000	8000	.02
	02100002	电脑	006	021	人民币			96	2017-02-22	2017-02-22	0	1	demo	6000	180	.03
	02100003	电脑	006	021	人民币			96	2017-02-22	2017-02-22	0	1	demo	6000	180	.03
	02100004	电脑	006	021	人民币			96	2017-02-22	2017-02-22	0	1	demo	6000	180	.03
Y	02100005	电脑	006	021	人民币			96	2017-02-22	2017-02-22	0	1	demo	6000	180	.03
	02100006	电脑	006	021	人民币			96	2017-02-22	2017-02-22	0	1	demo	6000	180	.03

图 6－50　资产盘点－1

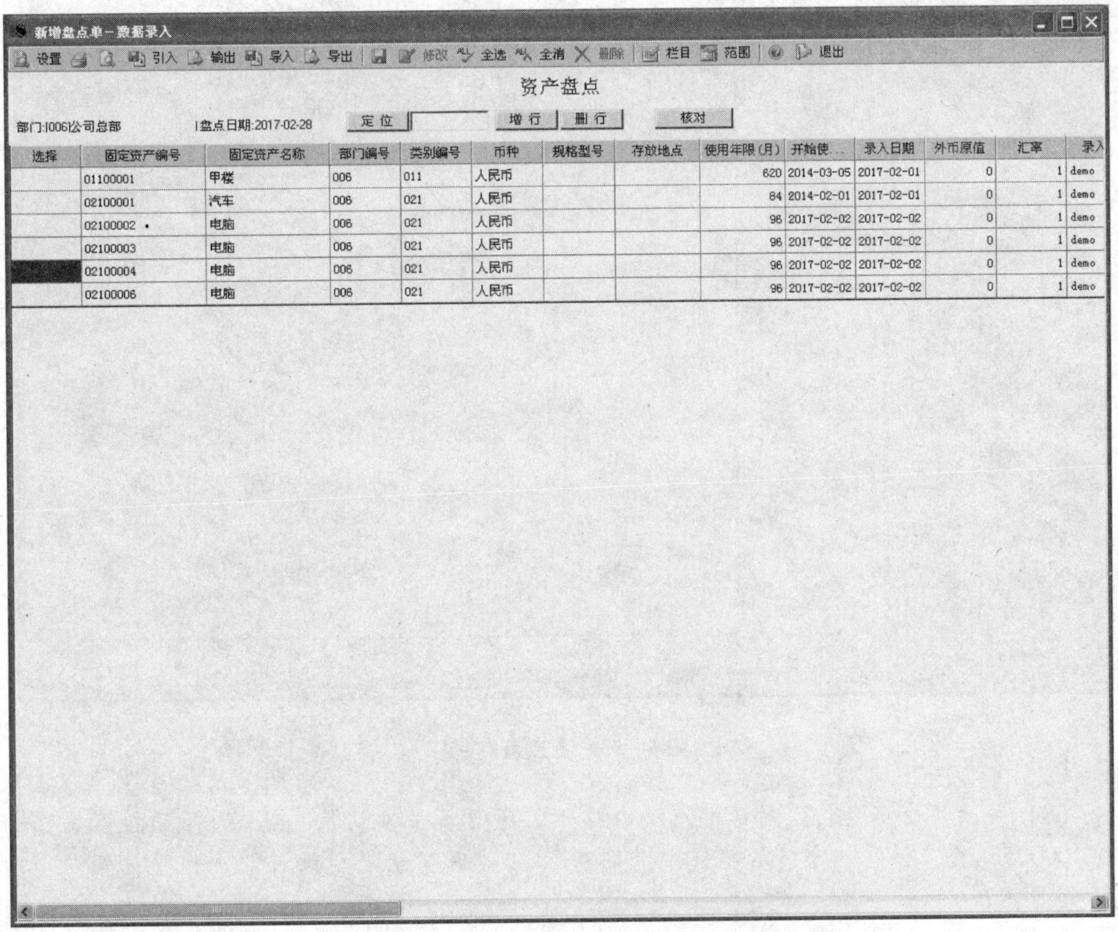

新增盘点单－数据录入

设置　引入　输出　导入　导出　修改　全选　全消　删除　栏目　范围　退出

资产盘点

部门:[006]公司总部　　[盘点日期:2017-02-28　　定 位　　增 行　删 行　　核对

选择	固定资产编号	固定资产名称	部门编号	类别编号	币种	规格型号	存放地点	使用年限(月)	开始使...	录入日期	外币原值	汇率	录入
	01100001	甲楼	006	011	人民币			620	2014-03-05	2017-02-01	0	1	demo
	02100001	汽车	006	021	人民币			84	2014-02-01	2017-02-01	0	1	demo
	02100002	电脑	006	021	人民币			96	2017-02-02	2017-02-02	0	1	demo
	02100003	电脑	006	021	人民币			96	2017-02-02	2017-02-02	0	1	demo
	02100004	电脑	006	021	人民币			96	2017-02-02	2017-02-02	0	1	demo
	02100006	电脑	006	021	人民币			96	2017-02-02	2017-02-02	0	1	demo

图 6－51　资产盘点－2

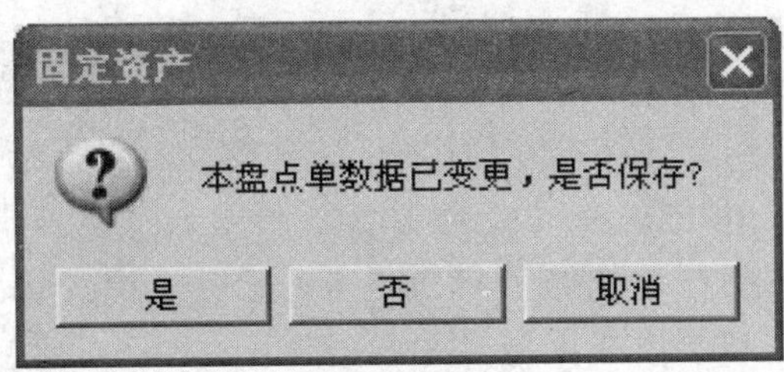

图 6－52　资产盘点－3

(6) 单击“是”按钮，系统提示“盘点单保存成功!”。

(7) 单击“确定”按钮，资产盘点完成（见图6-53）。

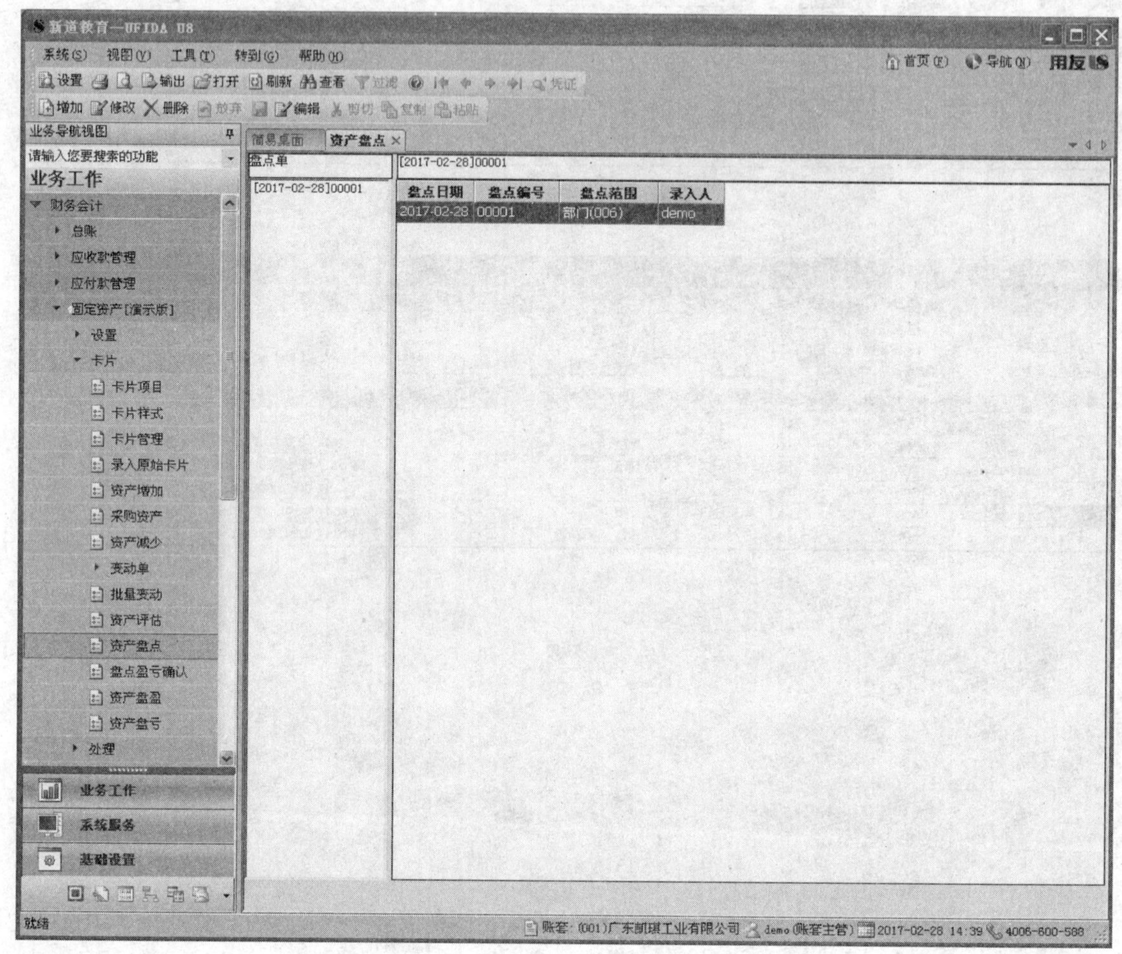

图6-53 资产盘点-4

(8) 关闭“资产盘点”对话框，双击打开“盘盈盘亏确认”，在“选择”栏双击选中“02100005”资产，在“审核”栏选中“同意”，“处理意见”栏录入“由保险公司照价赔偿”（见图6-54）。

(9) 单击“保存”按钮，系统提示“保存成功!”，单击“确定”按钮，退出“盘盈盘亏确认”窗口。

(10) 双击“资产盘亏”，打开“资产盘亏”窗口，在“选择”栏双击选中“02100005”资产（见图6-55）。

(11) 单击“盘亏处理”按钮，打开“资产减少”对话框，录入资产编号“02100005”，单击“增加”按钮，在“清理原因”栏录入“资产盘亏”（见图6-56）。

(12) 单击“确定”按钮，系统提示“所选卡片已经减少成功!”。

(13) 单击“确定”按钮，完成电脑盘亏的处理。

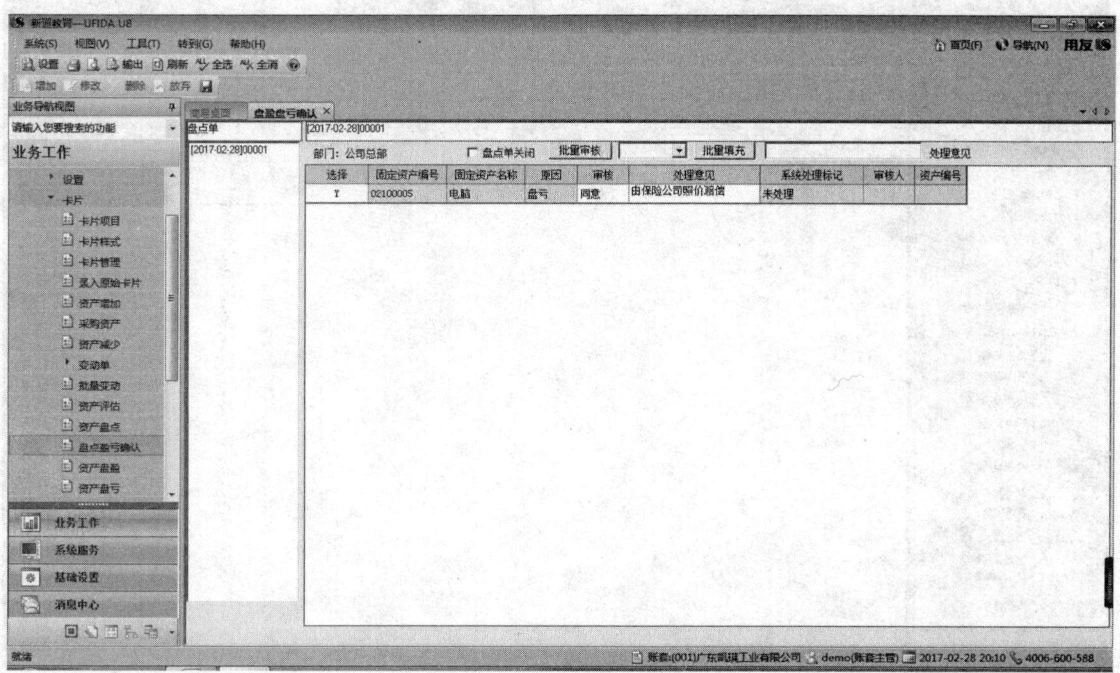

图 6－54　盘盈盘亏确认

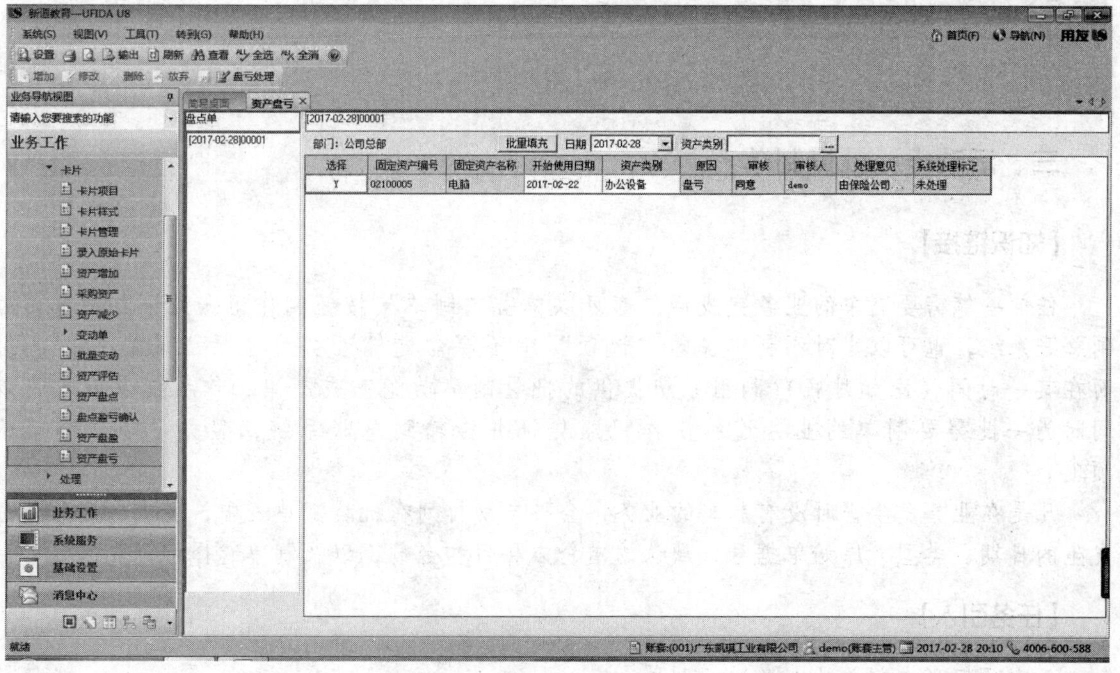

图 6－55　资产盘亏－1

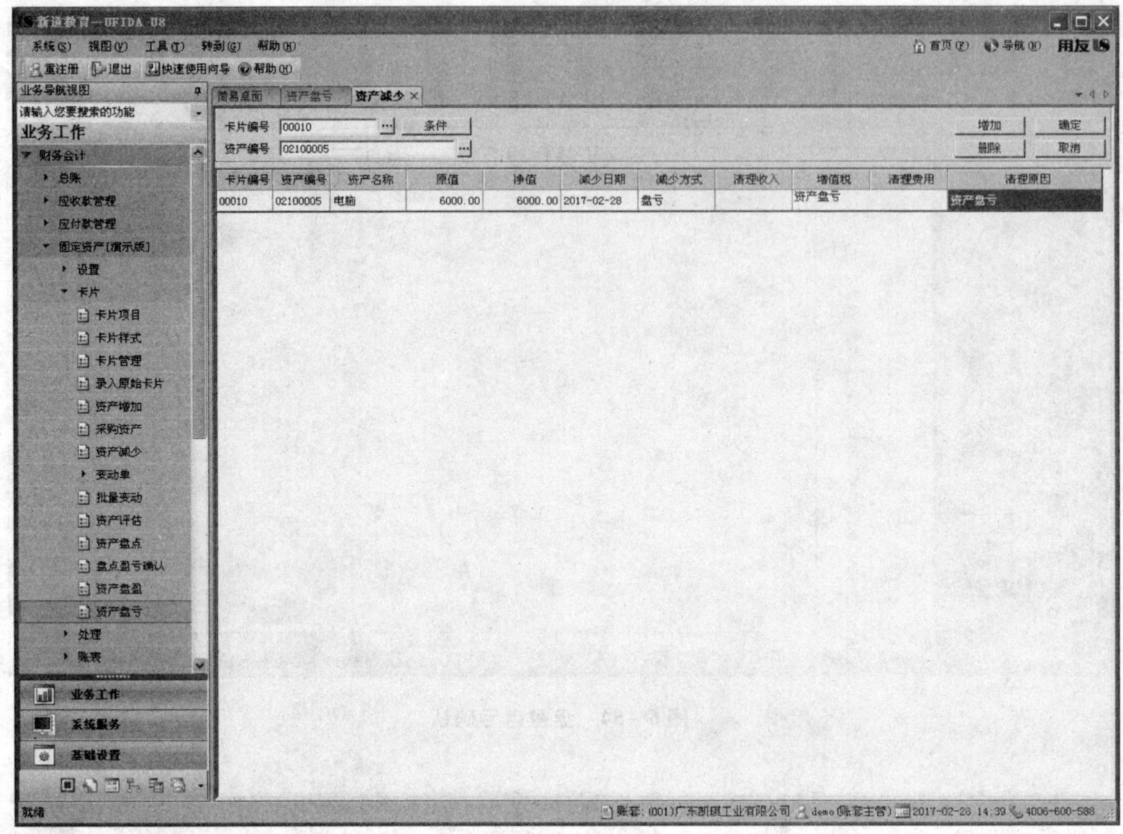

图 6－56　资产盘亏－2

三、活动十：批量制单

【知识链接】

任何一笔需要制单的业务完成后，都可以单击“制单”按钮制作记账凭证并将其传输到总账系统，也可以当时不制单（即“选项”中不要勾选“业务发生后立即制单”项），而在某一时间（比如月底）利用系统提供的批量制单功能完成制单工作。批量制单可以同时为一批需要制单的业务连续制作记账凭证并传输到总账系统，避免了多次制单的烦琐。

凡是在业务发生当时没有制单的业务，会被自动排列在批量制单表中，表中各列为业务发生的日期、类型、原始单据号、默认的借贷方科目和金额，以及制单选择标识。

【任务引入】

为本项目尚未制单的业务进行制单。

【任务分析及操作步骤】

（1）双击“处理”菜单下的“批量制单”选项，系统弹出“查询条件选择－批量制单”界面（见图 6－57）。

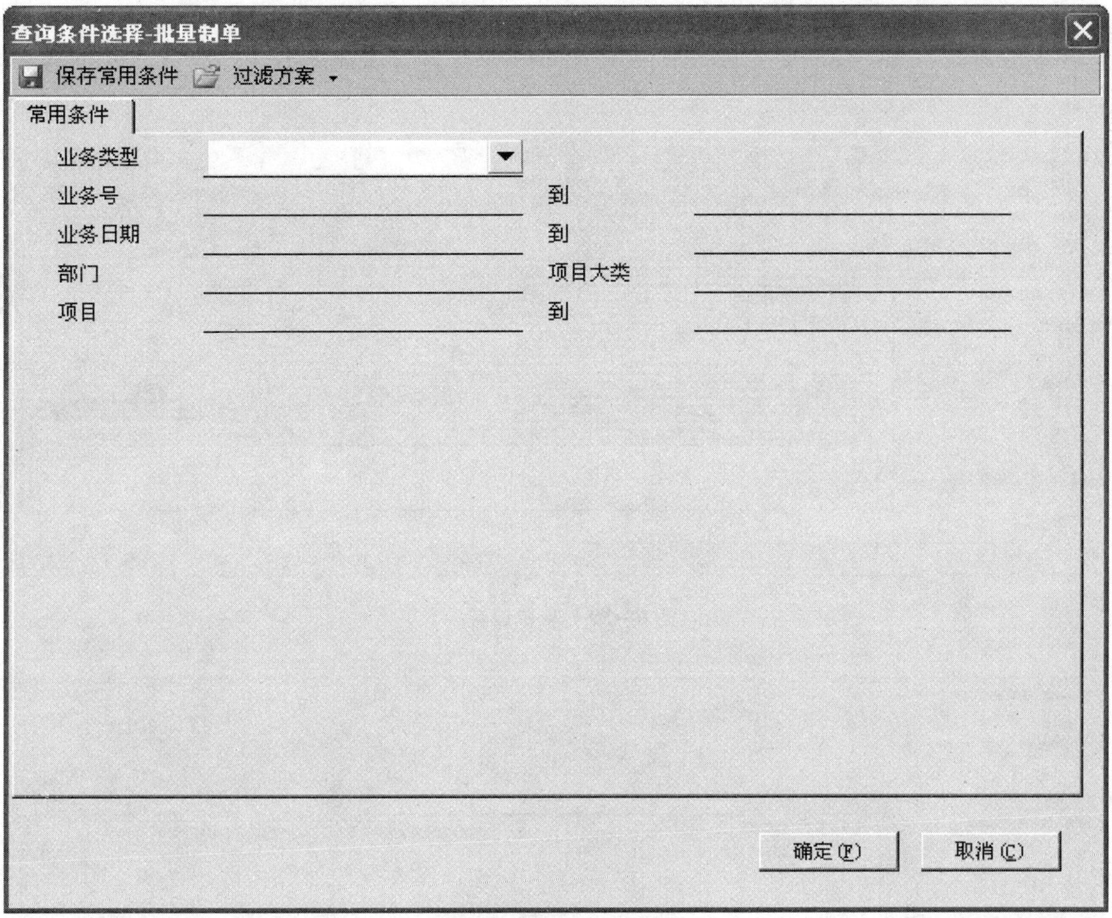

图6－57　制单选择－1

（2）选择相关业务类型，单击“确定”按钮，再次单击“确定”按钮，双击工具栏中的“全选”按钮，则所有业务记录的“选择”栏目均被打上“Y”，表示对全部记录进行制单（如果不需要全部制单，则无须在制单记录的“制单”标记项打上“Y”标记），假设前面固定资产增加业务的会计凭证在业务发生时就已制单，在此只要对计提减值准备、资产减少业务进行制单（见图6－58）。

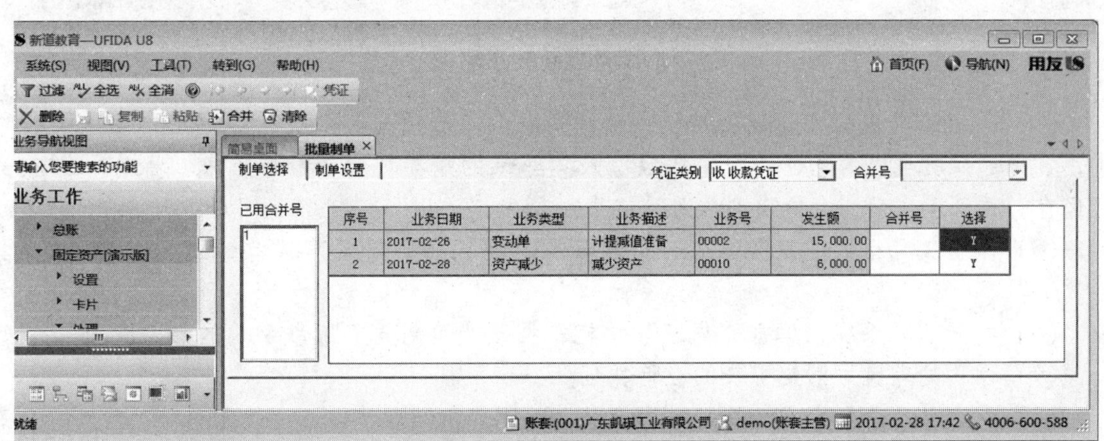

图6－58　制单选择－2

(3) 单击选择“制单设置”选项卡，在此选择生成凭证的科目，注意借贷方向（见图6-59）。单击工具栏的“▼”按钮，依次设置每笔业务的科目，注意借贷方向（见图6-60）。

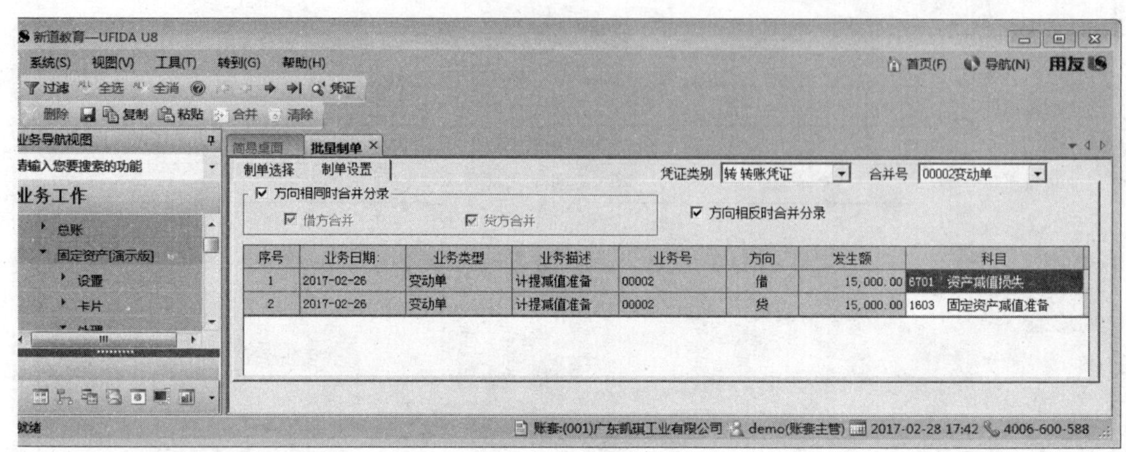

图6-59 制单设置-1

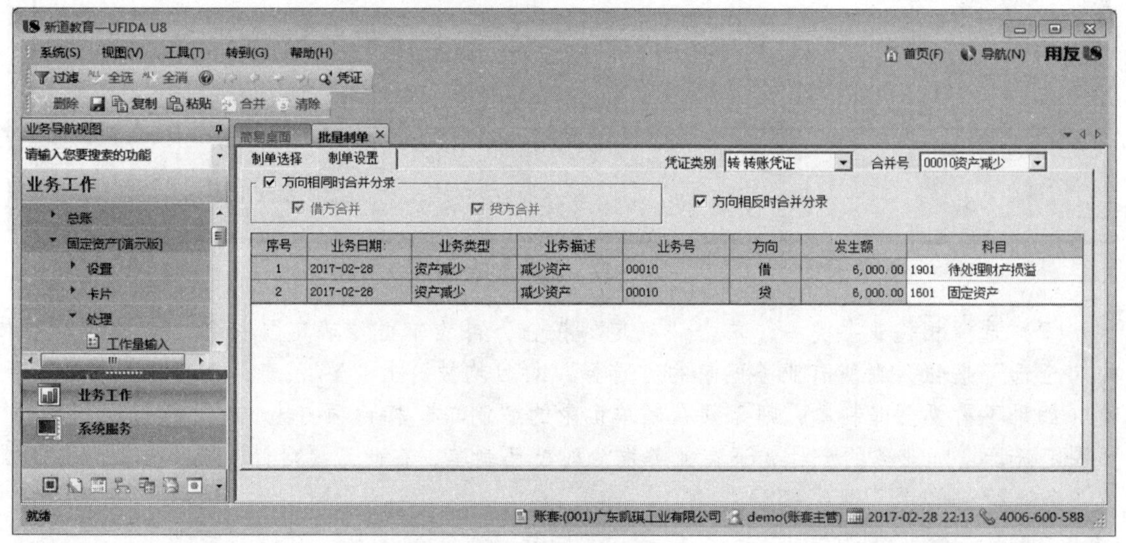

图6-60 制单设置-2

(4) 单击工具栏的“凭证”按钮，系统弹出“填制凭证”界面，在“填制凭证”窗口中，首先选择所生成的凭证类别，然后填入各分录的摘要内容，最后单击“保存”按钮进行保存。凭证生成后，会传递到总账系统中。单击“退出”按钮（见图6-61、图6-62）。

(5) 单击工具栏的“▼”按钮，依次设置其他凭证的凭证类别、摘要等内容，保存其他凭证。

(6) 打开总账系统，单击“凭证”按钮，打开“填制凭证”命令，单击“增加”。

(7) 录入处理盘亏固定资产的会计凭证。

(8) 单击“保存”按钮，凭证成功保存（见图6-63）。

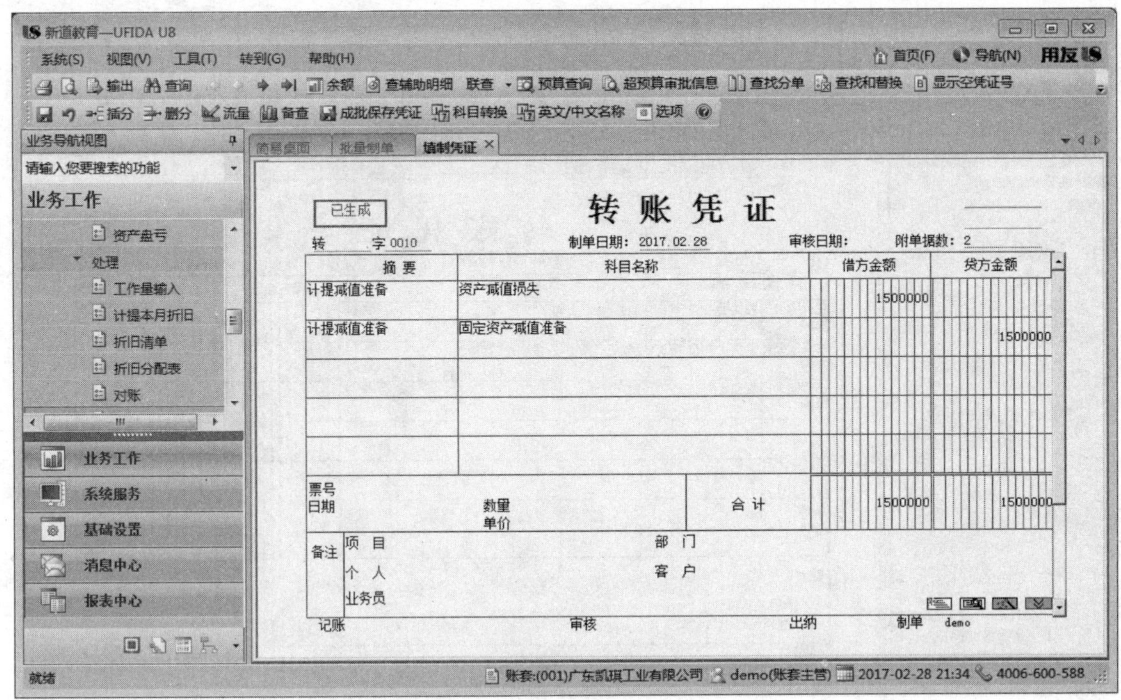

图 6-61　生成凭证-1

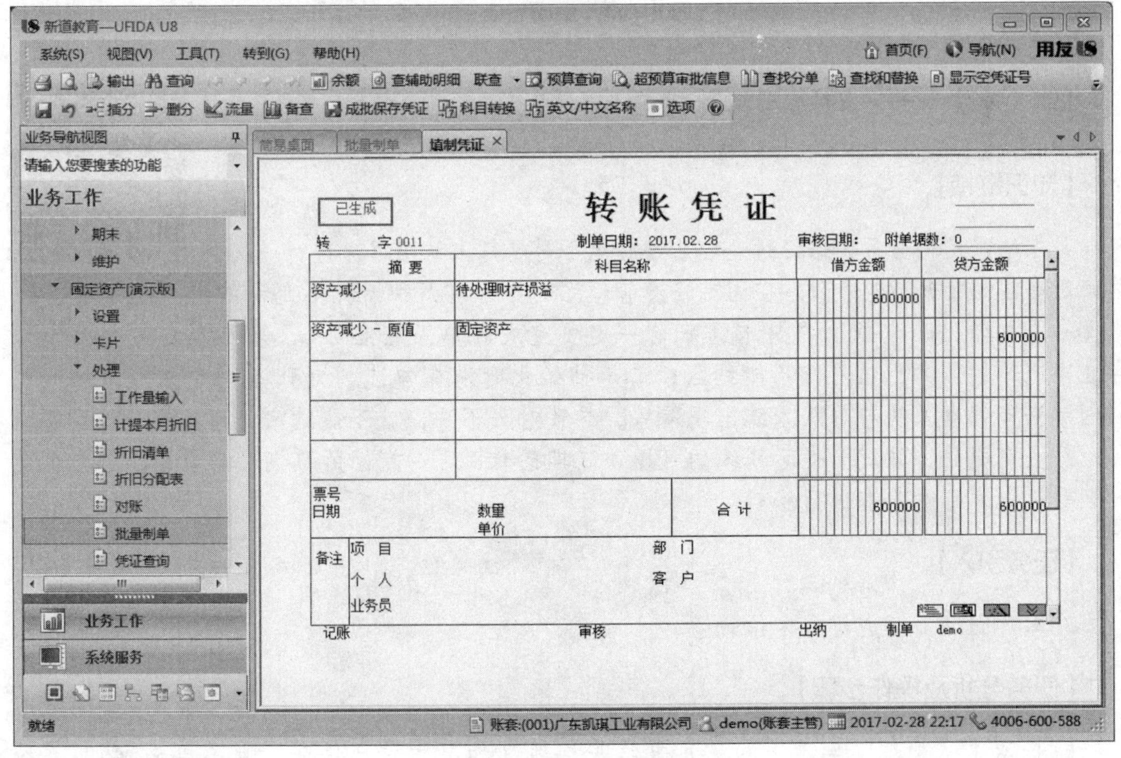

图 6-62　生成凭证-2

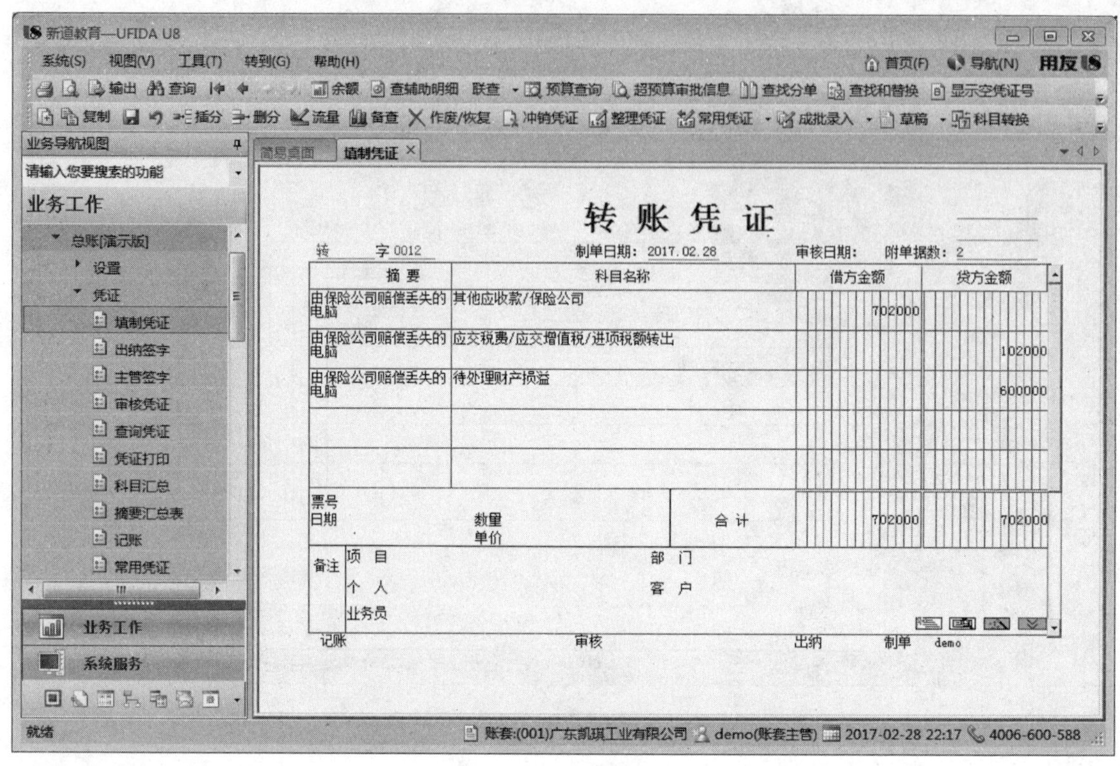

图6-63 生成凭证-3

四、活动十一：对账与结账处理

期末对账

【知识链接】

月末结账是将当月数据经过处理后结转至下月。月末结账每月进行一次，结账后当期的数据不能修改。在固定资产管理系统中，有两种情况不允许结账：一是初始化时选择了“月末结账前一定要完成制单登账业务”，只要存在未制单的业务，该月就不能结账；二是初始化时没有勾选“对账不平允许月末结账”，若固定资产管理系统与总账系统出现偏差，导致对账不平，就不能结账，而应当予以调整。

结账完成后，系统会提示系统的可操作日期已转成下一期间的日期，只有用下一期间的日期登录，才可对账套进行编辑。

【任务引入】

对本月固定资产进行月末结账。

【任务分析及操作步骤】

（1）双击“处理”菜单下的“月末结账”项（如果本月已结账，则不再显示），系统弹出“月末结账”窗口（见图6-64）。

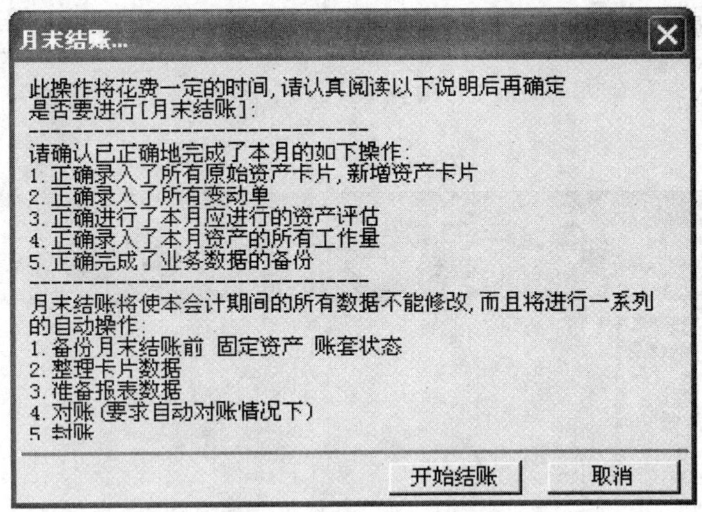

图 6-64　固定资产月末结账

(2) 单击“开始结账”按钮，系统开始进行结账工作，系统显示与账务对账的结果。

(3) 单击“确定”按钮，系统提示“月末结账成功完成!”(见图 6-65)。

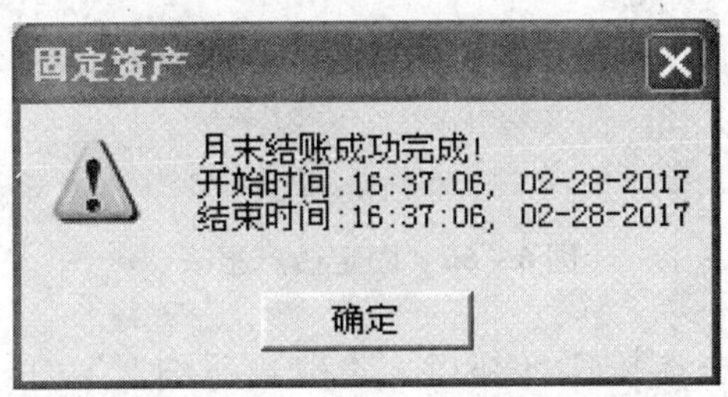

图 6-65　固定资产月末结账信息

任务五　固定资产账表管理

固定资产管理过程中，企业需要及时掌握资产的统计、汇总和其他各方面的信息。固定资产管理系统根据企业的日常操作，将这些信息以账和表的形式提供给财务人员。

【知识链接】

固定资产管理系统提供的账簿功能，可以了解和掌握各部门、各类别的固定资产明细账、单个固定资产明细账、固定资产登记簿和固定资产总账等。

【任务引入】

查询 2017 年 2 月所有部门、所有类别的固定资产明细账。

【任务分析及操作步骤】

(1) 双击“账表”菜单下的“我的账表”项，系统弹出“报表”窗口（见图6－66）。

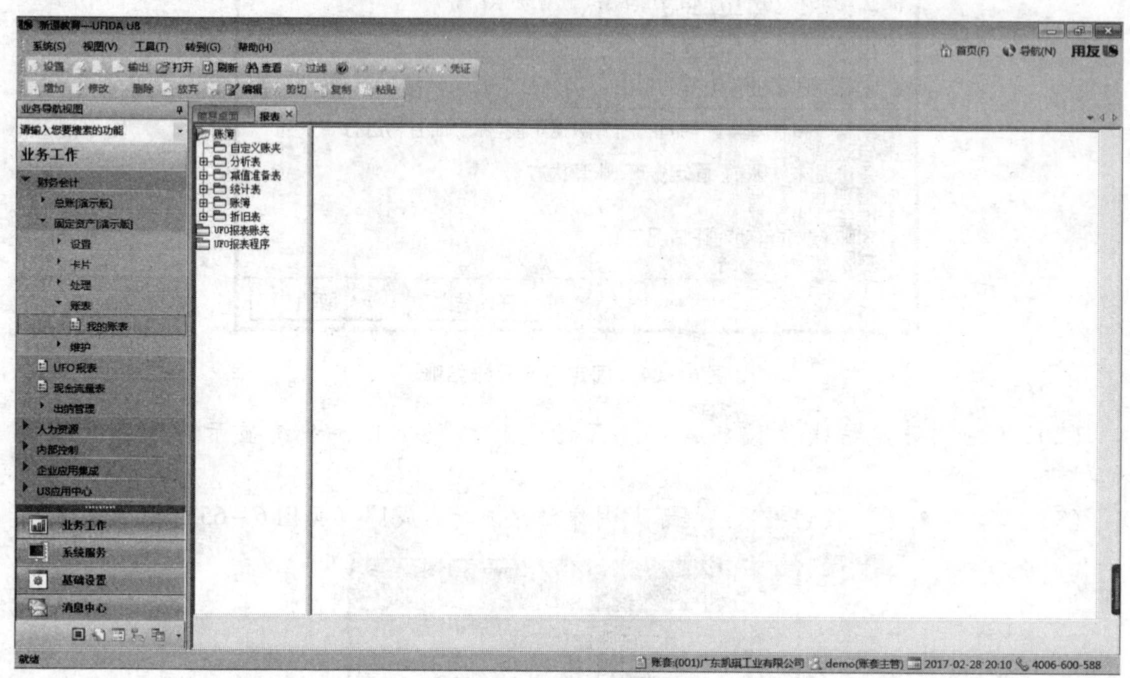

图6－66　固定资产报表

(2) 展开“账簿”，双击选择“（部门、类别）明细账”，系统会弹出该账簿的查询条件窗口（见图6－67）。

图6－67　固定资产（部门、类别）明细账查询条件

(3) 如不输入具体条件，直接单击“确认”按钮，就可以查询到所有部门、所有类别的固定资产信息（见图6－68）。

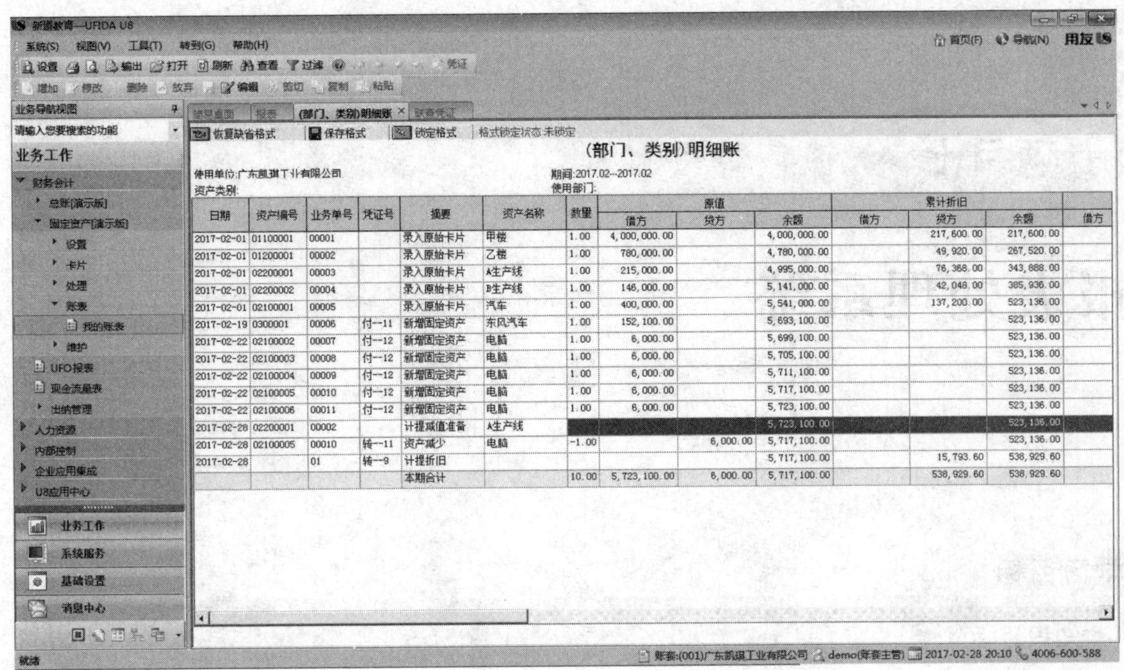

(部门、类别)明细账

使用单位:广东凯琪工业有限公司　　　期间:2017.02--2017.02

资产类别:　　　使用部门:

日期	资产编号	业务单号	凭证号	摘要	资产名称	数量	原值			累计折旧			
							借方	贷方	余额	借方	贷方	余额	借方
2017-02-01	01100001	00001		录入原始卡片	甲楼	1.00	4,000,000.00		4,000,000.00		217,600.00	217,600.00	
2017-02-01	01200001	00002		录入原始卡片	乙楼	1.00	780,000.00		4,780,000.00		49,920.00	267,520.00	
2017-02-01	02200001	00003		录入原始卡片	A生产线	1.00	215,000.00		4,995,000.00		76,368.00	343,888.00	
2017-02-01	02200002	00004		录入原始卡片	B生产线	1.00	146,000.00		5,141,000.00		42,048.00	385,936.00	
2017-02-01	02100001	00005		录入原始卡片	汽车	1.00	400,000.00		5,541,000.00		137,200.00	523,136.00	
2017-02-19	0300001	00006	付--11	新增固定资产	东风汽车	1.00	152,100.00		5,693,100.00			523,136.00	
2017-02-22	02100002	00007	付--12	新增固定资产	电脑	1.00	6,000.00		5,699,100.00			523,136.00	
2017-02-22	02100003	00008	付--12	新增固定资产	电脑	1.00	6,000.00		5,705,100.00			523,136.00	
2017-02-22	02100004	00009	付--12	新增固定资产	电脑	1.00	6,000.00		5,711,100.00			523,136.00	
2017-02-22	02100005	00010	付--12	新增固定资产	电脑	1.00	6,000.00		5,717,100.00			523,136.00	
2017-02-22	02100006	00011	付--12	新增固定资产	电脑	1.00	6,000.00		5,723,100.00			523,136.00	
2017-02-28	02200001	00002		计提减值准备	A生产线				5,723,100.00			523,136.00	
2017-02-28	02100005	00010	转--11	资产减少	电脑	-1.00		6,000.00	5,717,100.00			523,136.00	
2017-02-28		01	转--9	计提折旧					5,717,100.00		15,793.60	538,929.60	
				本期合计		10.00	5,723,100.00	6,000.00	5,717,100.00		538,929.60	538,929.60	

图 6－68　固定资产（部门、类别）明细账

固定资产报表

项目小结

固定资产种类繁多、构成复杂，是企业资产的重要组成部分。正确地核算和严格地管理固定资产对企业的生产经营具有重大意义。通过本项目的学习，要了解固定资产管理系统核算、管理的特点及业务流程，掌握固定资产管理系统的初始化设置、基础信息设置以及日常业务处理和期末处理的流程和方法。

复习思考题

项目七

报表处理系统

学习目标

知识目标

◇ 了解报表处理系统的功能结构；
◇ 掌握报表格式设计的处理方法；
◇ 掌握报表数据公式设置的方法；
◇ 掌握常用财务分析指标公式设置的方法；
◇ 掌握报表数据生成的方法；
◇ 掌握报表模板生成报表的方法。

能力目标

◇ 能描述报表处理系统的概念和功能；
◇ 能进行报表格式的设计；
◇ 能进行报表数据公式的设置；
◇ 能进行常用财务分析指标公式的设置；
◇ 能进行报表数据的运算；
◇ 能利用报表模板生成报表。

任务一　报表处理系统概述

一、报表处理系统概述

按照会计制度的规定，企业发生的经济业务会通过总账系统和其他系统的核算、记账工作反映在有关账簿中，但反映在账簿中的数据是分散的，不能集中揭示企业财务状况和经营情况。因此，就需要调用 User Friend Office 报表处理系统，将以文件形式存放于有关数据库中账簿上的会计数据集中反映在会计报表中。为了后续业务处理方便，User Friend Office 报表处理系统简称为 UFO 报表系统或 UFO。

二、报表处理系统基本概念

1. 维

确定某一数据位置的要素称作“维”。如果将一张有方格的纸称为表，在其中一个格子里填写一个数，这个数的位置即可通过行（X 轴）、列（Y 轴）这二维来描述，这个表就是二维表。如果将多个格式相同的二维表叠在一起，找到某个数据的要素就需要增加一个表页号（Z 轴），这一叠表就称为三维表。如果将多个不同的三维表放在一起，从中找到某个数据的要素又需增加一个表名，如利润表第 1 页第 3 列第 4 行的数据位置可表示为：“利润表”→C4@1。三维表的表间操作即为“四维运算”。

2. 格式状态和数据状态

UFO 报表系统将报表制作分为两大部分，即报表格式设计（包括公式定义）和报表数据处理。这两部分工作是分阶段在不同状态下进行的，单击报表工作区左下角的“格式/数据”按钮可实现格式状态和数据状态之间的切换。

（1）格式状态。在格式状态下进行报表格式设计的操作。例如，设置表尺寸、行高列宽、单元属性、组合单元、关键字等。定义报表的单元公式、审核公式、舍位平衡公式也在格式状态下进行。在格式状态下所做的操作对该报表所有的表页均发生作用。该状态下看到的是报表的格式，报表的数据全部被隐藏，不能进行数据的录入、计算等操作。

（2）数据状态。在数据状态下进行报表数据处理的操作。例如，输入数据、增加或删除表页、审核、舍位平衡、做图形、汇总、合并报表等。在数据状态下所做的操作只对本表页有效。该状态下不能修改报表的格式，但可以看到报表的全部内容，包括格式和数据。

3. 单元

由报表的行和列确定的方格称为单元，它是组成报表的最小单位。报表中的列号用字母 A ~ IU 表示，行用数字 1 ~ 9999 表示，单元即由其所在列的字母和其所在行的数字组合表示，如第 2 列第 5 行的单元表示为 B5。

单元的类型分为数值单元、字符单元和表样单元。

数值单元单元格的内容是报表的数据，在数据状态下输入。数值单元的数字可以直接输入，也可以由单元中存放的单元公式运算生成。建立一个新表时，所有单元的类型默认为数值。数字及各种键盘可输入的符号组成的一串字符，一个单元中最多可输入 255 个字符。

字符单元是报表的数据，在数据状态下输入。字符单元的内容可以是汉字、字母、数字及各种键盘可输入的符号组成的一串字符，一个单元中最多可输入 255 个字符。字符单元的内容也可由单元公式生成。

表样单元是报表的格式，其内容是格式状态下输入的所有文字、符号或数字，一个单元中最多可输入 255 个字符。一旦单元被定义为表样，那么在其中输入的内容对所有表页都有效。

4. 区域

区域是由一张表页上的一组相邻单元组成，自起点单元至终点单元是一个完整的长方形矩阵。在 UFO 中，区域是二维的，最大的区域是一个二维表的所有单元（整个表页），最小的区域是一个单元。在描述一个区域时，起点单元（左上角单元）和结束单元（右下角单元）之间用“:”号连接起来。

5. 组合单元

组合单元是由相邻的两个或更多的单元组成的区域，这些单元必须是同一种单元类型，

UFO 在处理报表时将组合单元视为一个单元。组合单元的名称可以用区域的名称或区域中的单元名称来表示，例如，把 B2 ~ B3 定义为一个组合单元，则组合单元的名称可以是“B2：B3”或“B2、B3”。

6. 固定区和可变区

固定区是指组成一个区域的行数和列数是固定的数目。一旦设定好后，在固定区内其单元总数是不变的。

可变区是一个区域的行数或列数是不固定的，其最大行数或最大列数在格式设计中是设定的。在一个报表中只能设置一个可变区，或是行可变区或是列可变区。行可变区是指可变区中的行数是可变的；列可变区是指可变区中的列数是可变的。设置可变区后，屏幕只显示可变区的第一行或第一列，其他可变行列隐藏在表体内，在以后的数据操作中，可变行列数可以根据需要而增减。

有可变区的报表称为可变表；没有可变区的报表称为固定表。

7. 表页

表页是由许多单元组成的二维表。一个 UFO 报表最多可容纳 99999 张表页，一个报表中的所有表页具有相同格式，但其中的数据不同。表页在报表中的序号在表页下方以选项卡的形式出现，称为“页标”。页标用“第 1 页” ~“第 99999 页”表示。

8. 关键字

由于一个 UFO 报表文件可以管理大量格式相同的表页。因此，要在其中快速准确地查找某张表页，就需要为每张表页设置定位标志，即关键字。

关键字是游离于单元之外的特殊数据单元，可以唯一标识一张表页。UFO 报表系统提供单位名称、单位编号、年、季、月、日 6 种关键字；除此之外，还有自定义关键字功能，当定义名称为“周”和“旬”时，可以在业务函数中代表取数日期。

关键字的名称在格式状态下设置，关键字的值则在数据状态下录入，每个报表可以定义多个关键字。

三、报表处理系统数据流程

报表处理系统数据流程见图 7 – 1。

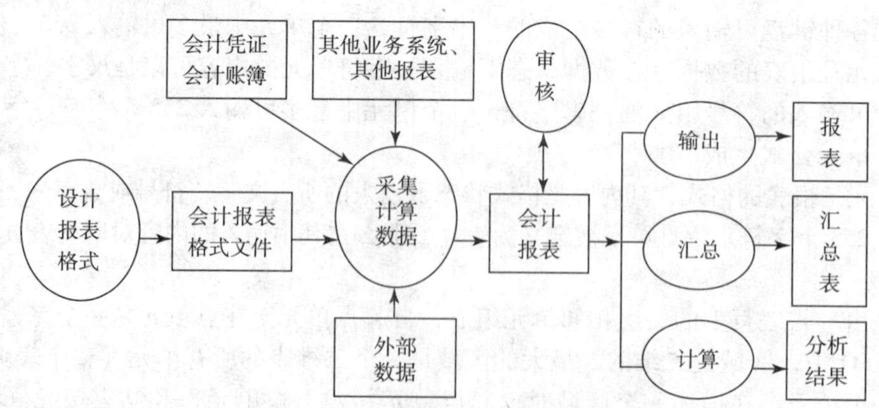

图 7 – 1　报表处理系统数据流程

（1）使用报表定义功能，定义会计报表格式文件，即报表模板文件。

（2）根据会计报表格式文件中单元数据取数公式，从会计凭证、账簿、其他业务系统或外部取得报表数据，生成报表数据文件。

(3) 根据会计勾稽关系对会计报表进行审核。

(4) 输出打印报表，产生汇总报表或对报表进行财务分析。

四、报表处理系统功能结构

报表处理系统的功能结构包括文件管理、格式管理、数据管理和工具功能。

1. 文件管理

对报表文件的创建、读取、保存和备份进行管理。能够进行不同文件的转换：＊. TXT 文件、＊. MDB 文件、＊. DBF 文件、EXCEL 文件、LOTUS1－2－3 文件。支持多个同时显示和处理，可同时打开的文件和图形窗口多达 40 个。提供标准财务数据的“导入”和“导出”功能，可以和其他流行财务软件交换数据。

2. 格式管理

提供丰富的格式设计功能，如定义组合单元、画表格线（包括斜线）、调整行高列宽、设置字体和颜色、设置显示比例等，可以制作各种要求的报表。

3. 数据处理

UFO 以固定的格式管理大量不同的表页，能将多达 99999 张具有相同格式的报表资料统一在一个报表文件中管理，并且在每张表页之间建立有机的联系。提供排序、审核、舍位平衡、汇总功能。提供绝对单元公式和相对单元公式，可以方便、迅速地定义计算公式。提供种类丰富的函数，可以直接从账务系统中提取账务数据，生成财务报表。

4. 工具功能

提供不同显示格式、显示比例、插入图表对象和二次开发功能（见图 7－2）。

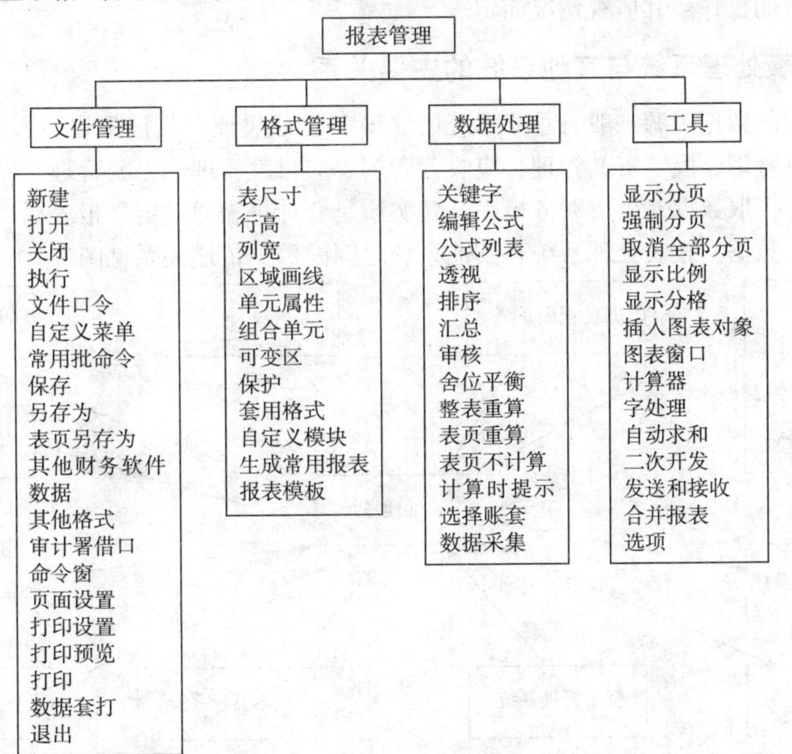

图 7－2　报表模块功能结构

五、报表处理系统基本操作过程

根据计算机编制报表的工作内容，制作一张报表的基本操作流程（见图7-3）：

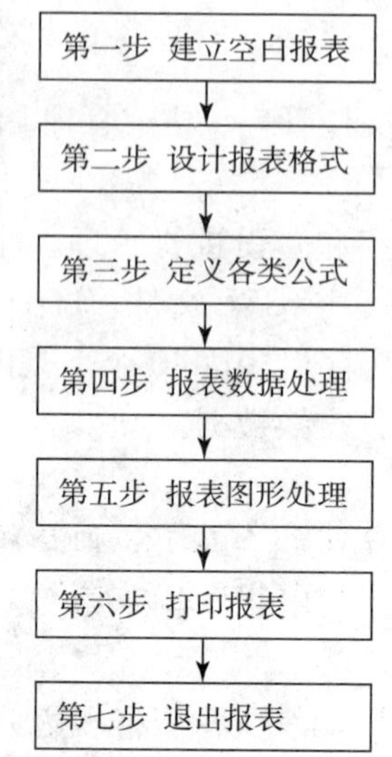

图7-3 制作报表的基本流程

在以上步骤中，第一、二、三、四、七步是必需的，因为要完成一般的报表处理，一定要有建立空白报表、设计报表格式、定义公式、数据处理、退出报表这些基本过程。如果已经完成报表的初始化处理，设定完成报表模板，这时报表只需要进行数据处理即可。在实际应用中，具体的操作步骤应视情况而定。

六、报表处理系统与其他系统的主要关系

会计报表的数据来源一般有总账系统的账簿和会计凭证、其他报表、人工直接输入等，还可以从薪资管理、固定资产管理、应收款管理、应付款管理、采购管理、库存管理、成本管理等系统中提取数据，生成财务报表。其实质是会计报表通过定义报表栏目取数公式，获取其他系统的数据。报表处理系统与其他系统之间的数据传递关系见图7-4。

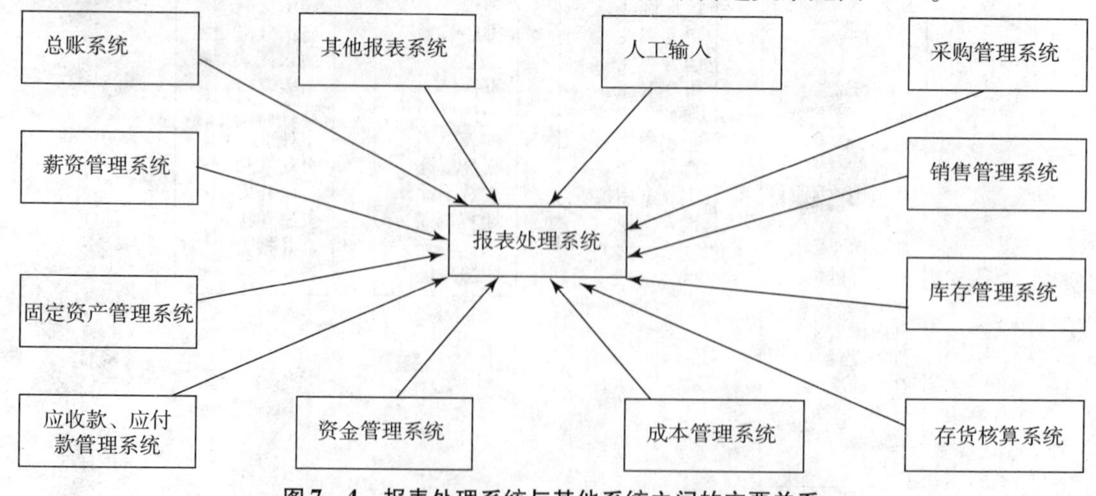

图7-4 报表处理系统与其他系统之间的主要关系

任务二　报表处理系统的设置

一、活动一：报表格式设置

【知识链接】

根据表样，新建并设计资产负债表，设置表尺寸，定义组合单元，输入报表项目，定义报表行高列宽，设置单元属性。

【任务引入】

建立广东凯琪工业有限公司2017年2月资产负债表。

【任务分析及操作步骤】

(1) 打开“开始”菜单，单击“用友U8V10.1”→“企业应用平台”命令，弹出系统登录窗口，选择相关账套后操作员登录进入企业应用平台。

(2) 单击“UFO报表”，启动UFO报表系统（见图7-5）。

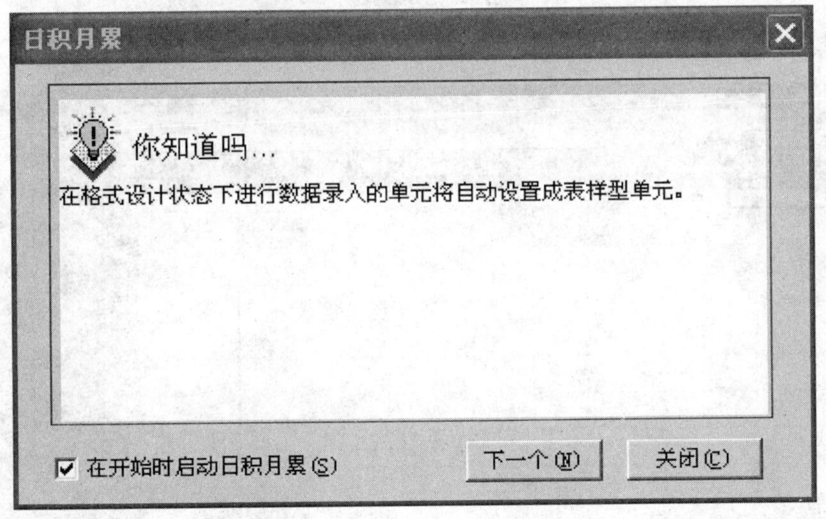

图7-5　启动UFO报表系统

(3) 单击当前窗口的“关闭（C）”按钮（见图7-6），单击“文件（F）”→“新建”（或Ctrl+N）命令，或是单击新建图标创建新表。新表自动进入格式状态，文件名显示在标题栏中，为report1（见图7-7）。用户在进行报表保存时可进行文件名的更改。

(4) 表尺寸的设计。表尺寸是指报表的行数、列数。单击“格式（S）”→“表尺寸（S）”命令，系统弹出“表尺寸”对话框，输入报表的行数和列数，然后单击“确认”按钮，此设置完成（见图7-8、图7-9）。

如果表尺寸需要修改，可以重复上述操作，也可以通过“编辑（E）”菜单下的“插入（I）”“追加（B）”和“删除（D）”命令来实现。

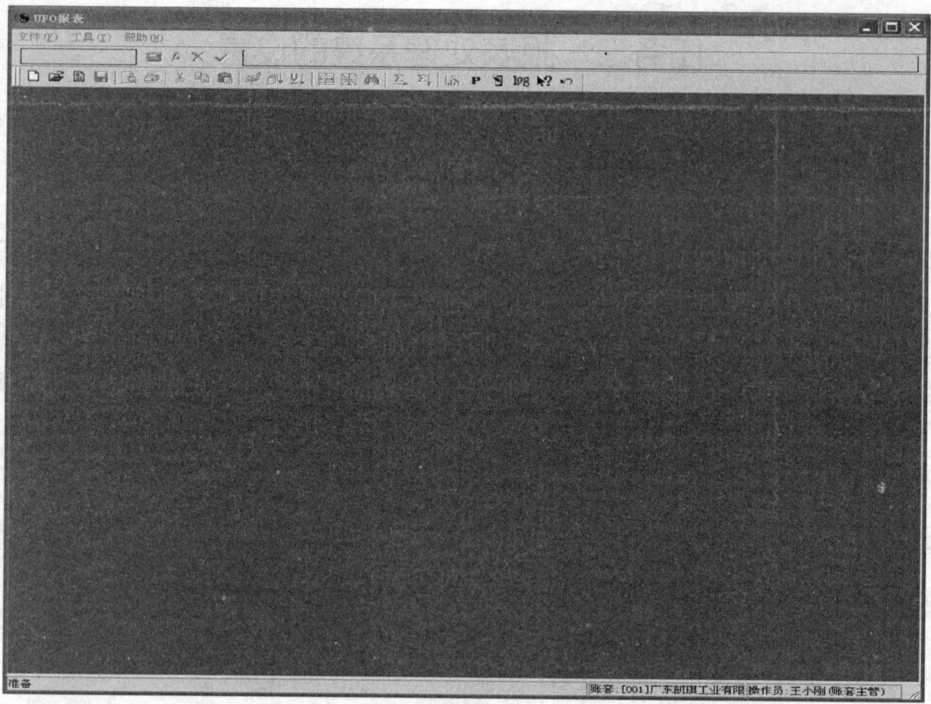

图 7－6　新建空表－1

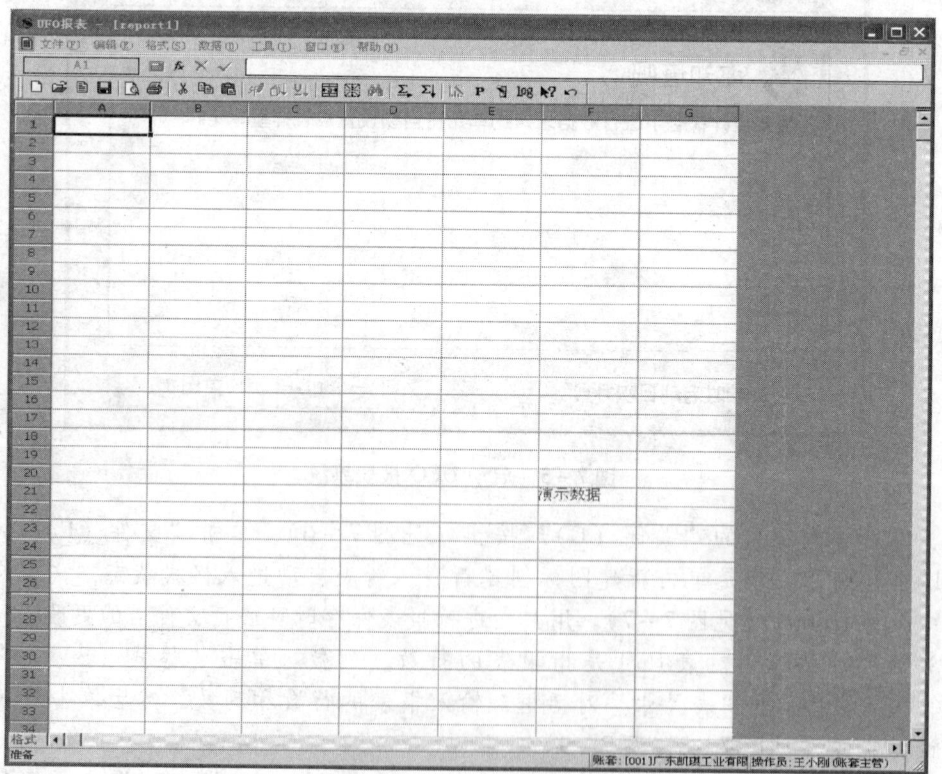

图 7－7　新建空表－2

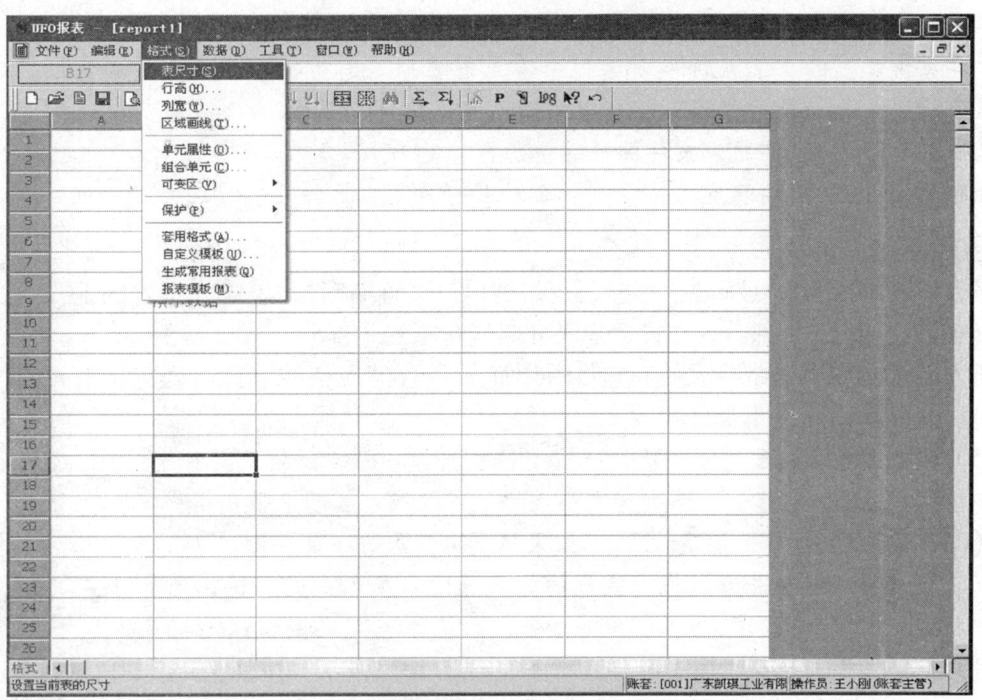

图7－8　设置表尺寸－1

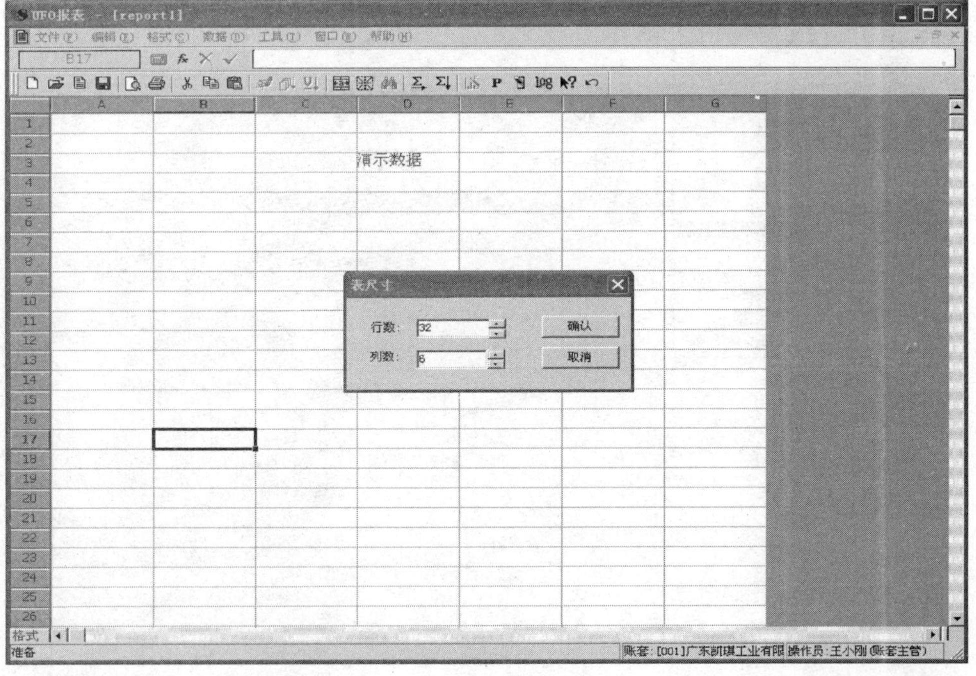

图7－9　设置表尺寸－2

①插入行（列）：在目标位置新增行（列）。例如，需要在第2行插入1行或多行，首先需要选定第2行的任一单元或行标，然后单击“编辑（E）”→“插入（I）”→“行（R）”命令，在系统弹出的“插入行”对话框中输入需要插入的行数后，单击“确认”按钮，原先的第2行（包括该行的内容）就会根据插入的行数自动下移。

②追加行（列）：在报表文件的最后增加行（列）。

③删除行（列）：将选定的行（列）删除，一次可以删除多行（列）。

注意

报表一般包括表头（标题、副标题、编制单位、日期等）、表体（报表的主要内容）和表尾（辅助说明）3个部分，在设置表尺寸时应包括这3部分。

插入的行（列）是带格式的，它将沿用插入位置的表格线、行高列宽、单元属性等格式；追加的行（列）是不带格式的。

（5）组合单元。单元的组合就是把几个单元作为一个单元使用。首先，通过拖动鼠标的方式（按住鼠标左键后移动）选定需要组合的单元区域，然后单击“格式（S）”下的“组合单元（C）”（见图7－10、图7－11）。如果想要取消组合单元，则单击“取消组合”按钮。

（6）画表格线。首先通过拖动鼠标的方式选定需要画线的区域，然后单击“格式（S）”→“区域画线（T）”命令，系统弹出“区域画线”对话框，用户根据需要选择画线类型及样式后单击“确认”按钮（见图7－12、图7－13）。如果想删除表格线，在“样式”处选“空”即可。

注意

（7）报表项目内容的输入。报表项目包括表头、表体和表尾三部分（见表7－1）。在格式状态下输入报表项目的内容，单元的单元类型就会被定义为表样型。单位名称、日期等一般不作为文字内容输入，而是设置为关键字（见图7－14）。

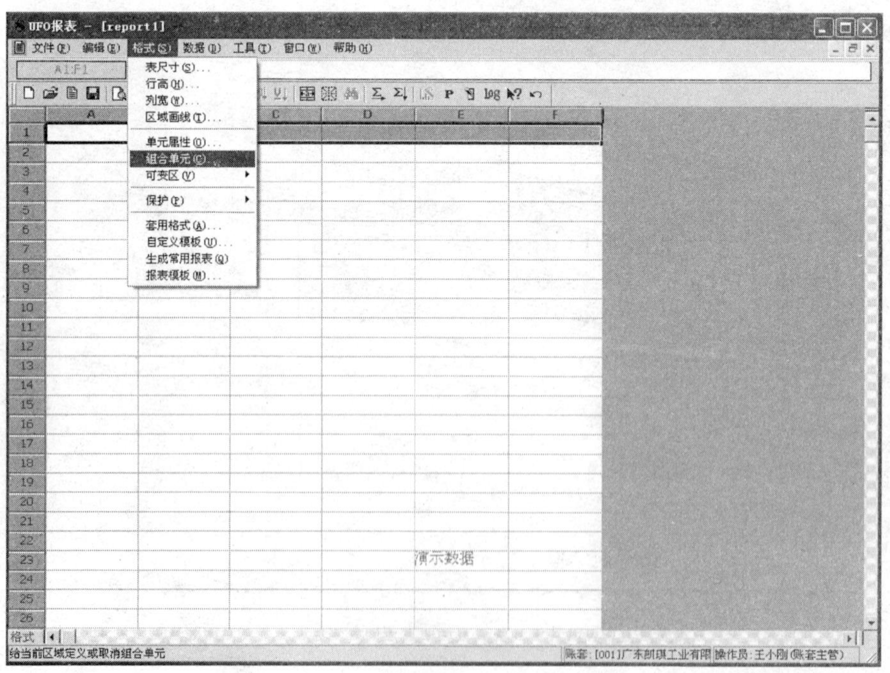

图7－10 组合单元－1

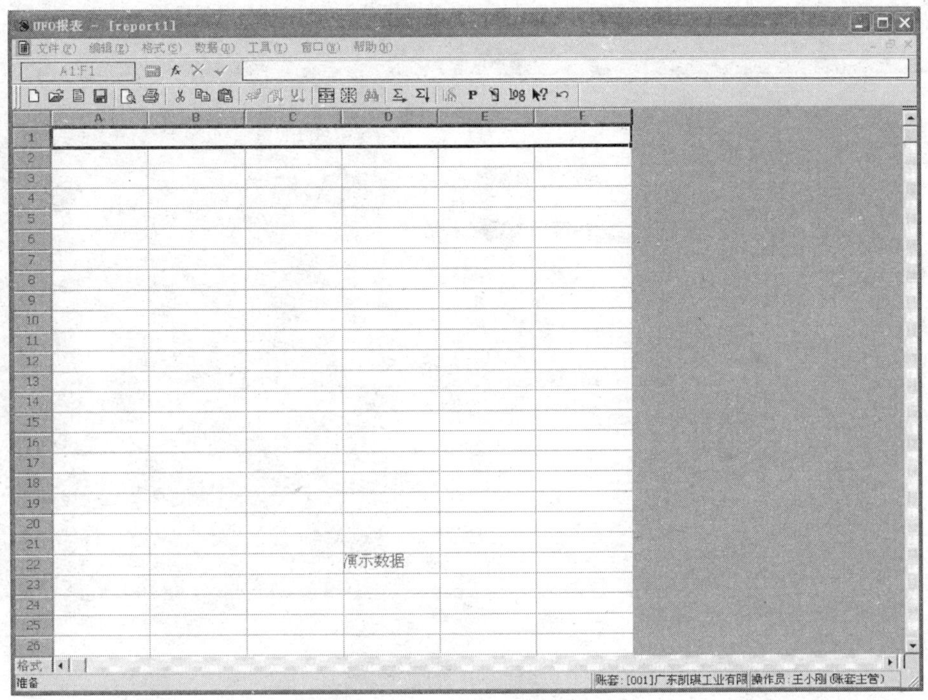

图 7-11　组合单元-2

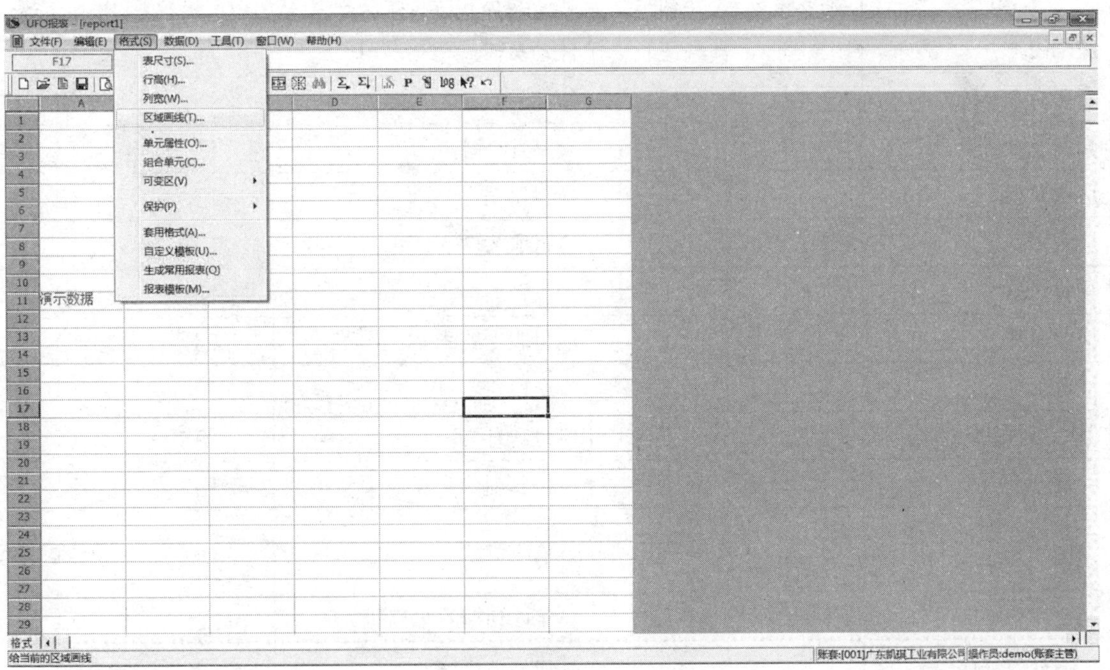

图 7-12　画表格线-1

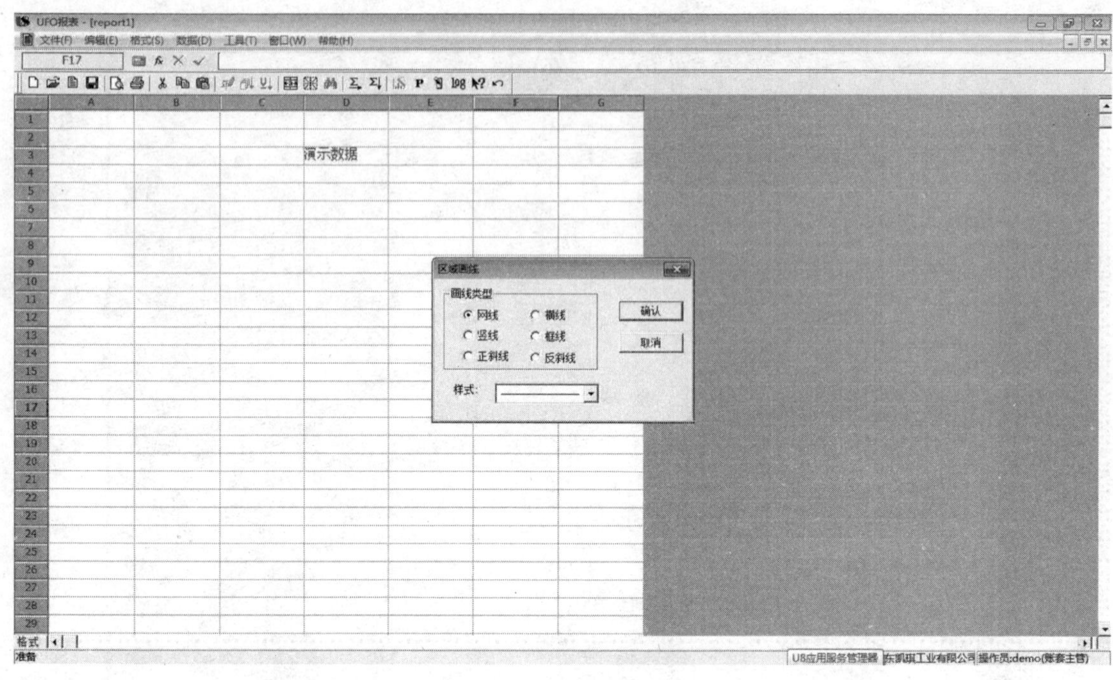

图 7－13　画表格线－2

表 7－1　资产负债表

编制单位：广东凯琪工业有限公司　　　　2017 年 2 月　　　　单位：元

资产	期末余额	年初余额	负债和所有者权益	期末余额	年初余额
流动资产：	□	□	**流动负债：**	□	□
货币资金	□	□	短期借款	□	□
交易性金融资产	□	□	交易性金融负债	□	□
应收票据	□	□	应付票据	□	□
应收账款	□	□	应付账款	□	□
预付账款	□	□	预收账款	□	□
应收股利	□	□	应付职工薪酬	□	□
应收利息	□	□	应交税费	□	□
其他应收款	□	□	应付利息	□	□
存货	□	□	应付股利	□	□
一年内到期的非流动资产	□	□	其他应付款	□	□
其他流动资产	□	□	一年内到期的非流动负债	□	□
流动资产合计	□	□	其他流动负债	□	□
非流动性资产：	□	□	流动负债合计	□	□
可供出售金融资产	□	□	**非流动流动负债：**	□	□

续表

资产	期末余额	年初余额	负债和所有者权益	期末余额	年初余额
持有至到期投资	□	□	长期借款	□	□
长期应收款	□	□	应付债券	□	□
长期股权投资	□	□	长期应付款	□	□
投资性房地产	□	□	递延所得税负债	□	□
固定资产	□	□	其他非流动负债	□	□
在建工程	□	□	非流动负债合计	□	□
工程物资	□	□	负债合计	□	□
固定资产清理	□	□	**所有者权益（或股东权益）：**	□	□
无形资产	□	□	实收资本（或股本）	□	□
长期待摊费用	□	□	资本公积	□	□
递延所得税资产	□	□	盈余公积	□	□
其他非流动资产	□	□	未分配利润	□	□
非流动资产合计	□	□	所有者权益合计	□	□
资产总计	□	□	**负债和所有者权益总计**	□	□

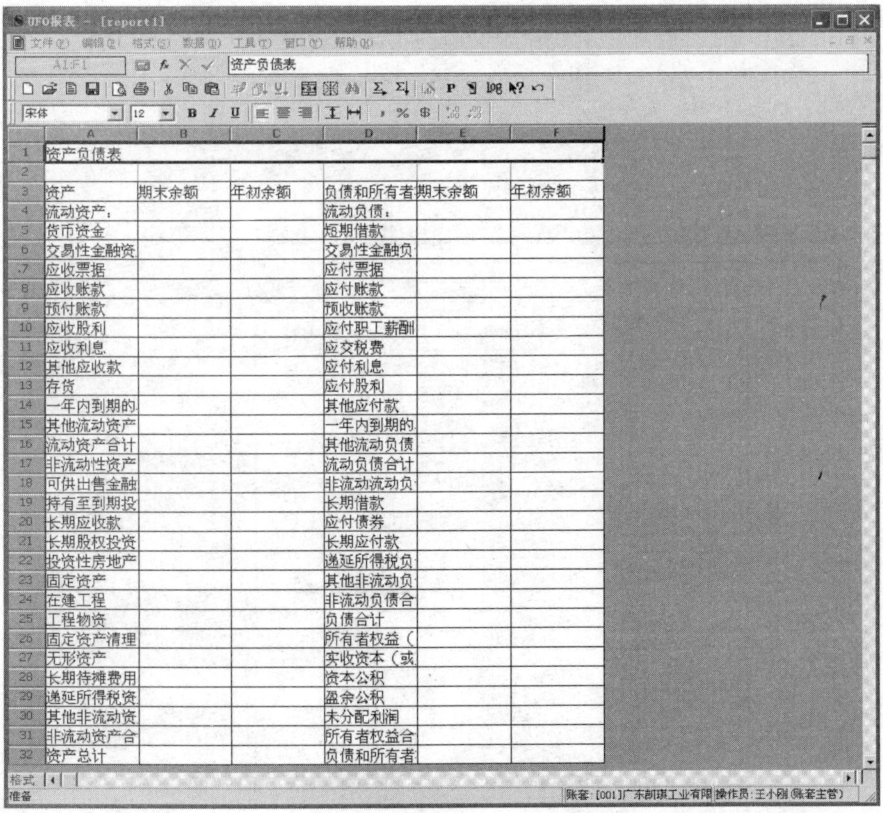

UFO报表 - [report1]

文件(F) 编辑(E) 格式(S) 数据(D) 工具(T) 窗口(W) 帮助(H)

A1:F1　资产负债表

	A	B	C	D	E	F
1	资产负债表					
2						
3	资产	期末余额	年初余额	负债和所有者	期末余额	年初余额
4	流动资产：			流动负债：		
5	货币资金			短期借款		
6	交易性金融资			交易性金融负		
7	应收票据			应付票据		
8	应收账款			应付账款		
9	预付账款			预收账款		
10	应收股利			应付职工薪酬		
11	应收利息			应交税费		
12	其他应收款			应付利息		
13	存货			应付股利		
14	一年内到期的			其他应付款		
15	其他流动资产			一年内到期的		
16	流动资产合计			其他流动负债		
17	非流动性资产			流动负债合计		
18	可供出售金融			非流动流动负		
19	持有至到期投			长期借款		
20	长期应收款			应付债券		
21	长期股权投资			长期应付款		
22	投资性房地产			递延所得税负		
23	固定资产			其他非流动负		
24	在建工程			非流动负债合		
25	工程物资			负债合计		
26	固定资产清理			所有者权益（		
27	无形资产			实收资本（或		
28	长期待摊费用			资本公积		
29	递延所得税资			盈余公积		
30	其他非流动资			未分配利润		
31	非流动资产合			所有者权益合		
32	资产总计			负债和所有者		

格式　准备　账套：[001]广东鹏琪工业有限　操作员：王小刚(账套主管)

图 7－14　资产负债表表样

(8) 单元属性的设置。首先选定要进行单元属性设置的单元或区域，然后单击“格式(S)”→“单元属性（O)”命令，系统弹出“单元属性”对话框，在“单元类型”“字体图案”“对齐”和“边框”4个选项卡中进行相应设置后，单击“确定”按钮退出（见图7－15、图7－16)。

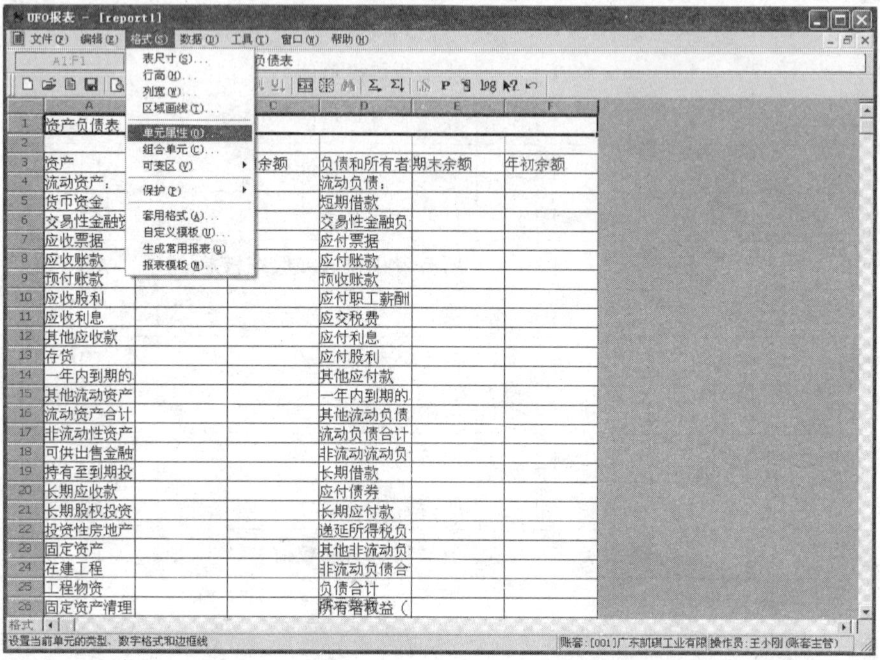

图7－15 单元属性设置－1

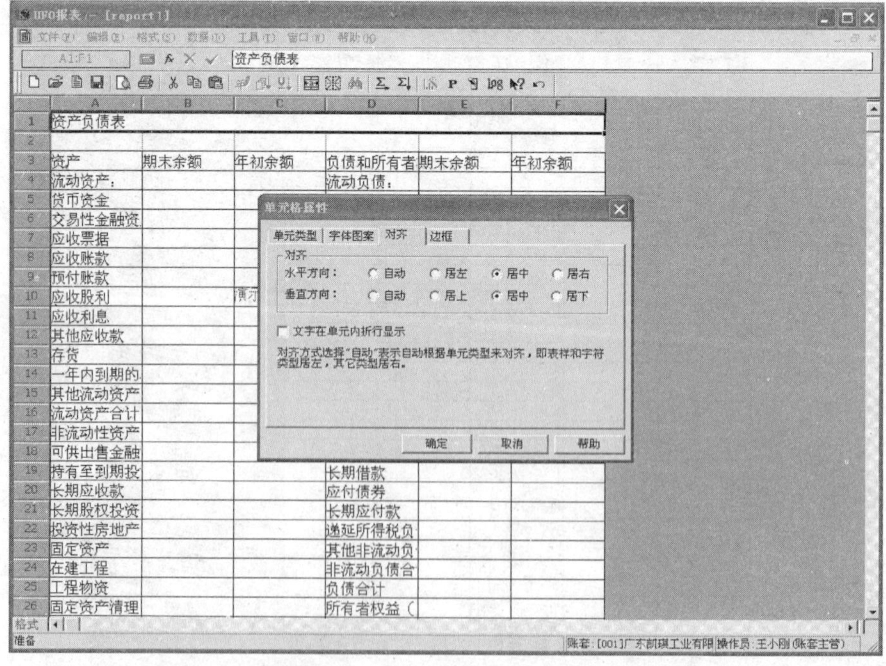

图7－16 单元属性设置－2

(9) 行高、列宽的调整。首先选定需要调整行高的1行或多行，然后单击“格式(S)”→“行高(H)”命令，系统弹出“行高”对话框，在其中输入希望行高值后，单击“确认”按钮退出(见图7-17、图7-18)。单击“格式(S)”→“列宽(W)”命令可同理进行列宽的设置。

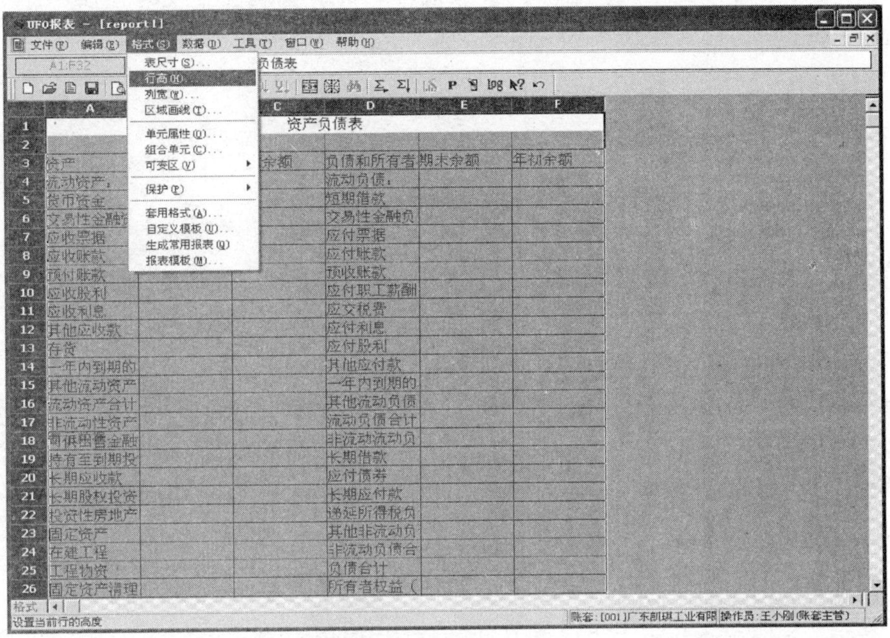

图7-17　行高设置-1

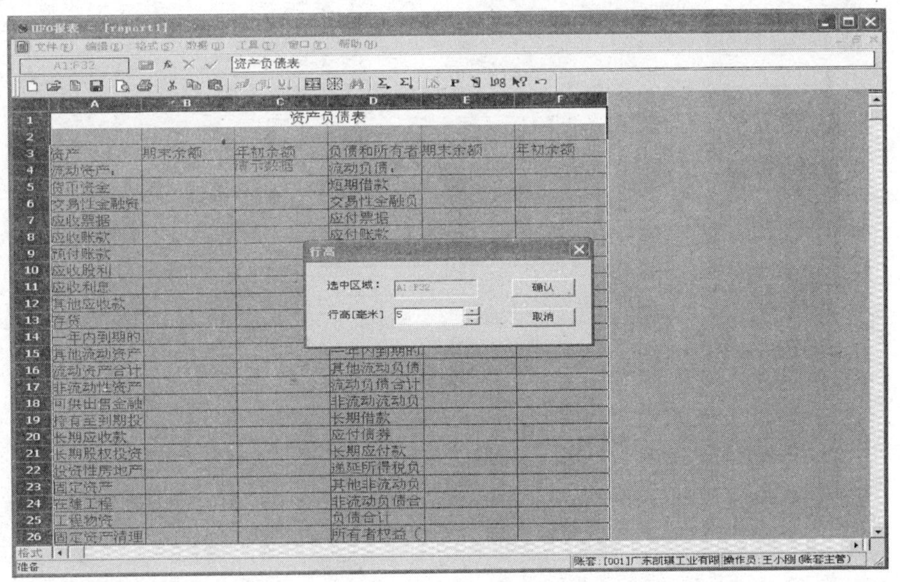

图7-18　行高设置-2

行高、列宽的调整也可以直接将鼠标放在行标或列标的分隔线上，鼠标呈“十”字形后，按住鼠标左键通过上下或左右的拖拽来调整行高和列宽，直至满意后松开鼠标即可。

二、活动二：报表公式设置

【知识链接】

设置资产负债表的关键字及报表公式。报表公式的定义属于报表格式设计阶段，在格式状态下进行。公式定义对报表所有表页都有效。

UFO 报表公式主要有单元公式、审核公式和舍位平衡公式 3 种。

【任务引入】

编制广东凯琪工业有限公司 2017 年 2 月资产负债表的报表公式。

【任务分析及操作步骤】

1. 设置关键字

关键字的设置属于报表格式设计阶段，在格式状态下进行。

首先选定要设置关键字的单元，然后单击“数据（D）”→“关键字（K）”→“设置（S）”命令（见图 7－19），系统弹出“设置关键字”对话框。从中选择一个关键字或自定义关键字后单击“确定”按钮（见图 7－20）。重复上述操作，可依次进行其他关键字的设置。设置关键字显示为红色。

设置的关键字可以取消。单击“数据（D）”→“关键字（K）”→“取消（E）”命令，系统弹出“取消关键字”对话框，选择要取消的关键字后单击“确定”按钮（见图 7－21）。

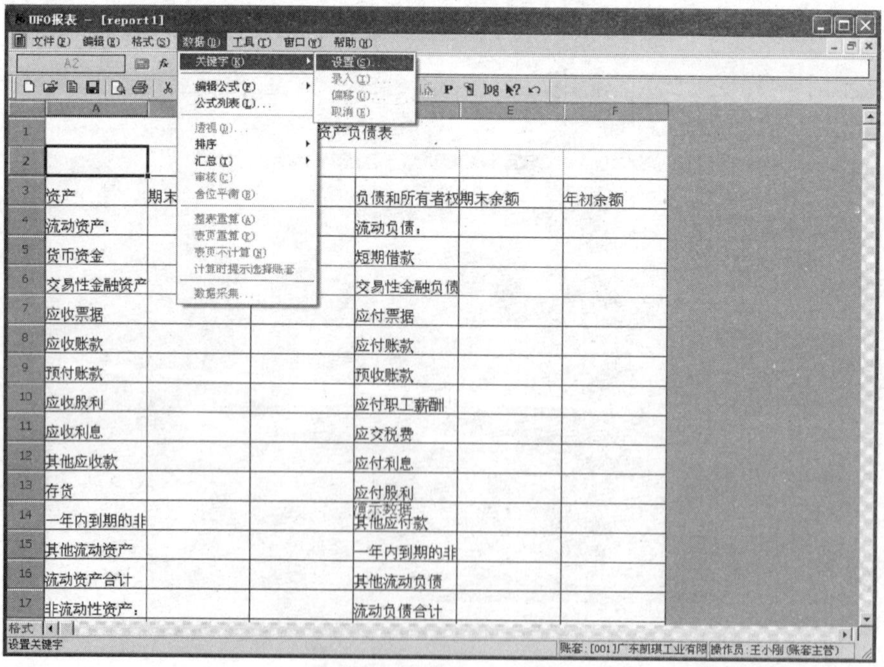

图 7－19 关键字设置－1

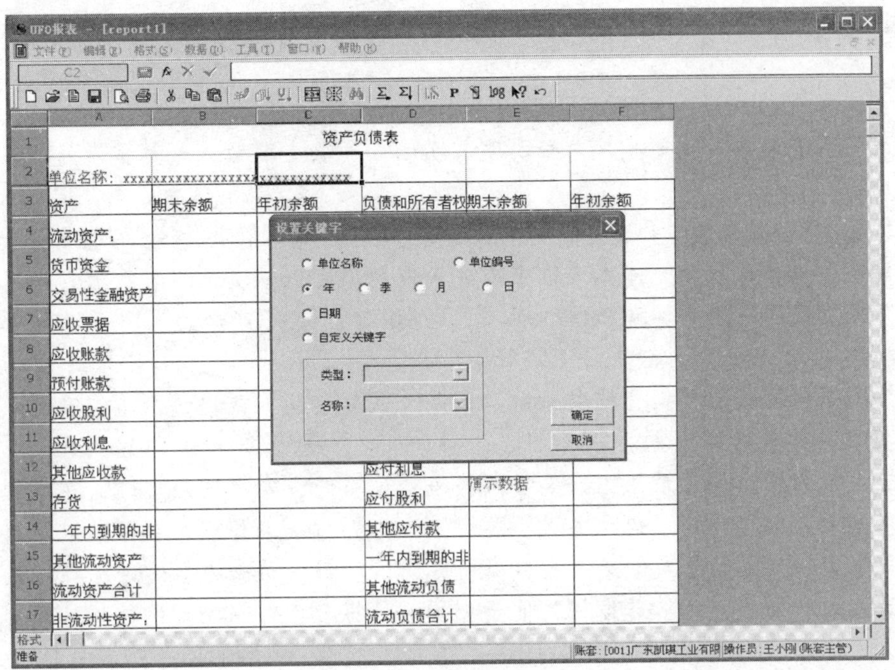

图 7－20　关键字设置－2

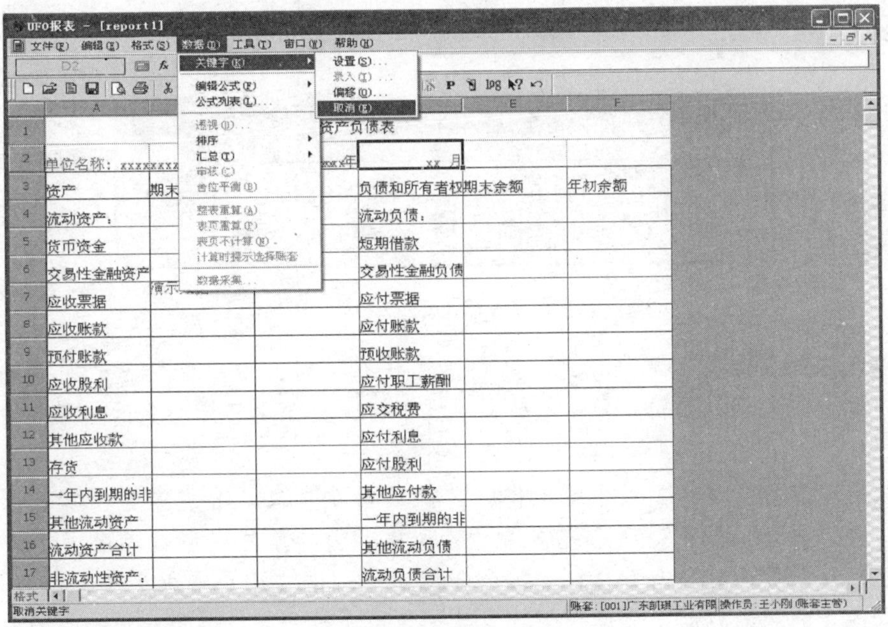

图 7－21　关键字取消

2. 设置报表单元公式

报表公式的定义在格式状态下进行，公式定义对报表所有表页都有效。单元公式是报表单元的取数公式。经过格式设计的新表是没有数据的空表，其数据不像手工会计那样全部由用户直接输入，而是需要定义单元公式之后，由报表处理系统自动取得有关数据。

为报表设置取数公式，是一项技术要求比较高的初始化操作。初始设置中的任何误差都将使以后所生成的会计报表产生较大的错误，将长久地影响报表信息的质量。因此，要高质量地完成会计报表所有指标的数据来源设置，要十分熟悉所用会计软件在报表数据来源表示方面的有关规则。

（1）报表单元公式数据来源。

①从总账系统取数。主要是从总分类账与明细分类账上取数，这是报表处理系统数据的主要来源。

②从其他核算系统取数。如薪资管理、固定资产管理、成本管理、销售管理等系统的数据。

③从报表系统自身取数。即本表取数或外表取数。可以从其他报表取数，也可以从同一报表的不同表页或同一表页的不同单元取数。例如“固定资产净值”“所有者权益合计”“净利润”等项目。

④从系统外部取数。包括直接通过键盘录入、从软盘读入或通过网络传输。

（2）报表单元公式设置方法。

①手工录入方法。手工录入方法是按照报表处理系统设定的语法规则，在报表数据来源设置界面直接录入取数公式。这种方式需要用户十分熟悉报表处理系统函数以及报表公式设置的规则与格式，对初学者或缺乏相应计算机知识的会计人员来说，这是一项比较困难的操作。直接录入取数公式，录入速度快，便于把握会计报表中每一指标的数据来源含义。

单元公式在格式状态下定义。在报表中选择要定义公式的单元，单击公式编辑按钮“fx”或是按“=”键弹出“单元公式”对话框，在其中输入单元公式（见图7－22）。如果定义的公式符合语法规则，单击“确认”按钮后，公式就会写入单元中；如果公式有语法错误，则将提示错误。

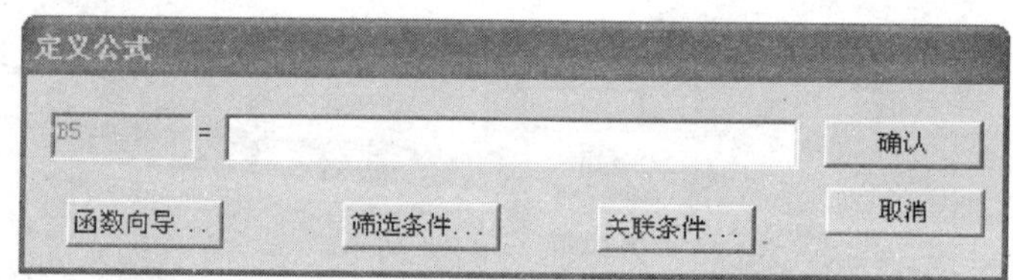

图7－22 定义公式

一个单元中如果定义了单元公式，则在格式状态下时，单元中显示“公式单元”这4个汉字，单元公式显示在编辑栏中；在数据状态下时，单元中显示公式的结果，单元公式显示在编辑栏中。

②函数向导方式。这是利用系统提供的“函数向导”或“公式向导”功能来定义取数公式。在这种方式下，报表处理系统将通过界面提示引导用户对取数参数做出一系列的选择，比如从何处取数、什么会计科目、哪个会计期间、借方还是贷方、发生额还是余额等。由系统根据内含的规则自动生成取数函数，并可通过函数与函数的符号连接完成对完整取数公式的设置。这种方式的最大好处在于用户不需要详细掌握函数编写的规则，而只要能指明所设计的报表指标数据的来源即可。使用这种方法，软件初学者会感到非常易学、易用，但编辑速度较慢。例如：设置“资产负债表”的“货币资金”的期末数：

第一步，在“资产负债表”中选定公式定义单元“B5”，即“货币资金”的期末数。单击编辑框中的“fx”按钮，打开“定义公式”对话框。

第二步，单击“函数向导...”按钮，进入“函数向导”窗口。在“函数分类（C）”列表框中选择“用友账务函数”（从总账系统取数的函数称为账务函数），在“函数名

(N)”列表框中选择“期末(QM)”(见图7－23)。

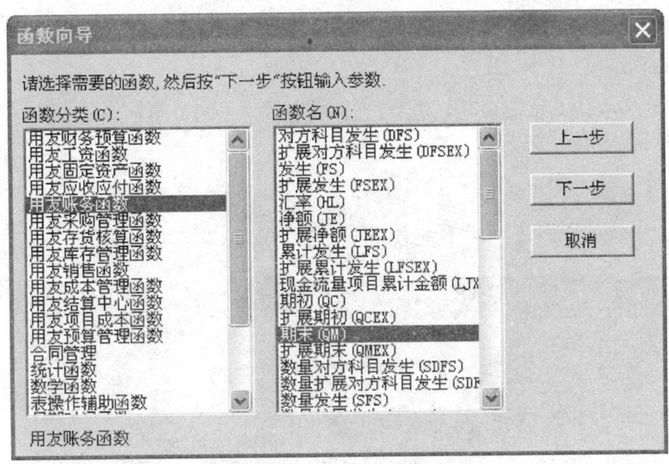

图7－23　函数向导－1

第三步，单击“下一步”按钮，进入“用友账务函数”窗口（见图7－24）。

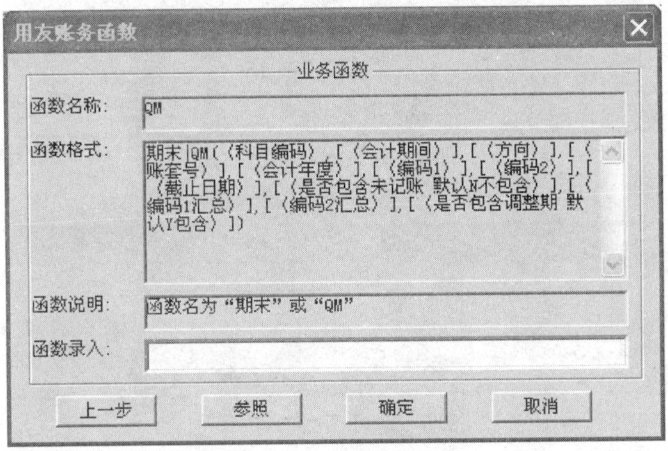

图7－24　函数向导－2

第四步，单击“参照”按钮，进入“账务函数”窗口（见图7－25）。

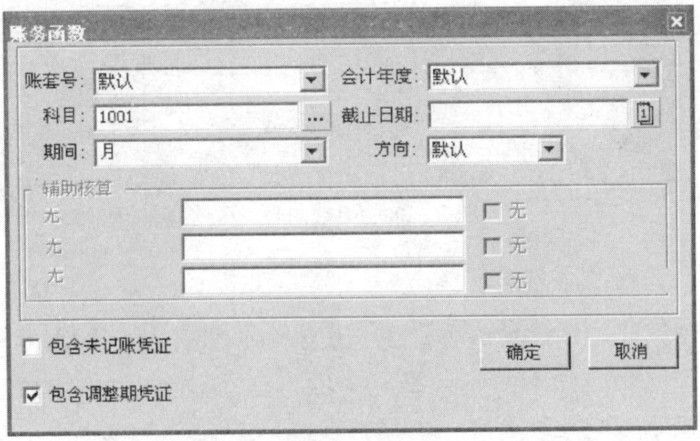

图7－25　函数向导－3

第五步，选择“账套号”：默认；选择“会计年度”：默认；输入“科目”：1001；选择“期间”：月；选择“方向”：借。

注意

在“账务函数”界面，选中“包含未记账凭证”，表示连同未记账凭证数据一并取到报表中。

第六步，单击“确定”按钮，回到“用友账务函数”窗口（见图7-26）；单击“确定”按钮，回到“定义公式”窗口（见图7-27）。

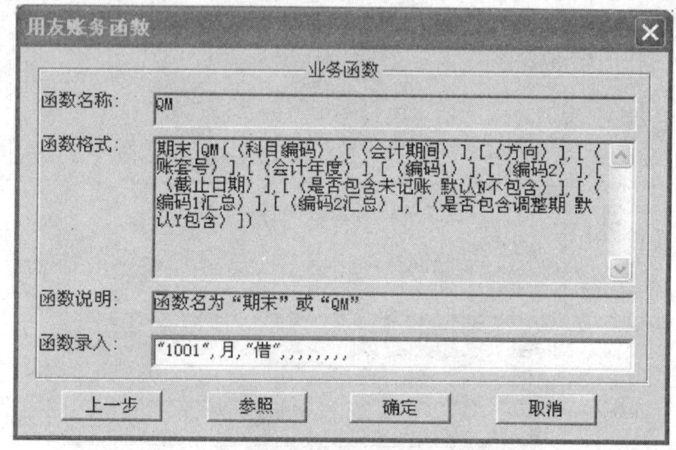

图7-26 函数向导-4

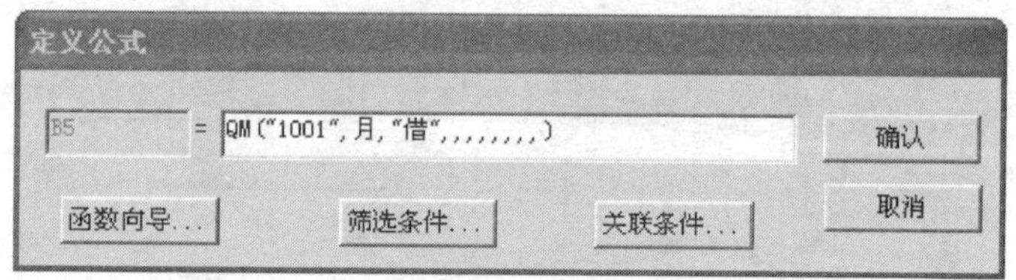

图7-27 函数向导-5

第七步，在定义公式窗口，输入“+”(见图7-28)。依次加上“1002 银行存款”“1021 其他货币资金”，步骤可重复上述第二步至第六步。

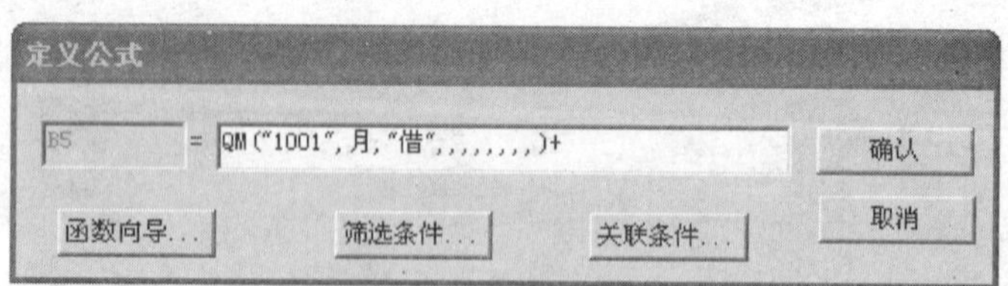

图7-28 函数向导-6

(3) 账务函数公式的基本格式。

函数名（科目编码，会计期间，方向，账套号，会计年度，编码1，编码2，是否包含未记账）

①式中“·”表示该参数可选定，也可省略。

②函数中使用的字母和符号均在英文半角状态下输入，且字母不区分大小写（其他函

数相同）。

③如果省略的参数后面没有内容了，省略部分的逗号也可以省略，不必保留位置，可直接以括号结束。

④账务函数公式的格式中有以下参数：

a. 函数名。主要账务函数见表7-2。

表7-2　主要账务函数表

账务函数	金额公式	数量公式	外币公式
期初余额函数	QC（）	SQC（）	WQC（）
期末余额函数	QM（）	SQM（）	WQM（）
发生额函数	FS（）	SFS（）	WFS（）
累计发生额函数	LFS（）	SLFS（）	WLFS（）
条件发生额函数	TFS（）	STFS（）	WTFS（）
对方科目发生额函数	DFS（）	SDFS（）	WDFSEX（）
净额函数	JE（）	SJE（）	WJE（）

b. 账套号。账套号默认为当前账套。

c. 会计年度。会计年度即取数所属的年度，缺省时默认为当前账套的登录年度。

d. 科目。科目指会计科目代码，也可以是会计科目名称。会计科目可以是一级科目，也可以是明细科目。其作用是表明取数的对象。

e. 截止日期。截止日期指的是取数的截止日期。

f. 期间。期间可以是“年”“季”“月”等变量，也可以是表示“年”“季”“月”的具体数字。其作用是表明取数所属区间。

g. 方向。方向即“借”或“贷”。其作用是表明取“科目编码”哪一方向的金额。

h. 编码1、编码2。编码与科目编码的核算账类有关，指在辅助账中取数，如无辅助核算，则省略。

i. 是否包含未记账凭证。是否包含未记账凭证指所取数据是否包含“科目编码”在未记账凭证中的金额，缺省时默认为“否”。

用户可以在“定义公式”对话框中单击“函数向导”按钮，由系统引导完成账务公式的定义。当“科目”没有进行辅助核算时，参数“辅助核算”为灰色，不可操作。

3. 设置报表审核公式

报表审核公式是报表数据之间关系的检查公式。它主要用于报表数据生成后，审核报表数据的正确性。在各类会计报表中，每个数据都有明确的经济含义，并且数据间往往存在着某种对应关系，称为勾稽关系。比如，资产负债表的“资产总计＝负债总计＋所有者权益总计”，这种平衡关系就是勾稽关系。如果在资产负债表编制结束后，发现没有满足这种平衡的勾稽关系，就可以肯定该表在编制过程中出现了错误。

在实际工作中，利用勾稽关系对报表进行检查是保证报表正确性的重要手段。为了满足财会人员编制报表时对数据审核功能的要求，通用报表处理系统提供自动审核功能，财会人员只需将报表数据之间的勾稽关系用审核公式表示出来，计算机即可按照审核公式定义的勾稽关系自动对报表进行审核。

报表审核公式的设置和报表运算公式的设置方法类似。它们的主要区别在于：审核公式用于对报表数据的勾稽关系进行检验，因此审核公式中允许使用的运算符除计算公式允许使用的运算符外，还可以使用“>”“<”“< >”等逻辑运算符。

设置报表勾稽关系时，主要利用报表数据所在的单元地址。以资产负债表的勾稽关系设置为例。假设资产总计的年初数在C32，期末数在B32，负债和所有者总计的年初数在F32，期末数在E32，则可以设置勾稽关系B32 = E32和C32 = F32。

（1）执行“数据（D）”→“编辑公式（F）”→“审核公式...”命令（见图7－29），打开“审核公式”对话框。

（2）定义审核公式（见图7－30）。

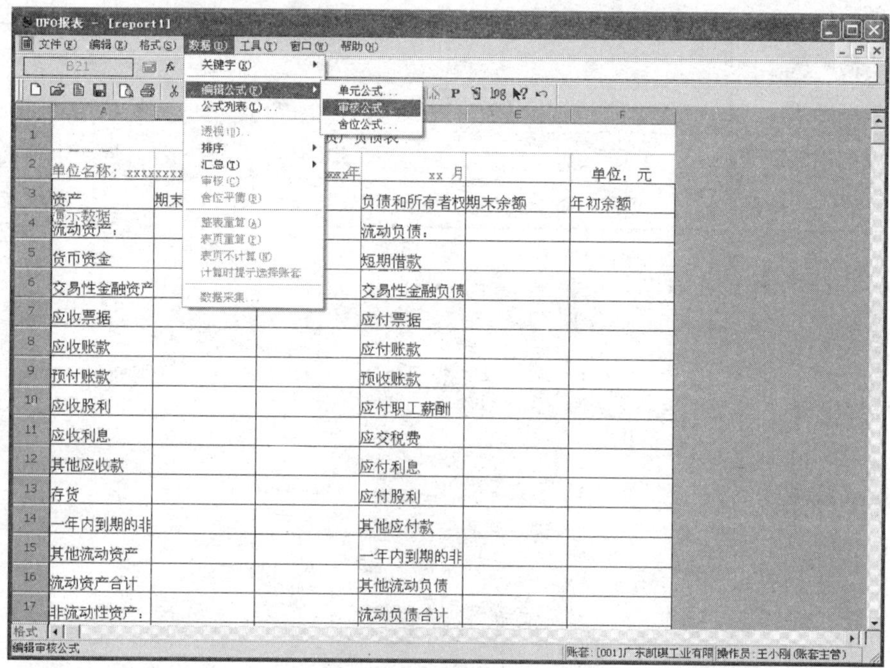

图7－29　报表审核公式－1

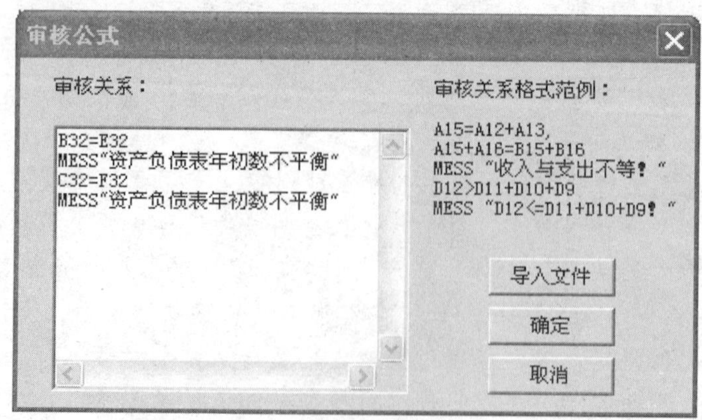

图7－30　报表审核公式－2

任务三　报表数据处理

一、活动三：报表数据生成

【知识链接】

完成报表格式设计后，就可以进入报表数据的处理阶段。报表数据的处理在数据状态下进行。处理时，计算机会根据已定义好的单元公式、审核公式和舍位平衡公式自动进行取数、审核及舍位等操作。同时，字符单元、未定义公式的数值单元的数据也可以直接输入。

【任务引入】

生成广东凯琪工业有限公司 2017 年 2 月资产负债表数据。

【任务分析及操作步骤】

1. 录入关键字

录入关键字就是录入已设置好的关键字的值。每张表页上关键字的值最好不要完全相同，因为如果有两张关键字的值完全相同的表页，利用筛选条件和关联条件寻找表页时，就只能找到第一张表页。

单击"数据（D）"→"关键字（K）"→"录入（T）"命令（见图 7－31），系统弹出"录入关键字"对话框，在其中录入当前表页关键字的值后，单击"确认"按钮退出，系统会有是否重算表页的提示（因为未将"单位编号""季""日"设置为关键字，也未进行自定

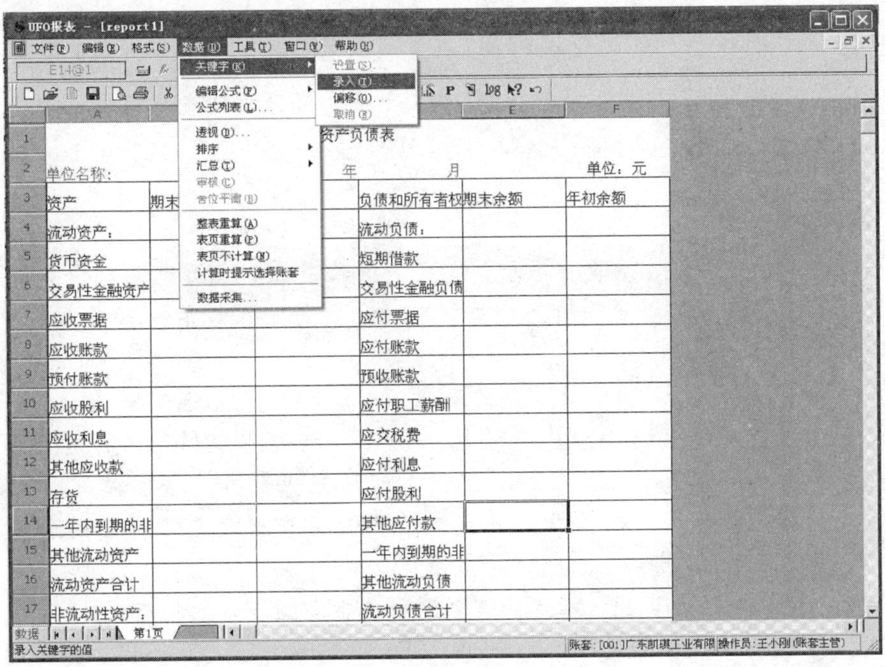

图 7－31　录入关键字

义关键字的设置，所以它们呈灰色状态），单击“是”按钮，系统开始计算数据并最终显示计算结果。计算过程中按“Esc”键可以终止计算；计算完成后，在报表窗口的左下角显示“计算完毕!”。若要修改关键字的值进行重新计算，重复上述操作即可。

2. 审核报表

在数据处理状态中，当报表数据录入完毕或进行修改后，应对报表进行审核，以检查报表各项数据勾稽关系的准确性。

先进入数据处理状态。单击“数据（D）”→“审核（C）”命令。系统按照审核公式逐条审核表内的关系，当报表数据不符合勾稽关系时，屏幕上出现提示信息（见图7－32）。记录该提示信息后，按任意键继续审核本表页内的其余公式。

图7－32　审核报表

二、活动四：表页管理及报表输出

【知识链接】

在数据状态下进行表页管理，可进行表页的插入、删除等操作。

【任务引入】

在数据状态下对广东凯琪工业有限公司2017年2月资产负债表进行表页管理。

【任务分析及操作步骤】

1. 表页的增减交换

（1）插入和追加表页。在数据状态下，向一个报表中增加表页有插入和追加两种方式。插入表页是指在当前表页前面增加新的表页。追加表页是指在最后一张表页后面增加新的表页。

单击“编辑（E）”→“插入（I）”→“表页（P）”命令或是“编辑（E）”→“追加（B）”→“表页（P）”命令，在系统弹出“插入表页”或是“追加表页”对话框中输入需要增加的表页数量后，单击“确认”按钮退出，即可完成表页的增加（见图7－33）。需要说明的是，插入表页时，应根据需要确定当前表页，当前表页可通过单击表页页标的方式确定。

（2）删除表页。删除表页是将指定的表页删除，报表的表页数相应减少。

单击“编辑（E）”→“删除（D）”→“表页（P）”命令（见图7－34），系统弹出“删除表页”对话框，输入相应信息后，单击“确认”按钮退出。

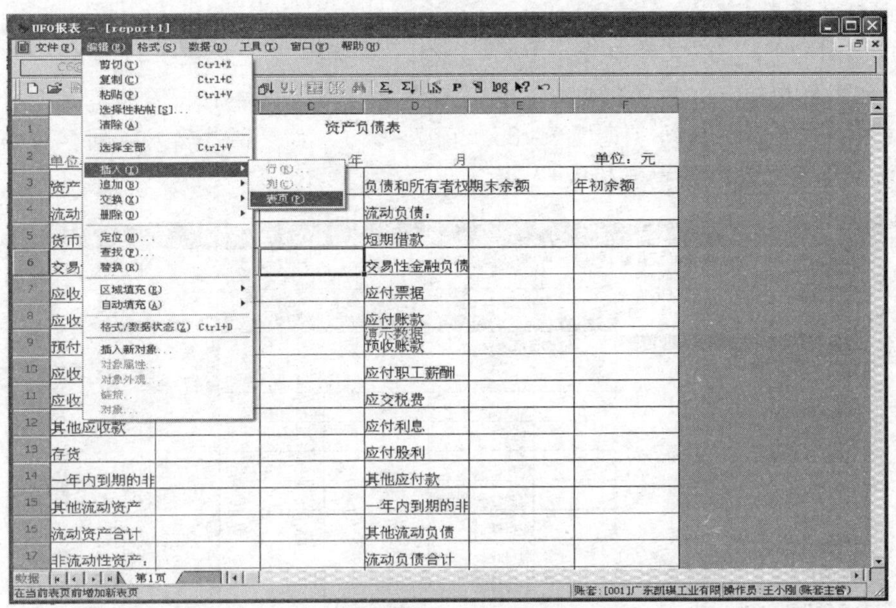

图 7－33 增加表页——插入表页

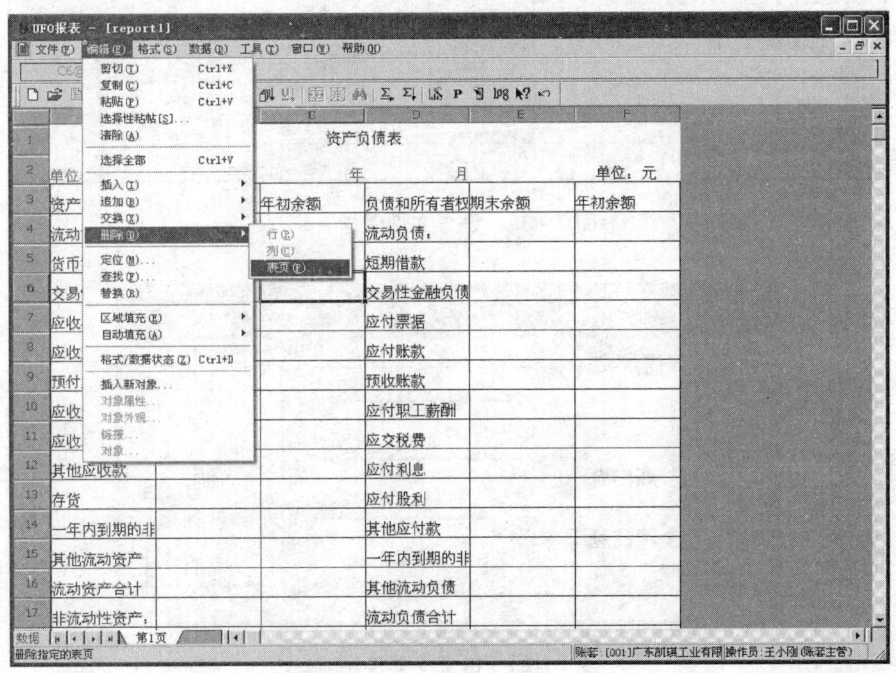

图 7－34 删除表页

2. 报表保护

报表保护包括文件保护和格式保护两方面的内容，其操作不限于格式状态或是数据状态。

3. 报表文件保护

在实际工作中，一些报表需要设置访问权限，可以为报表增加文件口令，只有输入正确的口令才能打开报表。

单击“文件（F）”→“文件口令（R）”命令，系统弹出“设置文件口令”对话框，在“新口令”文本框中输入文件保护口令，在“确认新口令”文本框中输入相同口令后，单击“确定”按钮，口令设置成功（见图7－35、图7－36）。如果两次输入不同，将弹出“新口令与确认新口令不匹配，请重新输入！”提示框。

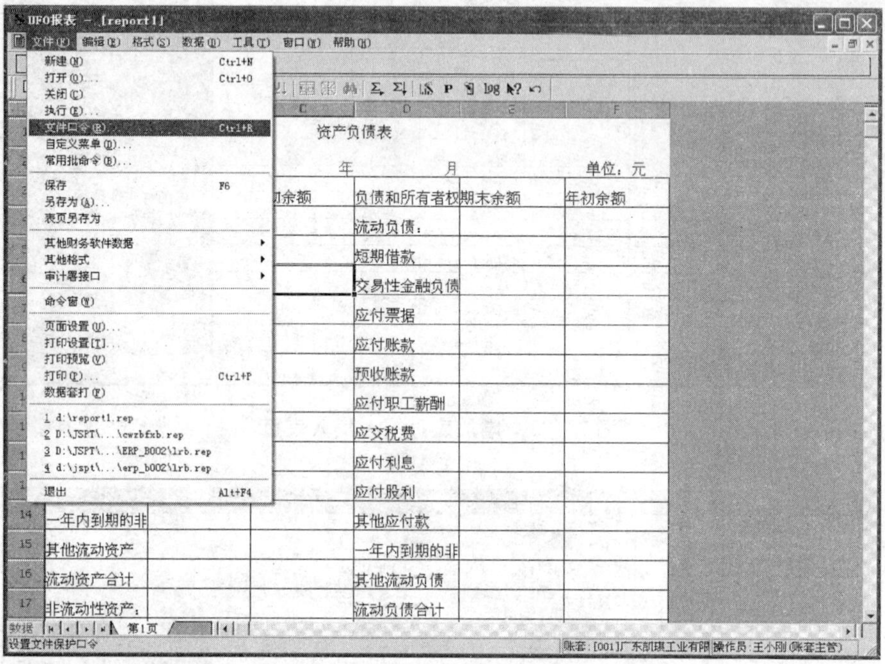

图7－35 设置文件保护－1

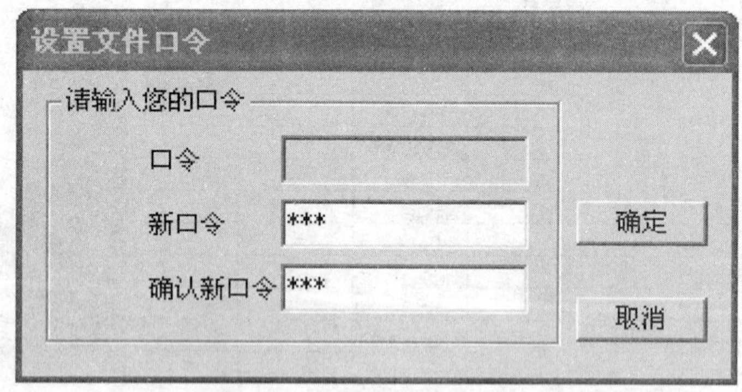

图7－36 设置文件保护－2

注意

（1）文件口令设置成功后，需要执行“保存”功能，才能使口令生效。

（2）若想打开设置文件保护口令的报表，需要先输入正确的口令。

（3）可以进行更改文件口令设置。

4. 格式保护

报表格式设置好后，对其进行加锁保护，就能设置访问权限，防止随意修改。当这种限制妨碍正常工作时，也可以进行解锁保护。

(1) 格式加锁。报表格式加锁后，想要进入格式状态修改格式必须输入正确口令。如果口令有误，则不能进入格式状态，只能在数据状态下操作。

单击“格式（S）”→“保护（P）”→“格式加锁（L）”命令（见图7-37），系统弹出“格式加锁”对话框。在“新口令”文本框中输入格式保护口令，在“确认口令”文本框中输入相同的口令（见图7-38），单击“确认”按钮，格式加锁成功。格式加锁后，在数据状态单击“格式/数据”命令要进入格式状态时，系统会弹出对话框，输入正确的口令后才能进入格式状态。

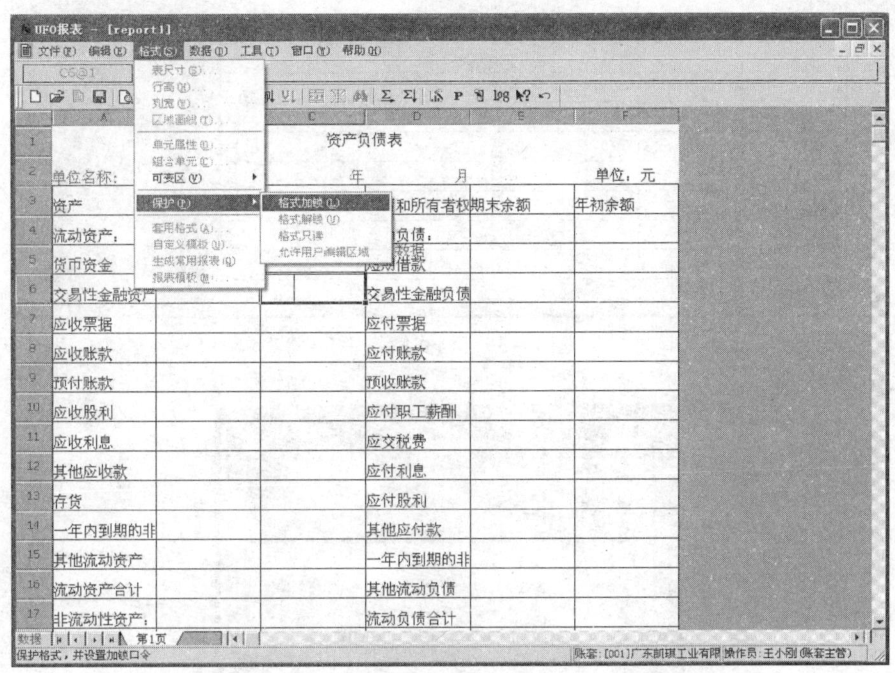

图7-37 格式加锁-1

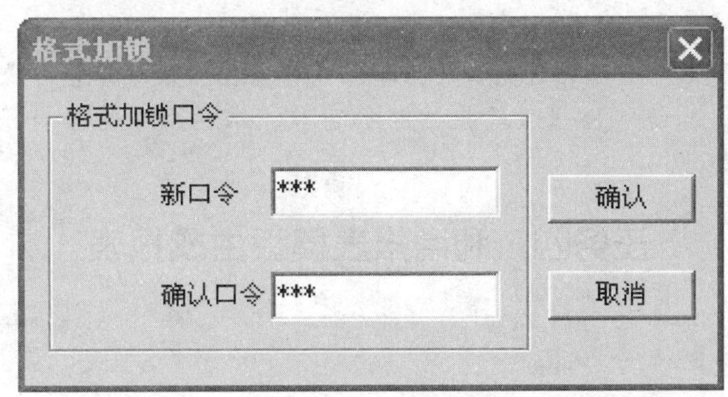

图7-38 格式加锁-2

(2) 格式解锁。格式解锁就是取消数据状态，切换回格式状态时的口令设置（见图7-39、图7-40）。

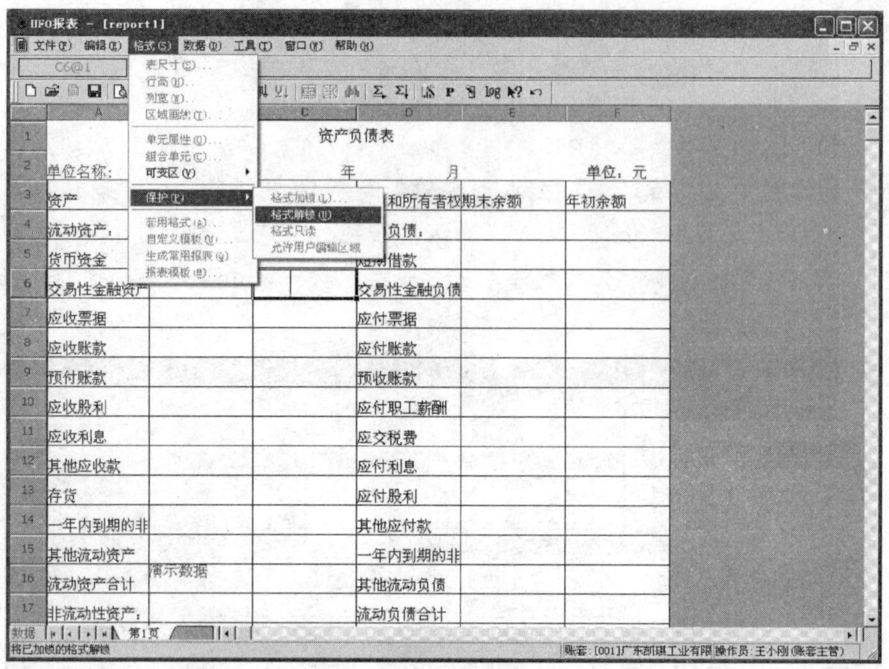

图 7－39　格式解锁－1

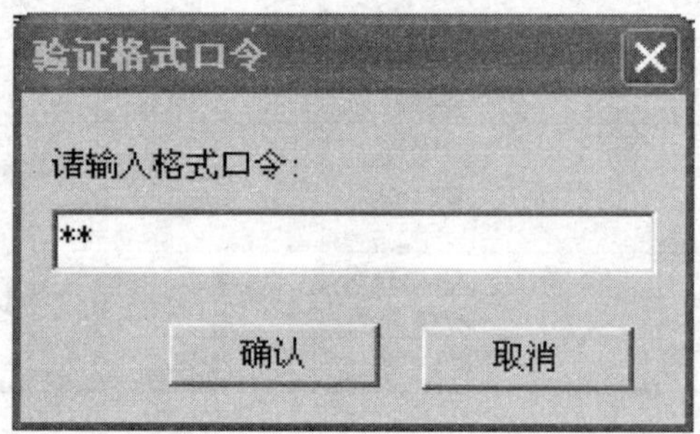

图 7－40　格式解锁－2

5. 报表输出

当报表的格式和数据全部设置完毕后，即可保存输出报表。单击“文件（F）”菜单下的“另存为（A）”，系统弹出报表输出的路径窗口，本活动中将报表保存在 D 盘下，以“资产负债表”命名。

任务四　利用报表模板生成报表

【知识链接】

UFO 报表系统提供了多种报表模板，如资产负债表、利润表、现金流量表等，调出这些报表模板，对其设置关键字和做相应的格式修改和公式修改后，可以直接生成所需要的报表。

【任务引入】

利用报表模板生成广东凯琪工业有限公司 2017 年 2 月的利润表。

【任务分析及操作步骤】

(1) 单击“文件 (F)”→“新建 (N)” 命令或是单击新建图标创建新表。新建一张空白表 report2，在保存报表时可更改其名字（见图 7－41、图 7－42）。

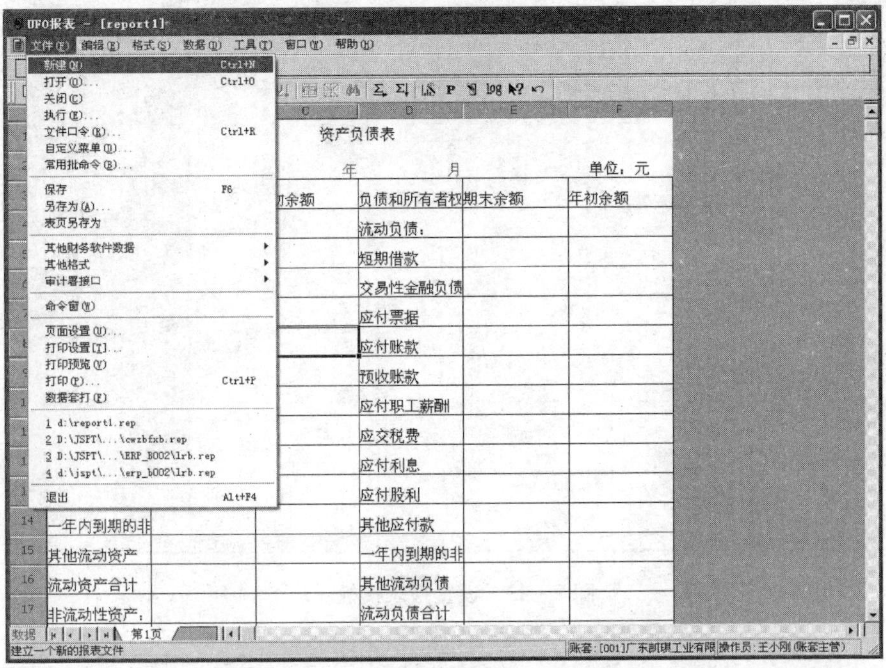

图 7－41　新建报表－1

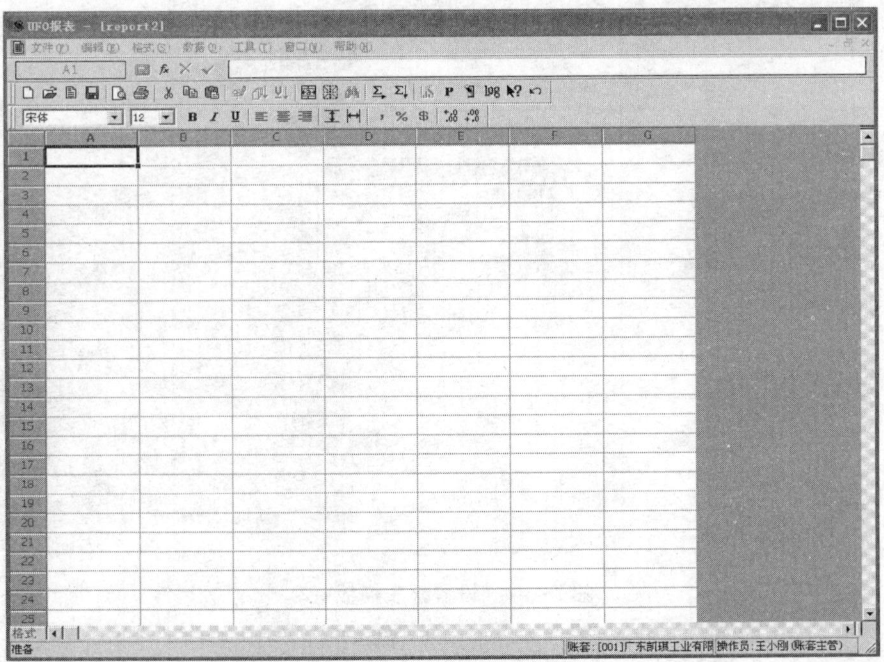

图 7－42　新建报表－2

（2）单击“格式（S）”菜单下的“报表模板（M）”（见图7－43）。在“报表模板”对话框中选择“您所在行业”为“2007年新会计制度科目”，选择“财务报表”为“利润表”（见图7－44）。

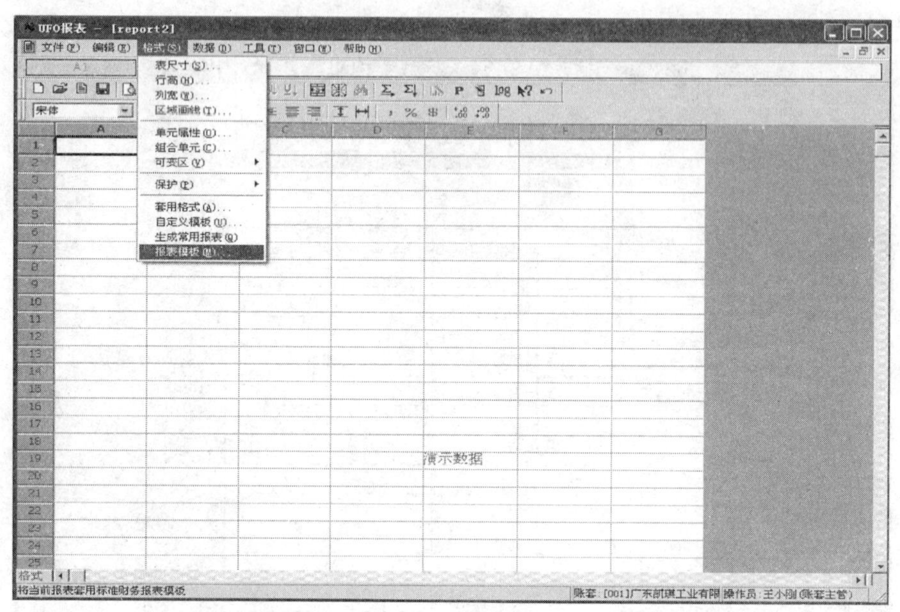

图7－43 设置报表模板－1

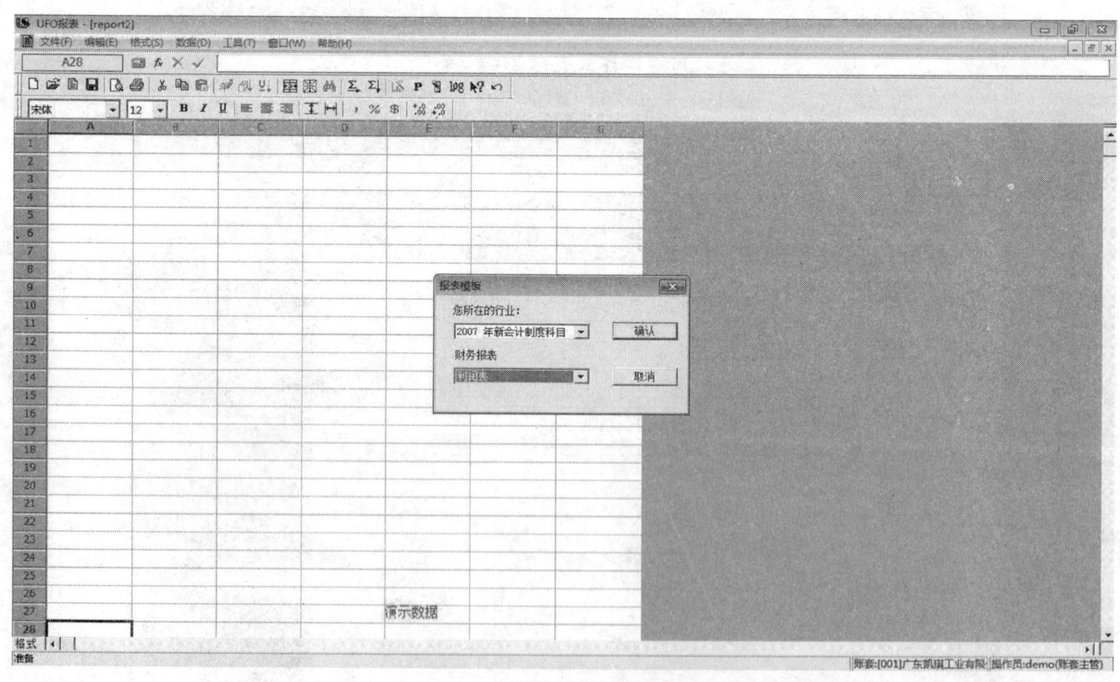

图7－44 设置报表模板－2

（3）单击“确认”按钮，页面弹出“模板格式将覆盖本表格式！是否继续？”（见图7－45）。

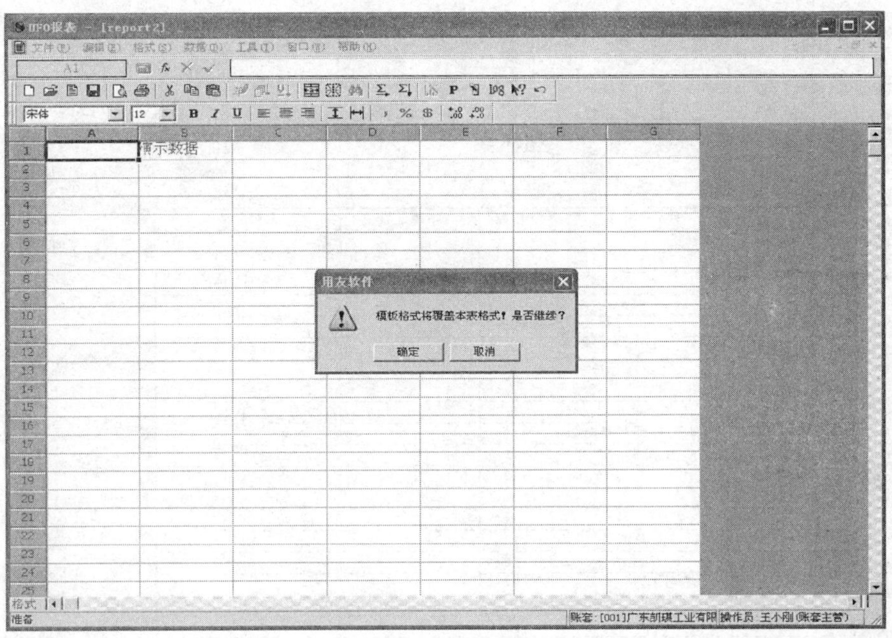

图7-45　设置报表模板-3

(4) 单击“确定”，生成利润表模板，此时报表为格式状态。在“编制单位”单元格中输入“广东凯琪工业有限公司”(见图7-46)。

利润表

会企02表

编制单位:广东凯琪工业有限公司　演示数据　xx 月　单位:元

项　　目	行数	本期金额	上期金额
一、营业收入	1	公式单元	公式单元
减：营业成本	2	公式单元	公式单元
营业税金及附加	3	公式单元	公式单元
销售费用	4	公式单元	公式单元
管理费用	5	公式单元	公式单元
财务费用	6	公式单元	公式单元
资产减值损失	7	公式单元	公式单元
加：公允价值变动收益（损失以“-”号填列）	8	公式单元	公式单元
投资收益（损失以“-”号填列）	9	公式单元	公式单元
其中：对联营企业和合营企业的投资收益	10		
二、营业利润（亏损以“-”号填列）	11	公式单元	公式单元
加：营业外收入	12	公式单元	公式单元
减：营业外支出	13	公式单元	公式单元
其中：非流动资产处置损失	14		
三、利润总额（亏损总额以“-”号填列）	15	公式单元	公式单元
减：所得税费用	16	公式单元	公式单元
四、净利润（净亏损以“-”号填列）	17	公式单元	公式单元
五、每股收益：	18		
（一）基本每股收益	19		
（二）稀释每股收益	20		

计算完毕！　账套：[001]广东凯琪工业有限 操作员：王小刚(账套主管)

图7-46　利润表报表模板-1

(5) 将报表从格式状态切换到数据状态（见图7-47）。

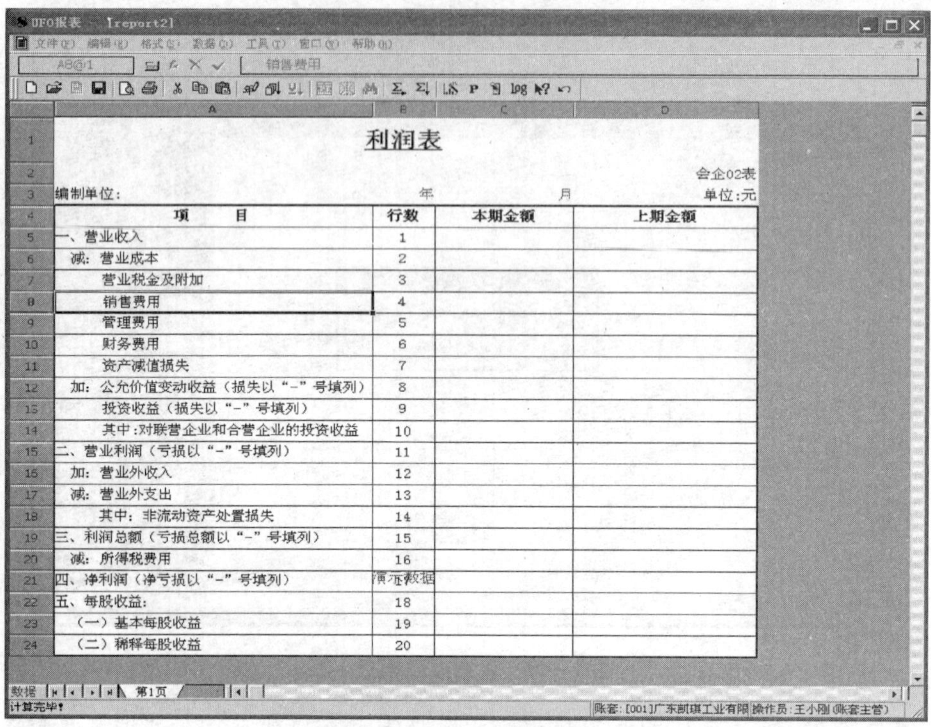

图 7-47　利润表报表模板-2

(6)单击“数据(D)”菜单下的“关键字(K)”→“录入(I)”,打开“录入关键字”对话框,在“年”“月”处分别录入“2017”“2”(见图 7-48、图 7-49)。

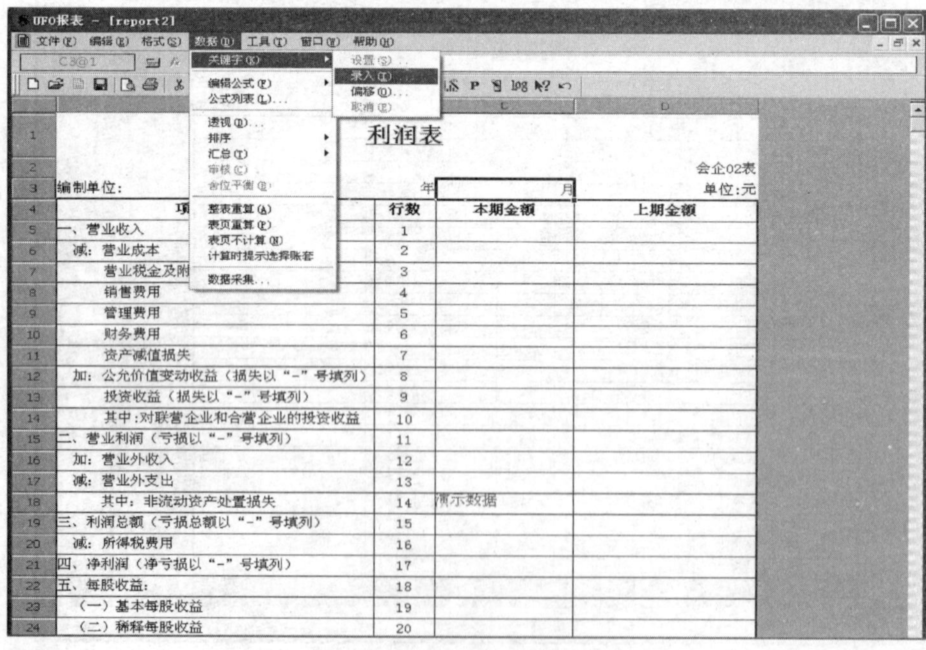

图 7-48　录入关键字-1

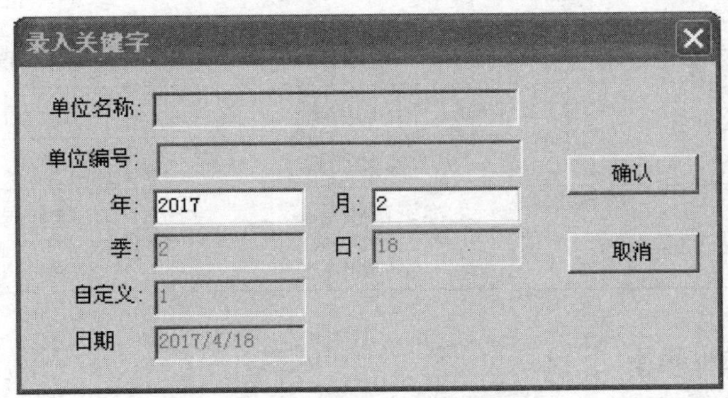

图 7-49 录入关键字-2

(7) 单击“确认”按钮，系统提示“是否重算第1页?”(见图7-50)。单击“是(Y)”按钮，系统自动计算利润表各项目数据。

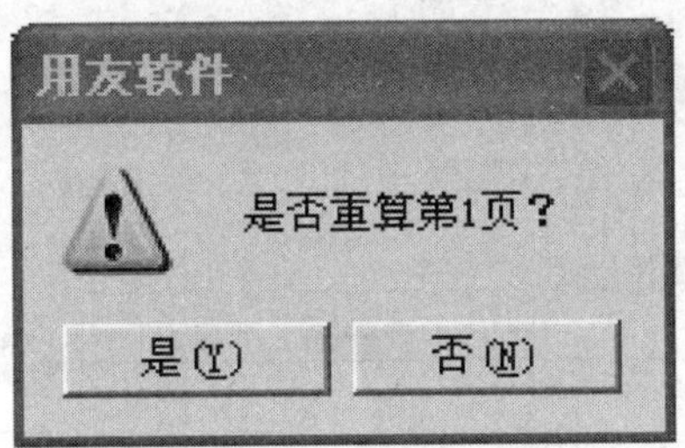

图 7-50 重算表页

(8) 最后，单击“文件(F)”→“另存为(A)”，将文件保存在D盘，以“利润表”命名。

任务五 定义财务指标分析表

【知识链接】

评价企业经营绩效的指标有很多，例如流动比率、资产负债率、存货周转率、应收账款周转率、净资产收益率、净利率等。在UFO报表系统中，可以在格式状态下的表页中设计相关的财务指标分析表。

【任务引入】

设计广东凯琪工业有限公司主要财务指标分析表。根据表7-3，在UFO报表系统中设计该表页并生成相关指标数据。

表 7-3 财务指标分析表

评价纬度	评价指标	指标公式
偿债能力	流动比率	流动资产/流动负债
	资产负债率	负债总额/资产总额

续表

评价纬度	评价指标	指标公式
营运能力	存货周转率	销售收入/存货
	应收账款周转率	销售收入/应收账款
盈利能力	净资产收益率	净利润/所有者权益
	净利率	净利润/销售收入

【任务分析及操作步骤】

(1) 在 UFO 报表系统中制作“企业财务指标分析表”(见图 7 - 51)。

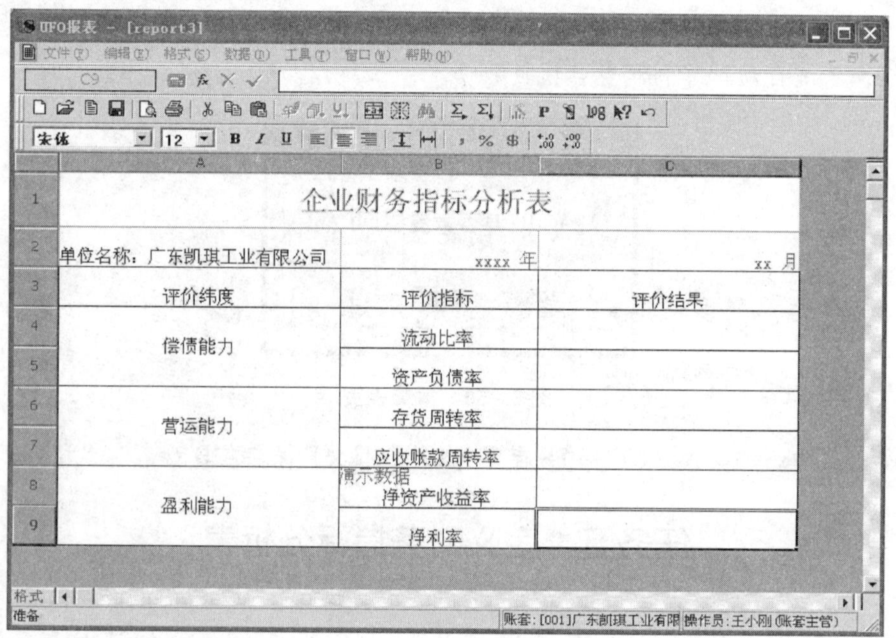

图 7 - 51　企业财务指标分析表

(2) 选中 C4 单元格，单击“数据 (D)” 菜单下的“编辑公式 (F)”→“单元公式” 命令，打开“定义公式” 窗口，在单元格中输入“"资产负债表 . rep" -> B16/" 资产负债表 . rep" -> E17”(见图 7 - 52)。

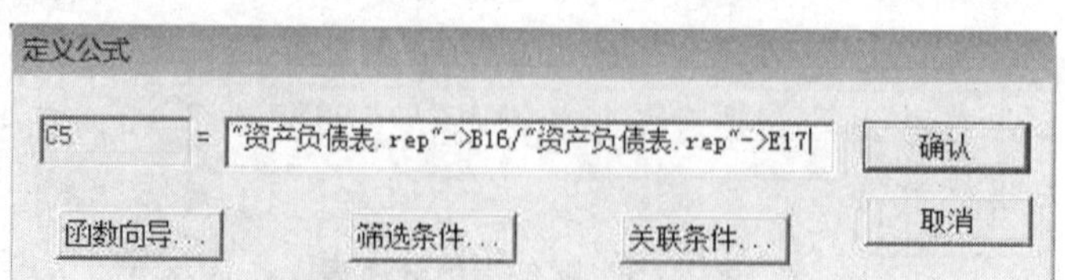

图 7 - 52　定义流动比率公式

(3) 单击“确认” 按钮，流动比率公式设置成功。

(4) 同理，在 C5 单元格中输入“"资产负债表 . rep" - > E25/" 资产负债表 . rep" - > B32”，在 C9 单元格中输入“" 利润表 . rep" - > C21/" 利润表 . rep" - > C5”。

(5) 选中C6单元格，单击“数据(D)”菜单下的“编辑公式(F)”→“单元公式”，打开“定义公式”窗口。

(6) 单击“筛选条件”按钮，打开“筛选条件”窗口，在“请输入筛选条件”下的文本框中录入“all”(见图7-53)。

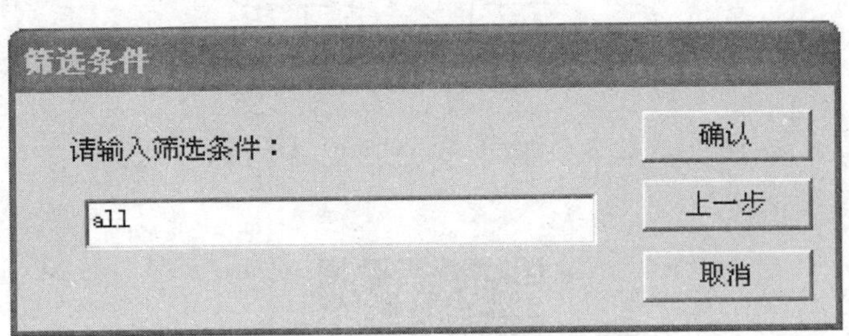

图7-53　筛选条件

(7) 单击“确认”按钮，然后单击“关联条件”按钮，在“当前关键值”栏选择“月”，在“关联表名”栏选择D盘下的利润表，在“关联关键值”栏选择“月”(见图7-54)。

图7-54　关联条件

(8) 单击“确认”按钮，回到“定义公式”窗口(见图7-55)。复制C6栏中“For all Relation 月 with"D:\利润表.rep" - >”部分。

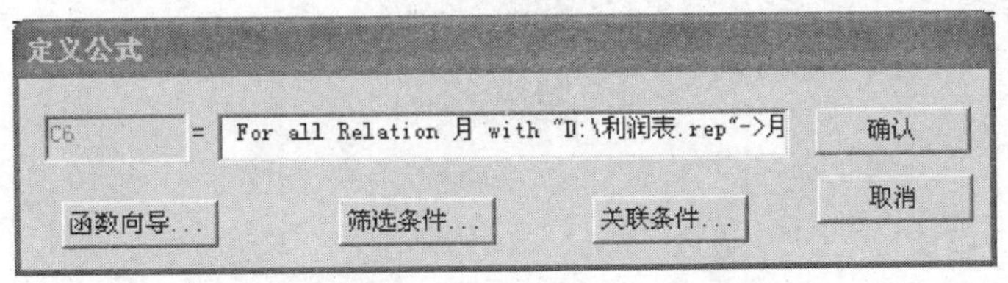

图7-55　定义存货周转率公式-1

(9) 删除C6栏中所有内容，粘贴“"D:\利润表.rep" - >”，并在其后输入“C5/”。

(10) 重复上述(5)~(9)的步骤，寻找资产负债表存放路径，继续在C6单元格复制“"D:\资产负债表.rep" - >”，并在其后录入B13(见图7-56)。

(11) 单击“确认”按钮，“存货周转率”公式设置完毕。

(12) 重复上述(5)~(11)的步骤，设置C7单元格的公式为“"D:\利润表.rep" - >C5/"D:\资产负债表.rep" - >B8”；设置C8单元格的公式为“"D:\利润表.rep" - >C21/"D:\资产负债表.rep" - >E31”。

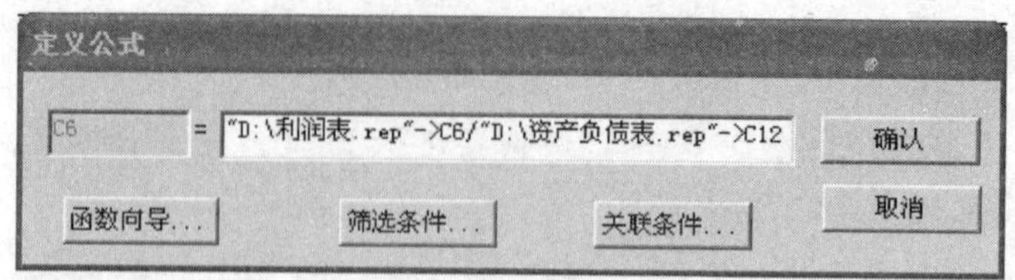

图 7－56 定义存货周转率公式－2

（13）选择保存路径 D 盘，输入文件名“企业财务指标分析表”，单击“保存”按钮，保存完毕。

生成财务指标值

项目小结

报表处理系统的主要任务就是设计报表格式和编制公式，从总账系统或其他系统中取得有关跨级数据，自动编制会计报表，并对会计报表进行审核、汇总，生成各种分析图表，并按预定格式输出各种会计报表。此外，报表处理系统也可单独运行，就如同 Microsoft 的 Excel 电子表格软件一样，可以处理日常办公事务，完成表格制作、数据运算、图形分析等电子表格的所有功能。

复习思考题

项目八

综合实训

实训一　系统管理

一、基本建账参数

账套号：001；
账套名称：广东凯琪工业有限公司；
账套路径：系统默认路径；
账套启用期间：2017 年 2 月；
单位名称：广东凯琪工业有限公司（简称：凯琪）；
记账本位币：RMB 人民币；
企业类型：工业；
行业性质：2007 新会计制度科目；
账套主管：demo；按行业性质预制会计科目；
存货、客户、供应商无分类；有外币核算；
分类编码方案：
　　科目编码级次：4－2－2－2－2－2；
　　客户权限组级次：5；
　　部门编码级次：3；
　　结算方式编码级次：2；
　　供应商权限组级次：5；
数据精度定义：取默认值；

系统启用：启用总账、固定资产、出纳管理、薪资管理、行业报表系统；启用会计期间：2017－02；启用自然日期：2017－02－01。

二、操作员及其权限

编号	姓名	角色	权限
001	王小刚	账套主管	账套主管的全部权限
002	何森林	总账会计	总账系统的全部权限
003	李刚（或学生自己）	账套主管	账套主管的全部权限

实训二　基础信息设置

注册进入“企业应用平台”。注册信息如下：

操作员：李刚（或学生自己）；密码：空；账套：［001］广东凯琪工业有限公司；会计年度：2017；操作日期：2017－02－01。

一、部门档案

编号	名称
001	财务部
002	基本生产车间
003	辅助生产车间
004	公司医务室
005	销售部
006	公司总部

二、人员类别档案

“正式工”下级增加：

编号	名称
1011	管理人员
1012	生产人员
1013	福利人员
1014	销售人员

三、人员档案

编号	姓名	性别	部门	人员类别	业务员	银行	账号
001	王小刚	男	财务部	管理人员		工商银行	955802160001
002	何森林	男	财务部	管理人员		工商银行	955802160002

续表

编号	姓名	性别	部门	人员类别	业务员	银行	账号
003	李刚	男	财务部	管理人员		工商银行	955802160003
004	王波	男	基本生产车间	生产人员		工商银行	955802160004
005	陈欣	男	基本生产车间	生产人员		工商银行	955802160005
006	魏刚	男	辅助生产车间	生产人员		工商银行	955802160006
007	何立鸿	男	辅助生产车间	生产人员		工商银行	955802160007
008	李萍	女	公司医务室	福利人员		工商银行	955802160008
009	周浩	男	销售部	销售人员	是	工商银行	955802160009
010	邱正	男	销售部	销售人员	是	工商银行	955802160010

四、客户和供应商档案

1. 客户档案

编号	客户名称	客户简称
01001	北京汇邦公司	北京汇邦
01002	上海超远公司	上海超远
01003	广州宏胜公司	广州宏胜
01004	重庆强骏公司	重庆强骏
01005	天津五洲公司	天津五洲
01006	成都辉达公司	成都辉达
01007	杭州名扬公司	杭州名扬
01008	绍兴宝泰公司	绍兴宝泰
01009	宁波南华公司	宁波南华

2. 供应商档案

编号	供应商名称	供应商简称
01001	北京安达公司	北京安达
01002	上海远汇公司	上海远汇
01003	广州金域公司	广州金域
01004	重庆光辉公司	重庆光辉
01005	天津四惠公司	天津四惠
01006	成都达利公司	成都达利
01007	杭州保利公司	杭州保利
01008	绍兴三泰公司	绍兴三泰
01009	宁波华洋公司	宁波华洋

五、凭证类别：收款凭证、付款凭证、转账凭证

类别字	类别名称	限制类型	限制科目
收	收款凭证	借方必有	1001；1002
付	付款凭证	贷方必有	1001；1002
转	转账凭证	借贷必无	1001；1002

六、外币设置

币符	币名	记账汇率	调整汇率
HKD	港币	0.88	0.84
USD	美元	6.89	6.9

七、项目及其设置

项目核算科目：在建工程

项目大类：在建工程；项目属性：普通项目；

项目级次一级：1，其他为0；

项目栏目：

标题	类型	长度
备注	文本	60

分类编码：1；分类名称：工厂厂房；

项目档案：001 科技园厂房；002 西里厂房；

八、结算方式

编号	名称	是否票据管理
01	现金支票	是
02	转账支票	是
03	汇兑结算	是
04	托收承付	是
05	银行汇票	是
06	银行本票	是
07	商业汇票	是
08	信用卡	是
09	信用证	是
010	委托收款	是

九、数据权限设置

授予“何森林”所有科目查账、制单权限；所有部门的查询、录入权限。

实训三　总账系统初始化

注册进入“企业应用平台”。注册信息如下：

操作员：李刚（或学生自己）；密码：空；账套：［001］广东凯琪工业有限公司；会计年度：2017；操作日期：2017－02－01。

一、会计科目设置

依据下面的会计科目期初数据表中的科目，依据需要来设置会计科目。

二、指定会计科目

将“库存现金（1001）”指定为现金科目；
将“银行存款（1002）”指定为银行科目。

三、录入会计科目的初始数据（2 月初数据）

科目名称	方向	年初余额	累计借方	累计贷方	期初余额	备注
库存现金（1001）	借	199 860	1 398 600	1 266 060	332 400	日记账
人民币（100101）	借	30 640	768 000	762 300	36 340	
美元（100102）	借	161 460	621 000	496 800	285 660	USD 美元
	借	23 433.96	90 130.62	72 104.50	41 460.08	
港元（100103）	借	7 760	9 600	6 960	10 400	HKD 港币
	借	8 818.18	10 909.09	7 909.09	11 818.18	
银行存款(1002)	借	19 346 750	13 231 600	15 668 450	16 909 900	银行账、日记账
工行人民币（RMB）（100201）	借	18 821 000	12 505 000	15 426 000	15 900 000	
中行美元（USD）（100202）	借	465 750	621 000	155 250	931 500	USD 美元
	借	67 597.97	90 130.62	22 532.66	135 195.93	
交行港元（HKD）（100203）	借	60 000	105 600	87 200	78 400	HKD 港币
	借	68 181.82	120 000	99 090.91	89 090.91	
存放中央银行款项（1003）	借	0	0	0	0	
存放同业（1011）	借	0	0	0	0	
其他货币资金（1012）	借	0	578 480	266 490	564 620	
外埠存款（101201）	借	0	100 000	0	100 000	

续表

科目名称	方向	年初余额	累计借方	累计贷方	期初余额	备注
银行本票（101202）	借	252 630	478 480	266 490	464 620	
银行汇票（101203）	借	0	0	0	0	
信用卡（101204）	借	0	0	0	0	
信用证保证金（101205）	借	0	0	0	0	
结算备付金（1021）	借	0	0	0	0	
存出保证金（1031）	借					
交易性金融资产（1101）	借	647 000	100 000	0	747 000	
成本（110101）	借	647 000	100 000	0	747 000	
股票投资（11010101）	借	547 000	0	0	547 000	
债券投资（11010102）	借	100 000	100 000	0	200 000	
公允价值变动（110102）	借	0	0	0	0	
应收票据（1121）	借	80 047	82 823	39 040	123 830	
应收账款（1122）	借	2 700 000	3 500 000	3 000 000	3 200 000	客户往来，受控系统：总账
预付账款（1123）	借	0	0	0	0	供应商往来，受控系统：总账
应收股利（1131）	借	0	0	0	0	
应收利息（1132）	借	0	0	0	0	
应收代位追偿款（1201）	借	0	0	0	0	
应收分保账款（1211）	借	0	0	0	0	
应收分保合同准备金（1212）	借	0	0	0	0	
其他应收款（1221）	借	201 720	152 660	154 520	199 860	
保险公司（122101）	借	60 000	120 000	0	180 000	
备用金（122102）	借	55 100	29 000	74 000	10 100	
销售部（12210201）	借	3 000	12 000	10 000	5 000	
周浩（1221020101）	借	3 000	12 000	10 000	5 000	
财务部（12210202）	借	4 500	5 000	8 000	1 500	
王小刚（1221020201）	借	4 500	5 000	8 000	1 500	
公司医务室（12210203）	借	47 600	12 000	56 000	3 600	
李萍（1221020301）	借	47 600	12 000	56 000	3 600	
补贴款（122104）	借	86 620	3 660	80 520	9 760	
坏账准备（1231）	贷	0	0	0	0	

续表

科目名称	方向	年初余额	累计借方	累计贷方	期初余额	备注
贴现资产（1301）	借	0	0	0	0	
拆出资金（1302）	借	0	0	0	0	
贷款（1303）	借	0	0	0	0	
贷款损失准备（1304）	贷	0	0	0	0	
代理兑付证券（1311）	借	0	0	0	0	
代理业务资产（1321）	借	0	0	0	0	
材料采购（1401）	借	0	700 000	700 000	0	数量核算，KG
	借	0	45 000	45 000	0	
A 材料（140101）	借	0	100 000	100 000	0	数量核算，KG
	借	0	10 000	10 000	0	
B 材料（140102）	借	0	500 000	500 000	0	数量核算，KG
	借	0	25 000	25 000	0	
C 材料（140103）	借	0	100 000	100 000	0	数量核算，KG
	借	0	10 000	10 000	0	
在途物资（1402）	借	0	0	0	0	数量核算，KG
原材料（1403）	借	110 000	650 000	620 000	140 000	数量核算，KG
	借	17 800	38 000	37 800	18 000	
A 材料（140301）	借	40 000	100 000	90 000	50 000	数量核算，KG
	借	4 800	10 000	9 800	5 000	
B 材料（140302）	借	60 000	450 000	500 000	10 000	数量核算，KG
	借	12 000	18 000	25 000	5 000	
C 材料（140303）	借	10 000	100 000	30 000	80 000	数量核算，KG
	借	1 000	10 000	3 000	8 000	
材料成本差异（1404）	贷	0	0	0	0	
库存商品（1405）	借	20 000	350 000	320 000	50 000	数量核算，台
	借	4 600	46 000	50 000	600	
甲产品（140501）	借	0	200 000	180 000	20 000	数量核算，台
	借	2 000	18 000	20 000	0	
乙产品（140502）	借	20 000	150 000	140 000	30 000	数量核算，台
	借	2 600	28 000	30 000	600	
发出商品（1406）	借	0	0	0	0	
商品进销差价（1407）	贷	0	0	0	0	

续表

科目名称	方向	年初余额	累计借方	累计贷方	期初余额	备注
委托加工物资（1408）	借	0	0	0	0	
周转材料（1411）	借	9 000	110 000	99 000	20 000	
包装物（141101）	借	0	0	0	0	
低值易耗品（141102）	借	5 000	50 000	45 000	10 000	
自制半成品（141103）	借	4 000	60 000	54 000	10 000	
消耗性生物资产（1421）	借	0	0	0	0	
贵金属（1431）	借	0	0	0	0	
抵债资产（1441）	借	0	0	0	0	
损余物资（1451）	借	0	0	0	0	
融资租赁资产（1461）	借	0	0	0	0	
存货跌价准备（1471）	贷	0	0	0	0	
持有至到期投资（1501）	借	152 280	5 247 720	3 400 000	2 000 000	
债券投资（150101）	借	152 280	5 247 720	3 400 000	2 000 000	
其他债权投资（150102）	借	0	0	0	0	
持有至到期投资减值准备（1502）	贷	0	0	0	0	
可供出售金融资产（1503）	借	0	0	0	0	
长期股权投资（1511）	借	0	0	0	0	
股票投资（151101）	借	0	0	0	0	
其他股权投资（151102）	借	0	0	0	0	
长期股权投资减值准备（1512）	贷	0	0	0	0	
投资性房地产（1521）	借	0	0	0	0	
长期应收款（1531）	借	0	12 000	5 000	7 000	
未实现融资收益（1532）	贷	0	0	0	0	
存出资本保证金（1541）	借	0	0	0	0	
固定资产（1601）	借	15 210 000	0	0	15 210 000	
累计折旧（1602）	贷	63 750	0	0	63 750	
固定资产减值准备（1603）	贷	0	0	0	0	
在建工程（1604）	借	800 000	2 000 000	1 800 000	1 000 000	项目核算
工程物资（1605）	借	0	0	0	0	
专用材料（160501）	借	0	0	0	0	
专用设备（160502）	借	0	0	0	0	

续表

科目名称	方向	年初余额	累计借方	累计贷方	期初余额	备注
固定资产清理（1606）	借	0	0	0	0	
未担保余值（1611）	借	0	0	0	0	
生产性生物资产（1621）	借	0	0	0	0	
生产性生物资产累计折旧（1622）	贷	0	0	0	0	
公益性生物资产（1623）	借	0	0	0	0	
油气资产（1631）	借	0	0	0	0	
累计折耗（1632）	贷	0	0	0	0	
无形资产（1701）	借	118 000	24 000	12 000	130 000	
土地使用权（170101）	借	118 000	24 000	12 000	130 000	
累计摊销（1702）	贷	0	0	0	0	
无形资产减值准备（1703）	贷	0	0	0	0	
商誉（1711）	借	0	0	0	0	
长期待摊费用（1801）	借	0	0	0	0	
递延所得税资产（1811）	借	0	0	0	0	
独立账户资产（1821）	借	0	0	0	0	
待处理财产损溢（1901）	借	0	0	0	0	
短期借款（2001）	贷	2 090 000	1 290 000	200 000	1 000 000	
存入保证金（2002）	贷	0	0	0	0	
拆入资金（2003）	贷	0	0	0	0	
向中央银行借款（2004）	贷	0	0	0	0	
吸收存款（2011）	贷	0	0	0	0	
同业存放（2012）	贷	0	0	0	0	
贴现负债（2021）	贷	0	0	0	0	
交易性金融负债（2101）	贷	0	0	0	0	
卖出回购金融资产款（2111）	借	0	0	0	0	
应付票据（2201）	贷	0	0	0	0	
应付账款（2202）	贷	391 767	0	816 183	1 207 950	供应商往来，受控系统：总账
预收账款（2203）	贷	0	0	0	0	客户往来，受控系统：总账

续表

科目名称	方向	年初余额	累计借方	累计贷方	期初余额	备注
应付职工薪酬（2211）	贷	45 710	0	0	45 710	
管理部门（221101）	贷	0	0	0	0	
基本生产（221102）	贷	0	0	0	0	
辅助生产（221103）	贷	0	0	0	0	
福利部门（221104）	贷	0	0	0	0	
销售部门（221105）	贷	0	0	0	0	
福利费（221106）	贷	45 710	0	0	45 710	
应交税费（2221）	贷	600 000	0	0	600 000	
应交增值税（222101）	贷	600 000	0	0	600 000	
进项税（22210101）	贷	0	0	0	0	
已交税金（22210102）	贷	0	0	0	0	
销项税额（22210105）	贷	600 000	0	0	600 000	
出口退税（22210106）	贷	0	0	0	0	
进项税额转出（22210107）	贷	0	0	0	0	
未交增值税（222102）	贷	0	0	0	0	
应交营业税（222103）	贷	0	0	0	0	
应交所得税（222106）	贷	0	0	0	0	
应交土地增值税（222107）	贷	0	0	0	0	
应交城市维护建设税（222108）	贷	0	0	0	0	
应交个人所得税（222112）	贷	0	0	0	0	
应付利息（2231）	贷	42 000	0	78 000	120 000	
应付股利（2232）	贷	1 418 200	727 400	24 400	715 200	
其他应付款（2241）	贷	4 327 860	0	58 140	4 386 000	
应付保单红利（2251）	贷	0	0	0	0	
应付分保账款（2261）	贷	0	0	0	0	
代理买卖证券款（2311）	贷	0	0	0	0	
代理承销证券款（2312）	贷	0	0	0	0	
代理兑付证券款（2313）	贷	0	0	0	0	
代理业务负债（2314）	贷	0	0	0	0	
递延收益（2401）	贷	0	0	0	0	
长期借款（2501）	贷	900 000	2 000 000	2 300 000	1 200 000	

续表

科目名称	方向	年初余额	累计借方	累计贷方	期初余额	备注
应付债券（2502）	贷	28 000 000	0	0	28 000 000	
债券面值（250201）	贷	28 000 000	0	0	28 000 000	
损益调整（250202）	贷	0	0	0	0	
应计利息（250203）	贷	0	0	0	0	
未到期责任准备金（2601）	贷	0	0	0	0	
保险责任准备金（2602）	贷	0	0	0	0	
保户储金（2611）	贷	0	0	0	0	
独立账户负债（2621）	借	0	0	0	0	
长期应付款（2701）	贷	0	0	0	0	
未确认融资费用（2702）	借	0	0	0	0	
专项应付款（2711）	贷	0	0	0	0	
预计负债（2801）	贷	0	0	0	0	
递延所得税负债（2901）	贷	0	0	0	0	
清算资金往来（3001）	借	0	0	0	0	
货币兑换（3002）	借	0	0	0	0	
衍生工具（3101）	借	0	0	0	0	
套期工具（3201）	借	0	0	0	0	
被套期项目（3202）	借	0	0	0	0	
实收资本（4001）	贷	1 890 000	0	0	1 890 000	
长城公司（400101）	贷	1 500 000	0	0	1 500 000	
光明公司（400102）	贷	210 000	0	0	210 000	
利宝投资公司（400103）	贷	180 000	0	0	180 000	
资本公积（4002）	贷	78 000	0	0	78 000	
资本（股本）溢价（400201）	贷	78 000	0	0	78 000	
外币资本折算差额（400206）	贷	0	0	0	0	
盈余公积（4101）	贷	0	0	0	0	
法定盈余公积（410101）	贷	0	0	0	0	
任意盈余公积（410102）	贷	0	0	0	0	
法定公益金（410103）	贷	0	0	0	0	
一般风险准备（4102）	贷	0	0	0	0	
本年利润（4103）	贷	0	0	1 394 000	1 394 000	
利润分配（4104）	贷	0	0	0	0	

续表

科目名称	方向	年初余额	累计借方	累计贷方	期初余额	备注
其他转入（410401）	贷	0	0	0	0	
提取法定盈余公积（410402）	贷	0	0	0	0	
提取法定公益金（410403）	贷	0	0	0	0	
利润归还投资（410407）	贷	0	0	0	0	
提取任意盈余公积（410409）	贷	0	0	0	0	
应付普通股股利（410410）	贷	0	0	0	0	
未分配利润（410415）	贷	0	0	0	0	
库存股（4201）	贷	0	0	0	0	
生产成本（5001）	借	0	1 216 000	1 150 000	66 000	
基本生产成本（500101）	借	0	1 216 000	1 150 000	66 000	
工资及福利费（50010101）	借	0	1 000 000	1 000 000	0	
办公费（50010102）	借	0	56 000	50 000	6 000	
差旅费（50010103）	借	0	0	0	0	
折旧费（50010104）	借	0	160 000	100 000	60 000	
业务招待费（50010105）	借	0	0	0	0	
制造费用（50010106）	借	0	0	0	0	
直接材料费（50010107）	借	0	0	0	0	
辅助生产（50010108）	借	0	0	0	0	
辅助生产成本（500102）	借	0	0	0	0	
工资及福利费用（50010201）	借	0	0	0	0	
办公费（50010202）	借	0	0	0	0	
差旅费（50010203）	借	0	0	0	0	
折旧费（50010204）	借	0	0	0	0	
业务招待费（50010205）	借	0	0	0	0	
制造费用（50010206）	借	0	0	0	0	
直接材料费（50010207）	借	0	0	0	0	
制造费用（5101）	借	0	0	0	0	
工资及福利费（510101）	借	0	0	0	0	
办公费（510102）	借	0	0	0	0	
差旅费（510103）	借	0	0	0	0	
折旧费（510104）	借	0	0	0	0	
业务招待费（510105）	借	0	0	0	0	

续表

科目名称	方向	年初余额	累计借方	累计贷方	期初余额	备注
其他费用（510106）	借	0	0	0	0	
直接材料费（510107）	借	0	0	0	0	
劳务成本（5201）	借	0	0	0	0	
研发支出（5301）	借	0	0	0	0	
工程施工（5401）	借	0	0	0	0	
工程结算（5402）	贷	0	0	0	0	
机械作业（5403）	借	0	0	0	0	
主营业务收入（6001）	贷	0	17 050 000	17 050 000	0	
利息收入（6011）	贷	0	0	0	0	
手续费及佣金收入（6021）	贷	0	0	0	0	
保费收入（6031）	贷	0	0	0	0	
租赁收入（6041）	贷	0	0	0	0	
其他业务收入（6051）	贷	0	26 000	26 000	0	
汇兑损益（6061）	贷	0	0	0	0	
公允价值变动损益（6101）	贷	0	0	0	0	
投资收益（6111）	贷	0	0	0	0	
股票投资（611101）	贷	0	0	0	0	
摊回保险责任准备金（6201）	贷	0	0	0	0	
摊回赔付支出（6202）	贷	0	0	0	0	
摊回分保费用（6203）	贷	0	0	0	0	
营业外收入（6301）	贷	0	8 000	8 000	0	
主营业务成本（6401）	借	0	11 000 000	11 000 000	0	
其他业务成本（6402）	借	0	0	0	0	
营业税金及附加（6403）	借	0	650 000	650 000	0	
利息支出（6411）	借	0	0	0	0	
手续费及佣金支出（6421）	借	0	0	0	0	
提取未到期责任准备金（6501）	借	0	0	0	0	
提取保险责任准备金（6502）	借	0	0	0	0	
赔付支出（6511）	借	0	0	0	0	
保单红利支出（6521）	借	0	0	0	0	
退保金（6531）	借	0	0	0	0	

续表

科目名称	方向	年初余额	累计借方	累计贷方	期初余额	备注
分出保费（6541）	借	0	0	0	0	
分保费用（6542）	借	0	0	0	0	
销售费用（6601）	借	0	1 640 000	1 640 000	0	
工资及福利费（660101）	借	0	1 000 000	1 000 000	0	
办公费（660102）	借	0	100 000	100 000	0	
差旅费（660103）	借	0	540 000	540 000	0	
折旧费（660104）	借	0	0	0	0	
其他费用（660105）	借	0	0	0	0	
管理费用（6602）	借	0	442 000	442 000	0	
工资及福利费（660201）	借	0	400 000	400 000	0	
办公费（660202）	借	0	42 000	42 000	0	
差旅费（660203）	借	0	0	0	0	
折旧费（660204）	借	0	0	0	0	
业务招待费（660205）	借	0	0	0	0	
其他费用（660206）	借	0	0	0	0	
无形资产摊销（660207）	借	0	0	0	0	
财务费用（6603）	借	0	700 000	700 000	0	
利息费用（660301）	借	0	200 000	200 000	0	
金融机构手续费（660302）	借	0	500 000	500 000	0	
汇兑损益（660303）	借	0	0	0	0	
现金折扣（660304）	借	0	0	0	0	
勘探费用（6604）	借	0	0	0	0	
资产减值损失（6701）	借	0	0	0	0	
营业外支出（6711）	借	0	0	0	0	
所得税费用（6801）	借	0	0	0	0	
以前年度损益调整（6901）	借	0	0	0	0	

四、往来期初余额

（一）应收账款

广州宏胜公司，1 月 10 日，转 -8，销售商品，尚未收到货款，2 000 000 元；
北京汇邦公司，1 月 20 日，转 -10，销售商品，尚未收到货款，1 200 000 元。

科目名称	方向	年初余额	累计借方	累计贷方	期初余额	备注
应收账款（1122）	借	2 700 000	3 500 000	3 000 000	3 200 000	客户往来，受控系统：总账
广州宏胜公司	借	1 100 000	1 300 000	1 200 000	2 000 000	
北京汇邦公司	借	1 600 000	2 200 000	1 800 000	1 200 000	

（二）应付账款

广州金域公司，1 月 8 日，转 -5，购入商品，尚未付款，1 197 950 元；

成都达利公司，1 月 18 日，转 -9，购入材料，尚未付款，10 000 元。

科目名称	方向	年初余额	累计借方	累计贷方	期初余额	备注
应付账款（2202）	贷	391 767	0	816 183	1 207 950	供应商往来，受控系统：总账
广州金域公司	借	391 767	0	806 183	1 197 950	
成都达利公司	借	0	0	10 000	10 000	

（三）在建工程

科目名称	方向	年初余额	累计借方	累计贷方	期初余额
科技园厂房	借	320 000	1 980 000	1 500 000	800 000
西里厂房	借	480 000	20 000	300 000	200 000

五、总账系统选项（环境参数）设置

制单时进行支票控制，数量小数位：2，单价小数位：2，本位币精度：2，其他选项为默认项。

实训四　总账系统日常业务

一、填制凭证

注册进入“企业应用平台”。注册信息如下：

操作员：demo；密码：DEMO；账套：[001] 广东凯琪工业有限公司；

会计年度：2017；操作日期：2017 -02 -01。

2017 年 2 月发生的经济业务：

2017 -2 -1　付 -0001　取现金备用　现支 001

　　库存现金——人民币　4 000

　　　　银行存款——工行人民币　4 000

2017 -2 -1　付 -0002　周浩等借差旅费　现支 002

其他应收款——备用金——销售部——周浩 5 000
其他应收款——备用金——财务部——王小刚 5 000
银行存款——工行人民币 10 000

2017－2－2 付－0003 开设上海采购专户 银行汇票 H001
其他货币资金——外埠存款 120 000
银行存款——工行人民币 120 000

2017－2－3 收－0001 上海采购员购料并交回余款 银行汇票 H002
材料采购——A 材料 96 000［8 000×12］
销售费用——差旅费 4 000
银行存款——工行人民币 20 000
其他货币资金——外埠存款 120 000

2017－2－4 付－0004 办理银行汇票 银行汇票 H003
其他货币资金——银行汇票 9 000
银行存款——工行人民币 9 000

2017－2－4 付－0005 向上海超远公司售货，垫付运费 转支 Z001，业务员：周浩
应收账款——上海超远公司 44 120
主营业务收入 36 000
应交税费——应交增值税——销项税额 6 120
银行存款——工行人民币 2 000

2017－2－4 转－0001 结转甲产品销售成本
主营业务成本 20 000
库存商品——甲产品 20 000［20×1 000］

2017－2－6 收－0002 收到上海超远公司汇来货款 汇兑结算 HD001，业务员：周浩
银行存款——工行人民币 44 120
应收账款——上海超远公司 44 120

2017－2－8 转－0002 向广州宏胜公司售货，业务员：邱正
应收账款——广州宏胜公司 33 696
应交税费——应交增值税——销项税额 4 896
主营业务收入 28 800

2017－2－10 收－0003 广州宏胜公司汇来货款 汇兑结算 HD002，业务员：邱正
银行存款——工行人民币 33 022.08
财务费用——现金折扣 673.92
应收账款——广州宏胜公司 33 696

2017－2－10 转－0003 结转售往广州宏胜公司乙产品成本
主营业务成本 15 000
库存商品——乙产品 15 000［30×500］

2017－2－10 付－0006 预付杭州保利公司供货款 汇兑结算 HD003，业务员：周浩
预付账款——杭州保利公司 12 000
银行存款——工行人民币 12 000

2017 -2 -14　付 -0007　收到杭州保利公司发来材料，并补款　汇兑结算 HD004
材料采购——B 材料　15 000［1 000 ×15］
应交税费——应交增值税——进项税额　2 550
预付账款——杭州保利公司　12 000
银行存款——工行人民币　5 550

2017 -2 -15　付 -0008　基本车间发生如下费用　现支 003
生产成本——基本生产成本——工资及福利费　120 000
生产成本——基本生产成本——办公费　10 000
生产成本——基本生产成本——差旅费　5 000
生产成本——基本生产成本——业务招待费　5 000
银行存款——工行人民币　140 000

2017 -2 -16　付 -0009　辅助生产车间发生费用　现支 004
生产成本——辅助生产成本——差旅费　3 000
生产成本——辅助生产成本——业务招待费　1 200
银行存款——工行人民币　4 200

2017 -2 -18　付 -0010　发生制造费用　转支 Z002
制造费用——办公费　10 000
制造费用——差旅费　5 000
制造费用——业务招待费　32 000
银行存款——工行人民币　47 000

2017 -2 -18　付 -0011　购入一辆东风汽车　转支 Z003
固定资产　152 100
银行存款　152 100

［说明：此张（付 -0011）要在固定资产系统中完成。］

2017 -2 -22　付 -0012　公司总部购入 5 台联想电脑　转支 Z004
固定资产　30 000
应交税费——应交增值税（进项税额）　5 100
银行存款——工行人民币　35 100

［说明：此张（付 -0012）要在固定资产系统中完成。］

2017 -2 -23　付 -0013　购买土地使用权（获得普通发票）　转支 Z005
无形资产——土地使用权　300 000
银行存款——工行人民币　300 000

2017 -2 -23　转 -0004　摊销本月土地使用权费用
管理费用——无形资产摊销　2 000
累计摊销　2 000

2017 -2 -23　收 -0004　转让土地使用权　转支 Z006
银行存款——工行人民币　50 000
其他业务收入　50 000

2017 -2 -23　付 -0014　支付特许权使用费　转支 Z007

其他业务成本 8 000
银行存款——工行人民币 8 000
2017 -2 -25 收 -0005 股东增资 转支 Z008
银行存款——工行人民币 200 000
无形资产——土地使用权 150 000
实收资本——长城公司 200 000
实收资本——光明公司 150 000
2017 -2 -25 转 -0005 结转无形资产摊余价值
其他业务成本 40 000
无形资产——土地使用权 40 000
2017 -2 -25 转 -0006 材料入库
原材料——A 材料 80 000 [8 000 ×10]
原材料——B 材料 20 000 [1 000 ×20]
材料成本差异 11 000
材料采购——A 材料 96 000 [8 000 ×12]
材料采购——B 材料 15 000 [1 000 ×15]
2017 -2 -25 转 -0007 辅助生产车间领料
生产成本——辅助生产成本——直接材料费 12 000
原材料——A 材料 10 000 [1 000 ×10]
原材料——B 材料 2 000 [100 ×20]
2017 -2 -25 转 -0008 基本生产车间领料
生产成本——基本生产成本——直接材料费 80 000
原材料——A 材料 20 000 [2 000 ×10]
原材料——B 材料 40 000 [2 000 ×20]
原材料——C 材料 20 000 [2 000 ×10]
2017 -2 -25 收 -0006 新星公司偿付违约金 转支 Z009
银行存款——工行人民币 100 000
营业外收入 100 000
2017 -2 -26 收 -0007 转让股票 转支 Z010
银行存款——工行人民币 380 000
交易性金融资产——成本——股票投资 80 000
投资收益——股票投资 300 000
2017 -2 -26 付 -0015 发生管理费用 现支 005
管理费用——办公费 50 000
管理费用——差旅费 5 000
管理费用——业务招待费 1 000
管理费用——其他费用 1 000
银行存款——工行人民币 57 000
2017 -2 -26 付 -0016 支付利息费用 转支 Z011

财务费用——利息费用　　10 000
　　银行存款——工行人民币　　10 000

2017－2－26　付－0017　发生销售费用　　转支 Z012
销售费用——差旅费　　10 000
销售费用——办公费　　5 000
销售费用——其他费用　　15 000
　　银行存款——工行人民币　　30 000

2017－2－26　付－0018　购入债券　　转支 Z013
持有至到期投资——债券投资　　60 000
财务费用——金融机构手续费　　600
　　银行存款——工行人民币　　60 600

2017－2－28　转－0009　计提本月固定资产折旧
制造费用　　4 713.60
管理费用　　11 080
　　累计折旧　　15 793.60

[说明：此张（转－0009）要在固定资产系统中完成。]

2017－2－28　转－0010　计提固定资产减值准备
资产减值损失　　15 000
　　固定资产减值准备　　15 000

[说明：此张（转－0010）要在固定资产系统中完成。]

2017－2－28　转－0011　资产盘点导致资产减少
待处理财产损溢　　6 000
　　固定资产　　6 000

[说明：此张（转－0011）要在固定资产系统中完成。]

2017－2－28　转－0012　资产盘点导致资产减少由保险公司赔偿
其他应收款——保险公司　　7 020
　　应交税费——应交增值税　　1 020
　　待处理财产损溢　　6 000

2017－2－28　转－0013　分摊发出材料成本差异
生产成本——基本生产成本——制造费用　　193.20
生产成本——辅助生产成本——制造费用　　55.20
　　材料成本差异　　248.40

2017－2－28　转－0014　计提工资费用
管理费用——工资及福利费　　19 300
生产成本——基本生产成本——工资及福利费　　8 500
生产成本——辅助生产成本——工资及福利费　　8 100
销售费用——工资及福利费　　9 700
　　应付职工薪酬——管理部门　　14 900
　　应付职工薪酬——基本生产　　8 500

应付职工薪酬——辅助部门 8 100

应付职工薪酬——福利部门 4 400

应付职工薪酬——销售部门 9 700

[说明：本张凭证（转 -0014）要在薪资管理系统中完成。]

2017 -2 -28 转 -0015 计提工会经费

管理费用——工资及福利费 386

生产成本——基本生产成本——工资及福利费 170

生产成本——辅助生产成本——工资及福利费 162

销售费用——工资及福利费 194

应付职工薪酬——管理部门 298

应付职工薪酬——基本生产 170

应付职工薪酬——辅助生产 162

应付职工薪酬——福利部门 88

应付职工薪酬——销售部门 194

[说明：本张凭证（转 -0015）要在薪资管理系统中完成。]

2017 -2 -28 转 -0016 计提职工教育经费

管理费用——工资及福利费 289. 5

生产成本——基本生产成本——工资及福利费 127. 5

生产成本——辅助生产成本——工资及福利费 121. 5

销售费用——工资及福利费 145. 5

应付职工薪酬——管理部门 223. 5

应付职工薪酬——基本生产 127. 5

应付职工薪酬——辅助部门 121. 5

应付职工薪酬——福利部门 66

应付职工薪酬——销售部门 145. 5

[说明：本张凭证（转 -0016）要在薪资管理系统中完成。]

2017 -2 -28 付 -0019 转账发工资 转支 Z014

应付职工薪酬——管理部门 14 900

应付职工薪酬——基本生产 8 500

应付职工薪酬——辅助部门 8 100

应付职工薪酬——福利部门 4 400

应付职工薪酬——销售部门 9 700

银行存款——工行人民币 45 900

二、审核凭证

（1）注册进入“企业应用平台”。注册信息如下：

操作员：王小刚；账套：［001］广东凯琪工业有限公司；

会计年度：2017；操作日期：2017 -02 -28。

（2）完成凭证审核。

三、记账

（1）注册进入“企业应用平台”。注册信息如下：

操作员：demo；账套：［001］广东凯琪工业有限公司；

会计年度：2017；操作日期：2017－02－28。

（2）完成记账。

实训五　出纳管理

注册进入“企业应用平台”。注册信息如下：

操作员：李刚（或学生自己）；

账套：［001］广东凯琪工业有限公司；

会计年度：2017；操作日期：2017－02－28。

一、完成库存现金日记账、银行存款日记账和资金日报表的查询

二、银行对账

1. 银行对账期初数据

单位“银行存款－工行人民币（RMB）”日记账余额为15 900 000元，银行对账单期初余额为15 900 000元。有期初未达账项数据如下：

A. 企业未达：

日　期	结算方式	票号	借方金额	贷方金额
17－1－28	汇兑结算	HD097	40 000	
17－1－31	银行汇票	YH088		20 000

B. 银行未达：

凭证日期	凭证类别	凭证号	结算方式	票号	借方金额	贷方金额	摘要
17－1－29	收	8	现金支票	现支009	56 000		收到北京货款
17－1－30	付	6	转账支票	Z015		36 000	支付货款

2. 2017年2月银行对账单

提示：输入条件：科目：工行（100201），月份：2017－2。

按照银行提供的银行存款对账单，在此处输入。具体可参考之前银行存款凭证选择输入，未输入的业务可作为未达账项。

3. 完成银行对账

4. 余额调节表查询

实训六 固定资产管理

一、建立固定资产账套

注册进入“固定资产管理系统”。注册信息如下：

操作员：demo；密码：DEMO；账套：［001］广东凯琪工业有限公司；

会计年度：2017；操作日期：2017-02-01。

1. 折旧信息

计提折旧；主要折旧方法：平均年限法（一）；折旧汇总分配周期：1个月；当“月初已计提月份=可使用月份-1”时，将剩余折旧全部提足。

2. 与账务系统接口信息

与账务系统进行对账的科目：

固定资产对账科目：1601；累计折旧对账科目：1602。

3. 其他信息

资产类别编码长度：2-1-1-2；固定资产编码方式：自动编码、类别编号+序号；序号长度：5。

二、固定资产初始化

1. 部门对应折旧科目设置

设置如下表所示的部门对应折旧科目：

部门对应折旧科目

部门名称	对应折旧科目
财务部	管理费用——折旧费
基本生产车间	制造费用——折旧费
辅助生产车间	生产成本——辅助生产成本——折旧费
公司医务室	管理费用——折旧费
销售部	销售费用——折旧费
公司总部	管理费用——折旧费

2. 资产类别

设置固定资产管理系统资产类别。

资产类别表

代码	类别名称	使用年限	净残值率	计提属性	折旧方法	卡片样式
01	房屋建筑物				平均年限法（一）	通用样式
011	行政楼	50	4%	正常计提	平均年限法（一）	通用样式
012	车间厂房	50	4%	正常计提	平均年限法（一）	通用样式

续表

代码	类别名称	使用年限	净残值率	计提属性	折旧方法	卡片样式
02	机器设备				平均年限法（一）	含税卡片样式
021	办公设备			正常计提	平均年限法（一）	含税卡片样式
022	生产设备			正常计提	平均年限法（一）	含税卡片样式
03	运输设备			正常计提	平均年限法（一）	通用样式

3. 增减方式对应入账科目的设置

设置以下增减方式的对应入账科目：

固定资产增减方式对应入账科目

项目	增减方式	对应入账科目
增加方式	直接购入	银行存款——工行人民币
	在建工程转入	在建工程
减少方式	出售	固定资产清理
	报废	固定资产清理
	盘亏	待处理财产损溢

4. 卡片样式定义

增加模板名为“通用样式 1”的新卡片，该卡片是在通用样式的基础上将卡片中的“存放地点”项目删除。

5. 原始卡片录入

录入固定资产原始卡片（所列固定资产都为单个部门使用）：

固定资产原始卡片表

卡片编号	00001	00002	00003	00004	00005
固定资产编号	01100001	01200001	02200001	02200002	02100001
固定资产名称	甲楼	乙楼	A 生产线	B 生产线	汽车
类别编号	011	012	022	022	021
类别名称	行政楼	车间厂房	生产设备	生产设备	办公设备
部门名称	公司总部	基本生产车间	基本生产车间	基本生产车间	公司总部
增加方式	直接购入	在建工程转入	在建工程转入	在建工程转入	直接购入
使用状况	在用	在用	在用	在用	在用
使用年限（月）	600	600	100	100	100
折旧方式	平均年限法（一）	平均年限法（一）	平均年限法（一）	平均年限法（一）	平均年限法（一）
开始使用的年限	2014-03-05	2013-09-09	2013-12-06	2014-07-08	2014-02-01
币种	人民币	人民币	人民币	人民币	人民币

续表

卡片编号	00001	00002	00003	00004	00005
原值	4 000 000	780 000	215 000	146 000	400 000
净残值率	4%	4%	4%	4%	2%
净残值	160 000	31 200	8 600	5 840	8 000
累计折旧	217 600	49 920	76 368	42 048	137 200
月折旧率	0. 0016	0. 0016	0. 0096	0. 0096	0. 0098
月折旧额	6 400	1 248	2 064	1 401. 6	3 920
净值	3 782 400	730 080	138 632	103 952	262 800
对应折旧科目	管理费用（折旧费）	制造费用（折旧费）	制造费用（折旧费）	制造费用（折旧费）	管理费用（折旧费）

三、固定资产日常业务

1. 资产增加

（1）2017 年 2 月 19 日，经批准，购入一辆东风汽车。该项固定资产的卡片编号：00006；类别编号：03；固定资产名称：东风汽车；使用部门：销售部；增加方式：直接购入；使用状况：在用；使用年限：120 个月；折旧方法：“平均年限法（一）”；开始使用日期：2017－2－1；原值：152 100 元人民币；净残值率：5%。

（2）2017 年 2 月 22 日，因业务发展需要，公司总部购入 5 台联想电脑。使用年限 96 个月，单价 6 000 元，净残值率 3%，增值税率 17%，价税合计 7 020 元。

制单生成实训四填制凭证中的付－0011 与付－0012 号凭证。

2. 固定资产变动

（1）使用年限调整的变动。

2017 年 2 月 26 日，卡片编号为 00005 的办公用汽车由于车祸毁损，其使用年限发生变动，由原来的 100 个月变成 84 个月。

（2）计提减值准备。

2017 年 2 月 28 日，对卡片编号为 00003 的 A 生产线进行测试，发生减值金额为 15 000 元，累计折旧金额为 76 368 元，累计减值准备金额为 15 000 元，测试其回收市值为 123 632 元。

3. 期末处理

（1）计提本月折旧。

计提本月折旧，生成折旧费用凭证：转－0009。

（2）资产盘点。

2 月 28 日对公司总部的固定资产进行盘点，发现本月购进的编号为 02100005 的电脑丢失，经查属于该部门员工的过失责任，应由其赔偿，鉴于该资产已投保，由保险公司代为赔偿，尚未收到赔偿款。

（3）批量制单。

生成凭证转－0010、转－0011。

（4）对本月固定资产进行对账与结账处理。

四、固定资产账表

查询本月所有部门、所有类别固定资产明细账。

实训七　薪资管理系统

注册进入“薪资管理系统”。注册信息如下：

操作员：demo；密码：DEMO；账套：[001] 广东凯琪工业有限公司；

会计年度：2017；操作日期：2017－02－28。

一、建立工资账套

1. 参数设置

工资类别个数：单个；币别：人民币；不核算计件工资；人员编码长度：3。

2. 扣税设置

从工资中代扣个人所得税。

3. 扣零设置

不扣零。

4. 增加银行档案

银行编码：01；银行名称：中国工商银行；账号长度：12 位；录入时自动带出的账号长度 8 位。

二、工资初始化

1. 部门档案（资料同实训二）

2. 人员类别

管理人员、生产人员、销售人员、福利人员。

3. 人员档案

编号	姓名	部门	人员类别	银行	账号
001	王小刚	财务部	管理人员	工商银行	955802160001
002	何森林	财务部	管理人员	工商银行	955802160002
003	李刚	财务部	管理人员	工商银行	955802160003
004	王波	基本生产车间	生产人员	工商银行	955802160004
005	陈欣	基本生产车间	生产人员	工商银行	955802160005
006	魏刚	辅助生产车间	生产人员	工商银行	955802160006
007	何立鸿	辅助生产车间	生产人员	工商银行	955802160007
008	李萍	公司医务室	福利人员	工商银行	955802160008
009	周浩	销售部	销售人员	工商银行	955802160009
010	邱正	销售部	销售人员	工商银行	955802160010

4. 工资项目设置

工资项目名称	类型	长度	小数	增减项
基本工资	数字	8	2	增项
岗位工资	数字	8	2	增项
加班工资	数字	8	2	增项
交通补贴	数字	8	2	增项
奖金	数字	8	2	增项
应发合计	数字	8	2	增项
请假扣款	数字	8	2	减项
养老保险金	数字	8	2	减项
代扣税	数字	8	2	减项
扣款合计	数字	8	2	减项
实发合计	数字	8	2	增项
请假天数	数字	8	2	其他

5. 工资项目计算公式

工资项目	定义公式
交通补贴	iff（人员类别 = “销售人员”，200 100）
请假扣款	请假天数 ×50
养老保险金	（基本工资 + 岗位工资） ×0.10
应发合计	基本工资 + 岗位工资 + 加班工资 + 交通补贴 + 奖金
扣款合计	请假扣款 + 养老保险金 + 代扣税
实发合计	应发合计 − 扣款合计

三、工资日常业务处理

1. 工资数据录入

2017 年 2 月工资数据表如下：

编号	姓名	基本工资	岗位工资	奖金
001	王小刚	3 000	500	1 500
002	何森林	3 000	400	1 200
003	李刚	3 000	500	1 500
004	王波	2 600	500	1 200
005	陈欣	2 600	400	1 000

续表

编号	姓名	基本工资	岗位工资	奖金
006	魏刚	2 400	500	1 200
007	何立鸿	2 400	400	1 000
008	李萍	2 600	500	1 200
009	周浩	2 800	500	1 500
010	邱正	2 800	500	1 200

考勤情况：李刚请假 2 天；周浩请假 1 天。

所得税率按系统默认设置进行处理。

2. 工资费用分摊

（1）工资分摊设置（计提比例 100%）。

部门名称	人员类别	项目	借方科目	贷方科目
财务部 公司总部	管理人员	应发合计	660201	221101
基本生产车间	生产人员	应发合计	50010101	221102
辅助生产车间	生产人员	应发合计	50010201	221103
公司医务室	福利人员	应发合计	660201	221104
销售部	销售人员	应发合计	660101	221105

（2）工会经费分摊设置（计提比例 2%）。

部门名称	人员类别	项目	借方科目	贷方科目
财务部 公司总部	管理人员	应发合计	660201	221101
基本生产车间	生产人员	应发合计	50010101	221102
辅助生产车间	生产人员	应发合计	50010201	221103
公司医务室	福利人员	应发合计	660201	221104
销售部	销售人员	应发合计	660101	221105

（3）职工教育经费分摊设置（计提比例 1.5%）。

部门名称	人员类别	项目	借方科目	贷方科目
财务部公司总部	管理人员	应发合计	660201	221101
基本生产车间	生产人员	应发合计	50010101	221102
辅助生产车间	生产人员	应发合计	50010201	221103
公司医务室	福利人员	应发合计	660201	221104
销售部	销售人员	应发合计	660101	221105

（4）生成工资费用分摊凭证：转 -0014；
生成计提工会经费凭证：转 -0015；
生成计提职工教育经费凭证：转 -0016。

四、月末处理

月末处理，除“基本工资”，其他项目全部清零。

五、工资统计分析

（1）查询工资发放签名表。
（2）查询工资发放条。

实训八　总账期末业务处理

注册进入“总账”。注册信息如下：
操作员：demo；密码：DEMO；账套：［001］广东凯琪工业有限公司；
会计年度：2017；操作日期：2017 -02 -28。

一、自动转账凭证定义

1. 自定义转账

（1）转账生成“结转辅助生产费用”凭证。

转账方式：把“生产成本——辅助生产成本”下所有明细账户的余额转入“生产成本——基本生产成本——辅助生产”账户，产生下张凭证：

2017 -2 -28　转 -0017　结转辅助生产费用
生产成本——基本生产成本——辅助生产　24 638.70
　生产成本——辅助生产成本——工资及福利费　8 383.5
　生产成本——辅助生产成本——业务招待费　1 200
　生产成本——辅助生产成本——制造费用　55.20
　生产成本——辅助生产成本——直接材料费　12 000
　生产成本——辅助生产成本——差旅费　3 000

（2）转账生成“结转本月制造费用”凭证。

转账方式：把“制造费用”下所有明细账户的余额转入“生产成本——基本生产成本——制造费用”账户，产生下张凭证：

2017 -2 -28　转 -0018　结转本月制造费用
生产成本——基本生产成本——制造费用　51 713.60
　制造费用——办公费　10 000
　制造费用——差旅费　5 000
　制造费用——折旧费　4 713.60
　制造费用——业务招待费　32 000

（3）转账生成“结转本月完工产品生产成本”凭证。

转账方式：把“生产成本——基本生产成本”下所有明细账户的余额的50%转入“库存商品——甲产品”账户，产生下张凭证：

2017-2-28 转-0019 结转本月完工产品生产成本

库存商品——甲产品 185 671.50

生产成本——基本生产成本——工资及福利费 64 398.75

生产成本——基本生产成本——办公费 8 000

生产成本——基本生产成本——差旅费 2 500

生产成本——基本生产成本——折旧费 30 000

生产成本——基本生产成本——业务招待费 2 500

生产成本——基本生产成本——制造费用 25 953.4

生产成本——基本生产成本——直接材料费 40 000

生产成本——基本生产成本——辅助生产 12 319.35

2. 汇兑损益结转

汇兑损益入账科目：660303；结转生成下面的凭证：

2017-2-28 收-0009 结转汇兑损益

库存现金——美元 414.55

库存现金——港元 472.73

银行存款——中行美元 1 351.92

银行存款——交行港元 3 563.40

财务费用——汇兑损益 2 269.90

3. 期间损益结转

本年利润科目：4103；结转生成下面的凭证：

2017-2-28 转-0020 结转本期损益

主营业务收入 64 800

其他业务收入 50 000

投资收益——股票投资 300 000

营业外收入 100 000

本年利润 269 161.18

主营业务成本 35 000

其他业务成本 48 000

销售费用——工资及福利费 10 039.5

销售费用——办公费 5 000

销售费用——差旅费 14 000

销售费用——其他费用 15 000

管理费用——工资及福利费用 19 975.5

管理费用——办公费 50 000

管理费用——差旅费 5 000

管理费用——折旧费 11 080

管理费用——业务招待费 1 000

管理费用——其他费用 1 000
管理费用——无形资产摊销 2 000
财务费用——利息费用 10 000
财务费用——金融市场手续费 600
财务费用——汇兑损益 2 269.90
财务费用——现金折扣 673.92
资产减值损失 15 000

二、对2017年2月份的总账系统进行试算平衡与对账

三、对2017年2月的总账系统进行结账

四、查询并输出“库存现金”总账、“管理费用”账户的明细账

实训九 报表格式设计

注册进入“UFO报表”。注册信息如下：

操作员：王小刚；账套：［001］广东凯琪工业有限公司；

会计年度：2017；操作日期：2017－02－28。

一、完成“资产负债表”的格式设计

二、完成“利润表”的格式设计

利润表（新会计准则适用一般企业）

会企02表

编制单位： 年 月

单位：元

项 目	本期金额	上期金额
一、营业收入	□	□
减：营业成本	□	□
营业税金及附加	□	□
销售费用	□	□
管理费用	□	□
财务费用	□	□
资产减值损失	□	□
加：公允价值变动收益（损失以“－”号填列）	□	□
投资收益（损失以“－”号填列）	□	□
其中：对联营企业和合营企业的投资收益	□	□

续表

项　　目	本期金额	上期金额
二、营业利润（亏损以“－”号填列）	□	□
加：营业外收入	□	□
减：营业外支出	□	□
其中：非流动资产处置损失	□	□
三、利润总额（亏损总额以“－”号填列）	□	□
减：所得税费用	□	□
四、净利润（净亏损以“－”号填列）	□	□
五、每股收益：	□	□
（一）基本每股收益	□	□
（二）稀释每股收益	□	□

实训十　报表数据处理

一、设置“资产负债表”的计算公式

二、设置“利润表”的计算公式

三、计算生成“资产负债表”的数据

四、计算生成“利润表”的数据

参 考 文 献

[1] 张凯．会计信息化［M］．第二版．北京：经济科学出版社，2013.
[2] 张莉莉．企业财务业务一体化实训教程［M］．北京：清华大学出版社，2016.
[3] 汪刚，沈银萱．会计信息系统原理与实验教程［M］．北京：清华大学出版社，2016.
[4] 王新玲，李孔月，康丽．用友 ERP 财务管理系统实验教程［M］．北京：清华大学出版社，2013.
[5] 张锋．会计信息系统实验教程［M］．北京：北京大学出版社，2015.
[6] 袁颂峰．企业财务业务一体化［M］．重庆：重庆大学出版社，2014.